HERMES

在古希腊神话中，赫耳墨斯是宙斯和迈亚的儿子，奥林波斯神们的信使，道路与边界之神，睡眠与梦想之神，亡灵的引导者，演说者、商人、小偷、旅者和牧人的保护神……

西方传统 经典与解释
Classici et Commentarii
HERMES
启蒙研究丛编
刘小枫 ● 主编

现实与理性
—— 黑格尔与客观精神

L'effectif et le rationnel. Hegel et L'esprit objectif

[法]科维纲　Jean-François Kervégan ｜ 著

张大卫 ｜ 译

华夏出版社

古典教育基金·蒲衣子资助项目

"启蒙研究丛编"出版说明

如今我们生活在两种对立的传统之中,一种是有三千年历史的古典传统,一种是反古典传统的现代启蒙传统。这个反传统的传统在西方已经有五百多年历史,在中国也有一百年历史。显然,这个新传统占据着当今文化的主流。

近代以来,中国突然遭遇西方强势国家夹持启蒙文明所施加的巨大压迫,史称"三千年未有之大变局"。一百年前的《新青年》吹响了中国的启蒙运动号角,以中国的启蒙抗争西方的启蒙。一百年后的今天,历史悠久的文明中国焕然一新,但古典传统并未因此而荡然无存。全盘否定"五四"新文化运动以来的反传统的传统,无异于否定百年来无数中国志士仁人为中国文明争取独立自主而付出的心血和生命。如今,我们生活在反传统的新传统之中,既要继承中国式的启蒙传统精神,也要反省西方启蒙传统所隐含的偏颇。如果中国的启蒙运动与西方的启蒙运动出于截然不同的生存理由,那么中国的启蒙理应具有不同于西方启蒙的精神品质。

百年来,我国学界译介了无以计数的西方启蒙文化的文史作品,迄今仍在不断增进,但我们从未以审视的目光来看待西方的启蒙文化传统。如果要更为自觉地继承争取中国文明独立自主的中国式启蒙精神,避免复制西方启蒙文化传统已经呈现出来的显而易见的流弊,那么,我们有必要从头开始认识西方启蒙传统的来龙去脉,以便更好地取其精华、去其糟粕。事实上,西方的启蒙传统在其形成过程中也同时形成了一种反启蒙的传统。深入认识西方的启蒙与反启蒙之争,对于赓续清末以来我国学界理解西方文明的未竟之业,无疑具有重大的现实意义和历史意义。

本丛编以译介西方的启蒙与反启蒙文史要籍为主,亦选译西方学界研究启蒙文化的晚近成果,为我国学界拓展文史视域、澄清自我意识尽绵薄之力。

古典文明研究工作坊

西方经典编译部丁组

2017 年 7 月

目 录

前言:没有形而上学的黑格尔? ······ 1
引论:现实与理性 ······ 13
 实在与现实 ······ 14
 现实的逻辑学地位 ······ 18
 "存在着的理性" ······ 25
 客观精神学说的对象 ······ 30

第一部分 法:抽象的实定性

引言:意志的客观性 ······ 36
 意志的诸层次 ······ 38
 客观化:法 ······ 44
第一章 法:其概念及其诸种现实化 ······ 50
 "哲学的法科学":概念与理念 ······ 54
 法的"扩充" ······ 61
 抽象法的抽象性 ······ 66
 抽象法的现实化:市民社会 ······ 76
 私法,社会冲突性,政治"联合" ······ 84
 低于法的法与超越法的法 ······ 92
第二章 在自然与历史之间:法 ······ 100
 对近代自然法的批判:历史的重音 ······ 104
 历史与理性:概念的规范性 ······ 111

黑格尔的自然法：私法的规范性基础 ·············· 123
第三章　契约：社会的法律条件 ················· 135
　　承认的客观化 ························· 138
　　契约的法律意义 ······················· 142
　　没有契约的国家 ······················· 153
　　社会的契约化 ························· 161

第二部分　社会的活力与缺陷

引言：社会考古学 ·························· 168
第四章　公民反对资产者？对于"整体精神"的探寻 ······ 185
　　回顾 ······························· 187
　　从伯尔尼到法兰克福 ···················· 196
　　从耶拿到柏林 ························ 212
第五章　法权状态：市民社会 ···················· 219
　　从康德的"共和国"到自由主义的法权国家 ········ 220
　　人权：自由权 ························ 235
　　人权："债权" ························ 243
　　法律秩序：作为"法权状态"的市民社会 ·········· 250
　　法权状态的界限 ······················· 261
第六章　"丧失在它的两极中的伦理……" ············ 265
　　从客观精神到伦理 ····················· 266
　　伦理概念及其修改 ····················· 272
　　市民社会，对主观与客观的调解问题的客观回应 ····· 282
　　客观精神的残缺：作为症状的贱民 ············· 287

第三部分　国家与政治

引言：一个一直存在的无稽之谈：普鲁士国家哲学家 ········ 297

第七章 托克维尔—黑格尔：关于现代性的无声对话 ………… 300
　　托克维尔反黑格尔？ …………………………………… 301
　　关于"民主专制"的两种观点 ………………………… 304
　　对自由的崇拜，对平等的激情？ ……………………… 310
　　市民社会与政治民主 …………………………………… 317

第八章 一种代表制理论 …………………………………… 323
　　导言：主权与代表制 …………………………………… 323
　　一种代表制的政治 ……………………………………… 329
　　代表不同利益的代表制 ………………………………… 337
　　一种代表制的哲学 ……………………………………… 343

第九章 超越民主 …………………………………………… 347
　　民主的概念：从亚里士多德到黑格尔 ………………… 348
　　不合时宜的民主 ………………………………………… 353
　　普遍选举 ………………………………………………… 365
　　人民与大众：主权在何方？ …………………………… 370
　　自由主义与民主主义 …………………………………… 375

第四部分　客观精神中的主观性的诸形象：
　　　　　规范性与诸制度

引言：强的制度主义，弱的制度主义 ………………………… 383

第十章　道德的真理 ………………………………………… 388
　　康德与黑格尔论实践哲学的原则：邻近与差别 ……… 389
　　康德的道德学说的三个缺点 …………………………… 395
　　道德观点的丰产性与局限 ……………………………… 405
　　从道德到伦理 …………………………………………… 417

第十一章　政治主观性的诸多条件 ………………………… 424
　　政治主观性 ……………………………………………… 425

  "爱国主义"与社会教化 …………………………………… 435
  政治主观性与道德意识 …………………………………… 444
第十二章 主体,规范与制度：一种伦理生活是什么？ …… 446
  什么是伦理？ ……………………………………………… 447
  制度,客观精神的句法结构 ……………………………… 453
  个体的建构 ………………………………………………… 458
  何谓过一种伦理生活？ …………………………………… 464
结束语 概念的受难 …………………………………………… 472
  主观性的激情 ……………………………………………… 474
  社会性的激情与历史发展过程 …………………………… 480
  概念的受难 ………………………………………………… 486

章节来源 ……………………………………………………………… 492
引用作品说明 ………………………………………………………… 495

前言:没有形而上学的黑格尔?

[7]人们对某个作家的这一部分或那一部分思想抱有某种特殊兴趣,不需要特别辩护——我的情况是对黑格尔的法、社会及政治的哲学感兴趣,在25年里,我的大部分研究都献给了这一哲学。从某个方面来说,这种特殊兴趣的诸多理由可能外在于这一哲学,如果说不是外在于哲学的话。相反,人们研究的方式,这一解读的诸多前提需要被阐明与辩护,这就要求人们对这些前提有清楚的意识,并考量这些前提所招致的诸多结果。在我这里,这一意识的产生很缓慢,甚至达到了这样一种地步,即这一意识的产生改变了这样一些法则,借助这些法则我曾从事黑格尔研究。在一个团聚在逝世不久的雷克里万(A. Lécrivain)①周围的小组中,人们历经数年阅读并评论《逻辑学》。显然,在那些年之后,我正是以这一长期的集体工作的成果为基础,开始着手研究客观精神学说。我曾确信(现在仍确信),逻辑—思辨性的阐发会开启诸多就部分来说是新颖的诠释的可能性,重要的是,不要将黑格尔的法律—政治著作解读为在政治哲学方面的意见的表达,或者甚至解读为理论立场的表达,相反,要将其解读为一种体系即"哲学科学百科全书"的诸多要素(《逻辑学》是"哲学科学百科全书"意义的中心与焦点)。总之,这

---

① 参看 J. Biard, D. Buvat, J. - Fr. Kervégan, J. - F. Kling, A. Lacroix, A. Lécrivain, M. Slubicki,《黑格尔逻辑学讲座导引》(*Introduction à la lecture de la Science de la Logique de Hegel*),三卷本,Paris,1981—1987。

2 现实与理性

一确信[8]来自对文本的单纯阅读。在《法哲学原理》中,黑格尔不断强调客观精神学说与《逻辑学》之间的联系,关于后者他做了二十多个明显的指涉。比如在前言中,他就写道:

> 整体以及其各部分的形成都依存于逻辑精神,此亦不言自喻。我希望对本书主要从这方面来理解和评价。其实,本书关涉的是科学,而在科学中,内容就本质上来说与形式结合在一起。①

客观精神学说作为系统的一个完整部分,对黑格尔而言,不仅以《逻辑学》的"精神"为基础,还以其文字为基础,这一点不容讨论;如果没有这一点,那么在黑格尔那里谈论体系就几乎没有什么意义。正如对康德而言那样,对黑格尔来说,一个体系本质上不同于任何某一种知识的"集合体"。② 再者,在黑格尔那里,体系的目的丝毫不与如下东西矛盾,即对事物具体方面的关注,以及对"人的生活"的关切,正如他在写给谢林的信中所提到的那样:

> 在我的科学教育中——此教育始于人的诸多最为基本的需

---

① *RPh*,W,第7卷,页12–13;*PPD*,页92。其他指涉出现在我的《法哲学原理》法译本的索引中,参见页489。[译按]这里的 *RPh* 表示德文版 *Grundlinien der Philosophie des Rechts* 的缩写,W 表示黑格尔著作集,Werke in zwanzig Bänden(二十卷版),E. Moldenhauer 和 K. M. Michel 主编, Frankfurt,1969—1971。作者在引用康德、黑格尔等经典作家的作品时使用缩写符号,如这里的 RPh 和 W。译者在翻译时,遵从作者引用习惯。本书末尾有作者提供的引用说明,在那里读者可以找到缩写符号对应的具体著作名及其出版情况。对此下面不再重复。中文翻译参考黑格尔,《法哲学原理》,范扬、张企泰译,北京:商务印书馆,1979,页2,略有改动。以下不再注明,仅注中译本页码。

② "我将建筑术理解为体系的艺术。因为体系的统一使一般的知识转变为科学,也就是说,它将这些知识的单纯集合体建构为一种体系,所以建筑术是关于这样一种东西的学说,这种东西在我们一般的知识中具有科学性的特征。"(*KrV*,科学院版,第3卷,B860;*CRP*,页1384)

要——我应该被必然地推向了科学,我年轻时的理想应必然地成为一种反思的形式,转化为一种体系;当我仍忙于此事时,我现在寻思,人们如何可以找到一种方法重新回到如下这点上来,即影响人的生活。①

人们指出如下问题(此问题尤其被马克思很早地指出):当黑格尔断言,他的整个法哲学(比如说)是其《逻辑学》的延伸部分时,我们应该相信他吗?直到哪种程度上我们应相信他?如果回答是肯定的,那么人们不是有如下危险吗?即被引导着去认为"整个法哲学只是《逻辑学》的一个插入语"。② 此外应注意的是,青年马克思的这一立场后来改变很多,[9]因为他最后(与恩格斯一起)认为,正是逻辑学构成了黑格尔学说的"理性内核",此内核是革命性的,因为它是辩证的。奇怪的是,这是海姆(Rudolf Haym)的立场,当他断言这个体系"在其逻辑部分中具有革命性"时(尽管"在其实践部分中具有保守性"),③他在很大程度上促成确立了"普鲁士国家哲学家"的坏名声。许多后来的评注者所采纳的相反一派的观点是,尽可能地将《法哲学原理》的话语从其逻辑—体系的语境中分离出来,以便让《法哲学原理》的话语能够更好地在绝对精神已不再享有盛名的时代及语境中被接受。如果人们想借助历史的瞬间概括一下取舍的两个选项(这两个选项无疑太过粗略),那么,或者如"老年黑格尔派"那样,人们钟情于对体系的一种传统解读,并且

---

① Corresp 1,页60(写于1800年11月2日)。

② Marx,《对黑格尔的政治法权的批判》(Critique du droit politique hégélien),Paris,1975,页52。也参看此书,页51:"《逻辑学》不是起到了为国家做证明的作用,相反,正是国家在为《逻辑学》做证明。"

③ R. Haym,《黑格尔及其时代》(Hegel und seine Zeit),Berlin,1857(重版,Olms,1962),页368-369。在恩格斯那里有同样的话:参看《乌托邦的社会主义与科学社会主义》(Socialisme utopique et socialisme scientifique),Paris,1977,页128-131,并参见《费尔巴哈与德国古典哲学的终结》(Ludwig Feuerbach et la fin de la philosophie classique allemande),Paris,1980。

人们将有如下危险,即会导致这一体系名誉扫地;或者如"青年黑格尔派"那样,人们动用作品的精神来反对它的文字,并且人们试图将这一作品从其形而上学的糟粕中摆脱出来,而这种做法有如下危险,即剥夺这部作品的构成其力量及一致性的东西。

值得指出的是,在最近一段时间内,如果说诸多杰出的评论家们继续采纳这一派的观点(此处被规定为老年黑格尔派的观点),即采取这样一种阅读,它忠实于黑格尔学说的明确的体系性纲领(这一做法的代价是,它孕育着一些怀疑,某些人使这些怀疑重压在黑格尔的学说之上,比如说,波普所传播的极权主义的怀疑),那么另外一些其数目在增长着的评论家们做出了青年黑格尔派那样的选择,即对黑格尔采取一种非形而上学的解读,此解读想要采取各种方式与体系的文字相决裂,这意味着排除体系所承载的某些最为不可小视的雄心壮志,或使其相对化,这种做法的明显危险是,如此将剥夺体系的最有力的东西。借助一些例子,我想指出这些无视传统观念的企图可能呈现出来的好处与危险,根本上说,这些企图再一次重新区分了在黑格尔那里的"活的东西"与"死的东西",①代价是人们质疑这种做法使黑格尔的思想的一致性遭受一种任意的暴力。

自罗素与观念论的新黑格尔主义相决裂之后,在盎格鲁—萨克森哲学的主流中不良名誉压在了黑格尔身上,当人们考虑到这一不良名誉时,观察到如下这点将令人吃惊,[10]即十几年以来,黑格尔在,人们不再敢称之为分析哲学的东西中再次成为重要的参照对象,因为分析哲学思潮在今天如此多样,并且否认自己原初身份的某些特有特征,特别否认如下特征,即对大陆哲学的不信任,尤其对德国观念论的不信任。不仅关于黑格尔的经典性研究的一些重要贡献出现在盎格鲁—美利坚的世界中(此世界直到那时在这一领域还是落后的),比如我想到

---

① 参看 B. Croce,《黑格尔哲学中的活的东西与死的东西》(*Ce qui est vivant et ce qui est mort dans la philosophie de Hegel*),Paris,1910。

皮平(R. Pippin)①或平卡德(T. Pinkard)②的新作。我们甚至看到分析哲学家抓住了黑格尔学说(诚然以一种非常自由的方式,此方式对欧洲传统的哲学的史学家而言很成问题),甚至抓住了黑格尔学说中表面看来最为可疑的东西,即他的观念论,目的是尝试着在分析的大陆本身之中使一些新的后维特根斯坦问题,后蒯因问题,或新实用主义问题涌现出来:在这里我想到布兰登(R. Brandom)③与麦克道威尔(J. Mcdowell)④的引起很大轰动的作品。此外,这不仅仅是因为他们对黑格尔所采取的双重地无视传统观念的利用(与对黑格尔的经典解读相对照;与分析的主流相对照)。

然而,这些著作涉及认识与语言的哲学问题。由于我的目的与此不同,在这里,更确切地说,我将提及霍耐特(A. Honneth)在现实化黑格尔伦理(Sittlichkeit)学说的过程中所采取的方式。在一本题

---

① 特别参看 R. Pippin,《黑格尔的观念论:自我意识的满足》(*Hegel's Idealism:the Satisfaction of Self-consciousness*),Cambridge,1989,以及《作为现代主义的观念论:黑格尔的诸多变体》(*Idealism as Modernism: Hegelian Variations*),Cambridge,1997。

② 参看 T. Pinkard,《黑格尔的现象学:理性的社会性》(*Hegel's Phenomenology: the Sociality of Reason*),Cambridge,1994;《黑格尔:一部传记》(*Hegel. A Biography*),Cambridge,2000;以及 T. Pinkard 和 H. T. Engelhardt(主编),《被重思的黑格尔:超越形而上学与集权国家》(*Hegel reconsidered: beyond Metaphysics and the authoritarian State*),Dordrecht,1994。

③ R. Brandom,《使其明晰》(*Making it explicit*),Harvard,1994;《在黑格尔观念论中的一些实用主义的主题》(Some pragmatic Themes in Hegel's Idealism),载于《欧洲哲学杂志》(*European Journal of Philosophy*),1999,第 7 期,页 164-189 [法译:《在黑格尔观念论中的一些实用主义的主题》(Quelques thèmes pragmatistes dans la philosophie de Hegel),载于《哲理》(*Philosophiques*),27/2 (2000),页 231-261]。

④ J. Mcdowell,《心灵与世界》(*Mind and World*),Harvard,1994;《意义,知识与现实》(*Meaning, knowledge and reality*),Harvard,1998。

为《受不确定性之苦》的书中,[1]他提议"重新现实化黑格尔的法哲学",为的是指出,即与在知识论的前线上发生的重新回到黑格尔的运动相对照,在这个领域中回到黑格尔也被证明具有不菲收益。霍耐特并未声称,《法哲学原理》为当代社会与政治哲学提出的问题提供了回答,[11]但是他确信,对此文本的非形而上学的解读可以直面,甚至解决上述哲学所碰到的某些特定困难,比如在自由主义者与社群主义者之间发生争论时所碰到困难。一旦政治上的通常反对(黑格尔是民主政治的敌人)与方法论的通常反对(体系的逻辑—思辨的诸多前提难以让人接受)被排除,霍耐特指出,被恰当重建起来的客观精神学说可在如下三点上使后哈贝马斯的讨论富有成果。首先,人们可以将以"普遍的自由意志"理念为中心的黑格尔法权理论理解为一种关于正义的理论(这里正义一词是在其当代[后罗尔斯的]意义上而言的正义),此理论揭露个体自主的主体间性的条件并区分自我现实化的不同领域。第二,与他以前讨论承认及"社会苦难"的著作完全一致,霍耐特在伦理学说中探究一种"社会病理学治疗"的诸多组成部分。最后——在这一点上与丕平会合在一起——他建议将这一理论理解为一种现代性的规范理论,然而这一理论的诸多限度可能在于其"过度制度化的"特征。此外,这是这样的一个方面(关于这一方面的证明可能要被讨论):这一理论难道不是如下情感的牺牲品吗?即当代政治哲学的诸多广泛领域所共有的反制度的情感。无论怎么说,这些分析表明对黑格尔非形而上学的阅读可能具有的创新性,以及它可能会带来丰富成果。不过,正如其他前面被列举的作家那样,霍耐特当然应回答如下先决问题,即黑格尔的话语(这里即为涉及客观精神的话语)是否仍具有意义,当人们将它们从辩护它们的逻辑—

---

[1] A. Honneth,《忍受不确定性》(*Leiden an Unbestimmtheit*), Stuttgart, 2001。

思辨语境中抽离出来时？这里存在题材,它可为会带来很多成果的争论所用。

至于我,关于这一本质性问题,我承认我有一个如果说不是犹豫不决的看法,至少也是一个富于细微差别的看法。从一种传统的(老年黑格尔的)立场出发(这种立场为长期阅读《逻辑学》所培育),我逐渐意识到,在客观精神学说中,最令我感兴趣并在我看来最具现实性的东西——为了被视为有效——并不总是需要与体系的逻辑—形而上学的基层结构相关联。我致力于以一种正面的方式重新评价抽象法学说中的很大一部分,这一部分可以撇开黑格尔的形而上学而被融贯地理解(黑格尔的形而上学我首先理解为《逻辑学》,关于后者黑格尔向我们明确表示,它[12]"绝对地占据了如下东西的位置",即形而上学①)。但事实并非总是如此。在一个关键点上,关于贱民(Pöble)问题,我认为我已经指出,黑格尔赞成的解决方案(对于这个社会问题应该存在一种社会的及政治的解决办法)假定了一种东西,我称之为一种元伦理的与元客观的保证,即世界精神的保证(世界精神是绝对精神的世间形象)。② 总之,这就是《法哲学原理》最后一段话以它的方式所暗示的东西,它在一定程度上设立如下原则,即客观精神内在地向绝对精神(宗教,哲学)开放,并且它以一种明显反直觉的方式断言如下这点,即"当下已蜕去它的野蛮",并借此国家显得好像是"理性的形象与现实"。③ 事实上,伦理学说,甚至整个客观精神学说,并未凭借自身而提供这样一种手段,借此手段人们将市民社会与自身的和解(Versöhnung)思考为必然;它们毋宁说指出如下两点,一方面是社会裂缝具有

---

① *WdL* 1(1),*GW*,第 11 卷,页 32(或者 *WdL*1(2),*W*,第 5 卷,页 61);*SL* 1,页 37。

② 参看下面第六章,页 235。[译按]这里指原书页码。

③ *RPh*,第 360 节,*W*,第 7 卷,页 512;*PPD*,页 443。

不可调和的本性,正如人们在当今时代所说的那样;另一方面是如下解决办法具有终极矛盾的特征,即市民社会与国家为救治社会裂缝所能实施的解决办法(如对贫困的人的救助与殖民扩张政策)。但是,如果黑格尔的形而上学不是其有限精神哲学,特别是客观精神学说的一致性的最后保障,那么,客观精神诸多结构性的矛盾只能从绝对精神的观点出发才能找到解决办法,这一观念可能意味着什么呢?海涅(Heine)报道的一则轶事似乎证实了这一点。对如下问题,即"您真的认为所有现实的(wirklich)东西都是理性的(vernünftig)吗?",黑格尔微笑地回答道:"这可能也意味:所有理性的东西,必须存在!"①

至此人们应询问,在黑格尔的语境中,其意义显然被改变了的"形而上学"这一词语确切包括什么东西。② 在前面的论述中,我有意识地[13]论及这样一些阐释,这些阐释既不意思相近,也不必然相容。我并非确切知道关于这个问题黑格尔在想些什么(至于诸多明确的表述,我和大家一样是明了的;我认为比较不清楚的是对如下立

---

① 参看 G. Nicolin(主编),《在其同时代人的报导中的黑格尔》(Hegel in Berichten seiner Zeitgenossen),第363号文件,Hamburg,1970,页235:"这可能也意味:所有理性的东西,必须存在!"

② 参看 H. F. Fulda:《作为'真正的形而上学'的思辨逻辑》(Spekulative Logik als die "eigentliche Metaphysik"),载于 D. Pätzold 和 A. Vanderjagt(主编),《黑格尔对于形而上学的转变》(Hegels Transformation der Metaphysik),Cologne,1991,第9-27页,以及参看最近发表文章,E. Renault,《在逻辑学与特殊科学之间的形而上学》(La métaphysique entre logique et sciences particulières),载于 J.-M. Buée,E. Renault 和 D. Wittmann(主编),《在黑格尔体系中的逻辑学与具体科学》(Logique et sciences concrètes dans le système hégélien),Paris,2006。讨论的情况被总结在以下文章中,F. Beiser:《黑格尔与形而上学问题》(Hegel and the Problem of Metaphysics),载于 F. Beiser(主编),《剑桥黑格尔指引》(The Cambridge Companion to Hegel),Cambridge,1993,页1-20。与 Bernard Mabille 的讨论帮助我澄清我自己的立场。

场的定义,即显得与黑格尔学说的全部话语——这些话语正如被我觉察或重建的那样——相一致的立场)。但我能够试着确定诸多可被接受的立场的分布状况。在我看来,这些立场处在两个极端之间:(1)黑格尔的形而上学,这是他的《逻辑学》;(2)黑格尔的形而上学,这是他的绝对精神学说。在这里我的目的不是要在这两个立场之间做个了断(在某一方向上存在许多好的论证,正如在另外一个方向上也存在许多好的论证),而是要揭示这些阐释性的选择的诸多关键点。

如果《逻辑学》"占了如下东西的位置",即(前批判的)传统形而上学,并同时"继承了"它,那应该说它是真正的形而上学。然而黑格尔逻辑学的目的是什么呢? 与对逻各斯(logos)的一种引人注目的理解相一致,[①]黑格尔逻辑学的目的是要指出,理性的话语是存在的话语本身,逻辑是一种存在—逻辑。黑格尔的逻辑因此摆脱了所有借助这个词得以言说和联想的东西,包括摆脱了先验哲学的观点,按照他的明确企图,黑格尔的逻辑学并非想成为关于存在的话语,而是想成为存在的话语;于是黑格尔"只是"这样的秘书,他按世界精神的口授书写,世界精神通过他思考自己的现实性。如果情况真是如此(我想说,如果人们接受如下做法,即一上来不使这一计划名誉扫地,不将其刻画为一种妄想的或虚伪的计划),那么黑格尔的逻辑学/形而上学不仅确定可思之物的可思性条件(正如康德的先验哲学),而且还规定存在的体系本身(此存在体系被卷入到一种特有的证实过程之中)。关于逻辑学,人们说道,它代替了形而上学,这种逻辑学被理解为关于作为存在的存在的科学,而不是被理解为关于存在着的东西的描述或区域性的存在论,说逻辑学代替形而上学,这是主张应

[①] 关于这一点,参看 D. Dubarle 的具有启发性的评论,且不顾从这些评论中被引出的诸多激进的反黑格尔的结论。D. Dubarle:《逻各斯与语言的形式化》(*Logos et formalisation du langage*),Paris,1977,第一章以及第八到第十章。

用如下计划代替一种关于经验可能性的条件的理论计划,即(按《精神现象学》序言的术语来说)一种关于将自身设定为"主体"的"实体"的(真的)话语的理论计划。

[14]以上所述很难协助我们去鉴定另外一条道路,即将形而上学解释为关于绝对精神的哲学或科学(这里的绝对精神处在三个层次上,即艺术、宗教、哲学)。我的假设是,诚然黑格尔学说对自身所做的描述要求这一解释,以及要求所有从这一解释中推导出来的东西,但是"[哲学的]实在科学"的发展并非必然要在事实上为此解释作担保,无论如何自然哲学与有限精神哲学就不作此担保。换言之,没有《逻辑学》,客观精神学说在其一致性方面毫无疑问不可设想,没有宗教哲学,它可能不是不可设想的……除非,在某些战略性的方面上,这一派的解释不再能让人忍受:黑格尔突出市民社会结构性危机的问题,他处理这一问题的方式应再一次引起人们的反思。我们知道黑格尔采纳的解决办法:借助同业公会使社会生活制度化,在理性国家实施好的治理(此治理被利用穷苦大众为殖民扩张服务这一精明的政策所延伸),这两项措施可在世界历史领域内渐进式地解决市民社会的根本矛盾(此处的市民社会应被称为公民—资产者的社会,此处的世界历史在《法哲学原理》第247节中被清楚地论及,目的是强调在文化层面上发生的日益壮大的影响,即交流的全球化被呼吁去施加的影响)。然而这一思辨的乐观主义①不能仅仅在客观精神学说中找到其根据,尽管黑格尔并不显得倾向于承认它。让我们读一下在十九世纪二十年代黑格尔所做的半是

---

① 谈及思辨的乐观主义,这并不一定就意味着认为黑格尔具有这样一种天真的信念,即相信启蒙运动(Aufklärung)所公开宣布的人类精神的进步;对黑格尔而言,正是"否定的工作"使作为整个发展进程的历史前进。在这里"乐观主义"只意味着如下被公开表示出来的信念,即对社会与政治的矛盾存在一种最终的解决。

不安、半是狂怒的评注,这些评注涉及产业自由的恶行①以及同业公会的废除的有害特征,②并且让我们阅读一下位于1830年历史哲学讲义结尾处的那些大段文字,这些文字论及自由主义使老欧洲遭受的诸多危险(此处的自由主义涉及法国式的政治的自由主义)。显然,对于伦理(Sittlichkeit)的健康状况,老黑格尔不是很乐观!因此,为了简化之故被我称之为其思辨的乐观主义的东西只可能是一种形而上学的、反直观的乐观主义,1820年的序言含有如下公式,即"凡是理性的东西,就是现实的;并且凡是现实的东西,就是理性的",形而上学的、反直观的乐观主义使黑格尔在其课程中为此公式赋予一种历史过程的意义,此意义即为"凡是[15]理性的东西向现实的东西生成,并且现实的东西向理性的东西生成"。③ 黑格尔甚至为上述公式赋予一种思辨的必然性的意义,他说道:"情况应该是如此!"

　　选择哪派观点呢?我接受如下看法(对于这种看法我要求一种可商榷的特征):当黑格尔的思辨的乐观主义似乎(至少在客观精神学说中)被世界状况否定时,或与我们关于世界状况碰巧所知道的东西有反差时,那它不仅在作为话语与存在的(本体—逻辑的)理论的《逻辑学》中汲取资源,而且还在绝对精神学说中汲取资源,或至少在如下东西中汲取资源,即在客观精神中对绝对精神("世界精神")做出回应的东西。如果我们关心的是认清黑格尔话语的真理的诸多影响,并且利用它们,换言之,如果我们在一种既不是历史的,也不是在盖鲁(Gueroult)意义上的技术的视野中阅读黑格尔,那如下做法似乎完全合适,即对信服力显得枯竭了的言辞实行一种

---

　　① 参看 W,第11卷,页567,以及参看下面第六章,页234。[译按]这里指原书页码。

　　② 参看 RPh Ilting 4,页619。

　　③ RPh Henrich,页51。参看 D. Henrich 在他的导论中的评论:RPh Henrich,页14-16。

悬置(epokhè),并对这些言辞的意义的语境实行悬置,而且使它们从分析的剩余部分中脱离出来(尽可能地使其脱离出来,这只能按照一个个的具体情况来决定)。就重新举出同一个例子来说,我们可以利用黑格尔对市民社会的张力与"社会苦难"的分析,而不相信这些张力可以必然地在社会生活的制度化中以及在政府的一种好的治理中寻找到最后的积极出路。这就等于认为,在黑格尔的诸多分析中,正是辩证性构成了活的、可能具有现实性的要素,但是我们可能应当要摒弃一种东西,这种东西从黑格尔本身那方面而言可能曾是一种纯然形而上学的确信:相信一种处在人类世界结构中的"已成为客观物的真实和解"。[1] 因此,人们从黑格尔的形而上学中无疑牺牲掉它具有的最有野心的部分(在他看来,这部分本身确保体系的"实在理性的"一致性),这一部分不仅是绝对精神学说,而且还有《逻辑学》教导中的一个重要部分。在我看来,如下两方面东西将这一牺牲强加在我们之上,一方面是我们之所是的东西,另一方面是我们的世界之所是的东西:我们不再与绝对精神处在同一水平线上了。但是宣告这一诊断,这仍然是以某种方式在做黑格尔的信徒,只要人们接受理性与现实的一致。

---

[1] *RPh*,第360节,*W*,第7卷,页512;*PPD*,页443。

引论:现实与理性

[17] "Was vernünftig ist, das ist wirklich; und was wirklich ist, das ist vernünftig."① 此公式无疑是所有黑格尔文本中被引用最多的,它也在最大程度上促成其哲学恶名的形成,或恰当地说,促成其诸恶名的形成。此公式难道没有浓缩思辨辩证法——在黑格尔哲学的敌人笔下,思辨辩证法是一个不断出现的说法——的所有歧义吗? 不管怎么说,《法哲学原理》最初读者中最为敏锐的人已猜疑到这一点,其中首先应提及塔登(Nikolaus von Thaden),他是普鲁士政府的可敬代表,人们说,《法哲学原理》的写作目的即为颂扬普鲁士政府。在1821年8月8日写给黑格尔的一封信中,他阐明了"在[他]的政治学中,对一个忠诚灵魂、虔诚信徒来说让人不悦的东西",此处忠诚灵魂、虔诚信徒指的就是塔登本人。② 紧接着就是一个长长的汇集批判的单子,这些批判构成反《法哲学原理》的自由主义论据的初稿,近似最终性的初稿。这个失望的信徒猜疑黑格尔"出于对君王的热诚","为在大部分国家中存在的现实做辩护",③特别为在普鲁士国中存在的现实做辩护,而这与人们能够而且应该从其哲学中提取的教诲相矛盾,且与1817年论符腾堡等级的"著名文章"所阐述的观点相矛盾。这篇著名文章被认为是黑格尔文本中

---

① "凡是理性的东西,就是现实的;并且凡是现实的东西,就是理性的。"(*RPh*, *W*,第7卷,页24;*PPD*,页104)
② *Corresp* 2,页244。
③ *Corresp* 2,页245。

最富自由主义思想的作品,虽然某些人,如[18]尼塔末(Niethammer),认为这篇文章太"官府气",按照他的看法,黑格尔"聪明地处理着一件坏事"。① 塔登暗示,论符腾堡等级的文章完全可能包含黑格尔的"真正的"政治哲学,不言而喻即唯一符合体系要求的政治哲学。自那以后,前言的那个公式遭遇特殊命运。诚然,此命题是"所有命题中最伟大、最崇高且最重要的"命题,是"在哲学方面正确的"命题;但它"在政治方面是错误的",②因为它等于在为现实的最偶然及最值得争议的方面授予一种哲学担保(用海姆的话说,一种"祝福"),比如说,自1819年后,通过实行卡尔斯巴登决议,普鲁士国推行的镇压政策及保守政策。③ 但塔登的信只处理了问题的这个方面。诚然,他承认,一般而言,前言的那个公式忠于黑格尔哲学的主要方针;但是,如果说他很好地解释了为什么对他而言此公式显得在政治方面错误或不合时宜,那他并未谈及,在哪些方面它在哲学上是正确的。因此,当人们用黑格尔哲学的逻辑—体系的要求衡量现实与理性之间的等式时,此等式确切意指什么呢?

实在与现实

根据通常的翻译,1820年前言中的那个公式是想说:"凡是理性的东西就是实在的,凡是实在的东西就是理性的。"(此公式的通常翻译符合最常见的解释,在人们能够做出判断的范围内,此翻译符合公式所运用的词语的最为明显的意义。)关于黑格尔哲学,存在

---

① 于1817年12月27日写给黑格尔的信:*Corresp* 2,页154。
② *Corresp* 2,页244。
③ 关于《法哲学原理》的出版背景,参看我的翻译的《导论》(Présentation):*PPD*,页3-13。

一种始终十分流行的看法,当此看法以上述公式的解读为基础时,人们更容易看出此解读可能导致何种后果。"所有实在的东西都是理性的",通过提出此设定,黑格尔难道不是在激进地否定偶然性?因此为必然论这一代价昂贵的论说牺牲掉被他不断提及的自由?诚然,人们可以顺便指出,原文缺少的普遍量词被不自觉地添加进来,包含两句话的公式的另一部分(即宣称理性的现实性的部分)被省略了,或至少被降级到单纯多余的代用语的行列。但这些都未很大程度地改变事情的根本。在几乎所有人眼中,黑格尔依然是这样一种哲学家,即对他而言存在只是概念的外衣,[19]因此他甚至过分展现观念论具有的"摧毁"或"构建"所有存在物的疯狂野心,克鲁克(Krug)恶毒地评说道,其中包括声称反对观念论的人在写作时所运用的笔。① 从这个根本立场以及根本上来说是错误的立场出发,产生了此哲学的其他严重缺点,首先是海姆及其他人所谓的它的寂静主义的缺点,它的不可阻挡的如下趋向,即为所有存在物及所有发生的事赋予概念的祝福,即便涉及最令人厌恶的行为。由此,在黑格尔的敌人那里,如下两方面东西通常联系在一起,一方面是保守主义的归罪,另一方面是对一种盲目必然论的形而上学的怀疑。因此,在论黑格尔的书的第十五章,海姆写道:

> 与[弗里斯(Fries)展现的]进步的政治学相对立,我们的序言为复辟精神赋予其经典表达,它陈述了关于保守主义、寂静主义及政治乐观主义的绝对方程式:[……]理性的东西是

---

① 参看 W,第 2 卷,页 195 – 197;*Sens Commun*,页 48 – 50。关于偶然性问题,参看 D. Henrich,《黑格尔的论偶然的理论》(Hegels Theorie des Zufalls),载于 D. Henrich,《语境中的黑格尔》(*Hegel im Kontext*),Francfort,1975,页 157 – 186;J. -M. Lardic,《黑格尔与偶然性》(Hegel et la contingence),载于 *Sens Commun*,页 63 – 114;B. Mabille,《黑格尔:偶然性的考验》(*Hegel. L' épreuve de la contingence*),Paris,1999。

现实的，并且现实的东西是理性的。①

行进到更远一点，在接下来的那个世纪，人们甚至在黑格尔哲学中觉察到对纳粹极权主义或斯大林极权主义的一种提前辩护。从概念的专制到不带任何修饰词的专制，此过程理应具有一种好的逻辑论证，但是事实是，某些解释——必定不是最可靠的解释——只是生硬地宣称了它。②

有时人们忘记如下事实，即在第二版《哲学科学百科全书》(1827)中，黑格尔正式否认对《法哲学原理》前言的那个表达所做的这样一种解释，虽然他承认"这些简易的命题对许多有头脑的人而言显得让人反感"。③ 让他说"[所有]实在的东西是理性的"，这种做法是一种忽视，即忽视《逻辑学》在实在（Realität）与现实（Wirklichkeit）之间所做的概念区别，以及在如下两方面东西之间所做的区别，一方面是经验的及偶然的定在（Dasein）的实在，正如在存在逻辑的第一部分中被分析的那种实在，另一方面是现实，正如在本质逻辑的第三部分中被描述的那种现实。黑格尔明确指出：

> [20]但当我提及现实时，我希望读者能够注意我用这个词的意义，因为我曾在一部详尽的《逻辑学》中也详细讨论过现实，我不仅区分现实与偶然物（偶然物也具有实存），而且进一

---

① R. Haym,《黑格尔及其时代》(*Hegel und seine Zeit*)，页365。海姆也说道，"黑格尔的体系成为了普鲁士复辟精神的科学性的住所"（页359）。

② 参看 K. Popper,《开放社会及其敌人》(*La société ouverte et ses ennemis*)，第2卷，Paris，1979，页15、55等；E. Topitsch,《作为拯救学说与作为统治的意识形态的黑格尔社会哲学》(*Die Sozialphilosophie Hegels als Heilslehre und Herrschaftsideologie*)，Munich，第二版，1981；H. Kiesewetter,《从黑格尔到希特勒》(*Von Hegel zu Hitler*)，Francfort，第二版，1995。

③ *Enzykl*，第6节说明，*W*，第8卷，页47；*Encycl 1*，页169。

步准确区分现实与定在、实存以及其他规定。①

《逻辑学》谈及实在,此实在的质的规定的有限性及其量的界限的可变性为实在打上深刻印记,准确说,此实在总是可以是它所不是的东西,甚至必然不断地变成它所不是的东西(这就是《逻辑学》开头有—无—变这个著名序列的发展方向)。因为定在——实在是定在的反思性表达——是"与非存在连在一起的存在",②一种不可超越的否定性影响着它,就否定性是存在与非存在、成为自我与成为他者的混合物而言,它几乎可以说确认了定在的肯定性。然而,在可以适当称之为实在的东西中,此否定性几乎可以说始终困在如下厚实笨重及"天然素朴的"肯定性中,即存在着的东西、仅仅是存在着的东西的肯定性中:

> 在作为质的**实在**中(此处的质具有如下强调之处,即它是一种**存在着的**质),实在具有规定性,也具有否定性,这一点被掩盖了;因此实在只被视为某种肯定的东西,从这种肯定的东西那里否定、限制、缺陷被排除出去。③

因此,实在是处在其不可逾越的偶然性及其事实性中的定在,但也是处在其在场的迷惑人的明证性中的定在:它在那存在。

相反,现实是"与其现象相统一的本质",④"本质与实存,或内在与外在之间的统一,此统一已成为直接性的统一"。⑤ 由此产生在直接定在的实在中,不断被掩饰的中介只能以变异及变化的堕落

---

① *Enzykl*,第6节,*W*,第8卷,页48;*Encycl* 1,页169。
② *WdL* 1(1),*GW*,第11卷,页67;*SL* 1,页86。
③ *WdL* 1(2),*W*,第5卷;页118。
④ *WdL* 2,*W*,第6卷,页16;*SL* 2,页6。
⑤ *Enzykl*,第142节,*W*,第8卷,页279;*Encycl* 1,页393。同样参看 *WdL* 2,*W*,第6卷,页186;*SL* 2,页227。

形象显示出来,与此相对,现实的东西"不受过渡影响"。[1] 但现实是如此,确切说是因为其外在、其现象或实存不以任何背景(Hintergrund)为前提,不以任何处在背后的根基为前提,其存在及意义不依附于此处的背景或根基。因此,从黑格尔的角度看,实在与现实显然完全不同;它们——如果人们可以这样说的话——[21]对应于两种不同的对存在的理解层面。现实完全可能非常合乎理性,尽管《逻辑学》并未将此明确宣布出来。相反,实在绝不可能这样,并且(经验性的)实在通常绝不是理性的东西:"谁有那么莽撞冒失,以至于不能在周遭之物中看出,事实上有许多东西不是如它们所应该成为的样子而存在?"[2]只要不稳定性、可变性及与自身的不相等同还内在于实在,那么无可置疑,实在甚至不会受到任何理性系数的影响。

现实的逻辑学地位

不过,在我们面前还有困难。不满足于《哲学科学百科全书》的澄清,海姆事实上明确提出了一种颇具影响的反对意见。他说,"现实的"(wirklich)这一术语具有"经验的"意义与"观念的"意义,《法哲学原理》前言中的那句格言通过有意识地在此两种意义之上做文字游戏,将人们引向一种矛盾的或同语反复的结论,就此而论,《法哲学原理》前言中的那句格言"将体系所有的双重性都集中在它那里"。如果人们在通常意义上理解"现实的"(wirklich)这一术语,因此在经验实在的意义上理解它,那黑格尔的论题将成为有矛盾的命题,因为,显然现实充满了非理性,黑格尔自己也承认这点。

---

[1] *Enzykl*,第142节说明,*W*,第8卷,页279;*Encycl* 1,页393。
[2] *Enzykl*,第6节说明,*W*,第8卷,页49;*Encycl* 1,页170。

从这一观点出发,他等于在写"实在不是实在的"。但如果人们区分实在(Realität)与现实(Wirklichkeit),正如《逻辑学》所嘱咐的那样,那前言的那个公式就完全成了同语反复:因为,如果说现实不正是那能显示其合理性的实在物,那黑格尔意义上的现实又是什么呢?于是,"凡是现实的东西都是理性的"这一公式就等于在说"凡是理性的东西都是理性的"①……因此,在一种情况中,人们强调理性所拥有或应该拥有的现实,黑格尔的格言带有了革命色彩:应将实在与哲学家认为是理性的存在着的东西保持一致。在另一情况中,人们强调了现实的合理性(此处的现实是一种被给予的现实),人们达成如下保守结论,即应为如其所是的实在赋予合理性,因为,正如黑格尔所说,"存在着的东西是理性"。② 但这一被培植起来的模棱两可的现象用如下行为替自己买账,[22]即对现实概念实行一种一分为二的处理(此处理让人很难接受),即可能存在一种"经验的、现象的"现实,并且可能存在一种"真实的、理性的"现实。③

人们能够回击这一反对意见吗?如何回击呢?1820年前言中的那个公式仿佛是整个黑格尔哲学的象征,针对此公式,甚至可能针对此哲学,存在很多厉害的反对意见,上述我们讨论的那个反对意见就位列其中。为了打探对策,人们应回到《逻辑学》所详述的关于现实的分析。如果人们不仅想避免海姆的结论,而且尤其想避免体系所背负的不一致的猜疑,即同一术语具有两种不同的且不相容的意义(海姆的结论招致体系背负此猜疑),那么合适的做法显然是,维持现实的概念上的统一,不过这并非要禁止承认现实具有

---

① R. Haym,《黑格尔及其时代》(*Hegel und seine Zeit*),页368以及其后。
② *RPh*,*W*,第7卷,页26;*PPD*,页106。参看R. Haym,《黑格尔及其时代》,页369:"体系在其逻辑部分具有革命性,在其实践部分具有保守性。"在恩格斯的《费尔巴哈与德国古典哲学的终结》中,同样的判断再次出现,但目的却相反,恩格斯是想提高体系的潜在的革命价值。
③ R. Haym,《黑格尔及其时代》,页368。

一种特别的语义上的厚度,此语义上的厚度类似于黑格尔占有的其他术语的语义上的厚度,黑格尔占有这些术语的目的在于,借助词汇的灵活性并且不顾及命题形式的局限重构运动本身,重新构建所有实在的过程性。通过开掘自然语言的词汇资源,黑格尔的哲学为自身提供了词汇的多义性。词汇多义性的最佳例子自然就是有名的扬弃(Aufheben),对此,黑格尔强调,在普通语言中,Aufheben 具有"保存"与"了结"的双重含义,并补充了如下明确的说法(思辨哲学为了考量处在发展过程中的实在使用一些其他术语,人们似乎可以说,如下说法也适用于这些术语):

> 一种语言发展到用同一个词意指两个相互矛盾的规定这一程度,这点应值得注意。在语言中能找到一些词,它们在自身中具有思辨意义,这对思辨思想而言令人愉悦。①

人们事实上可以认为,比起形式化的语言,自然语言的灵活性——即一个词永远不会只有一种意义及一种使用语境——使得自然语言更适合表达辩证性及过程性。但动用语言的资源显然完全不同于被动接受其含糊性。因此,人们将承认,在黑格尔的文章中,在"实在"与"现实"之间不存在混淆,在"现实"的通俗意义与哲学意义之间也不存在混淆,即便这并不妨碍黑格尔能够[23]把玩这些术语与其在日常语言中具有的意义之间的相近性。

那在黑格尔的逻辑学中,他又是如何阐述现实的呢?首先,应考虑其研究所处的场景:现实不处在关于存在的学说中,如关于实在的研究那样,而是处在关于本质的学说中。因此它隶属于一种研究,此研究的对象不是在其直接性中的思想,而是"在其反思及中介中"的思想。② 此处境表明,与单纯实在的定在(Dasein)不同,一种

---

① *WdL* 1(2),*W*,第 5 卷,页 114。
② *Enzykl*,第 83 节,*W*,第 8 卷,页 179;*Encycl* 1,页 345。

底蕴一上来就为现实垫了底,此底蕴与如下交织有关,即非本质性与本质性、偶然性与必然性、非理性与理性在现实中交织在一起:在现实中存在一种自身与自身之间的距离,一种运动性,一种主动的反思性,与此相对照,在其直接性中的实在与自身直接相重合,或与其规定性直接相重合,此处的规定性即为实在的特性。本质一般地意味着否定性及反思性,它们一贯内在于在其肯定性的虚假直接性中的存在之中,或在其实存的虚假直接性中的存在之中:"本质是过去了的存在,但不是在时间上过去了的存在。"①因此,在逻辑学意义上的现实中,直接性与中介、外在性与内在性、否定性与肯定性,它们都是共存的,并且每一个都在它者的区域内表达自身。现实是一种直接的存在,此存在在自身中包含一种中介的现实痕迹,此中介构建了直接的存在;现实是一种外在的项,此外在的项所指涉的内在性完全萦绕了它;现实是一种充满否定性的肯定的东西。但在这里,与在本质逻辑学的前两个部分中产生的东西相矛盾,这种与自身间的距离,这种反思性,在其消失的运动中被理解,而不再在其出现的运动中被理解。这就是区分如下三种东西的意义:(1)本质的显露(Scheinen),或它在自身中的反射;(2)本质在实存或现象(Erscheinung)的外在性中的显现(Erscheinen),此处的本质被理解为一种内在性;(3)现实的(自主)表现。② 就其整体来说的现实意味着内在的东西与外在的东西(无论人们如何称呼它们,它们也可以是实体与偶性,必然与偶然,原因与结果……)的动态的、处在进程中的偶合。正是这一过程被黑格尔命名为表现或显示,如果人们将显示理解[24]对本质的"内在性"而言"只是自在自为地向外—表现自

---

① *WdL* 2, *W*,第 6 卷,页 13;*SL* 2,页 2。
② 关于本质的这三种发展模式及其关系,参见 *WdL* 2, *W*,第 6 卷,页 201;*SL* 2,页 247

身的行为"。① 因此,与先前遇见的直接性的诸形式(存在,实存,现象)相区别,"现实是表现[……],就是说在其外在性中它是它自身,并且唯有在此外在性中它才是它自身"。②

我们应阐述得更确切些。现实是本质辩证法的发展的终点,通过概述本质的诸结构与存在的诸结构之间的区别,黑格尔暗示,现实几乎可以说是本质的自为存在,正如实存与现象是本质的定在那样:

> 绝对的本质在这种与自身合一的单一性中不具有定在。但它必须向定在过渡;因为它是**自在自为的存在**,就是说它将它自在具有的诸规定区别开来[……]因为本质首先是单纯的否定性,所以它现在不得不将它自在具有的规定性在其领域中设立起来,目的是为自身赋予定在,然后为自身赋予自为之在。③

借助现实,本质可以说向自身那里弯曲,或者说在遭受到外在性的危险之后,本质与自身相交接。但这并不意味,现实将外在性的本质形态(实存,现象)吸收在一种毫无污点的内在性中;从某种意义上说,正相反,现实只是外在性,其内在性耗尽在自身的外在表达中。本质发展的专有特征解释了这一点。面对本质,存在暂且被还原为现象,此现象与"不确定的"本质构成最初的及坚实的二元性,本质借助源于这种二元性的逻辑发展过程设定它的诸规定,即同一与差异,根据与有根据的东西,本质与实存,本质与现象(此处的逻辑发展过程可被理解为迎击形而上学二元论倾向的方式,其目

---

① *WdL* 2,*W*,第 6 卷,页 185;*SL* 2,页 225。
② *WdL* 2,*W*,第 6 卷,页 201;*SL* 2,页 247。参看 *Enzykl*,第 142 节,*W*,第 8 卷,页 279;*Encycl* 1,页 393:"现实的外在化是现实自身。"
③ *WdL* 2, *W*,第 6 卷,页 15;*SL* 2,页 4 – 5。

的是克服它,黑格尔反对形而上学的二元论倾向)。关于现实的思想,关于这个"与其现象相统一的本质"的思想,①要求放弃从预先假定的背后—根据出发理解存在物;关于现实的思想显示了存在与存在的根据在运动中的完全相符(在此运动中,有两方面的东西不能相调和,一方面是自身显示的东西,另一方面是存在的环境,自身显示的东西在此环境中显现自身)。因此,一般而言,人们可将"它[25]存在,仅仅因为它存在"②这段话应用到现实之上(在对绝对必然性的详述过程中,当黑格尔谈及必然的东西时,他说了这段话)。现实绝对存在,完全存在,这是其外在性的维度或实存维度;但因为它存在,所以它存在,这是其存在的存在根据,其内在性的维度或反思性的维度。

存在一种逻辑发展过程,此过程构建一种没有深度的表面,或毋宁说构建一种表面,此表面就是其深度,《逻辑学》第二编的末尾以及第三编的开头告知我们,上述过程将本质,将在外在性形态的网中"出现"或"显现"的内在性引向概念,此概念是一种无限自我肯定的自由主体(此处无限自我肯定即为概念的固有"发展"③)。因此,现实就在自身那里显现出来,不在一种陌生的或提前被给予的环境中显现出来,根本上说,它只是概念的预示,一种自由,此自由在必然性的用语中展现自身,并且它应当如此展现自身;换言之,现实的发展过程确保必然向自由的转变。但是,现实仍蕴含为它所扬弃的诸种二元性的痕迹,就此而言,它仍然还只是站"在概念的门口"。④

---

① *WdL* 2,*W*,第 6 卷,页 16;*SL* 2,页 6。

② *WdL* 2,*W*,第 6 卷,页 215;*SL* 2,页 265。

③ "概念的进展既不再是向他物的过渡,也不再是在他物中的显现,而是发展。"(*Enzykl*,第 161 节,*W*,第 8 卷,页 308;*Encycl* 1,页 407)这一段附释明确指出,借此发展,"仅仅是自在地已然在场的东西被设定出来"(*W*,第 8 卷,页 308;*Encycl* 1,页 591)。

④ *Enzykl*,第 156 节附释,W,第 8 卷,页 302;*Encycl* 1,页 588。

因此，现实是存在向概念的生成，并且只是这种生成（此处的存在总是被本质的否定性介导）。我们承认，在黑格尔设立的规章制度中，理性等同于概念。完全严格地说来，这一点只对理念适用，理念对应于"理性这一术语所具有的专有的哲学含义"。① 但理念本身只是"*主观与客观的统一，此统一作为自为存在着的东西而存在*"，②根本上说，它只是现实的内在合理性的表达，以及对现实的成为一概念的这一维度的表达。

> 现实与纯粹现象（Erscheinung）不同，它并非与作为他者的理性相对峙，以至于毋宁说它是彻底理性的，正是由于这个原因，凡是不是理性的东西也不应被视为现实。③

但现实的这一合理性仍待一种明晰化；"概念"这个词成了这一明晰化的名字。

因此，我们有权说，黑格尔在客观逻辑末尾对现实的分析展现了[26]理性成为实在或客观性的主体，不过此点成立的条件是人们不将主体性理解为人类学范畴的一个规定，而是理解为概念的活力本身（此概念，"作为辩证法，打碎其界限，并[……]通向客观性"④），并且人们将实在性理解为如下场所及领域，即"客观思维"展开的无限开放的场所，存在借助自身所实施的思想性生产的领域。此外，后一个表达只是说明思维内在于世界，内在于逻辑学意义上的现实。因此通过现实的构建，现实提供了"理性"与"实在"

---

① *Enzykl*，第 214 节，W，第 8 卷，页 370；*Encycl* 1，页 447。
② *Enzykl*，第 212 节，W，第 8 卷，页 367；*Encycl* 1，页 446。
③ *Enzykl*，第 142 附释，W，第 8 卷，页 280；*Encycl* 1，页 575。[译按]法文引文有缺漏，此处德文原文是："现实与纯粹现象（Erscheinung）不同，首先作为内在物与外在物的统一，它并非与作为他者的理性相对峙，以至于毋宁说它是彻底理性的，正是由于这个原因，凡是不是理性的东西也不应被视为现实。"
④ *Enzykl*，第 192 节附释，W，第 8 卷，页 345；*Encycl* 1，页 607。

之间叠合的证明:

> 知性在世界上存在,理性在世界上存在,这等于意指"客观思想"这个表达所包含的东西。不过正是因为人们过于频繁地用思想这一术语指涉精神,指涉意识,在谈及不属于精神的东西时,人们首先只运用"客观的"这一术语,所以"客观思想"这一表达成了不合适的表达。①

因此,在某种意义上说,海姆的如下判定并不算错,即"将理性与实在同一,实在与理性同一"这一黑格尔的断言判定为同语反复,如果不将其判定为大致矛盾的话。但有一个保留条件,此保留条件极重要,即理性与实在同一,实在与理性同一,这不是某种事实,或某种给定物,它是概念与存在相调和的无限过程的关键,同时也是此过程的结果,《逻辑学》在其根本性的构建中展现了此过程,"实在科学",特别是客观精神学说,展现了此过程的所有种类的具体形象。这就解释了为什么说,1819—1820 年的法哲学讲义就运动的方面阐释了 1820 年前言中的那个公式,在 1819—1820 年的法哲学讲义中黑格尔提到:"理性的东西向现实的东西生成,并且现实的东西向理性的东西生成。"②在这里,我们没有必要去大胆推测,为何黑格尔最终没有保留此表述。

"存在着的理性"

我们刚刚阐述了《法哲学原理》前言中那个公式的思辨内容,此公式对"[哲学的]实在科学",尤其对客观精神学说而言,意味着

---

① *Enzykl*,第 24 节说明,*W*,第 8 卷,页 81;*Encycl* 1,页 290。
② *RPh* Henrich,页 51。

什么呢？此问题事关"哲学对现实所采取的立场"问题，它产生诸多[27]"误解"。黑格尔对此问题提供了事关原则的回答，其回答源自他对现实的理解，但黑格尔所提供的回答就部分内容而言超过了他对现实的理解范围。以下就是他的回答：

> 因为哲学是理性的深刻探索（Ergründung），所以它是对当下及现实的理解，不是对一种上帝知道应该在哪的彼岸的构建。①

这段话强调了现实的合理性论题的一个新维度（带有一种明显的论战性意图，前言的后续部分有力强调了此维度②），这个新维度即为：现实的合理性论题意味着拒绝所有形式的规范主义。哲学并非要去规定现实应成为什么样子，或规定现实原应该成为什么样子，因为在实在或存在之外，不存在任何东西，除了咒语式的言论的空洞或自我指称的言语的空虚之外，无论怎么说都不存在任何东西；哲学要"使存在的东西概念化[……]因为存在的东西是理性"。③ 当然，存在的东西不是在其经验性中的直接定在，甚至也不是实存或现象（实存或现象与它们反映的本质性之间好像总是存在距离），而是现实，作为理性的在场及现实化的当下。理性不是抽象规范的理性（抽象规范的理性声称要教导世界"它应当如何存在"④），而是"世界的思想"，⑤或世界关于自身的思想，此世界发现

---

① *RPh*, *W*, 第 7 卷, 页 24; *PPD*, 页 103。
② 在这里我不关心这个方面。关于背景信息人们可在我的《法哲学原理》的翻译的《导论》（Présentation）中找到。对序言的细致评论，人们可在如下书中找到，A. Peperzak,《哲学与政治》（*Philosophy and Politics*），Dordrecht, 1987。
③ *RPh*, *W*, 第 7 卷, 页 26; *PPD*, 页 106。
④ *RPh*, *W*, 第 7 卷, 页 26; *PPD*, 页 105。
⑤ *RPh*, *W*, 第 7 卷, 页 28; *PPD*, 页 107。

自己是真理的持有者,并且学着将自己视为这一持有者。但是,当现实与理性的等式只意味合理性与自身相叠合,意味"作为意识到自身的精神的理性"与"作为现存的现实的理性"①相一致,那么,尽管我相信可以提出某种东西解除海姆的如下质疑,即黑格尔的公式是一种乏味的同语反复,但此质疑难道不成了某种有根据的说法?

为回答此问题,合适的做法是参考一下在《法哲学原理》及哲学历史讲义中黑格尔对《理想国》的评论。康德对同一主题也发展出自己的论据,值得将黑格尔的论据与康德的论据比较一番;②对两者的比较显示,[28]论及观念性与规范性之间的关系时,如果说两位哲学家的策略存在分歧,那么他们都具有如下忧虑,即如何正确对待在柏拉图那里属于"概念的张力"的东西。黑格尔说了什么呢? 柏拉图的城邦被认为是"意指一种空洞理想的成语",③因为它拒斥个人自由选择其社会身份(在柏拉图那里,它是被强加的)以及自由选择配偶(在柏拉图那里,存在着性的共产制度),并且它拒斥私有财产:现代人对其自由形成一种观念,柏拉图的城邦排斥现代人以此观念为名所要求的一切东西。事实上,柏拉图的城邦的这些安排以相互协调的方式旨在"排斥主观自由的原则"。④ 但此排斥不是柏拉图的一种怪念头,或极权狂想的一个特征。它只表明柏拉图比其同时代人更好地理解如下两方面东西多么地相互矛盾:一方面是自主原则,哲学通过为每个人谋求独立思考的权利,首先强调了此原则;另一方面是希腊伦理(Sittlichkeit)的本质(民主制度是

---

① *RPh*,W,第 7 卷,页 26;*PPD*,页 106。
② 参看 *KrV*,科学院版,第 3 卷,A316,B372 - 373;*CRP*,页 1028 - 1029。
③ *RPh*,W,第 7 卷,页 24;*PPD*,页 103。
④ *GdP*,W,第 19 卷,页 124;*HP*,第 3 卷,页 490。黑格尔也谈及"特殊性的原则的抑制"(页 494)。

希腊伦理最纯粹的表达)。与其同时代人相比,他更好地理解:

> 伦理性的东西属于实体范畴,被保持为具有神性的东西;以至于每个单个主体将精神、将普遍物视为其目的、精神及习俗,唯有出于此精神并在此精神中主体才意愿、行动、生活及享受,以至于此精神是其自然,即其第二自然、精神性的自然。①

古希腊伦理(Sittlichkeit)按实体性的理性被编排,《理想国》主张此伦理及实体性的理性与主观的自我决定不相容;用形象化的语言来说,此不相容表明了处死苏格拉底的必然性,并且可能也指明了处死基督的必然性(但详述这一点将可能把我们引向太远的地方)。柏拉图的巨大功绩在于,他已描绘出"主观自由"②的出现应具有的政治影响,尽管此描绘的目的在于消灭此影响。现代伦理的特点在于如下两个方面:(1)只有当普遍的东西在自身之中接受特殊性原则,并且承认主体的独立思想与意愿的权利,它才能在事实上作为普遍的东西而有效地存在;(2)国家让市民社会在它之中发展,这种社会将它的"片面的原则"的逻辑发展到它的尽头。柏拉图间接地帮助我们思考现代伦理的特点。《理想国》的作者"理解[……]希腊伦理的本性",并[29]同时察觉到"一种更深刻的原则侵入到它那里",③此原则将动摇希腊伦理,然后替代它:他阐述城邦(polis)本质的十足的合理性,并突显此合理性的诸多历史局限,由此将如下做法的历史局限突显出来,即将整个合理性记入一个历史中。因此,他同时表明现实的合理性(理想国是一个理想型,它

---

① *GdP*,*W*,第 19 卷,页 113 – 114;*HP*,第 3 卷,页 480。[译注]中译据德文原文译出。
② *RPh*,第 124 节附释,*W*,第 7 卷,页 233;*PPD*,页 221。
③ *RPh*,*W*,第 7 卷,页 24;*PPD*,页 103。

确定希腊历史的现实的深层意义)与理性的现实性(此哲学禁止的东西恰恰就是"即将来临的世界变革绕其旋转的中枢"①)。

所以,理性与现实的相等,思维着的理性与存在着的理性的相等,这些相等在严格的逻辑学语境中不是同语反复,当人们在客观精神的领域中理解这些相等时,它们同样也不是一种同语反复:总之,谁在主张说《理想国》呈现了一个雅典城邦的复制品,或者说甚至呈现了它的完全被颠倒的形象?人们可以认为,上述等同是一种发展过程,或一种历史。客观精神(伦理)借助此历史从自身那里产生一种被思考的形象,并由此致力于改造它(柏拉图的例子完全清楚地展示了这一点)。借此,人们看到,黑格尔毅然决然地公开宣称他拒绝规范主义(为了告诉世界它应该成为的样子,哲学总是来得太迟),此拒绝绝没有禁止概念拥有一种内在的规范力量;相反,理念需要这种力量,如果理念"并不会软弱无力到如此程度,即它只是应当存在,而不是现实地存在"。② 但这种规范性依然内在于它所适用的客观性领域。在此语境内,人们应停止将概念或规范想象为在人类学层面上的有限主观性的产品,一种自由支配其产物的主观性的产品。远非将应当(Sollen)与存在(Sein)隔离开(按凯尔森[Kelsen]的看法,③此隔离是所有前后一致的规范主义的先决条件),真实的东西的规范("理性的东西")在历史世界的中心地带("现实的东西")被描述为"在当下的十字架中的玫瑰"④(这一谜一般的表述来自1820年的前言)。按照我的看法,人们将此理解为,真实的东西——思辨的东西——仿佛指示着,在一个还没有与

---

① *RPh*,*W*,第7卷,页24;*PPD*,页103。

② *Enzykl*,第6节说明,*W*,第8卷,页49;*Encycl* 1,页170。

③ "存在与应当之间的差别不能被更多地阐释了。它直接被授予给我们的意识。"(Kelsen,《法的纯理论》[*Théorie pure de droit*],Eisenmann 翻译,Bruxelles‑Paris,1999,页7-8)。

④ *RPh*,*W*,第7卷,页26;*PPD*,页106。

自身相和解的世界中,在一个被苦难及矛盾折磨的世界中,[30]和解(Versöhnung)的维度不仅以一种隐含的或潜在的方式存在,而且确实具有现实性,因为唯有此维度才能使人们为世界思考一种将来或一种前途。但历史世界的这一前途,就其根本而言,属于历史范畴吗?它是世界的另一个形象或另一个世界?

客观精神学说的对象

作为"实在科学"的客观精神学说论述了什么?论述了实在,这不言而喻,或毋宁说它论述了现实,表达了现实的内在合理性或现实的概念。这并不意味客观精神学说是现实的乏味拷贝(《理想国》的例子完全清楚地显示了这一点):理解现实的合理性,就是展现那股推动实在并引导其超出自身的冲动,就是思考一种矛盾,此矛盾的出路将是一个崭新世界的诞生。就此,1820年的那个前言包含了诸多有名的、但让人费解的断言。首先,让我们指出两个至少初看起来好像自相矛盾的判断,它们即为"哲学是[……]被把握在思想中的它的时代",①以及"重要的是,在短暂的及一时的东西中认识内在的实体及当下的永恒"。② 哲学怎么能同时既是"它的时代的女儿"又是对不属于任何时代的真理的表达?甚至当哲学对象就建构方面来说是历史性的对象时,哲学怎么能同时既是"它的时代的女儿"又是对不属于任何时代的真理的表达?因此,如果一门政治哲学不具有规范性的使命,如果其对象即国家就其本性而言是被嵌入在历史中并暴露于偶然性之下,那这门哲学能够很好地谈论什么东西呢?

---

① *RPh*, *W*, 第7卷, 页26; *PPD*, 页106。
② *RPh*, *W*, 第7卷, 页25; *PPD*, 页104。

对这些问题的回答,《法哲学原理》前言中的一个段落做出了提示:

> 现在这本书是以国家学为内容的,既然如此,它就是把国家作为其自身是一种理性的东西来理解和叙述的尝试,除此以外,它什么也不是。[……]本书所能传授的,不可能把国家从其应该怎样的角度来教,而是在于说明对国家这一伦理世界应该怎样来认识。①

哲学不应设想国家应该成为的样子,这是一件不言而喻的事:正如人们已经看到的那样,黑格尔认为所有形式的规范主义与按当下或现实规整思想的行为不相容。[31]但是,在哪方面来说哲学的任务在于阐述应如何认识国家? 根据某种观点来看,如海姆或伊尔廷(Ilting)的观点,此主张是黑格尔的政治"寂静主义"的证据,或说得粗暴点,它是黑格尔的奴性的证据。他不是于 1821 年给哈登贝尔格(Hardenberg)大臣写信说,法哲学是"政府诸多善意的直接辅助者"②吗? 但在我看来,人们可用另外一种方式理解它,如果人们愿意认真考虑这一哲学公开表示的意图,此意图囊括两点:"理性的深刻探索"与"对当下及现实的理解"。

哲学是一种对当下的思考。③ 因此,其使命在于成为一种关于现实的理性知识,或毋宁说使现实在它之中达到对其理性程度及特有的理性形态的意识。但正如现实不等同于实在,哲学所思考的当下也不是偶然事件的突然发生;哲学所思考的当下是理性在事件的

---

① *RPh*,*W*,第 7 卷,页 26;*PPD*,页 105。[译注]中译参考《法哲学原理》,前揭,页 12。

② *Corresp* 2,页 214。

③ 参看 E. Renault,《认识当下》(Connaître le présent),载于 J.-Fr. Kervégan 与 G. Marmasse(主编):《法的思想家黑格尔》(*Hegel penseur du droit*),Paris,2004,页 13–29。

时间中非时间性的在场:

> 在哲学中,不涉及仅仅是曾存在的东西或仅仅是将要存在的东西,而是涉及**存在**的并永恒存在的东西:涉及理性,关于理性,我们有足够的事情要做。①

对上述这点应该还要补充的是,理性的这一永恒性与实在形影不离(在《逻辑学》的开头黑格尔以一种挑衅的方式强调此永恒性②):永恒性在实在中不显示为一种被遮掩住的内在性,而显示为一种中介,它使实在与其自身紧密相连。《法哲学原理》的序言诉诸一种隐喻的记载,此记载提及一种关于背景的真理的本质主义描绘,在此记载中黑格尔谈及"五彩外皮",为了达到真理的"内核",人们应"刺穿"这"五彩外皮"。③ 尽管在序言中有这些说法,但黑格尔还是在客观精神的"实在科学"中坚持思辨逻辑的教诲,即:现实在其合理性中(在其成为概念的发展过程中)的特有活动是显示或显现,此显示或显现不是"他者"的显示或显现;关于现实,人们应该说,"其定在仅仅是它自身的显现"。④

[32]假定我们可用一种类似方式定义其他"实在科学"的对象,那么在上述讨论条件之下,政治哲学(用黑格尔的话说,客观精神学说)的对象是什么呢?"应如何认识国家"这句话教导我们什么呢? 这句话是在说,直接在实在中展示如下东西的在场,即"现实地"构建实在并证实其内在界限的东西。将政治(但也包括法、市

---

① *VG*,页 210;*RH*,页 242。
② "[逻辑学的]内容是呈现神,正如他在其永恒本质中那样,在创造自然及有限精神之前那样。"(*WdL* 1(1),*GW*,第 11 卷,页 17[*WdL* 1(2),*W*,第 5 卷,页 44];*SL* 1,页 18 – 19)
③ *RPh*,*W*,第 7 卷,页 25;*PPD*,页 105。
④ *Enzykl*,第 142 节,*W*,第 8 卷,页 280;*Encycl* 1,页 393。

民社会及历史本身)思考为"理性的形象与现实",①这等于是在考量在政治自身的构建中超出政治的东西。这不是在如下意义上而言,即在国家与历史之外,存在一种绝对的、不可触摸的及形而上学的真理(事实上,无限精神的所在之地就是在其主观及客观有限性中的精神的所在之地)。将政治思考为"理性的形象与现实",这等于是在考量在政治自身的构建中超出政治的东西,这是在如下意义上而言,即关于真理的思考(同样关于国家及历史的真理的思考)意味着从内部出发为国家及历史确定一种界限,这仅仅是因为关于真理的思考属于知识的范畴。哲学,作为对现实中的理性的思考,是为现实的各种形式或阶段指明其不可逾越的界限(此界限与其思想在其存在之上所展开的逻辑的旋进有关,此逻辑的旋进自相矛盾地表现为一种年代上的滞后):

> 当哲学把它的灰色绘成灰色的时候,这一生活形态就变老了。把灰色绘成灰色,不能使生活形态变得年轻,而只能作为认识的对象。密纳发的猫头鹰要等黄昏到来,才会起飞。②

只有在黄昏之际,只有当现实中的精神的形象恰好不再是现实时,对此精神的思考才会出现。这就解释了为什么说,这种思考只有在超越其对象的情况下才实现自身,即通过显现为不带任何修饰词的哲学时,它才实现自身。理性与现实的结合是黑格尔哲学的根基,就在政治哲学的任务确定下来时,理性与现实的结合显示出"政治哲学的相对性"。③

---

① *RPh*,第 360 节,*W*,第 7 卷,页 512;*PPD*,页 443。
② *RPh*,*W*,第 7 卷,页 28;*PPD*,页 108。[译注]中译参考《法哲学原理》,前揭,页 14。
③ B. Bourgeois,《黑格尔的政治思想》(*La pensée politique de Hegel*),Paris,1969,页 6。

第一部分　法:抽象的实定性

[33]根据黑格尔给予法的修饰词,在客观精神的结构中抽象法通常被视为某种次要东西,与道德具有相同地位(但是,道德被视为次要的东西,这是基于其他理由)。事实上,如果伦理构成一种具体环境,在此环境内,"自由,作为实体,既作为现实性与必然性存在,又作为主观意志存在",①那么法与道德是抽象的,这在黑格尔的语境中至少是在说,凭借法与道德本身,人们不能完全理解法与道德。对许多评论者而言,反法律主义(anti-juridisme)可能是黑格尔学说的特有特征(此特征与在后革命时期的政治哲学中占主流的意见相背离,该意见将法构建为政治自由的不会消失的条件)。与这种常见解释相反,我们在这里想证实如下这点,即为了分析社会及政治的现代性,甚至为了分析作为法的现实化及具体化的历史,应使法的概念经受一种必然的扩展,为了能够恰当地思考这一扩展,抽象法是必不可缺的,在此意义上,抽象法正是鉴于它的抽象性,才构成黑格尔积极评价的一个对象。我将在第一章中概括性地指出这一点,第一章试图分析黑格尔对法的概念的扩展。通过思考[34]

---

① RPh,第33节,W,第7卷,页87;PPD,页142。

"自然与历史"之间的法,第二章将指出上述扩展将允许我们克服近代自然法学论的困难。第三章将研究黑格尔对契约概念的处理;契约远非理解政治关系的本性的必然工具(对近代思想主流而言,契约正是这种工具,此思想登峰造极于费希特),不过,通过促使人们思考社会的法律条件,契约促使人们在抽象法与近代"资产者的"市民社会之间建立联系(此处的市民社会现实化了抽象法的原则)。

引言:意志的客观性

[35]希求自身的意志是所有权利与义务的基础。①

让我们以《法哲学原理》导论的如下这段话作为研究的开始:

> 任何定在,只要是自由意志的定在,就叫做法。所以一般说来,法就是作为理念的自由。②

初看起来,我们应从这段话中抓取如下这点,即在自由、意志与法之间存在一种很稳固的方程式(对这段话,人们可附上《哲学科学百科全书》中的一个类似段落③)。此方程式可定义黑格尔所称的客观精神的立场。但这些概念确切包含什么呢? 黑格尔将意志与法连接起来,这尤其意味着什么呢? 这些正是该明确的东西。然而,如下这点一上来就是确定的,即在黑格尔的哲学中,这些概念的内容与通常理解它们的方式相背离,以至于如下做法至少具有风险性,即正如人们有时所做的那样,将黑格尔归类在法的意志主义的拥护者那边,归类理由是他将法定义为"自由意志的定在"。有些迹象可使人相信这点。首先,遵循康德(不管怎么说,遵循《法权学说》中的康

---

① *Geschicht*,*W*,第12卷,页524;*Histoire*,页337。
② *RPh*,第29节,*W*,第7卷,页80;*PPD*,页138。[译注]中译参考《法哲学原理》,前揭,页36。
③ *Enzykl*,第486节,*W*,第10卷,页304-305;*Encycl 3*,页282-284

德①),黑格尔清楚地[36]将意志(der Wille)与任性(die Willkür)区分开来:任性,作为在诸多可能性之间做出选择的能力,只是意志的一个方面或环节,极端张力的环节,②而意志是理性的自我规定的一种能力。第二,黑格尔一贯摈弃法的通常定义(这也是康德的定义),人们通常将法定义为,根据普遍规则限制每个人的意志或任性;事实上,此定义是将特殊个体的意志或任性构建为法的第一原则,而不是将"自在自为的意志,理性意志"③构建为法的第一原则,因此此定义包含关于普遍性的一种无法弥补的缺陷。最后,应当强调黑格尔对自由的定义的独创性:自由一般地被理解成"在他者中的在自身之在",④自由绝不能被理解成一种谓语,封闭在自身那里的孤独的主观性的谓语;它毋宁说是一种内在性的客观化的运动过程,内在性对此过程而言并非预先存在,但借助此过程构建自身。自由不仅不是必然性的反面,而且自由的发展必然经由必然性并转变为必然性,自由"接受了必然性的形式"。⑤ 黑格尔用"客观意志"⑥的概念介绍客观精神的概念或广义上说的法的概念,像"客观意志"这种概念可以阐明如下意义

---

① 参看 Kant, *MdS*,导论,科学院版,第 6 卷,页 213 和页 226;*MM* R,导论,页 161–162 和页 178(*MM* Ph,页 87–88 和页 100)。

② "任性,不是在其真理中的意志,毋宁说是作为矛盾的意志。"(*RPh*,第 15 节附释,*W*,第 7 卷,页 66 页;*PPD*,页 129)参看 *Enzykl*,第 145 节附释,*W*,第 8 卷,页 285;*Encycl* 1,页 578。

③ *RPh*,第 29 节附释,*W*,第 7 卷,页 80;*PPD*,页 138。

④ "必然性的思想(即自由)是这样一种行为,即在他者之中与自身相联。"(*Enzykl*,第 159 节说明,*W*,第 8 卷,页 305;*Encycl* I,页 405)。"必然性本身肯定还不是自由,但是自由以必然性为前提,并将被扬弃的必然性包含在自身之中。"(*Enzykl*,第 158 节附释,*W*,第 8 卷,页 303;*Encycl* 1,页 589)

⑤ *Enzykl*,第 484 节,*W*,第 10 卷,页 303;*Encycl* 3,页 282。第二版《哲学科学百科全书》说:"具体化为一个外在存在的世界。"同样参看 *Enzykl*,第 385 节,*W*,第 10 卷,页 32;*Encycl* 3,页 180:"一个要被[精神]产生并已被[精神]产生的世界。"

⑥ *Enzykl*,第 486 节,*W*,第 10 卷,页 304;*Encycl* 3,页 283。

的移位,即被黑格尔的法的定义设定为前提的意义的移位。

意志的诸层次

人们可以承认的是,在现代哲学中(无论怎么说,在其主流中),知性(或理性)与意志之间的区别扮演着建构性的角色。正如笛卡尔所说的那样(他并不是这一区别的开创者,但他为此区别赋予一种决定性的意义):

> [37]我们在自身之中注意到的所有思维方式可被归为两种普遍的方式,一种是通过知性觉察,另一种是通过意志做决定。①

诚然,通过区分知性与理性,并为"精神的诸能力"的常用概念添加第三项即判断能力,康德将这一区分范式复杂化了。但是认知与意志,思维与欲望一直是精神的两个基本能力。康德解释说,意志是"[理性存在者的]一种能力,此能力借助规则的表象规定规则的因果关系",②并且只有当人们对意志自由拥有一个恰当的概念时(在此指自律的概念,"所有道德法则的唯一原则"),人们才能设想理性规定意志(也就是说凭借自身,理性就是实践的)。

黑格尔拒绝理论与实践的二元论,拒绝认知与意志的二元论;因此他在一条新的道路上开展"实践哲学"(此哲学在他那里也不再被如此命名)。相反,无论是在《逻辑学》中(其中最后第二章论及"认知的理念"),还是在《哲学科学百科全书》的主观精神理论那里,他坚持强调思想与意志、理论精神与实践精神之间的基本连续性(老实说,此连续性不是线性的,而是圆形的,不是接续式的,而是辩证式的)。因此在《哲学科学百科全书》的一个附释中,人们读到如下这段话:

---

① Descartes,《哲学原理》(*Les principes de la philosophie*),第1章,第32条。
② Kant,*KpV*,科学院版,第5卷,页32;*CRprat*,页128。

> 对表象而言,思维与意志[……]是分开的。但是事实上,[……]思维是这样的东西,它自身决定成为意志,而且前者始终是后者的实体;没有思想,就不可能存在任何意志。①

此连续性的两个方面值得被强调。首先,实践精神(意志)不是理论精神的补充物或竞争对手,而是理论精神在自身中自我深化的产物,借助此深化,完全占有对象的思维着的理智将自身设定为产生这一客观性的理性,因此设定为实践理性(此处思维着的理智以前一直认为,它所占有的对象是它在某处碰到的对象,并将此对象作为被给予物接受下来):

> [38]知道自己是内容——这内容是它自己的,同样也是被规定为存在着的——的决定者的理智,就是意志。②

第二,意志并不仅仅是理论精神的产物、理智的发展结果。至少对黑格尔这位哲人而言,意志自身包含一种动力,即它趋向于在自身中再产生先前孕育意志的思想、理智活动的环节。借助第三版《哲学科学百科全书》的"自由精神",③在主观精神与客观精神的交接点上,因此在有限主体与公共世界的法律及伦理—政治的客观性的接触点上,认知完成

---

① *Enzykl*,第468节附释,*W*,第10卷,页288;*Encycl* 3,页563-564。也参看 *Enzykl*,页443-444,*W*,第10卷,页236-238(*Encycl* 3,页238-239),以及 *WdL* 3,*W*,第6卷,页468-469以及页541-543(*SL* 3,页281和页358-359)。

② *Enzykl*,第468节,*W*,第10卷,页287;*Encycl* 3,页266。[译注]中译参考黑格尔《精神哲学》,杨祖陶译,北京,人民出版社,2006,页296。以下不再注明。

③ *Enzykl*,第481-482节,*W*,第10卷,页300-301;*Encycl* 3,页277-279。在第一版《哲学科学百科全书》中,这两节对应论述客观精神部分的前两节;*Enzykl* 1817,第400-401节,*GW*,第13卷,页224;*Encycl* 3/1817,第401-402节,页147-148。

了在意志中的复现(此处的意志以普遍物的形象出现):

> 现实的、自由的意志是理论精神和实践精神的统一,即自为地是自由意志的自由意志[……]意志有这个普遍的规定作为它的对象和目的,只是在它思维自己、知道它的这个概念、是作为自由理智的意志的时候。①

我们不要认为这里涉及一种辩证法的空洞游戏。相反,我们应该相信,对"精神哲学"的计划而言,认知与意志之间的相互蕴含及渗透十分重要,对"精神哲学"这个表达,人们应记起的是,它是黑格尔的一个创造,正如黑格尔创造了对偶词"自然科学—精神科学"(Naturwissenschaften – Geistwissenschaften)。客观精神是在法、道德及伦理—政治制度中客观化了的精神,它是要被精神生产并已被精神生产出来的世界,②简要概括地来说,精神哲学的计划是使客观精神显现为通常意义上说的主观性的发展结果,或毋宁说使其显现为主观性的一贯必然的前提。换言之,理论与实践、认知与意志之间的相互蕴含促使黑格尔设计出关于精神的一种去主观性的概念(un concept dé – subjectivé de l'esprit)(此处的认知与意志完全不是经验主体或先验主体的"能力")。正如精神的去主观性的概念必须包含它的主观性环节,此概念同样也必须包含一种客观性的环节。事实上,精神的去主观性的概念只有在如下情况下才站得住脚,即在主观性与客观性这两个有限环节之外,它按无限进展的总体性被编排,即按绝对精神被编排。唯有精神的去主观性的概念——比如说——可以为如下断言赋予[39]一种意义(此断言变革了人们关于精神与认识的观念):

---

① *Enzykl*,第481节,*W*,第10卷,页300 – 301;*Encycl* 3,页277 – 278。[译注]中译参考《精神哲学》,页309 – 310。

② *Enzykl*,第385节,*W*,第10卷,页32;*Encycl* 3,页180。

如果关于理念的认识[……]是思辨的,那么此理念本身作为理念就是人的现实性,它不是人对自身所具有的理念,而是这样一种理念,人就是它。①

但是,如果黑格尔的意志学说排除认知与意志、理论与实践的通常的两分法,那它也通过使这些构想相对化(它将这些构想构建成部分性的且本身并不具有独立性的环节、方面,这些环节、方面构成意志的统一的及思辨的概念)从而致力于整合各种传统构想。意志的统一的及思辨的概念按照上面已提及的自由构想被编排,上面提及的自由构想将自由设想为在他者中的在自身之在(Beisichsein im Anderen),在自我的相异性或异化中以及借助这种相异性及异化的在自身之在(这一构想可能是黑格尔哲学的导向性观念)。在这里恰当的做法是,很快地提一下意志概念的分层现象,黑格尔在《法哲学原理》导言部分的第5节至第28节②详细阐明了它(此阐述比在《哲学科学百科全书》中更详细);事实上,正是这一分层现象详细叙述了意志客观化的必然性,换言之,它详细叙述了从主观精神向黑格尔所称的客观精神过渡的必然性。

文本(第5节到第10节)首先阐述了人们可称之为意志发展过程的规定性因素,即意志的仍未展开的概念的普遍性环节、特殊性

---

① Enzykl,第482节说明,W,第10卷,页302;Encycl 3,页279。
② 人们应将此过渡(RPh,W,第7卷,页49-79;PPD,页119-138)与1817年《哲学科学百科全书》的第388-401节对照地阅读(Enzykl 1817,GW,第13卷,页217-224;Encycl 3/1817,第389-402节,页140-148),或将此过渡与第二版及第三版《哲学科学百科全书》的第469-482节对照地阅读(Enzykl,W,第10卷,页288-302;Encycl 3,页267-279)。人们可在以下文章中找到关于《法哲学原理》导言的一个极为详细的评论,A. T. Peperzak,《论黑格尔的伦理学》(Zur Hegelschen Ethik),载于 D. Henrich 和 R. P. Horstmann(主编),《黑格尔的法哲学:法的形式的理论及其逻辑》(Hegels Philosophie des Rechts. Die Theorie der Rechtsformen und ihre Logik),Stuttgart,1982,页103-131。

环节与个体性环节(第5节到第8节),并阐述了"抽象"意志或"形式"意志的区分化或特殊化的原则("抽象"意志或"形式"意志"发现外在世界已在那里")(第8节到第10节)①:与世界这个被给予物的积极关系,以及如下必然的决心,即为此抽象意志赋予一种"要被置入到客观性中"②的内容或目的。在阐述的第二个阶段(此部分包含了过渡的最大部分),黑格尔接连研究了当意志走出抽象性时所呈现的三个形态。这些形态不是意志的诸多分离的形式,[40]而是意志的起到构筑整体作用的诸多环节,只有这些环节的动态的整体化过程才使人理解意志的充分展开的理念,这些环节即为"直接的或自然的意志"(第11节到13节);任性(Willkür),关于自由的"最寻常的表象",③黑格尔在其构成性的"矛盾"或在辩证的张力中分析了它(辩证张力将任性与冲动、欲望及激情对立起来)(第14节到第20节);最后,"自在自为的自由意志","真正无限的"意志,作为现实的无限物(infinitum actu),此意志是普遍的,并且既是客观的又是主观的(第21节到第28节)。

黑格尔对意志采取了概念化的处理,上述费解的过渡证明了这一处理的创新特征。我们在这里不详细审查这一过渡。我们应该强调的是,此过渡明显旨在将自由的相互竞争的不同构想整合在一个概念中,此概念可在其内部接受这些构想,但也能通过消除这些构想所拥有的片面性的要素而使其相对化。此处的概念即指自由的概念,此自由只以自身为对象(第27节说,"希求自由意志的自由意志"),自由意志希求自身,这并非因为它极端地关注自我,而是因为它在其对象中发现了自身,并且只有如此它才能通达到它的同一性中(此同一性兼具主观性与客观性)。只存在如下意愿着的主

---

① *RPh*,第8节,*W*,第7卷,页58;*PPD*,页124-125。
② *RPh*,第9节,*W*,第7卷,页59;*PPD*,页125。
③ *RPh*,第15节附释,*W*,第7卷,页66;*PPD*,页129。

体,即他试图在事物中赢取自身的主观性,并知道他只能如此构建此主观性:

> 意志的活动在于扬弃(aufheben)主观性和客观性之间的矛盾而使它的目的由主观性变为客观性,并且即使在客观性中同时仍留守在自己那里[……]这种活动是理念实体性内容的本质的发展[;]在这一发展中,概念把最初其本身是抽象的理念规定为它的体系的总体;这个体系的总体作为实体性的东西,不受单纯主观目的和它的实现之间对立的影响,始终在这两个形式中保持为同一的东西。①

从这一简短分析中我们抓取如下这点,即假定环节在黑格尔那里总是一个整体的非独立的方面,那么当意志被还原为它的任一环节时,人们不能在意志的存在及其显现的复杂性中思考意志:我们既不能把意志辨识为自然的、直接的及有限的意志(此意志在个别的、有前瞻性的决断中疲于奔命,它满足我们的矛盾的情感);我们也不能把意志辨识为(自由的)任性(这一反思能力能在我的冲动与欲望所表现的诸多抽象的可能性之间做出慎重选择);[41]我们甚至也不能把意志辨识为被孤立起来的自在自为的意志(无论如何,自在自为的自由意志在它所照面的及居住的客观性世界中客观地希求自身)。那么,什么是意志呢? 意志不是其他,正是这些不同的环节的动态体系,这些环节可在通常的表象中被标示出来,并且某些哲学家们以片面的方式将这些环节断言为意志的整体(根据黑格尔提供的描述,说出这些哲学家的名字并非很难)。黑格尔的意志概念既不是关于某个事物的概念,也不是某个事物("灵魂")所拥有的某种能力的概念(此能力能产生某些效果)。在黑格尔那

---

① *RPh*,第28节,*W*,第7卷,页79;*PPD*,页137-138。[译注]中译参考《法哲学原理》,页36。

里,意志意味着一种进程(此进程与思维的进程相连),它连接起如下意义,即人们能够为意志赋予的诸多片面的意义,并且它将这些意义相对化,它像通往其终点那样通往意志的一种客观化的理念,此客观化不是主观性的行动结果,而是这些行动的似乎被给予的前提:"意志之路"在于"将自身构建为客观精神"。①

客观化:法

意志,正如康德所言,"是一种能产生与表象相符的对象的能力",②意志产生其对象,这些对象不是事物,也不是观念,而是行动,或毋宁说包含规范性要求的行动范式,与之相对,理智以其对象为前提,此对象即为要被认识的那个世界,理智接受此世界,或似乎作为被给予物接受此世界。对意志与理智的这种认识断然地(a limine)将实践精神与理论精神、意志与理智区分开来。因此正常的是,实践精神的发展首先(表面看起来)通向仅仅是主观的意志的客观化(此处的实践精神的诸层次刚刚被介绍过,它们是意志的动态构想的环节)。事实上,显然的是,意志在法律、社会及政治的规范与制度中的这一客观化必须以主观意志的建构为前提,同时,主观意志从它自身出发设定这一客观化的必然性,这两点符合黑格尔的方法的前进—倒退的结构。③ 有限的主观性——它是有限的,恰恰因为它只是主观的——达到自身的尽头,[42]它被引导着去发现

---

① *Enzykl*,第469节,*W*,第10卷,页288;*Encycl* 3,页267。
② Kant,*KpV*,科学院版,第5卷,页15;*CRprat*,页103。
③ 关于这一点参看《逻辑学》最后一章的方法论的论述。比如说,"在进一步的规定中,前进的每一步——因为它与不确定的开始相远离——也是一种向开始的回撤式的接近"(*WdL* 3,*W*,第6卷,页570;*SL* 3,页389)。

自己身处"世界的现实性之中"①,或被引导着做出如下识别,即在"世界的现实性之中"识别出自身(此处的世界是这样一个世界,在其中,主观意志认出被它设定为自己的目的的目的,这些目的在世界中以制度化的规范的客观形象展现自身)。

　　黑格尔在《逻辑学》的倒数第二章详细阐述了善的理念,此阐释以精炼的方式呈现了上面我们所说的东西。黑格尔称之是行动的三段论的东西具有悖论或矛盾(不过,应当记住,正是对矛盾的思考构成了概念的本质环节②),此悖论或矛盾如下:行动既假定它为自己设定的目的未被实现(否则,就不存在行动的欲望),又假定此目的总是以某种方式已被实现,不过这是在如下意义上而言,即世界在一定程度上被如此安排,以至于它接受行动着的主体的目的(否则,行动总是在如下世界的冷酷面前被击打得粉碎,即不期盼行动而存在的世界)。但是人们应在这一矛盾的多产的动力中思考这一矛盾,不过,为了重新抓取矛盾的丰产性,只需将上述三段论的两个前提放在一起考察,并接受如下事实(因为它是所有行动及意志所固有的悖论),即"[行动的]目的既未被实现又被实现"。③ 黑格尔在他的课上明确了这一观念,并指出此观念从哪些方面来说意味着对康德与费希特的规范主义的克服:

> 善是应该得到实现的,我们必须努力以求善的实现,而意志只是自身实现着的善。但是,如果世界已是它应该那样,则意志的活动将会停止。因此意志自身就要求它的目的(Zweck)还没有得到实现。这样便已经正确地说出意志的有限性了。[……]意志知道,目的是属于它自己的,而理智复确

---

① *Enzykl*,第 484 节,*W*,第 10 卷,页 303;*Encycl* 3,页 282。
② *WdL* 3,*W*,第 6 卷,页 563;*SL* 3,页 381。
③ *Enzykl*,第 234 节,*W*,第 8 卷,页 386;*Encycl* 1,页 459。

认这世界为现实的概念。这就是理性认识的正确态度。那虚幻不实、倏忽即逝的东西仅浮泛在表面,而不能构成世界的真实本质。世界的本质就是自在自为的概念,所以这世界本身即是理念。一切不满足的追求都会消逝,只要我们认识到,这世界的最后目的已经完成,并且正不断地在完成中。①

从主观精神到客观精神(从意志到法)的过渡对应如下事实的发现,即在一定程度上说,个体主观性与普遍客观性互相以对方为目的被预先编排。但是,[43]正如黑格尔马上所做的那样,适当的是补充如下这点,即"存在与应当之间的一致不是[……]一种固定的、缺乏过程的一致,因为善,世界的最后目的,之所以存在,是由于它不断产生自己"。② 因此,与人们通常提出的一种怀疑相反,客观精神的概念毫不蕴含一种寂静主义,"对存在着的东西的祝福"(海姆);它并非意指所有好的目的总是已被实现,更谈不上说,善总是已在一个完全永恒的世界中被实现(此世界与世界应当存在的样子相一致)。黑格尔远非拥护这样一种保守的形而上学,相反,他认为总是必要的、总是紧迫的行动应被安置在一种赛场内,此赛场分离并连接两方面的东西:一方面是不受拘束的主观性,它傲慢地无视"世界的法";另一方面是一种客观性,人们虚幻地认为此客观性锁闭在自身之中,自身具有一种目的。既不是软绵绵的蜂蜡,也不是不可穿透的花岗岩:客观精神的世界被如此安排,以至于它接受主观性的一直被要求的努力,同时它不断提醒主观性记起其行动的客观性的条件(这正是如下分析所证实的东西,即黑格尔在伦理的主

---

① *Enzykl*,第 234 节附释,*W*,第 8 卷,页 387;*Encycl* 1,页 621。[译注]中译参考黑格尔《小逻辑》,贺麟译,北京,商务印书馆,1996,页 420。以下不再详注。

② *Enzykl*,第 234 节附释,*W*,第 8 卷,页 387;*Encycl* 1,页 621 – 622。

观性与客观性的双重维度中对伦理的分析①)。因此,现实意志只存在于向现实意志的最无政府主义的表达敞开的世界中,因为这些表达暗地里与此世界相合。

那么,为什么黑格尔为客观精神的全体部门赋予法这个称呼(对于法,黑格尔为它赋予了一种意义,此意义审慎地超出了法学家的用法范围)？法的这一借代功能与黑格尔客观精神学说的制度主义(institutionnalisme)相关。② 即便法的秩序仅仅被还原为抽象法(法学家的私法,或至少说其理性的底层结构),在一定程度上说,法的秩序也是构建性体系(système instituant)的范式:构建性体系是普遍的客观规定的总体,参与者不能捕获此总体(对于参与者而言,法不可被自由处理),然而此总体显得能够为参与者的行动赋予一种意义,或至少一种评价。换言之,因为黑格尔认为,抽象法建立一种"客观的个体性"以及设立诸多"无主体的权利",③所以他能够将抽象法构建成客观自由的图样。唯有伦理的(家庭的、社会的及政治的)制度[44]才能形成"发展了的与实现了的理性",④这一点属实。但是这个伦理性的"第二自然",这个制度性的结构整体(个人的"政治意向态度"⑤激活并构建了此整体),只是使如下转变完成并实现(抽象法为如下转变确定了它的形式性的结构),即主观性向人格的制度性转变,无限定的物向法定物的制度性转变,在此转

---

① "由此而来的善与主观意志之间的具体同一是伦理[……]伦理的东西是主观意向态度,但是是自在的法的主观意向态度。"(*RPh*,第 141 节和附释,*W*,第 7 卷,页 286 – 287;*PPD*,页 248 – 249)

② 参看后面第四部分的引言以及第十二章。

③ 这些术语来自 Maurice Hauriou,他是法律制度主义的杰出代表:参看《公法原理》(*Principes de droit public*),第二版,Paris,1916,页 93 以及相关书中各处。

④ *RPh*,第 265 节,*W*,第 7 卷,页 412;*PPD*,页 348。

⑤ *RPh*,第 268 节,*W*,第 7 卷,页 413;*PPD*,页 349。参看后面第十一章。

变中,"我作为自由意志成为我自己的对象"。① 简言之,自由的客观化,整个客观精神学说的唯一动机,在狭义的及严格意义上说的法那里,在法学家的"抽象法"那里,找到了其基本的组织结构。

黑格尔承认抽象法具有典范的意义,其主要原因之一在于黑格尔推进了意志的"去主观性"的概念。为了否认对意志概念的主观主义的理解(此理解在哲学家中占主导地位),黑格尔依赖人们可称之为形式法律秩序的内在性哲学(在这里我意识到我将自己与一种仍占主导地位的意见对立起来,根据这种意见,黑格尔误解了法的理智性构建②)。当黑格尔论及"客观意志"时,③当他分析人与物之间的相互构建时,他的言辞足以引起在康德学派或费希特学派中被培育起来的哲学家的反感。但他的话语将更少地冒犯这样一些法学家,他们习惯于——比如说——将所有权定义为意志的客观化(此处的意志即指指导行为的冲动及本能[animus],此处的客观化的实现借助物质性的标记[物体(corpus)])。正如一位杰出的历史学家所赞同的那样,"罗马人不认为,物体(corpus)与指导行为的冲动及本能(animus)是两个独立的事实状态,一方是客观物,另一方是主观物,因此,他们相反将一个被表象的过程的两个方面把握为一个整体",④如果这点属实,那么我们将会同意说,黑格尔将客观精神(广义上的法)构想为意志的客观化,此构想就其主要特征而言与罗马法有异曲同工之妙(充其量说前者是后者的一个推论)。但这并不理所当然地意味着,黑

---

① *RPh*,第 45 节,*W*,第 7 卷,页 107;*PPD*,页 154。

② Michel Villey 所阐明的观点,参看《在黑格尔法哲学中的罗马法》(Le droit romain dans la philosophie du droit de Hegel),载于《法哲学档案》(*Archives de philosophie du droit*),第 16 期(1971)。

③ *RPh*,第 13 节附释,*W*,第 7 卷,页 64,以及第 26 节,页 76 – 77;*PPD*,页 128 和 136。

④ Max Kaser,《罗马私法》(*Das römische Privatrecht*),Munich,1955,第 1 卷,页 331。

格尔拥护如下主流阐释,即 1803 年萨维尼在《占有法》(*Das Recht des Besitzes*)中对罗马所有权法的理论所做的阐释。

作为总结,我们对上面的研究简短小结如下:

[45](1)意志不可被视为某个主体的能力,意志的行为也不可被视为对意志的决断性的简单运用;因此,恰当的做法是,将意志的客观化视为其构成环节的辩证展开的必然结果。只有当意志围绕事物并将自己倾注于其中时(这正是它首先以法律意志的名义所做的事情),意志才能完全与自身相符,成为自由意志,自由意志希求它它自己的自由。

(2)抽象法(借助它的运作成分,即人、所有权及契约)是意志的一种客观化的范式。它通透地是自由的制度性的客观化的一个体系,这就解释了为什么说,抽象法可被视为整个客观精神领域的形式性的略图。

(3)但是法律意志并不仅是一种客观意志;它也是普遍的理性意志,或趋向于成为普遍的理性意志。然而它仅仅趋向于那样,按照黑格尔的看法,这正标示出一般的法与客观精神的界限,一般的法仅仅包含"理性的定在的那个方面"。① 如果,正如《法哲学原理》的序言所指出的那样,在思维着的理性与存在着的理性之间应该存在一致,②那么客观领域显然包含一种难以逾越的界限。事实上,按照《逻辑学》的教诲,对黑格尔而言,客观合理性(法、伦理)与被思维的合理性(哲学)之间的和解不能发生在客观性的土地上。换言之,客观精神("法")只能通过超越如下界限才能展开它所承载的合理性,即客观精神既作为法又作为意志所具有的界限。对客观精神而言,它自身的客观性构成了这一界限,对界限的超越构成了客观精神向绝对精神的过渡:黑格尔写道,"真正的客观性只存在于思维的环节中"。③

---

① *Enzykl*,第 482 节,*W*,第 10 卷,页 301;*Encycl* 3,页 278。
② 参看 *RPh*,*W*,第 7 卷,页 26;*PPD*,页 106。
③ *Enzykl*,第 562 节说明,*W*,第 10 卷,页 372;*Encycl* 3,页 350。

第一章　法:其概念及其诸种现实化

[47]除了一些罕见的例外,长期以来,黑格尔的支持者与反对者似乎都认为黑格尔的哲学不特别看重法,黑格尔的二手著作的读者与公认的专家似乎同样也持此观点。一个著名专家写道:"黑格尔,法不是他的上帝![……]他几乎也不看重法与人的自由。"①黑格尔不是不断地将法——至少是他称之是"有限法律的法"的东西②——规定为形式的及抽象的吗?③ 在《精神现象学》中,然后在《历史哲学讲演录》中,黑格尔论述了罗马世界,在这些论述部分,黑格尔难道没有描绘一幅关于法权状态或法律状态(Rechtszustand)的冷酷画卷?④为了达到人类世界的本质真理(此真理属于伦理—政治的范畴),抽象法领域难道不应被扬弃吗? 从这一视角来看,严格意义上的法似乎是一个应被超越的环节(康德实践哲学为此处的法赋予一种奠基性的地位,并且[48]这是在如下不可超越的意义上而

---

① D'Hondt,《按照黑格尔看法的人与抽象法》(La personne et le droit abstrait selon Hegel),载于 G. Planty‑Bonjour(主编),《按照黑格尔看法的法与自由》(Droit et liberté selon Hegel),Paris,1986,页 90、91。

② Enzykl,第 486 节,W,第 10 卷,页 304;Encycl 3,页 282。

③ 尤其参看 RPh,W,第 7 卷,第 30 节,页 83,第 33 节,页 87,第 36 节,页 95;PPD,页 139、142、147。也参看 Enzykl,W,第 10 卷,486 节,页 304,第 487 节,页 306,第 529 节,页 324;Encycl 3,页 282、284、305。

④ 参看 PhG,W,第 3 卷,页 355 – 359(PhE B,页 414 – 419; PhE H,页 II/44 – 49; PhE J/L,页 434 – 438;PhE L,页 325 – 329)。在《历史哲学讲演录》中,黑格尔将"法权状态"(Rechtszustand)描述为一种"完成的无法"(vollendete Rechtslosigkeit)(Geschichte,W,第 12 卷,页 387;Histoire,页 248)。

言,即纵使毁灭世界,也要让正义实现[fiat justitia, pereat mundus])。① 诚然,当 1820 年黑格尔就体系的某个部分发表了一个充分详述的版本时(自第一版《哲学科学百科全书》(1817 年)出版以来,体系的这一部分就被授予客观精神这一令人费解的称呼②),黑格尔将体系的这一部分题名为"法哲学原理"(Grundlinien der Philosophie des Rechts),这一表达在那时很少见,因而它越发引人注意。但是黑格尔似乎尤其打算用这一创新使本义上的法相对化(此外,外表显得更为古典的副标题"自然法与国家科学"[Naturrecht und Staatswissenschaft]抵消了这一创新),黑格尔通过将法设定在一个"在法律之外"、甚至是"反法律"的背景中(国家是这一背景的决定性环节,关于国家,黑格尔期望它"被崇拜为地上的神"③),从而将本义上的法相对化。黑格尔主张每个客观精神的层级(法,道德,国家,市民社会,国家,历史),作为"自由的理念的发展阶段",都拥有一个"独有的法",④此主张暗含如下隶属关系,即形式法隶属于国家这一"完全另外的领域",国家唯一真正持有"具体现实的精神的法"⑤(在此情况下形式法只是一个"从属环节")。这种反法律主义——如果不

---

① 康德认为,这句格言"稍有点夸张,但具有真理性":*Frieden*,科学院版,第 8 卷,页 379;*Paix*,页 151。黑格尔在其青年时期的作品《德国法制》中,将这句格言讽刺地改写为"纵使毁灭日耳曼,也要让正义实现"(fiat justitia, pereat Germania!)(*Constitution*,*W*,第 1 卷,页 470;*Pol*,页 40)。

② 参看 *Enzykl* 1817,第 399 节,*GW*,第 13 卷,页 223;*Encycl* 3/1817,第 400 节,页 146-147。黑格尔偏爱这个称呼,而不是"自然法",1817—1818 的课程可解释这种偏爱:"自然法这个术语要被放弃,要被哲学的法的学说这个称呼代替,或者正如将在别处被指出的那样,要被客观精神学说这个称呼代替。"(*RPh* Pöggeler,第 2 节说明,页 6;*LDN*,页 48)

③ *RPh*,第 272 节补充,*W*,第 7 卷,页 434;*PPD* 1975,页 280。参看 *VG*,页 112(*RH*,页 137):"在国家中具有神性的东西是正如被呈现在地上的理念。"

④ *RPh*,第 30 节附释,*W*,第 7 卷,页 83;*PPD*,页 139。

⑤ *RPh*,第 126 节附释,*W*,第 7 卷,页 237;*PPD*,页 224。

说对法的蔑视的话——如此清楚地将黑格尔与康德区分开,对康德而言,在法面前"政治总是应当屈膝"。① 自十九世纪后半叶之后,这种反法律主义得到一种合适解释,对此解释存在许多变种②:[49]黑格尔是最初的法权国家(Rechtsstaat)理论家摩尔(R. v. Mohl)、格耐斯特(R. Gneist)、施泰因(L. v. Stein)的同时代人,他事实上可能是权力国家(Machtstaat)理论家的先驱。权力国家的谄媚者与蔑视者对黑格尔的印象至少就是如此,并且这一印象被大众接受:黑格尔先于他的时代反对用法把国家围困起来(此围困似乎就是现代民主的特性)。此后黑格尔的研究以一种令人信服的方式显示如下混淆是粗浅的,即将黑格尔与现实政治(Realpolitik)及帝国主义的教条主义者相混同。③ 无论如何,对很多人而言,

---

① Kant, *Frieden*,科学院版,第8卷,页386;*Paix*,页167。自青年时期论《德国法制》的作品时期起,黑格尔就反对康德的法律主义,在康德的法律主义中,黑格尔觉察到一种令人不安的道德主义;他指责"博爱主义者与道德说教者",博爱主义者与道德说教者"将政治斥责为一种实验及一种探寻的技巧,探寻的对象即为有损法的个人利益"(*Constitution*, *W*,第1卷,页540;*Pol*,页105)。在成熟时期的作品中,黑格尔也强烈斥责法律主义:参看 *RPh*,第333节附释和第337节附释,*W*,第7卷,页500和501-502(*PPD*,页426-427和429)。

② 两个典型的例子(它们持久影响了人们对黑格尔哲学的理解):在德国,Rudolf Haym 的《黑格尔及其时代》(*Hegel und seine Zeit*),以及在法国,Charles Andler 的《德国国家社会主义的起源》(*Les origines du socialisme d'État en Allemagne*)(Paris, 1897)。

③ 尤其参看 F. Rosenzweig(《黑格尔与国家》[*Hegel und der Staat*],1920;法译,*Hegel et l'État*, Paris, 1991),E. Weil(《黑格尔与国家》[*Hegel et l'État*], Vrin, 1950),J. Ritter(《黑格尔与法国大革命》[*Hegel et la Révolution française*], Paris, 1970),J. D'Hondt(《在其时代中的黑格尔》[*Hegel en son temps*], Paris, 1968),B. Bourgeois(《黑格尔的政治思想》[*La pensée politique de Hegel*], Paris, 1969;《黑格尔研究》[*Etudes hégéliennes*], Paris, 1992),以及 D. Losurdo(《黑格尔与现代人的自由》[*Hegel e la libertà dei moderni*], Rome, 1992,法语节译,《黑格尔与自由主义者》[*Hegel et les libéraux*], Paris, 1992;《黑格尔与德国遗产》[*Hegel und das deutsche Erbe*], Cologne, 1989)。

黑格尔助长了"国家的神话"（当代极权主义可能标志着这一神话的最后发展）；如果黑格尔，按照卡西尔（Cassirer）的说法，"比任何其他哲学体系都更多地"助长了"国家的神话"，[1]那么这可能是由于他既吹捧政治又贬低法（这两种做法为他的思想所特有）。因此，没什么好让人吃惊的是，几年来在法国哲学舞台上实现的"法的回归"通常以黑格尔为靶子，同时还以他的马克思主义后代为靶子。

刚刚描述的论据不能被视为完全无效：怀疑黑格尔的反法律主义的存在，这可能是不理智的。但是这样一种术语可以以多重的方式被理解。为了简要起见，我们说这个术语可意指两种截然不同的态度：一种态度是仇恨法，其中包含质疑法能形成一种特定秩序，另一种态度是敌视法律主义，也就是说敌视将法律绝对化。诸多好的论据可使人们记起，黑格尔采取了第二种态度（至少在其成熟时期的作品中），并且几乎可以说他信奉一种弱化的反法律主义。[2] 从这个视角出发，人们可以指出，黑格尔主张法——他称法为抽象法——的充分的独立自主，同时又认为通过国家使法相对化是必要的（国家本身不能被还原为任何一种法律模型）。[50]在这两个断言之间不存在矛盾，关于这一点，人们将看到，它只能以如下构想为出发点才可被理解，即将市民社会构想为抽象的法律秩序的原则的真正实现，但是此实现也具有冲突性。不过首先要紧的是考量法的传统概念的改造（黑格尔的思想引起了这一改造）。只有这一改造才能使人们理解，为什么尽管黑格尔宣布了"有限法律的法"的界

---

[1] Cassirer,《国家的神话》(*Le mythe de l'État*), Paris, 1993, 页 336 以后。不过卡西尔拒绝将黑格尔解释为极权主义的先驱（页 371-373）。

[2] 当施米特将政治的最高决断构建为法的创建性要素时，一个强的反法律主义的例子可在他那里被找到，(《政治的神学》(Théologie politique), Paris, 1988, 页 20、23-24、40-42)，上述例子也可在青年黑格尔那里找到；此外，《德国法制》对施米特而言是一个参考文本。

限,但是他还能够以一种夸张的方式断言,法是"某种神圣不可侵犯的东西,这仅仅是因为它是绝对概念的定在,意识到自身的自由的定在"。①

"哲学的法科学":概念与理念

哲学的法科学以法的理念为对象,就是说以法的概念及其现实化为对象。②

这一对哲学的法科学的起始定义依赖概念(Begriff)与理念(Idee)的区分。可以这么说,理念为概念增添了实现的维度或现实化的维度(有时,黑格尔为了区别此处的概念与完成了的或充分发展了的概念,他将此处的概念称为"简单概念"、"概念本身"或"仅仅是概念的概念"③)。正如现实化(Verwirklichung)这一基本概念,黑格尔在《逻辑学》中阐述并创立了概念与理念的区分,此区分依赖现实化(Verwirklichung)这一概念。

黑格尔意义上的概念不应被理解为思维主体所制订的一般表象,尽管概念直接呈现这一残缺的及临时性的意义:

> 直接性的概念的形态构成了如下观点,即概念是一种主观思维,一种外在于事物的反思。因此,这个层次构成了主观性或形式概念。④

---

① *RPh*,第30节,*W*,第7卷,页83;*PPD*,页139。
② *RPh*,第1节,*W*,第7卷,页29;*PPD*,页109。
③ 比如参看 *WdL* 3,*W*,第6卷,页270(*SL* 3,页62):"因此这就是概念的概念本身。但这首先仅仅是它的概念,或者说它自己也只是概念。"
④ *WdL* 3,*W*,第6卷,页270-271;*SL* 3,页63。

概念的完整意义在如下发展过程中被构建,即将"主观概念"的三个环节连接起来的发展过程(这三个环节即作为概念本身的概念、作为判断的概念与作为三段论的概念)。具有完整意义的概念正是作为主体的思维本身(主体是概念的特有展开的参与者及动因):[51]概念意指一种能力,此能力为思想所有,运用此能力,思维可以自我产生或自我生产,用费希特的术语来说,概念意指自主行动,对于这种自主行动而言,通常意义上的主观思想——比如哲学家的主观思想——几乎只是充当了观众而已。在不同意义上而言的概念的真正主体不是这个或那个有限意识,毋宁说它是在其整体中的实在,此实在在概念中并凭借概念,按照概念的根本性发音陈述自身(此处提及的这些根本性发音是诸多限定的概念)。这就解释了为什么说,"概念的逻辑形式"不是"表象或思想的[……]僵死的贮藏所",因此不是"对真理而言的十分肤浅及无用的历史性叙述"的对象;它们毋宁说是"现实的活的精神",①实在的灵魂本身。因此,主观概念与客观性维系着一种必然的、复杂的关系,此复杂关系不同于空洞形式与无活力的内容所维系的复杂关系。客观性不是一个被给予的世界(此世界封闭在自身之内,与思维着的主体相对),而是"已走出自身内在性,并过渡到定在的实在概念"。②正如黑格尔所构想的那样,客观性是概念的外在实现,"一种直接性,概念通过扬弃其抽象性及中介性而将自己规定成这种直接性",③以至于概念的脉动从表面上看已在客观性中消失(不过,概念是客观性的灵魂);事实上,仅仅是与客观实在相对的主观思维的外在性在其中消失了。根据《逻辑学》的看法,客观化是一种决定性的行动,借此行动,概念超越一种享有特权的与自身的关系的内

---

① *Enzykl*,第162节说明,*W*,第8卷,页310;*Encycl* 1,页409。
② *WdL* 3,*W*,第6卷,页271;*SL* 3,页63。
③ *WdL* 3,*W*,第6卷,页406;*SL* 3,页212。

在性,它确证了它能够组建事物的客观性,并且它认识到自身是世界的内在性构造。我们还要思考一下主观与客观之间的统一(此统一首先以一种直接性的形式呈现自身,因此以一种外在性的形式呈现自身)。理念,"主体—客体",① 在思辨逻辑的意义上说,是一个过程,②此过程辩证地统一了主观概念与客观性,也就是说没有取消它们之间的区别:因此,理念,在其流动性或不可穷竭的生机中,[52]是"恰当的概念,客观真理,或真理本身"。③ 如果人们将"简单理念"理解为缺乏一切现实内容的主观表象,那么黑格尔意义上的理念与"简单理念"完全不同;理念毋宁说表现了(客观性的)实在的合理构造,它对自身的思想,或"作为被概念规定并被吸收在其否定的统一中的外在性"。④ 在黑格尔意义上的理念是理性,但是是具体体现在物质性中的理性。⑤ 因此,这种理性不再与随便哪个主体能力或与某种人类学的规定有关:在黑格尔那里,理性是对一种过程的哲学命名,通过此过程,主观性与客观性、思想与物质世界的现实无限地相互包含,不过人们永远达不到它们完全同

---

① *WdL* 3,*W*,第 6 卷,页 466;*SL* 3,页 278。也参看 *Enzykl* 1817,第 111 节,*GW*,第 13 卷,页 72(*Encycl* 1/1817,页 239),以及 *Enzykl*,第 162 节,*W*,第 8 卷,页 309(*Encycl* 1,页 408)。这一名称借自谢林,谢林在他的如下两部著作中使用了它,《先验观念论的体系》(*le Système de l'idéalisme transcendantal*)(1800)和《我的体系的展示》(*Darsellung meines Systems*)(1801)。在费希特的如下作品中这一名称已出现,即《知识学的新展示的尝试》(*l'Essai d'une nouvelle présentation de la Doctrine de la Science*),载于《全部知识学的基础》(*La doctrine de la science nova methodo*),法语版由 Radrizzani 翻译,Lausanne,1989,页 177。

② "就本质而言理念是个过程,因为其同一性只有就如下情况而言才是概念的绝对的及自由的同一性,即它是绝对的否定性,因此是辩证的。" *Enzykl*,第 215 节,*W*,第 8 卷,页 372;*Encycl* 1,页 449。[译注]中译据德文原文译出。

③ *WdL* 3,*W*,第 6 卷,页 462;*SL* 3,页 273。

④ *WdL* 3,*W*,第 6 卷,页 467;*SL* 3,页 279。

⑤ 同上。

一(此同一可能就是所有思想的死亡①)。因此,黑格尔所要求的观念论——他不是断言,"所有真正的哲学都是一种观念论"②吗?——被归结为如下根本性的双重论题,即只存在概念性的实在,或者毋宁说,只存在概念性的现实,在自然的及人的世界中只存在客观化了的概念。在前面我已经审查了这样一种定义的意义及结果,我们知道,它表达了一种确信(此确信归根结底是一种形而上学的或思辨的确信),即确信在理性与现实之间,换言之,在"意识到自身的理性"与"存在着的理性"③之间,存在根本的一致性。现在重要的是指出这一点对法的概念化会带来什么结果。

我们提醒人们注意概念的逻辑学的主要特征,此提醒在哪些方面将有助于人们理解黑格尔所称的哲学的法科学的地位呢?并且此提醒在哪些方面将有助于人们破译《法哲学原理》为哲学的法科学所给出的定义?首先它能够为法的概念与法的理念之间的区别赋予一种准确内容,黑格尔在《法哲学原理》导论的第二节重提了法的概念与法的理念之间的区别:

> 法学是哲学的一个部门,因此,它必须根据概念来发展理念——理念是任何一门学问的理性,——或者这样说也是一样,必须观察事物本身所固有的内在发展。作为科学的一个部门,它具有一定的**出发点**,这个出发点就是先前的成果和真理,正是这先前的东西构成对出发点的所谓**证明**。所以,[53]法的概念就其**生成**来说是属于法学范围之外的,它的演绎在这里

---

① 参看 *Enzykl*,第 214 节说明,*W*,第 8 卷,页 371–372;*Encycl 1*,页 448–449。

② 参看 *Enzykl*,第 95 节说明,*W*,第 8 卷,页 203;*Encycl 1*,页 360。

③ 参看 *Enzykl*,第 6 节,*W*,第 8 卷,页 47;*Encycl 1*,页 169。参看前面开场白。

被预先假定着,而且它应该作为已知的东西而予以接受。①

首先应该要理解的是,是什么引导黑格尔写下如下这句初看起来令人吃惊的话,即"法的概念属于法学范围之外"。为此,重要的是注意概念与理念之间的区别。如果法,按照黑格尔的看法,是"作为理念的自由",②那这是因为它具有如下客观化的特性,即使自由这一起初仅仅是主观的或内在的原则客观化(此处的自由是精神的特有谓词,或者用后来的术语来说,自由是"文化"的特有谓词。这是就"文化"与"自然"、必然性的世界有区别但又本质性地相互联系而言的)。因此,自由是概念,此概念借助客观精神的连续的诸多层次而使自身客观化,它因此展现为一种理念,此理念即为在其诸多规定性的总体中的法。所以,黑格尔通过如此定义哲学的法科学的对象(老实说,在他看来,没有其他对象③),旨在强调法整个属于一种客观化的领域,此客观化的对象即为法的"简单概念"这一起初(只是)主观的原则。法的简单概念本身是主观精神发展过程的终点④(此发展过程因此就像是对法的哲学演绎);这就很好地解释

---

① *RPh*,第2节,*W*,第7卷,页30;*PPD*,页110。[译注]中译参考《法哲学原理》,页2。

② *RPh*,第29节,*W*,第7卷,页80;*PPD*,页138。

③ 对法科学,当黑格尔说它"是哲学的一个部门"时(*RPh*,第2节,*W*,第7卷,页30;*PPD*,页110),他谈及的不是实定的法律科学,而是"哲学的法",换言之,他谈及的是自然—理性的法。然而,他反对将理性法与实定法对立起来(自然法学论就是这么干的):参看*RPh*,第3节附释,*W*,第7卷,页35(*PPD*,页112)以及后面第二章。

④ 主观精神的最后部分(在第三版中是第481 – 482节)的标题是"自由精神"。在前两个版本中,这两节出现在客观精神学说的开头(分别是第401 – 402节和第482 – 483节):这就证明了在"有限精神"中主观精神与客观精神之间的本质连续性,如果人们需要这种证明的话。(*Enzykl*,第386节,*W*,第10卷,页34;*Encycl* 3,页180)。

了为什么说在《法哲学原理》导论的第五节到第二十八节,黑格尔扼要重述了主观精神发展过程的最后几个阶段。① 客观精神(广义上的法)的整个领域负载着这一原始的规定性的标记。此领域包含一种运动,此运动事实上是主观精神的运动的否定性的复制品(此运动的诸阶段好像是法的理念的诸多层次)。主观精神与自然性相抗衡,夺得了它的特有规定性即自由(主观精神起初以灵魂的形式沉浸在此处的自然性中),与此相对,法从自由那里出发,目的是将其构建成第二自然;但此自然从本质上说是第二位的(因为它以精神为前提,此精神的概念被它[54]客观化),因此根本上与"第一"自然相区别,因为第二自然构建的客观世界是要被精神产生并且已被精神产生的世界。② 如果精神高于自然,③那这恰恰是因为精神的如下能力及使命,即在自身中并以自身为出发点重新生产出一种好像是精神的真正自然(起初抽象地来看,精神只是对此自然的简单否定或超越):

> 法的基地一般说来是**精神的东西**,它的确定的地位和出发点是**意志**。意志是**自由的**,所以自由就构成法的实体和规定性。至于法的体系是实现了的自由的王国,是从精神自身产生出来的、作为第二自然的那精神的世界。④

因此人们明白,将自由的仅仅主观的概念转置到一种为自由所生产的客观性中(此处自由的仅仅主观的概念即指自由的自闭在其

---

① 参看前面第一部分的引言。
② *Enzykl*,第 385 节,*W*,第 10 卷,页 32;*Encycl* 3,页 180。
③ "精神,高于自然。"(*VG*,页 50,边注)
④ *RPh*,第 4 节,*W*,第 7 卷,页 46;*PPD*,页 119 – 120。对黑格尔的这番言辞而言重要的是,将意志概念与自由概念设定为对等的概念,因此不将自由概念构建为意志的一个单纯属性。参看 *RPh*,第 21 节,*W*,第 7 卷,页 71 – 72;*PPD*,页 114。[译注]中译参考《法哲学原理》,页 10,略有改动。

合理性中的概念),这是抽象法的现实化运动的关键原动力。客观精神学说描述了一种构建,即将法律上的人的抽象自由构建为客观规定的领域(这些客观规定即指法律的、社会的及政治的制度,它们为法律上的人的自由提供恒定的存在及现实性)。自由正是通过将自身发展为客观的历史形态的体系①(这些客观的历史形态在精神的主观性中有其概念或原则),它才显示其特有的理念性特征。因此,自由的理念是客观的,或毋宁说它就是客观化过程(自由的理念不是[人类]对自身所具有的理念,而是这样一种理念,即人类就是它②)。然而,为了客观自由的理念性的(主观—客观的)本质变得明显起来(此本质首先被掩盖在它的[简单]概念的形式主义之中),人们应该通览客观自由的所有形象。

　　自由(因此精神)的本性是在世界的客观性中植入它的原初主观的及以自身为中心的维度,也就是说在它的他者中(即在必然性③中)表现自己,就法实现了自由的本性而言,法是自由的理念。自由在必然性的语言中陈述自我,[55]这可能就是对客观精神或法的思辨定义。此外,悖论只是表面上的:根据辩证法的看法,自由"不是单纯在他者之外对他者而言的独立,而是在他者之中被赢得的对他者的独立",④自由——黑格尔的一个重大论题——在于在他者中的在自身之在(Beisichsein im Anderen)。如果存在的根据(主观性,自由)不为自身赋予存在(客观性,必然性),如果存在不

---

　　① 客观精神的规定具有如下固有特性,即它们是概念,同时它们是在历史中实现出来的(以定在的形式出现的)具体形成物(Gestaltungen)(参看 *RPh*,第32节,*W*,第7卷,页85;*PPD*,页141和译者注)。
　　② *Enzykl*,第482节说明,*W*,第10卷,页302;*Encycl 3*,页279。
　　③ 参看 *Enzykl*,第484节,*W*,第10卷,页303;*Encycl 3*,页282。
　　④ *Enzykl*,第382节附释,*W*,第10卷,页26;*Encycl 3*,页392。黑格尔补充说,"精神具有在矛盾中保存自身的力量,因此也具有在痛苦中保存自身的力量"(*Enzykl*, *W*,第10卷,页27;*Encycl 3*,页393)。

为存在的根据带来如下矛盾,即几乎是作为某种不可使用的东西被赋予存在的根据的矛盾(存在的根据为了成为自身不得不克服此矛盾),那么存在的根据将什么都不是。

法的"扩充"

自由不仅是主观意志的一种形而上学的特性或一种实践规定;它包含一种客观化的、外在现实化的主要维度,没有这一维度,自由将可能是虚幻或虚妄的,因为它没有经历否定物。老实说,只有人们在抽象(私)法与主观道德之后抵达客观精神的第三个层次即伦理①时(此处的主观道德是主观的,这是因为主体的规范性期望建构了这种道德),自由的这一构想的所有意义才显示出来,根据此构想自由客观化自身,因此在其最初的表现中否定自身,由此实现了自身。事实上,伦理是"已成为自然的意识到自身的自由"。② 换言之,伦理由如下这点构成,即个人所要求的自由是绝对的,但是是绝对主观的,因此是抽象的,在他要求这一自由的过程中,他撞见了自由,此自由几乎在个人的对面或在个人的四周已被实现,它好像是一个世界,个人不得不将此世界构建为他的世界。在一个由规范及制度构成的伦理世界中(此世界的重心是国家),个人发现了客观前提,这些前提先行于个人规范性的(法律与道德的)自我规定的目的,并且这些前提通过如下方式为此目的赋予一种意义,即为此

---

① 黑格尔区分道德(Moralität)与伦理(Sittlichkeit)(*RPh*,第 33 节附释,*W*,第 7 卷,页 88;*PPD*,页 143),直到他那时,日常语言与哲学用法都还或多或少地混淆它们。黑格尔对自由的客观化的强调恰好解释了这一区别(仅仅伦理充分尊崇此处的自由的客观化)。

② *Enzykl*,第 513 节,*W*,第 10 卷,页 318;*Encycl 3*,页 299。

目的确定范围,并使此目的脱离它在自身中可能具有的任性的东西。在此情况下,客观精神学说[56]显现为它所是的东西,即一种制度主义。① 事实上,按照此学说的看法,人只有通过如下方式才能获得真正的自由,说到底也就是获得他们特有的人性,即承认客观的中介(这些中介即为政治的、社会的、家庭的,以及法律的制度,它们可使人性处于现实之中),并且只有当人在这些制度中看到的不再是对其自主的障碍,而是正如拥护他们自己的目的的存在或实体那样拥护这些制度,那么人才能获得真正的自由。黑格尔认为,法、习俗与风俗、制度,它们都是一种"普遍语言",在此语言中,"普遍实体"②得到了表现(自由具有这一"普遍实体"的性质)。因此,客观精神领域是"意义建构"的领域,③如果人们将客观精神领域理解为所有有助于将主体目的扎根在规范性世界中的东西的话(此处的规范性世界对主体而言显得好像是一种准自然的世界,尽管事实上此世界是主观性本身的作品,不过此主观性几乎是一种漂浮在经验性主体之上的主观性)。

黑格尔对客观精神这一必然的外在化环节作了思辨的辩护,然而仍待追问的是,在此辩护之外,黑格尔为什么采用法这一命名来指涉整个客观精神,而非采取——比如说——伦理(Sittlichkeit)这一命名(如果考虑到伦理是抽象法与道德的"统一与真理",抽象法与道德是伦理的抽象规范性的组成部分,④那么,这一做法可能更能得到辩护)。第一个原因即为法这个术语表明,黑格尔的言论与

---

① 参看后面第二部分引言。
② *PhG*,*W*,第 3 卷,页 266 页(*PhE* B,页 324;*PhE* H,页 1/292;*PhE* J/L,页 342;*PhE* L,250)。
③ 参看 V. Descombes,《意义的建构》(*Les institutions du sens*),Paris,1996,以及《存在着一种客观精神吗?》(Y a-t-il un esprit objectif?),载于《哲学研究》(*Les Etudes philosohiques*),1999,页 347 – 367。
④ *RPh*,第 33 节,*W*,第 7 卷,页 87;*PPD*,页 142。

仍然具有重要影响力的自然法问题,或至少说与其术语具有连续性①(不过这个原因始终是一个外在原因)。但是"法"这一词汇的借代用法也具有一种内在辩护:如果诸多法的关系是客观性本身,那么人们可用"法"这一术语合适地指涉在他者中的自我构建的运动(此运动是客观精神的一般意义)。但是这一术语的选择以极大地扩展法的概念为代价,人们甚至可以称此为法的概念的扩充:

> 法[……]不应仅被视为有限法律的法,而应广泛地被视为自由的所有[57]规定的定在[……]因为一种定在只有在实体性的自由意志的基础之上才是一种法。②

法的这一扩充可被解释为,将法——法被理解为客观精神的诸规定的体系——构造成一种属概念,借此概念,人们可思考初看起来具有异质性的领域(此领域是自由或意志的诸客观显现的领域)的统一性。许多人认为法的这一扩充是任意的做法,甚至是离经叛道的做法,因为它大大超过本义上的法的领域(无论是私法,还是内部与外部的公法)。但是,对黑格尔而言,这一扩展是必然的:因为被理解为"自由意志的定在"③的法涵盖自由的整个客观化过程,所以它不能被限制在这一抽象的、因此是非自主的环节之内,无论此环节有多么重要(法学家意义上的法就是此处提及的非自主的环节)。归根结底,人们从《法哲学原理》的导论所阐述的法的概念中可推导出,法与客观精神的整体具有相同外延。因此,正如法律的法(如果人们能够敢于运用这一同义叠用的话),属于法的(理念

---

① 参看我的《法哲学原理》的翻译的《导论》(Présentation)(*PPD*,页21-39)。

② *Enzykl*,第486节,*W*,第10卷,页304;*Encycl* 3,页282-283。

③ *RPh*,第29节,*W*,第7卷,页80;*PPD*,页138。

的)这一宽泛概念的东西既有"主观意志的法"①也有"世界精神的法"②,既有道德,又有历史哲学,当然还有政治理论、国家法(Staatsrecht)(政治理论不能与严格的法律意义上的公法相混淆)。在黑格尔眼中,这里存在一个基本点,如果仔细看,此基本点显然涉及黑格尔对自然法的重新描述。如果黑格尔认为必要的是提出一个关于法的统一的且合并性的概念,此概念克服实证的法律学科、实证的伦理学科与实证的政治学科的分裂(在此意义上,人们可以说,黑格尔骨子里是个自然法学论者),那么通过扩展私法领域的特有结构(即所有权关系),法的统一的且合并性的概念不会被取得。以人—物的法律关系为基础,即以所有权的概念为基础,重构抽象法的整个领域,这一重构越是合理,为此重构配备一种法的概念就越是恰当,此概念先于抽象/私法的这一模板性结构,并且对此结构而言具有奠基性地位。

因此,不管表象如何,如下做法不是随意的,即为自由——自由通常被理解为主观意志的一个特性——的所有客观化形式赋予法这一名称。[58]此外,因为"严格的"法,私法,使行动准则的主观性听从于客观规范,所以它代表性地阐明了客观精神的发展过程:法通过使主观性的要求服从形式化的程序,客观化了这一要求,由此为此要求赋予一种普遍性的维度。此外,只要人们留意,人们便会发现,法的通常概念本身也包含客观性与主观性这一双重维度。法是"主观的法",因为它以主体(人)为前提,并且人们知道,在霍布斯之后,近代思想在何种程度上以个体(法与权利的主体)为中心重建整个法律体系。但是法也是"客观的法",因为源自主体权利的运用的义务与这些义务的(重新)确立的程序(法律诉讼),构成一种已然存在的秩序,一种规范体系,此体系希望展现为一种完

---

① *RPh*,第33节,*W*,第7卷,页87;*PPD*,页142。

② *RPh*,第30节附释,*W*,第7卷,页84;*PPD*,页139。

整的体系,人们知道,对处于风头正劲的法的实证主义而言,"没有空隙"十分重要①(按照罗马法学家的旧准则,以此处的规范体系为基础,可能"为每个人赋予和他相称的东西")。因此,通过扩充法,黑格尔并未使法的观念遭受一种不适当的扩展,而是竭力强调,就原则上而言此概念与他的自由构想相重合(黑格尔的自由,以一种循环的方式,以其自身的客观化为前提)。人们可以不接受这种解释;然而,这种解释确定了黑格尔思考如下连接的方式,即将私法、道德与伦理连接为一种结构紧密的且成系统的整体,此整体之所以结构紧密且成系统,是因为它按照自由的客观化原则被编排。

从以上所述人们可推断出,黑格尔的反法律主义,这一在本章开头被提及的论题,是站不住脚的。否则,如何解释黑格尔尽管敏锐地意识到"有限法律的法"的限制,但还是以一种借代的方式运用这个术语来指称整个客观精神领域? 如果在黑格尔那里存在反法律主义,那么这只能是一种我所称的弱的反法律主义,就是说,黑格尔不接受法律秩序的自足这一论题(实证主义的理论家支持此论题,凯尔森使其系统化②)。甚至应当说,法的扩展[59]与扩充,严格而言,是对法的封闭性的质问的必然结果:正是因为"抽象法"不能被视为一种封闭的体系(其理由仍待分析),所以才有可能并且有必要具备一种宽泛的法的概念,此概念可勾勒出法的现实性的非

---

① 十九世纪这一思潮的主要代表人物之一主张"法律秩序不能比自然秩序具有更多的空隙"(Paul Laband,为 Bergbohm 所引,《法学与法哲学》[*Jurisprudenz und Rechtsphilosophie*],Leipzig,1892,页 73)。

② 在凯尔森那里,基本规范理论的目的是为实证主义的论题即规范秩序的封闭性提供理论基础:"所有如下规范形成一种规范体系、一种规范秩序,即其有效性可归之于一个且同一个基本规范的规范[……]正是基本规范奠定了一种规范的多元性的统一性。"(《法的纯理论》[*Théorie pure du droit*],页 194 – 195)

法律的条件(此处的法律是指严格意义上的法律)。为了更好地理解这种弱的反法律主义是怎么一回事,恰当的做法是审查一下黑格尔将私法定义为抽象法的确切理由。

抽象法的抽象性

确切来说,"法律意义上的"法就哪方面而言是抽象的?就哪方面而言这一抽象性是一种不足的标记?黑格尔将私法、法学家的法刻画为"抽象的"与"形式的"法,无可争议,这意味着一种相对化,此相对化的对象即为自由的第一个客观化。但是,对这一抽象性的不断提醒决不意味对法的轻蔑。诚然,黑格尔拒斥法律主义(法律主义将法构建为客观精神的真理和伦理的基础);但他也同样拒绝将法处理为一种简单的上层建筑,伦理的(社会政治的)现实的一种歪曲表达。法,正因其抽象性,蕴含着一种必然性,此必然性同时是逻辑的必然性与历史的必然性(识别此必然性很重要)。正如客观精神的"每一个形象","抽象人格的形式的法"也完全是"自由的一种规定及一种定在",[1]人们应从这一角度出发阐释它的基本范畴。黑格尔分析人、所有权、契约、法的侵犯形式及其修复,这些分析旨在展示这些在法学推理中运转着的概念是如何定义自由的客观化范式(这些范式每次都为自由谋得一种更形式化的表达,因而在某种意义上说的一种更普遍的表达)。因此,法律的抽象性促使自由通过如下方式摆脱个人意识的完全同样抽象的主观性,即自由在一种外在的及非自由的环境中客观化自身。所以,法的形式主义——与伦理—政治制度的具体特征相对照,此形式主义突出

---

[1] *RPh*,第30节附释,*W*,第7卷,页83;*PPD*,页139。

了法的[60]限制①——远非仅仅包含否定的方面,因为它能使法学推理远离案件的物质方面的特殊性,从而达到形式的普遍性。正是如此,被法附加在基本的法律文件之上的诸形式为这些文件赋予"法的效力",②并且法律意识的进展一般跟随程序及推理技术的形式化的节奏。由此,产生了如下评语(因其出自一位敏于检举所有形式主义的哲学家之口,所以此评语初看起来让人吃惊):

> 正是一方面是死守住主观的东西的感情,另一方面是固执着自己抽象本质的反思,才把各种手续抛弃了。但是死板的理智在它那一方面又可能坚持手续以对抗实在事物,并使手续无限增加。③

这就解释了为什么说,黑格尔对法的定义以一种审慎的方式摆脱了如下成见,即法意味着诸多自由权的(相互)限制,诸多主体权利的相互约束。这一观念在近代自然法学论的套话中找到了一个合适的背景(此处近代自然法学论的套话为霍布斯所构建):(自然的或实定的)法律的统治经历如下发展阶段,即自然权利受到限制,或毋宁说个体单方面割让其主体自然权利,以利于主权者(主权者,作为交换,向个体确保他们在自然状态中所没有的安全)。这就解释了为什么说,除非割让始终无效,否则割让应该是全面的割让(仅

---

① "法是一般神圣的东西,这单单因为它是绝对概念的定在,自我意识着的自由的定在之故。但是法[……]的形式主义产生于自由的概念在发展上发生的差别。"(*RPh*,第 30 节,*W*,第 7 卷,页 83 页;*PPD*,页 139 页)[译注]中译参考《法哲学原理》,页 37。

② *RPh*,第 217 节,*W*,第 7 卷,页 370;*PPD*,页 306。

③ *RPh*,第 217 节附释,*W*,第 7 卷,页 370–371;*PPD*,页 306。[译注]中译参考《法哲学原理》,页 227。

仅一些不可让渡的权利除外,这并不是微不足道的事①)。此外,卢梭在采取这一观点时指出,②割让并非意味着——正如人们以前一直担心的那样——任何有利于君主政体的选择。用法限制权利的这种古典构想被不赞同[61]霍布斯或卢梭的选择的思想家所接受。比如,对康德而言,法意味着限制或约束每个人的自由的任性,目的是每个人能够"按照一种普遍法律与所有其他人的自由共处";③这一理性公设是"严格意义上的法"的原则,因为它创造了约束那些通过其行动触犯普遍法律的人的可能性。但是,对黑格尔而言,这样一种对法的理解建立在一种哲学错误之上,因为它使"理性意志"从"在其独特任性中的个体意志"中派生出来。④ 假定普遍与特殊、法与权利相互外在,那么上述对法的理解只能在法对权利的支配中看到一种限制、一种约束,与之相对,恰当的做法是将个体任性对普遍法的屈从视为使个体的任性从其内在限制中解放出来的东西(个体的任性的内在限制与如下这点有关,即个体的任性只是特殊意志)。这场争论的得失因而十分重要,因为这场争论涉及如下法的地位,即作为在意志秩序中的理性普遍性的裁决机构的法。

---

① "存在某些特定权利,我们不能想象,有什么人已经放弃或转让了它们。"(*Léviathan*,第 21 章,页 229)

② "社会契约意指每个合作者及其所有权利都让渡给整个共同体。"(Rousseau, *Contrat*,第 1 卷,第 6 章,*OC*,第 3 卷,页 360)对此应要补充的是,这一让渡事实上仅仅包含一种转变,即自然权利转变为由政治共同体设立并保障的权利,"不是一种让渡,他们只是做了一种有利的交换[……]即用自然的独立交换自由"(Rousseau, *Contrat*,第 2 卷,第 4 章,*OC*,第 3 卷,页 375),这一点可用来反对人们对卢梭的如下怀疑,即怀疑他具有"极权制"的倾向。

③ Kant, *MdS*, *Rechtslehre*,导论,第 C 节,科学院版,第 6 卷,页 230;*MMR*, *Droit*,页 18;*MM* Ph I,页 105。

④ *RPh*,第 29 节附释,*W*,第 7 卷,页 80-81 页;*PPD*,页 138。在这方面,卢梭与康德被联系起来,这很好地表明黑格尔的批判针对一种法的理论,而非一种政治构想。

法,作为独立的人之间的关系的客观规定的秩序,包含对他们的任性的约束,这一点千真万确;但是,在其原始的自然性中的个体的主观意志包含任意的部分,①毋宁说正是这一部分受到了限制,与此同时,客观意志得到了推动(客观意志是所有法律行为的原则)。这样一种构想假定,人们可以清楚地区分任性与意志(康德已做出这一区分②)。但是康德在任性(Willkür)与意志(Wille)之间建立了一种功能性的上下等级结构,而黑格尔将任性构建为意志的规定及特殊化的一个环节(此环节是必然的环节,但是是矛盾的环节)。通过使主观的[任性]决定屈从客观规范秩序的约束,法致力于扬弃主观的[任性]决定(主观的[任性]决定就结构方面来说具有矛盾性③),正是就这一点而言,法不应被视为对意志的限制,而应被视为意志的一种客观化(意志自由的现实性依赖这种客观化)。

[62]黑格尔阐明法律人格观念的方式表明他意在将抽象法构建为处于客观化过程中的自由的一种展现,此展现无疑是不完美的(自由处于客观化的过程中,因此它不再锁闭在自身之中,而是位于一个世界之中,借此它克服其有限特征并获得一种普遍性的形式)。首先要注意的是,黑格尔重建抽象法,此重建将人格构造为这一领域的唯一原则,之所以如此,是因为人格将法与自由不可分离地联系在一起:"法与其所有规定都仅仅基于自由的人格,即基于一种自我规定,自我决定是[……]自然决定的对立物。"④但是人格确切而

---

① 我们要记得,德语词 Willkür 意指两种意思,一种意思即为哲学意义上的自由决定(arbitrium),另一种意思即为因对 arbitrium 的滥用而产生的武断任性(arbitraire)。

② 请比较 *MdS*,导论,科学院版,第 6 卷,页 226(*MM* R,导论,*Mœurs*,页 178;*MM* Ph I,页 100)和 *RPh*,第 15 节以及其后,*W*,第 7 卷,页 65 以及其后;*PPD*,页 129 以及其后。

③ 参看 *RPh*,第 15 节附释,*W*,第 7 卷,页 66;*PPD*,页 129。

④ *Enzykl*,第 502 节说明,*W*,第 10 卷,页 311;*Encycl* 3,页 292。

言是什么东西呢？如下就是黑格尔对它的定义：

> 人格的要义在于,我作为这个人,在一切方面(在内部任性、冲动和情欲方面,以及在直接外部的定在方面)都完全是被规定了的和有限的,毕竟我全然是纯自我相关系;因此我是在有限性中知道自己是某种无限的、普遍的、自由的东西。①

人可被定义为自由与其自身之间的一种纯粹关系,此纯粹关系就形式的意义上说表现为人与物之间的一种不确定的关系。人是客观精神的发展的起点,自由精神是主观精神发展的终点,人继承了刻画出自由精神的特征的规定性,此规定性即为人是"自由意志,此意志作为自由意志是为自身的"。② 但是,在人的客观化了的及形式化了的形象中,意志脱离了一种情景,在此情景中,意志的概念即有限主观性的概念显现出来。黑格尔明确指出"客观意志是在其概念中的自在的理性物",③借此他小心地指出"法律意志"不是"主观意志",而是一种"客观意志"。④ 在这两个意志的形式之间存在一种重要区别。主观意志在希求它自己的自由的活动中疲于奔命,与此相对,法律的客观意志,首先来说[63]人格,将与自身的关系——此关系构成其自由——转置到本身是不确定的或形式的客观性中,即物的客观性中：

---

① *RPh*,第 35 节,*W*,第 7 卷,页 93;*PPD*,页 146。[译注]中译参考《法哲学原理》,页 45。

② *Enzykl*,第 481 节说明,*W*,第 10 卷,页 300;*Encycl* 3,页 277 – 278。参看 *RPh*,第 27 节,*W*,第 7 卷,页 79;*PPD*,页 137。"一般而言,意志理念的抽象概念是希求自由意志的自由意志。"

③ *RPh*,第 258 节附释,*W*,第 7 卷,页 401;*PPD*,页 336。也参看 *RPh*,第 13 节附释,*W*,第 7 卷,页 64,以及第 26 节,页 76;*PPD*,页 128 和 136。

④ *RPh*,第 104 节旁注,*W*,第 7 卷,页 201。

人为了作为理念而存在,必须给它的自由以外部的领域。因为人在这种最初还是完全抽象的规定中是绝对无限的意志,所以这个有别于意志的东西,即可以构成它的自由的领域的那个东西,也同样被规定为与意志直接不同而可以与它分离的东西。①

意志通过在事物中希求自身,使自己客观化,换言之,意志表现为一种从原则上说无限制的占有客观性的能力,同样也可以说意志表现为一种自我客观化的无限能力。人格所固有的法律权利奠定了一种"占有自然物的普遍权利"。② 因此,如果人格是"抽象法的概念及基础,此基础本身是抽象的",③那么其真正表现即为对物的占有的形式的(法律的)行为,此行为的经验性表达即为在物质方面占有事物以及它的即便是基本性的象征符号(比如制作与做标记):

惟有**人格**才能给予对物的权利,所以人格权本质上就是**物权**。这里所谓物是指其一般意义的,即一般对自由来说是外在的那些东西,甚至包括我的身体生命在内。④

这一人格概念的意义按它对自身占有的通常看法的影响被衡

---

① *RPh*,第41节,*W*,第7卷,页102;*PPD*,页151。[译注]中译参考《法哲学原理》,页50。

② *RPh*,第52节附释,*W*,第7卷,页115;PPD,页160。第44节为人赋予了一种"对一切物的绝对占有权"(*RPh*,*W*,第7卷,页106;*PPD*,页153)。黑格尔在第39节的旁注中写下评语:"在自然之中人是万物的主宰。"(*RPh*,*W*,第7卷,页98;*PPD*,页453)这些表述应与霍布斯的自然权利的定义相比较,霍布斯将自然权利定义为对一切物的权利(jus in omnia):《论公民》(*De Cive*),第1章,第10–11节,以及 *Léviathan*,第14章,页129。

③ *RPh*,第36节,*W*,第7卷,页95;*PPD*,页147。

④ *RPh*,第40节附释,*W*,第7卷,页99;*PPD*,页149。[译注]中译参考《法哲学原理》,页48–49。

量。事实上,应将我自己的身体与我的精神的产物算入物之中(les res),也要将自然物与人工造物算入物之中。黑格尔远非将人的自由视为一种自然的或本质的给予物,而是将人的自由处理为如下特殊情况,即人对客观性的包围(就其结果,此特殊情况极为值得注意)。在法律上人为了成为某物的所有人,他应该现实地占有它,尤其应通过使用它来现实地占有它,而非单纯[64]被动地持有它,①同理,为了充分地——在身体方面,精神方面及法律方面——享有完全的权利(sui juris),人应经受如下考验,即占有自身的劳作:

> 人根据[……]直接实存是一种自然的东西,对概念说来是外在的东西。只有通过对他自己身体和精神的培养,本质上说,通过他的自我意识了解自己是自由的,他才占有自己,并成为他本身所有以对抗他人。倒过来说,这种占有,就是人把他在概念上存在的东西(即可能性、能力、素质)转变为现实,因而初次把他设定为他自己的东西。②

通过教育与培育其身体及精神,人占有它们,这是人必须做的事,黑格尔从这一必须中推演出奴隶制及农奴制在法律方面的荒诞特征。只有当人们放弃法的具有平均主义性质的形式主义时,奴隶制及农奴制才能得到辩护;这比如说就是事实,如果法律权利与某个特定社会地位或政治地位的占有相联系(如此我们便衡量出法的形式主义的价值)。由此,通过拒绝为某些人授予占有他们自己身体的完全占有权,人们否定了在人身上的人格,这构成了对自由人

---

① "通过占有,物获得了如下谓语,即成为我的东西,并且意志与它具有一种肯定的关系。"(*RPh*,第59节,*W*,第7卷,页128;*PPD*,页164-165)

② *RPh*,第57节,*W*,第7卷,页122-123;*PPD*,页163。[译注]中译参考《法哲学原理》,页64。

格的原则的否定,因此构成了对"法的绝对的否认"。① 黑格尔在他的柏林学生面前宣称:

> 人自在地是理性的;在此存在着所有人的权利平等的可能性——在有权的人与无权的人之间所做的僵硬区分无效。②

此评论不妨碍黑格尔同时排斥如下两种论证,一种是人文主义及自然法学论的论证,这种论证反"所谓的奴隶制的法律—制度",当这些论证援引一种成问题的"人类本性"时,黑格尔排斥它们,因为人的自由全然不是一种出于自然的属性或权利;另一种论证是历史决定论的论证,这些论证通过将所有权还原为占有,趋向于为维持身份权一类的概念作辩护,因此它们趋向于为农奴制作间接辩护。③

[65]不可让渡的基本权利,人格,是一种普遍而不确定的法定权利,是行使诸多权利的权利,或毋宁说是行使占有物质性的东西的权利(所有其他权利从此权利中衍生出来)。所有权,持有或占

---

① *RPh*,第57节附释,*W*,第7卷,页123;*PPD*,页164。
② *Enzykl*,第393节附释,*W*,第10卷,页57;*Encycl* 3,页415。
③ 在这里,我们不处理黑格尔与历史法学派及其头目萨维尼(Savigny)之间的关系的大量问题(参看后面第二章),但是,显然的事实是,抽象法的重新构建——尤其在处理占有与所有权之间的关系时——被大部分地用来反对萨维尼的观点。黑格尔的弟子甘斯(Eduard Gans)的作品证实了在此方面,历史决定论与黑格尔的观点之间存在根本意见分歧(Eduard Gans,《世界历史发展中的继承法》[*Das Erbrecht in weltgeschichtlicher Entwickelung*],Berlin – Stuttgart,4卷本,1824—1825)。我们知道,黑格尔相对较早地就阅读了萨维尼的作品《占有法》(*Das Recht des Besitzes*)(1803,重版,Goldbach,Keip,1997),黑格尔拥有此书的一个样本,并且他参阅了他的作品《中世纪罗马法史》(*Histoire du droit romain au Moyen Âge*);可以肯定的是,他对萨维尼的纲领性的或"政治性"的作品有所认识,《法哲学原理》多次指涉这些作品(第3节附释,第45节,第211节附释,第218节附释)。

有的一种完善形式(之所以完善,是因为它在法律上被客观化),表现了人与物之间的原初的法律关系(从此关系中人们导出所有法的建构)。凭借所有权,我的意志及人格成为客观物,因此真正成为我的意志及人格,以至于人们可以认为整个抽象法领域在处理专业意义上说的物权,即物(res)的所有权,它的购得,它的转让,对它的侵犯及对它的修复。这就解释了为什么说,黑格尔在《法哲学原理》的一个旁注中指出,所有权是抽象法领域的所有研究的主线。① 由此,黑格尔拒绝人格权与物权之间的传统区分(此区分可追溯到盖尤斯[Gaius]的《法学阶梯》)),黑格尔评论说:"人格权本质上是物权。"②

当然,黑格尔以物质性的财产的所有权为基础描述整个抽象法是出于一种深思熟虑。黑格尔首先用此描述方式来拒斥罗马法,按照罗马法,人们根据如下东西区分性地分配"对(诸)权利的权利",即根据人的身份,按照通常的教诲,甚至根据三重性的身份,这三重性的身份即为,自由身份(status libertatis),公民身份(status civitatis),家庭身份(status familiae):

> 然而从罗马法中所谓人格权看来,一个人(Mensch)作为具有一定身份而被考察时,才成为人(Person)(海内秀斯:《市民法要义》,第75节)。所以在罗马法中,甚至人格本身跟奴隶身份对比起来只是一种等级,一种状态。[……]所以罗马的人格权不是人本身的权利,至多不过是特殊人的权利。③

---

① *RPh*,第40节旁注,*W*,第7卷,页101;*PPD*,页453:"所有权是历经[发展]的东西。"
② *RPh*,第40节附释,*W*,第7卷,页99;*PPD*,页149。
③ *RPh*,第40节附释,*W*,第7卷,页99;*PPD*,页149–150。[译注]中译参考《法哲学原理》,页49。

[66]然而,上述做法就等于"把特殊规定的人格权放在一般的人格权之前加以处理"①。因此,法学主流传统对人格的法定条件的关注不符合此概念的客观普遍的内容(此概念可是所有法律规定的基础)。对个人私有财产所享有的自由是一种客观化的具体表现,借此客观化,人格实现了自身。因此罗森茨威格(Rosenzweig)有道理地说道,黑格尔的法的概念化处理拥护自由的财产所有者的观点(伴随着等级社会的森严组织的废除此观点获得了一种现实性),并且他也有道理地指出,通过上述行为,黑格尔成了第一个试图哲学性地分析如下事件的人,即"自八月四日的晚上之后在半个欧洲所发生的事件":人们消灭了作为法的来源及基础的特权、私法(lex privata)。② 按照黑格尔的观点,排外的私人所有权表达了抽象法的本质,此本质即为使人格自由客观化,甚至使其物化。这就解释了为什么说,人们可以并且应该以私人所有权为基础系统规整包含在这一领域中的整个规定(契约法,法的侵犯形式及其恢复)。

概括地说,法的形式主义完全具有一种肯定性的特征,甚至具有一定的丰产性。抽象法无疑是一种自由的表达(此自由仍然是抽象的,因为它沉浸在"直接与它相异并独立于它的东西中"③);但是这种具有客观化作用的抽象性使人格摆脱了人格所拥有的仅仅是主观的及特殊的东西。因此,法律人格是主体人格的完全表达(法律人格以主体人格为前提,并加固了它),之所以说是完全表达,是因为它是客观化的表达。抽象法无疑不为客观自由赋予其内容(此内容终究来说属于政治领域),但是它却规定人与物质性

---

① *RPh*,第 40 节附释,*W*,第 7 卷,页 99;*PPD*,页 150。
② 参看 F. Rosenzweig,《黑格尔与国家》(*Hegel et l'État*),Paris,1991,页 308–311。
③ *RPh*,第 41 节,*W*,第 7 卷,页 102;*PPD*,页 151。

的自然之间的关系的抽象普遍的模式(劳动为此模式赋予其具体表现)。一些人与人之间的关系并非有意识地按照伦理—政治的目的被安排(伦理—政治的目的超出了抽象法),就这些关系而言,抽象法规定了它们的抽象普遍的模式。正如 1802 年论自然法的文章所写到的那样:特殊性向普遍性的转化是"这样一种东西,通过它,法的领域被建构起来"。① 因此,私法的抽象性是其原则的普遍有效性的保障。因为它是[67]抽象的,所以它超越时空之外(当然这不是说,人们应无时无刻并且应该处处尊崇法)。正是在此意义上说,法是不可被超越的。对黑格尔而言,不存在反对法的自由。

抽象法的现实化:市民社会

抽象法定义自由的客观化的普遍形式,但是只定义其形式。事实上,其形式主义不允许它从自身中产生一种现实秩序。假设黑格尔不批判"自然状态的虚构"②(事实上他批判了它),人们或许可以说,他完全重新采纳了霍布斯的论证。霍布斯强调"自然状态的虚构"是为了指出走出自然状态的必然性(按照《论公民》[De Cive]的表达,即为应逃离自然状态(exeundum e statu naturae)):如果每个人对一切事物都有权利,那么事实上,他不支配任何事物,直到一种现实性的原则——此原则不能来自抽象法——将无限制的但是形式的权利,转化为对有限制的但是实在的财物的有保障的占有。法不会独自实现自身,无疑这是平庸之谈,但是常见的法律主义迫使人们想起它(法不会独自实现自身,这一点使将法构建为一种自足

---

① *Naturrecht*, W, 第 2 卷, 页 484; *DN*, 页 58。
② *Enzykl*, 第 502 节说明, W, 第 10 卷, 页 311; *Encycl* 3, 页 292。

的规范秩序的观点站不住脚)。

《人权宣言》宣告权利平等,①论及权利平等,如下需要被提请注意,即对抽象法现实化的操作者的需要。在《人权宣言》中平等被升格为不可让渡的基本权利;就黑格尔而言,他将平等构建为抽象法的一个单纯分析性的特性。人,所有人,在法律上平等,这一点包含在人格的概念中,人格是在法律上唯一不可让渡的且不受时效约束的东西:

> 对这些不能让与的东西[人格]所享有的权利不因时效而消灭,因为我借以占有我的人格和实体性的本质使我自己成为一个具有权利能力和责任能力的人、成为一个有道德原则和宗教信仰的人的那种行为,正好从这些规定中除去了外在性,惟有这种外在性才使他人能占有这些东西。②

[68]人格是一种形式性的建构,此建构撇开个体之间的所有实在区别(人们当然应该将社会地位及财富的不平等放在这些区别的首要位置上③),每个人都凭借定义而拥有权利具有人格。此外,自由可被还原为一种权利的关系,就是说,可被还原为一种在其最抽象意义上说的人格自由,就此而言,(诸)权利的平等可被归结为自由,即在法律上对他人的依赖的消失。因此,当人与人之间的关系被物中介时,即当人与人之间的关系不是道德关系,也不是伦理关

---

① 关于《人权宣言》中自由与平等之间的关系,参看 J. -Fr Kervégan,《人的权利》(Les droits de l'homme),载于 D. Kambouchner(主编),《哲学的概念》(Notions de philosophie),第 2 卷,Paris,1995,特别参看页 663 – 682。

② RPh,第 66 节附释,W,第 7 卷,页 142;PPD,页 172 – 173。[译注]中译参看《法哲学原理》,页 74。

③ "抽象的人本身的平等"显然应与如下平等区分开,即"在土地分配中或者甚至在财富分配中的平等"(RPh,第 49 节附释,W,第 7 卷,页 113;PPD,页 158)。

系,而是严格意义上说的法律关系时,抽象法定义了人与人之间的关系的基础结构。抽象法为一种社会提供了写照,此社会由这样的一些人组成,这些人"只有作为财产所有者时才对他人而言具有定在";①不过此社会正只是实在的市民及政治的社会的一种抽象或理想化。黑格尔仔细观察了在工业革命时代的英国所发生的经济的及社会的变革,他充分意识到如下行为可能会招致的反常后果,即不平等地实行法律的形式性的平等;这种不平等的实行引起了个人之间的冲突及许多个人的不幸。但是,如下要求可能是一种错误,即要求法律解决这样一种问题,对于这种问题,法律不是其原因,至多是其迹象:法的形式性的平等可能包含实际的不平等,这些不平等"属于另外一个领域,即市民社会"。②

为什么抽象法的现实化尤其要由市民社会(bürgerliche Gesellschaft)来完成?我们可以从一种双重的观点出发考虑这一问题。从体系的观点看,正是市民社会在伦理结构中的特殊位置解释了这一点。伦理确保自由的主观的一端与其客观的一端之间的联系,或毋宁说确保这两者之间的相互渗透(在得到伦理的确保之前,自由的这两端被抽象地分离开,正如人的形式—客观的法与"主观自由的法"③那样)。诚然,客观性与主观性之间的伦理性和解不是其完善的和解:此和解还停留为精神的两个维度的客观和解,这两个维度在此和解中显得仍然互有区别,而按照其思辨概念而言,这两个维度源于同一个整体的内在分裂,此整体作为理念只可被思考为主体—客体。但是,无论如何,精神作为[69]具体伦理的整体,它成为真正客观的精神,这是在如下意义上而言,即客观性对它而言已不再是一个形式的谓词(正如在法的领域中所发生的那样),客观性

---

① *RPh*,第40节,*W*,第7卷,页98;*PPD*,页148。
② *RPh*,第49节附释,*W*,第7卷,页113;*PPD*,页159。
③ *RPh*,第124节附释,*W*,第7卷,页233;*PPD*,页221。

显示为它的真正本性(此本性之所以是真正本性,是因为它被中介或者说它是第二位的,因此它被证实过):"伦理是义务,实体性的法,第二本性,正如人们对其正确称谓的那样;因为人的第一本性是他的直接的、动物式的存在。"①由此,伦理意味着法的抽象概念的现实化,并且它确保对其形式主义的扬弃。但是,在伦理所包含的三个领域中,这一任务尤其落在了市民社会的身上。事实上,在伦理领域中家庭对应直接自然性的环节,本质上说,家庭处于低于法律的一个层面;正如人们所知,黑格尔斥责如下"耻辱",即康德使婚姻法律化,按照黑格尔的看法,此法律化磨灭掉了伦理的自然环节的特殊规定②。至于国家,它具有高于法律的性质,如果人们至少限于狭义的法的概念的话。市民社会是在家庭与国家之间的中项,它是这样一种空间,在此空间中,抽象(私)法现实地实现了自身。反之亦然,抽象(私)法应被视为市民社会的图样,或其形式框架。

从历史的观点看,现在我们知道,对黑格尔而言,市民社会的(相对)自主的建构是现代伦理的特有性质:

> 市民社会是在家庭与国家之间出现的区分,即便与国家的形成相比,它的形成要较晚出现;事实上,作为区分,它以国家为前提,为了存在,它必须在自己面前具有作为某种独立存在

---

① VG,页 115-116;RH,页 140。参看如下著作中的相似表述:RPh,第 142 和 151 节,W,第 7 卷,页 292 和 301(PPD,页 251 和 257,以及 Enzykl,第 513 节,W,第 10 卷,页 318(Encycl 3,页 299)。

② 参看 RPh,第 75 节附释和第 163 节附释,W,第 7 卷,页 157-158 和 313-314;PPD,页 180 和 263。参看 C. Guibet Lafaye 的说明,《婚姻:从法律契约到伦理义务》(mariage: du contrat juridique à l'obligation éthique),载于 J. - Fr. Kervégan 和 G. Marmasse(主编),《法的思想家黑格尔》(Hegel penseur du droit),Paris,2004,页 147-163。

物的国家。市民社会的创建属于近代世界,近代世界首先向理念的所有规定承认它们的权利。①

社会联系不能被还原为它的政治形式,对此黑格尔具有一种仍然还是混乱的意识,他表露了这一意识,他使市民社会这一叫法——直到那时它还是"政治社会"的同义词——经历了一次[70]深刻变革。② 黑格尔完全意识到这一革新想回应如下建构,即建构一种生产、交换及互动的社会空间,此空间就其大部分而言独立于本义上的政治机构(用黑格尔的话说,此机构负责普遍物)。在一种纯粹的市场社会中,个别参与者的需要、工作及利己的规划客观地相互依赖并相互协调,就本质而言,此依赖及协调使得公共权力的协调行为变得无用,甚至使其变得有害。不过准确地来说黑格尔意义上的市民社会不能被还原为一种市场的自发秩序。因此,就理论及事实而言,它与现代(宪法)国家以及法的某种特定形态不可分离。事实上,如果市民社会的存在一般而言以一个国家为前提,那么唯有理性国家才是足够强大的国家,以至于它使社会生活的环节为其本身自由发展。它,且只有它,为"现行的法的原则"提供一种"现实性"及"保障"(此处现行的法的原则是关于如下东西的原则,即"财产自由,人格自由,市民社会,其行业,区镇,以及特殊政府部门的受控制的、依赖法律的高效工作"③)。这解释了为什么说,市民社会,在其与革命后的国家的复杂联系中,真正实现了——也就是说事实上非政治地实现了——法的统治的要求(此要求本身是近代的要求,它借法国大革命而形成)。④ 因此,自在的法的现实化

---

① *RPh* Ilting 3,页 565,或 *RPh*,第 182 节补充,页 339;参看 *RPh*,第 256 节附释,*W*,第 7 卷,页 397-398(*PPD*,页 332)。

② 参看后面第二部分引言。

③ *Enzykl*,第 544 节说明,*W*,第 10 卷,页 341;*Encycl* 3,页 321。

④ 参看后面第五章。

只是在历史的一个较晚时刻才实现(自在的法本身不具有历史性),并且与法律平等问题及人格自由问题维系了一种构成性的关系(《人权宣言》是法律平等与人格自由的声明)。

就其概念而言,市民社会在哪些方面以抽象的法律秩序为前提?为了找到答案,应该在市民社会的经济事实中审查市民社会,遵循黑格尔在耶拿著作中制订出来的概念性特征,这就是说应将市民社会视为需要体系。事实上,经济的下层体系准确阐明了市民社会是"丧失在它的两极中的伦理体系",① 这种社会分裂为个人自私目的的特殊性与一种普遍性,因为此普遍性始终与特殊物相分离,所以它仅仅是形式的普遍性:

> [71]特殊性的规定[……]诚然[……]与普遍性有关,不过普遍性是基础,尽管还只是*内部的*基础;因此,普遍性只是在作为它的形式的特殊性中假象地映现出来。②

正如人们自《国富论》出版之后所知道的那样,这种形式普遍性采取了"看不见的手"的形态,我们知道它即为经济调整,这些调整在"一个多边依附的体系"中至少确保了特殊目的之间的调和,如果不是确保它们之间的和谐的话,正如"个人的生活与福利及其权利的定在,都同众人的生活、福利与权利交织在一起,并且被建立在后者之上"。③ 但自动调节的"盲目必然性"④——它不能仅凭自身确保体系的和谐运行——不是、不可能是市民社会中普遍性的唯一存在模式。生产与交换,为了满足被体系增多的需要而

---

① *RPh*,第184节,*W*,第7卷,页340;*PPD*,页280。
② *RPh*,第181节,*W*,第7卷,页338;*PPD*,页278。[译注]中译参考《法哲学原理》,页195。
③ *RPh*,第183节,*W*,第7卷,页340;*PPD*,页280。
④ *Enzykl*,第532节,*W*,第10卷,页328;*Encycl 3*,页309。

对自然的占有(因此将经济活动的参与者从假定的"自然需要"①的奴役中解放出来),特殊目的之间的偶然相互作用,所有这些同样要求一种同质空间的存在(法确定了这一空间的构成规则),此空间即为一种形式性的空间,它以特殊目的的经济性组合模式为范本。

劳动的现代形式是抽象活动的形式,人们用此活动部分地满足自身总是变得越发抽象的需要,因为生产与交换的逻辑剥夺了需要的整个自然性的外表。劳动的现代形式的前提是法律秩序的存在,此秩序允许人们根据形式化的程序裁定我的东西与你的东西。

> 直接地占有外部东西作为满足需要的手段不再会或几乎不会发生;这些东西都是所有物了,获得它们,一方面为所有者的意志所制约和中介,而所有者的意志作为特殊的意志以满足多种多样的需要为目的,另一方面则为通过自己的劳动[72]永远重新产生可交换的手段这种情况所制约和中介;借助于一切人的劳动以满足需要的这种中介就构成普遍的财富。②

换言之,需要的社会性满足的形式—普遍条件即为所有东西都具有一个可识别的所有者,并且建立在人的所有权之上的私法秩序已经就位;在资产者的市民社会中,不可能存在无主物(res nullius),不可能存在直接可被占有的无主物。生产及交换手段的私人所有权是特殊需要的集体性满足的形式普遍条件。③ 经济人(homo oeconomicus)是不带任何修饰词的人、需要及劳动的存在,因此他是

---

① 关于将自然需要转化为社会需要以及它的解放性结果,参看 *RPh*,第 194 节,*W*,第 7 卷,页 350;*PPD*,页 288 – 289。

② *Enzykl*,第 524 节,*W*,第 10 卷,页 321 – 322;*Encycl* 3,页 303。[译注]中译参考《精神哲学》,页 333。

③ *RPh*,第 46 节,*W*,第 7 卷,页 107 – 108;*PPD*,页 155。

法律人格这一抽象概念的具体历史形象。① 生产与交换的社会空间的存在,需求体系的存在,创建了法律秩序的抽象原则的实现条件。反之亦然,因为抽象法是抽象的,所以它是现代形式即资本形式的生产与交换的一般条件。用斯密的话说,在一个"大社会"范围内,商品生产,其交换及消费,都以普遍适用的法的同质基础为先决条件:没有商品,因此没有对所有权及其转让条件的普遍定义,就没有市场社会。

因而,就结构上说,市民社会与私法相匹配。前者与后者维持了一种双重的本质关系。从一方面而言,私法是市民社会的前提,是社会自身运行的形式条件:没有抽象的法律秩序,具体的社会生活将变得不可能。从另一方面而言,市民社会也现实化了私法,因为个体之间及社会群体之间的关系为法的形式性规定提供了一种具体内容。人们知道,黑格尔认为,市民社会在它自身之中保留了"自然状态的残存物"。② 但是仅仅是残存物:普遍物并未在其中缺席(在纯自然状态的情况下,普遍物缺席了,纯自然状态只能被构想为混乱的状态,霍布斯对此已提出了证明)。在交换领域内,法与经济调节的相互作用使人们确切地认识到,法使交换领域与自然状态区分开(法的形式主义在这一层面上找到了它的积极意义,法使经济及社会的领域成为可能,[73]此领域的运行相对独立于国家及国家专有的行动模式,此处提及的经济及社会领域即为市民社会,而非由公民构成的社会)。然而,人们不应高估法律及经济规则的形式主义所含有的现实性含量,因为确切而言,需要体系与依法被管理的市民社会在它们之中不能找到一些资源,这些资源可使它们绝对地自主管理(绝对的自主管理符合纯粹的市场社会的自由主义的美梦)。黑格尔确信国家必须在经济及社会领域内实行管理,因而实行干涉(正是这一点使他与自由主义区别开):

---

① *RPh*,第 190 节附释,*W*,第 7 卷,页 348;*PPD*,页 287。
② *RPh*,第 200 节附释,*W*,第 7 卷,页 354;*PPD*,页 292。

>   [……]不同利益,可能发生冲突。诚然,正确的关系会在整体中自然而然地建立起来,然而,为了平衡起见,需要进行一种凌驾于双方之上的、有意识的调整工作。①

国家需要借助一种好的警察制度纠正需要体系的自发运行所产生的败坏结果(此处的警察制度具有一些限制,此外重要的是反思这些限制,并且不要忘记警察这一术语在那个时代的行政语言中具有比我们的时代远为宽泛的意义②),国家的这一需要显示了在社会领域中(此领域,正如马克思所言,势必要在利己计算的冰水中消亡,如果在这一领域之上不存在普遍物的实在的、政治的现实化),普遍物的仅仅形式的(经济及法律的)实现化具有局限。我已经说过,对黑格尔而言,不存在反对法的自由;但是人们再也不能仅仅通过法取得自由,因为如下这点千真万确,即不存在对形式主义的形式性超越。

私法,社会冲突性,政治"联合"

现在合适的做法是探讨国家与法之间的关系问题(此处的法是狭义上说的抽象/私法)。正如黑格尔的文本所阐释的那样,它们的关系首先看起来很模糊,如果不是很矛盾的话:

>   [74]对私法和私人福利,对于家庭和市民社会这两个领域

---

① *RPh*,第236节,*W*,第7卷,页384;*PPD*,页318。[译注]中译参考《法哲学原理》,页239。

② 关于这个主题,参看 H. Maier 的经典著作,《较老的德国国家—管理学说》(*Die ältere deutsche Staat - und Verwaltungslehre*),Munich,1986,以及我的作品《黑格尔,施米特:在思辨与实证之间的政治学》(*Hegel. Carl Schmitt. Le politique entre spéculation et positivité*),Paris,第二版,2005,页235 - 238(关于在黑格尔那里的"警察"的意义)。

来说，国家一方面是**外在**必然性和它们的最高权力，它们的法规和利益都从属于这种权力的本性，并依存于这种权力；但是，另一方面，国家又是它们的**内在**目的，国家的力量在于它的普遍的最终目的和个人的特殊利益的统一，即个人对国家尽多少义务，同时也就享有多少权利。①

黑格尔主张个体的权利与个体对国家的义务（这些义务意味着对他们的权利的相对化）具有交互性。如果此处不涉及一种单纯的修辞效果，那么在假定这一交互性是伦理的特有特征的情况下（伦理借此交互性扬弃了［法律的］抽象法与［道德的］抽象义务的双重形式主义），人们应如何理解这一交互性呢？每个人在其权利使用中追求私人财产，如果国家应将法以及与法在一起的私人财产引回到"普遍的实体生活中"（这可能引起的后果是"损害这些附属领域"②），那么国家的任务如何可能同时是"将法构建为一种必然的现实性"呢（将法构建为一种必然的现实性，这是一种很强的断言）？换言之，黑格尔主张抽象法具有自主性，此主张如何与法的相对化处理相凑合？一种更为具体的机构实行了对法的相对化处理，此机构在什么方面来说更为具体呢？问题的要点，或者悖谬的要点——如果人们更愿意这样说的话——在于我在此处所称的法的扩充之中。假定所有有助于自由的客观化的东西都属于广义上说的法，那么此客观化的每一种连续的形象都在紧跟在它之后的形象中发现了一种证实的也是相对化的原则：

> 自由的理念的每个发展阶段都有其独特的法，因为每个阶段都是在其特有各规定中之一的那自由的定在。［……］只有

---

① *RPh*，第 261 节，*W*，第 7 卷，页 407-408；*PPD*，页 345。［译注］中译参考《法哲学原理》，页 261。

② *Enzykl*，第 537 节，*W*，第 10 卷，页 330-331；*Encycl* 3，页 312。

当它们在同一条线上都要成为法时,它们才会发生**冲突**。[……]但是冲突同时包含着这另一个环节,即冲突是受到限制的,于是一种法是从属于另一种法的。①

此外,此评论不仅涉及国家与法之间的关系。比如说,它也涉及如下这点,即道德规范的遵从可能会要求损害严格意义上的法:对康德而言,[75]"不可能存在一种迫不得已的情况,此情况使与法相悖的东西成为合法",②与康德相反,但与费希特一致,③黑格尔与某种特定神学传统恢复联系,他承认紧急避难权(jus necessitatis, Notrecht)的存在,此权利容许侵犯私法基础的可能性:道德的观点迫使人们断言,在法律上,生命优先于财产,生命的剥夺是对人格的一种"无限侵犯",而财产只是人格的一种"特殊"踪迹:

> 当生命遇到**极度危险**而与他人的合法所有权发生冲突时,它得主张**紧急避难权**(并不是作为公平而是作为法),因为在这种情况下,一方面定在遭到无限侵害,从而会产生整个无法状态,另一方面,只有自由的那单一的局限的定在受到侵害④。

然而黑格尔并未授予个体对生命的绝对权利,更不要说他将生

---

① *RPh*,第 30 节附释,*W*,第 7 卷,页 83;*PPD*,页 139。也参考 *Enzykl*,第 380 节,*W*,第 10 卷,页 16;*Encycl* 3,页 177。[译注]中译参考《法哲学原理》,页 37–38。

② Kant, *MdS*, *Rechtslehre*, 导论(Einleitung),科学院版,第 6 卷,页 236;*MM* R, *Droit*,页 24(*MM* Ph I,页 110)。

③ 参看 Fichte, *Naturrecht*,《著作集》(Werke),第 3 卷,页 252;*Droit naturel*,页 262,以及译者的第 46 个注解(页 409–410)。

④ *RPh*,第 127 节,*W*,第 7 卷,页 239–240;*PPD*,页 224。[译注]中译参考《法哲学原理》,页 130。

命的保存建构为一切权利的基础。事实上,为个体自我保存的原则赋予一种无限的有效性,这意味着国家本身应臣服于它,这就等于说国家构建是为"生命,自由及财产"服务的单纯手段,因而剥夺国家固有的伦理尊严。这样一种构想——它是洛克的构想,在一定意义上,也是霍布斯的构想——以国家与市民社会的混淆为基础,并且可能以法的名义最终毁灭法的现实性的政治条件。事实上,如果国家机构的最终目的在于保护个体的生命及财产,那么此机构不能合法地要求个体为了国家牺牲自己的生命及财产,因此国家将放弃它的本质性谓词即最高权力:

> 有一种很误谬的打算,在对个人提出这种[生命的]牺牲的要求这一问题上,把国家只看成市民社会,把它的最终目的只看成个人生命财产的安全。其实,这种安全不可能通过牺牲应获得安全的东西而达到;情形刚刚相反。①

与公民—臣民及特殊社会利益相对照,人们向国家承认它具有[76]"一种更高的本性",因此承认国家支配抽象法(抽象法声称人格及财产具有不可侵犯性),只有在此条件下,兵役,战争,还有税收才在原则上而言可被接受。② 概括地说,正是客观精神的概念本身,或广义上的法的概念本身,为如下论题在其原则方面作辩护,即对主体权利实行一种法律的(政治的)限制(这一论题与近代自然法的个人主义的观点相决裂,根据这种观点,主体自然权利要求被保护,只有从此要求出发,人们才可能为对主体自然权利所实行的

---

① *RPh*,第 324 节附释,*W*,第 7 卷,页 492;*PPD*,页 420。[译注]中译参考《法哲学原理》,页 340。

② *RPh*,第 75 节附释,*W*,第 7 卷,页 158;*PPD*,页 181。参看 *RPh*,第 100 节附释,*W*,第 7 卷,页 191;*PPD*,页 200 - 201。关于税收的法律化,参看 *RPh*,第 299 节以及其附释,*W*,第 7 卷,页 466 - 467;*PPD*,页 396 - 397。

某种特定限制作辩护)。

然而黑格尔不仅力图确立国家对抽象法的优越性;国家也有如下任务,即致力于实现抽象法(抽象法在国家中发现了其限制),将"法构建为一种必然的现实性"。在此并非要指出国家在民事及刑事司法管理中所起的作用(这可能是庸俗的)。此外,正如人们所看到的那样,从根本上说,司法是市民社会自己的事,尽管司法在政府控制下并通过国家公职人员被实行。① 如果国家是法的现实性的条件,那这不是因为它监护了如下运用,即凭借自身而存在的规范在社会组织方面的运用,毋宁说,黑格尔想指出,抽象法的社会现实化的条件本身要求国家介入抽象法领域。事实上,市民社会很好地实现了抽象法,但是此现实化具有冲突性,以至于它使这样一种社会的存在本身处于危险之中,即这种社会凭借某些特征使人们想起霍布斯所理解的自然状态;并且此冲突威胁法律秩序本身。这一危险为如下方式所固有,即社会生活在特殊目的的冲突中并借此冲突着手构建普遍物的方式。市民社会是"一切人反对一切人的个体私人利益的战场",②这明显影射了霍布斯的一切人反对一切人的战争(bellum omnium contra omnes)。因此,社会冲突不能被社会性地解决。这里不是阐述市民社会学说的这一方面的地方(因马克思重提并详述了市民社会学说的这一方面,它变得尤为知名)。但其结论为在此处已被提出的问题提供了一种答案:在资产者的市民社会中,抽象法的现实化具有结构性冲突的特征,[77]此特征证实了一种政治的、外在于社会特殊性的裁决机构的存在的必要性(此机构为了确保法律原则的现实有效性可违背这些原则)。最好的例子无疑就是由公共权力造成的对私人所有权的侵害:在十九世纪,这是一个棘手的问题,当时有两方面的东西交错在一起,一方面是法

---

① 参看 RPh,第 287 节,W,第 7 卷,页 457;PPD,页 386 - 387。
② RPh,第 289 节附释,W,第 7 卷,页 458;PPD,页 388。

权国家(Rechtsstaat)问题所表达的法律防护的要求,另一方面是一些迫切需要,这些需要与行政组织相联系,并与国家对经济及社会变革的协助相联系。严格来说,公共权力对私人所有权的侵害是对所有权的私法的侵犯,但是这些侵害在某些特定权利及利益的特殊主张可能会阻碍法的一般原则的实施(这些原则即为人格自由,每个人对财产及工作的权利)时会变得合法。所以,当个体权利的现实行使受到侵害时,因此当建基于产业自由之上的市民社会的存在本身受到侵害时,国家为了公共利益之故,可考虑采取剥夺所有权的政策,甚至着手将某些领域国有化(比如,公用服务国有化,甚至对处于垄断地位的企业实施国有化):

> 私有权的各种规定有时不得不从属于法的较高级领域,即共同体、国家;[……]可是这种例外也不是出于偶然,出于私人任意或私人利益的,而是完全根据于国家这一合乎理性的机体。①

因此,国家对法的支配源于如下这点,即在现实的市民社会中,法不可能自发地且有条理地被现实化。特殊物质利益将法律的形式普遍物的社会现实化置于危险之中(与这些特殊物质利益相接触,此处的社会现实化应被完成);因此,法律的形式普遍物的社会现实化应借助一种政治现实化被巩固。

国家——理性国家,至少革命后的宪政国家——在市民社会中以多重形式展现自身,这是因为市民社会在结构上不能遵循自己的原则,以及因为"原子系统"②倾向于置原子本身于危险之中,就是说,置社会个人于危险之中(此处的社会个人不是作为公民而是作

---

① *RPh*,第46节附释,*W*,第7卷,页108;*PPD*,页155–156。[译注]中译参考《法哲学原理》,页54–55。

② *Enzykl*,第523节,*W*,第10卷,页321;*Encycl 3*,页303。

为资产者①)。因此,与自由主义的观点相反,国家是市民社会本身的现实性条件,[78]而不是市民社会的衍生部分或其机能障碍的负责管理人。国家具有如下社会性使命,即保证普遍物控制特殊物。但其特有的政治使命在于在普遍性的环境中促进特殊物与普遍物的统一。国家越是有利于个人的充分发展以及越是有利于个人权利的总是特殊性的(社会性的)运用,国家越是应该将个人领回到"实体性的统一中",并让个人服从"普遍利益"。② 国家也是特殊目的的"内在性目的",③这一点首先只为国家(以及哲学家)所知。因此,在"绝对的、本身不动的目的"④中(即在国家中),"自由达到了它的最高的法",如果这一点属实,那么,此处的法不能再被辨识为法学家所谈论的法。因此,形式抽象法的现实化运动——此运动首先是社会性的,然后是政治性的——导致其原则的相对化:其内容(个体自由)的实现是对黑格尔所称的"合乎法的形式的法"的超越。⑤ 诚然,国家不是法的现实化的否定,而恰恰相反,它是法的现实化的最后条件,或者说,国家既是个体权利又是社会团体权利的现实化的最后条件。但此任务远没有穷尽国家的概念,黑格尔不断致力于谴责如下错误,即将国家构建为私法运行的单纯担保人与市民社会的守夜人。

如果人们想防止冲淡政治组织的影响作用的危险(如在封建制度及等级国家[Ständestaat]中,政治组织的影响作用被冲淡了,政治关系的"私有化"侵蚀了封建制度及等级国家),正如人们想防止一种政治的危险那样(此政治自吹具有法的属性且忽略法的固有局限,它可能导致大恐怖),那么必要的做法是严格区分抽象/私法的

---

① 参看后面第四章。
② *RPh*,第260节,*W*,第7卷,页406-407;*PPD*,页344。
③ *RPh*,第261节,*W*,第7卷,页408;*PPD*,页345。
④ *RPh*,第258节,*W*,第7卷,页399;*PPD*,页333。
⑤ *RPh*,第220节,*W*,第7卷,页374;*PPD*,页309。[译注]中译参考《法哲学原理》,页230。

领域及活动模式与国家的领域及活动模式。因此,政治联系的特有本性以及市民社会与国家的连接要求在政治上使抽象法相对化。但此相对化符合一些明确条件。如果黑格尔质疑人权的意识形态(因为此意识形态是一种外衣,被黑格尔认为具有危险性的专制政治可能会披上这件外衣),那么黑格尔将人的自由以及表现它的整个法律形式视为"人的永恒权利"①的不可侵犯的核心。[79]因此,对人的自由原则的维护而言,对财产的零星侵犯可能是必需的;但是,为了不破坏人的自由原则本身,这一侵犯要求它不能仅以如下法律价值为名被实施,即为反实定法或多或少被任意援引出来的法律价值。如果国家可以毫无矛盾地成为法的秩序的担保人(尽管它违犯其原则),那这恰恰是因为它自身不是一个属于抽象法的构建物。因此,拒绝为国家赋予一种法律基底,这不仅是为了严格区分公法与私法;而且它还准许将国家构建为法及其现实化的外在的、完全合法的担保人(此处的国家被理解为客观自由在政治上的实现)。因此,从前可能显得是一种模糊的或矛盾的立场的东西——国家应促进法,同时使其相对化,因此与其对立——是一种一致的理论选择的表现:正是因为国家不具有法的本性或者说正是因为它的"法"是一种比私法更高级的自由形态,所以它能确保私法在市民社会中的现实化。

然而,上述这点只在如下情况下才属实,即国家符合其概念,它的的确确是由诸个人构成的共同体的制度化表现(此共同体的目的是借助国家"过上一种普遍生活"②),而不是一种机器,使个人屈服一种专断的及压迫性的法律。区分国家与市民社会,这一做法的目的并非在于用市民社会中的权利反对国家,恰恰相反,此区分的目的在于不断提醒人们一种东西,这种东西在国家与市民社会的区别

---

① *Enzykl*,第 433 节附释,*W*,第 10 卷,页 224;*Encycl* 3,页 534。
② *RPh*,第 258 节附释,*W*,第 7 卷,页 399;*PPD*,页 334。

本身之中,将"外在国家"①——事实上,它首先外在于它自身——与"意识到自身的自由的理性生活"②联系在一起(此处"意识到自身的自由的理性生活"是展现在公共领域内的生活)。黑格尔说,国家是"联合本身",③它将城邦召回到它的统一性中,此城邦此外为各方所迫陷于利益的分裂及冲突之中,这尤其发生在政治与社会的区分完成之后。再则,这种不可避免的冲突丰富了这样一种共同体,此共同体的生命力来源于这些区分及张力,如果这种冲突不是凭借暴力得以解决(在此情况下,市民社会真的成了其踪迹被市民社会保留的自然状态),而是通过其他方式得以解决。这样一条道路在如下情况下向人们敞开,即存在着一种国家(此处国家一词是在其庄严郑重的意义上而言的),存在着普遍物的裁决机构[80](在其相对权利范围内的特殊性主张依赖这一机构,但凭此机构,特殊性主张成为具体现实的主张)。对黑格尔而言,国家的至高权力是法的现实性条件,因为只存在这样一种特殊自由,此自由被参与到普遍物中的自由支持或限制。

低于法的法与超越法的法

法的现实化,即其抽象概念的具体客观化,以市民社会为舞台,市民社会的充分发展本身只有在理性国家中并在其领导之下才能成为可能。因此,法的现实化始于最近时期。人们知道,对黑格尔而言,法国大革命象征着法本身已耀眼地并且恐怖地进入到社会及

---

① *RPh*,*W*,第7卷,第157和183节,页306和340(*PPD*,页259和280);*Enzykl*,第523节,*W*,第10卷,页321(*Encycl* 3,页303)。
② *RPh*,第270节附释,*W*,第7卷,页422;*PPD*,页358。
③ *RPh*,第258节附释,*W*,第7卷,页399;*PPD*,页334。

政治秩序的原则之列:

> 思想、法的概念一旦显示其价值,不正义的旧建筑对此不能做出任何抵抗。因此,在法的思想中,一种宪法已被构建,自此之后所有东西都应建立在此根据之上。①

这一原则的误入歧途即法国大革命时期的大恐怖与其抽象概念无关(此原则的抽象概念就其本身而言既不好也不坏),而与如下尝试有关,即将其抽象概念建构为国家的基础(此外,这一做法只是自然法学论的理论错误的具体发展结果):卢梭最为一致地发展了自然法学论的论证,此论证结构本身只会鼓励彻底铲除现存事物的状态,并且着手将国家重新奠基在纯理性的基础之上(此处理性一词至少是在"知性理性"②的意义上而言)。相反,大革命的历史性胜利在于促进、甚至强制规定如下两点,即建立私法秩序与发展一种市民的及资产者的社会(这表现了法律的社会抽象性原则的相对肯定性,但此肯定性是现实的肯定性);黑格尔在《法哲学原理》中阐述了法、经济与政治之间的联系,此联系只有在后革命的世界中才具有可能的现实性。黑格尔将法国大革命分析为法(以及权利的)革命,从这一分析中,我们在此将只提取出法的现实化与历史保持一种非偶然的关系这一讯息(本质上说,法本身是非历史性的,历史是在其整体性中的理性的客观化活动)。[81]抽象法的现实化是这样一种普遍性发展进程的不可或缺的部分,借助这种发展进程,精神达到其具体真理那里。那处在世界历史的边际处的法是怎么一回事呢?

对黑格尔而言,只存在政治的与国家的历史。非常严格地来

---

① *Geschichte*, *W*, 第 12 卷, 页 529; *Histoire*, 页 340。也参看 *Wurtemberg*, *W*, 第 4 卷, 页 507; *Pol*, 页 256。

② 参看 *RPh*, 第 258 节附释, *W*, 第 7 卷, 页 400 – 401; *PPD*, 页 334 – 335。

说,在城邦出现之前所发生的事情应被视为史前的东西。这一情形对应我们传统上所称的自然状态,尽管人们通常以一种错误的方式理解自然状态这一术语,或更准确说以一种虚构的方式理解它。然而自然状态这一概念是对人们应该思考的一种状态的命名(这种命名无疑是不恰当的),这一状态是一种虚构,但是是一种必要的虚构(这构成了"最难以置信的矛盾"①)。霍布斯在"(自然)状态这个词的正确意义上使用这个词",②按照他的看法,自然状态是一种"暴力状态",与这种状态相对抗,理念"创设了英雄的法"③。我们知道在青年黑格尔的政治学文本中,忒修斯(Thésée)这一人物占有重要地位。④ 不过,这一城邦的神秘奠基者的形象同样也出现在成熟时期的作品中,在那里,他甚至扮演一个主要角色。英雄借助暴力结束自然状态的暴力。老实说他的法只被他自己宣告,并且仅用武力的语言被宣告,他的法以被他所终止的东西为基础,人们只能回溯性地向英雄的法承认这样一种合法性,这种合法性在于现实地开启了历史与政治理性的领域。这样一种法是先法律(anté‑juridique)的法,因为它"在现实历史开始之前"⑤被实施,与之相对,所有真正的法处于制度化的历史发展进程中;这样一种法甚至是反法律的(anti‑juridique),因为尽管暴力可以是法的"外在开始或者说在现象中的开始",并且它在现实上就是这种开始,但是暴力不能

---

① *Naturrecht*,*W*,第 2 卷,页 445;*DN*,页 21。
② *W*,第 20 卷,页 227;*HP*,第 6 卷,页 1561。
③ *RPh*,第 93 节释释,*W*,第 7 卷,页 180;*PPD*,页 195(参看译者注解)。黑格尔明确说,这里事关一种"创建国家的英雄的法"(*RPh*,第 350 节,*W*,第 7 卷,页 507;*PPD*,页 436)。
④ 参看 *Constitution*,*W*,第 1 卷,页 579(*Pol*,页 142)以及 *GW*,第 8 卷,页 258(*Esprit*2,页 89)。
⑤ *RPh*,第 349 节附释,*W*,第 7 卷,页 507;*PPD*,页 436。

构建法的"实体性原则"或法的"基础"。① 就某些方面而言,英雄的法是一种绝对的法:这种法象征性地意味着一种原初的决定,此决定确保自然状态向法律及政治秩序的过渡。因此,这种神话的看法取代了社会契约的看法(黑格尔明显摒弃社会契约的看法,因为它是理论幻象的制造者②);事实上,神话的看法具有两个长处,[82]一方面它不将公法还原为私法(尽管这一点是暗含着的),另一方面它避免了如下规范主义的虚构,即将法律秩序虚构为封闭的及自我奠基的秩序。不过英雄的神话形象也扮演柏拉图的法律制定者(nomothète)的角色:凭借英雄的神话形象,黑格尔有意识地决定为这样一种东西赋予重要性,这种东西将原初契约与每个人反对一切人的战争的盲目暴力联系起来(每个人反对一切人的战争的盲目暴力在时间上先于原初契约),而非将其同历史以及伦理和法律的合理性的客观发展联系起来(历史以及伦理和法律的合理性的客观发展在时间上后于原初契约)。英雄的"法"是对非法的第一个否定,此"法"停留在非法或暴力的一边,它是绝对的;但是英雄的"法"不是一种法,因为正如在殊死斗争中主人对奴隶或征服者对被征服者所施加的法,英雄的法是在这样一种环境下被施行,按照"作为精神的人的概念"来衡量,这种环境是一种"法的绝对否认"③的环境。

英雄的"法"与主人对奴隶的统辖相近,这不是偶然的。正如主人的统辖,英雄的统辖与其说是一种统治(Herrschaft),一种合法治理,还不如说是一种奴役(Herrenschaft),一种野蛮支配:

> 为**奴隶制**辩护所提出的论证[……]以及为作为一般纯粹奴役的统治所作的辩护,[……]都从这一点着想:即把人看作

---

① *Enzykl*,第 433 节说明,*W*,第 10 卷,页 223;*Encycl* 3,页 231。
② 参看后面第三章,页 124 以及其后。[译按]指原书页码。
③ *RPh*,第 57 节附释,*W*,第 7 卷,页 123;*PPD*,页 164。

一般自然的存在,看作不符合于人的概念的实存。①

当黑格尔在《精神现象学》中论及"统治与被奴役"(Herrschaft und Knechtschaft)的形态时,黑格尔指出此形态处理"奴役(Herrenschaft)与被奴役(Knechtschaft)之间的关系"。② 在《历史哲学讲演录》的开端论及国家的创建时,他同样说:"国家的第一个生产是家长式的(herrisch)及本能式的(instinktartig)。"③因此在成熟时期的作品中,统治这一术语与奴役相区别,它好像专指治理这一特殊的政治行为(即在治理的意义上而言的统治),它不再意指随便哪种野蛮的支配形式,无论怎么说,不再意指一种前政治的野蛮统治形式。这一点以一种对立推理的方式(a contrario)被如下呵斥证明,即拿破仑这位少有的近代英雄对被他征服的德国人的叱喝:"我不是你们的君主,我是你们的主人。"然而,英雄的(非)法与主人对奴隶所施加的法相区别(主人对奴隶所施加的法什么都不是,因为它自称是一种法),英雄的(非)法享有一种绝对的合法性,虽然[83]此合法性在时间上受限制(因为为了创设法,它并不仰仗法)。就此,英雄的法类似于世界精神的完全绝对的法。

如果英雄的法在法之下,那么世界精神的法便超越了法。关于世界精神(Weltgeist)的法,黑格尔多次谈到说它是唯一"绝对的"的法;④但是比起英雄的法,世界精神的法显然与法律意义上的法只保持一种更为遥远的关系。在此情况下,黑格尔为什么还要保持这一称谓呢?黑格尔在《法哲学原理》中给出的如下定义提供了第一

---

① *RPh*,第 57 节附释,*W*,第 7 卷,页 123;*PPD*,页 164。[译注]中译参考《法哲学原理》,页 64,略有改动。

② *RPh*,第 57 节附释,*W*,第 7 卷,页 124;*PPD*,页 165。

③ *VG*,页 146;*RH*,页 174。

④ *RPh*,第 30 节附释,*W*,第 7 卷,页 84;*PPD*,页 139。也参看第 33 和 340 节。

个答复:"自由理念的发展的每个阶段都有其特有的法。"①然而要将此定义运用到世界精神之上却存在一定的困难;事实上,如果世界精神确实是客观精神的最后形态,那么就考虑到它的全部意义而言,它就不再属于客观精神领域,因此也不属于在客观精神领域上演的自由的类型,即客观自由。为了相信这一点,反思一下黑格尔对如下席勒格言的使用就足够了:"世界历史是世界法庭。"(Die Weltgeschichte ist das Weltgericht)②这一经常被引用的格言事实上包含两重意思;这一多样性远非表现了随便哪种黑格尔话语的模糊性,而是表现了客观精神发展过程的复杂性(客观精神的这一发展过程的最后意义在历史中被构建,虽然它超越客观精神的[仅仅]客观性的维度)。

首先,世界精神的审判——它是终审,这永远是一种死刑判决——针对每个民族(这些民族轮流成为"世界精神现实化的代理人"及"其宏伟壮丽的证人与修饰"③)。的确,面对"统治"一个时代的民族(此民族即为在一个时代中的世界精神的唯一"媒介"),"其他民族的精神是无权的";④但当这一民族的任务一旦完成,此民族必须在一个更高的原则之前消失,这一更高的原则首先显得好像是"对它自己的否定"。⑤尽管这一发展过程初看起来让人扼腕叹息,但是此发展过程不能与如下必然性相混淆,即"一种盲目命运

---

① 参看 *RPh*,第 30 节附释,*W*,第 7 卷,页 83;*PPD*,页 139。

② 参看 *RPh*,第 340 和 342 节,*W*,第 7 卷,页 503 – 504(*PPD*,页 430 – 431),以及 *Enzykl*,第 548 节,*W*,第 10 卷,页 347(*Encycl 3*,页 326)。关于黑格尔的这一"借用",参看 C. Bouton,《世界历史是世界法庭》(*L'histoire du monde est le tribunal du monde*),载于 J. -Fr. Kervégan 和 G. Marmasse(主编)《法的思想家黑格尔》(*Hegel penseur du droit*),Paris,2004,页 263 及其后。

③ *RPh*,第 352 节,*W*,第 7 卷,页 508;*PPD*,页 437。

④ *RPh*,第 347 节,*W*,第 7 卷,页 506;*PPD*,页 434。

⑤ *RPh*,第 347 节附释,*W*,第 7 卷,页 506;*PPD*,页 434。

的缺乏理性的抽象必然性";①世界历史是并且保持为理性自由的作品(此处的理性自由紧挨着它自己的否定性在历史中使自身客观化),它[84]在逐一否定普遍精神的特殊形态的过程中成为"普遍精神的现实化"。

法庭的形象于是获得了第二重意义及最后意义:世界精神的审判不仅针对它的每一个特殊的及连续的表现,它同样也是精神对整体所宣告的审判(精神自身即为此处的整体),在此行动中,精神自身显现为绝对精神。通常意义上说的世界法庭就是最后的审判:在此法庭之上,在其整个历史形态中的世界受到审判,换言之,客观精神受到审判(客观精神就在其具体性中只是精神对自身的绝对在场的依然抽象的形式):

> 但是,世界历史的思维着的精神,通过它之同时否定诸特殊民族精神的那些局限性和它自己的世俗性而把握住它的具体的普遍性,并升到对**绝对精神**的知,即对作为永恒现实的真理的知,在这个真理中那知着的理性是自由自为的,而必然性、即自然和历史只服务于它的显示,而为其荣耀的盛器。②

只有当客观精神已达到它最后的伦理—政治形态时,只有当精神与自身的和解借助"法及法律的合理性""成为客观"和解时,并且只要国家显现为"理性的现实性的形象"③,绝对精神向自身的在场才会突然发生(思辨哲学是绝对精神向自身在场的思想上的表达)。但是此在场不能在这种客观和解中穷尽自身。法达到其现实化的历史发展进程的终点,它最终被扬弃,与它一起被扬弃的还有

---

① *RPh*,第 342 节,*W*,第 7 卷,页 504;*PPD*,页 431。
② *Enzykl*,第 552 节,*W*,第 10 卷,页 353;*Encycl* 3,页 333。[译注]中译参考《精神哲学》,页 360 – 361。
③ *RPh*,第 360 节,*W*,第 7 卷,页 512;*PPD*,页 443。

整个客观精神领域(法在其不同形态中是客观精神领域的脊柱)。法的最后的及绝对的现实化,准确地说,不再属于法的范畴之内,彻头彻尾的自由不再是客观自由,而是作为概念的自由,作为哲理探讨,被重现在自身之中,这些显示了体系的思辨抱负。如果我们这个时代是"后形而上学的思想"的时代,或者说削弱的思想(pensiero debole)的时代,那么或许也正是在这里存在着我们这个时代必然会经历的一个困难,此困难即为,要求这样一种哲学成为我们的时代的哲学,这种哲学按如下观点被编排,即借助"形而上学"的思辨使法与政治"相对化"。①

---

① 关于这个主题,参看 B. Bourgeois,《黑格尔的政治思想》(*La pensée politique de Hegel*),Paris,1969,页 7–8 和页 109 及其后。

第二章　在自然与历史之间:法

[85]当人们研究近代法律—政治理论时,就描述方面而言,合适的做法是将自然法学论与历史决定论对立起来,正如施特劳斯(Leo Strauss)所做的那样。① 从这一角度来看,人们可以指出,这两个学说思潮——因为按照施特劳斯的看法,近代自然法在很多方面背弃了古典自然法的原则,所以按照他的看法,上述第一个思潮又分为两股思潮——依赖两个理论上相互矛盾的前提:在一种情况中,涉及一种普遍的及永恒的理性的存在,它可为实践哲学以及为按照它被编排的实证学科提供基础(在这些实证学科中,法排在首位);在另一种情况中,人们假定,法,正如所有其他文化形态,处在一种特殊的(民族的,文化的,科学的)传统中,此传统以一种阐释工作为前提,这种阐释工作被指定用来阐明总是别出心裁的意义的布局(这些布局构建了文化形态)。此外,就历史—年代的方面而言,通常的做法是,让历史的世纪(十九世纪)紧随在自然法的时代(十七至十八世纪)之后(十九世纪同样也是如下思潮所处的世纪,即历史决定论或历史主义这个总的名称所集结起来的不同思潮②)。[86]然而,

---

① 参看 L. Strauss,《自然法与历史》(*Droit naturel et histoire*),Paris,1954,第一章。
② 关于这个主题,参看以下作家的经典著作:E. Troeltsch,《历史主义及其问题》(*Der Historismus und seine Probleme*),见《全集》(*Gesammelte Schriften*)第 3 卷,Tübingen,1922;F. Meinecke,《历史主义的形成》(*Die Entstehung des Historismus*),见《著作集》(*Werke*)第 3 卷,Munich – Berlin,1959;以及 C. Antoni,《历史主义》(*L'historisme*),Genève,1963。同样参看 J. A. Barash,《历史的政治:作为允

一旦人们专心于研究确切的例子,①那么上述的双重区别——即拓扑学的区别与动力学的区别,如果人们愿意这样说的话——很快就碰到了它的局限。就年代方面而言,自然法作为思维结构以及作为教学与研究的计划,已经长时间地幸免于它的被设想的终结。① 就理论方面而言,有时很难区分某个确定理论所包含的自然法学论的因素与历史决定论的因素:因此,针对历史法学论的代言人萨维尼(Friedrich Carl von Savigny)的作品,当前研究强调指出,在他那里自然法学论的因素大量存在,这些因素尤其归因于康德的影响。②

正如萨维尼,他的柏林同事与理论对手黑格尔,就年代方面而言,处于如下两个时代的交接点上,即自然法的时代(我们将其理解为这样一个时期,在其中自然法学论的构建已经统治了理论生产)

诺与神话的历史决定论》(*Politiques de l'histoire. L'historicisme comme promesse et comme mythe*), Paris, 1984, 和 B. Binoche,《历史哲学的三个来源》(*Les trois sources des philosophies de l'histoire*), Paris, 1994。

① 关于这一点参看 J. Schröder 和 I. Pielemeier,《十八与十九世纪德国大学中作为学科的自然法》(Naturrecht als Lehrfach an den deutschen Universitäten des 18. und 19. Jahrhunderts),和 D. Klippel,《十九世纪前半叶的自然法与法哲学》(Naturrecht und Rechtsphilosophie in der ersten Hälfte des 19. Jahrhunderts),载于 O. Dann 和 D. Klippel(主编),《自然法——后启蒙运动——革命》(*Naturrecht - Spätaufklärung - Revolution*),Hambourg, 1995,页 255 - 269 和页 270 - 292; D. Klippel,《自然法的历史化》(Die Historisierung des Naturrechts),载于 Kervégan 和 H. Mohnhaupt(主编),《在自然与历史之间的法》(*Recht zwischen Natur und Geschichte*),Francfort, 1997,页 103 - 124。

② 特别参看 W. Wilhelm,《萨维尼的超实定的系统》(Savignys überpositive Systematik)载于 J. Blühdorn 和 J. Ritter(主编),《哲学与法科学。论它们在十九世纪中的关系问题》(*Philosophie und Rechtswissenachaft. Zum Problem ihrer Beziehung im 19. Jahrhundert*),Francfort, 1969,页 123 - 136; J. Rückert,《萨维尼的观念论,法学及政治》(*Idealismus, Jurisprudenz und Politik bei F. C. von Savigny*),Ebelsbach, 1984; D. Nörr,《萨维尼的哲学学徒期》(*Savignys philosophische Lehrjahre*),Francfort, 1994。

与这样一个时代,在其中历史决定论在一段时间内被人接受。这一点部分地解释了为什么说,人们对黑格尔的作品所下的判断包含惊人的对立。① 姑且不论《法哲学原理》的副标题(即"自然法与国家科学纲要"[Naturrecht und Staatswissenschaft im Grundrisse],它比正标题"法哲学原理"传统得多),许多评论者在这部著作中察觉到了如下两方面东西,一方面是黑格尔与近代自然法的形而上学的及人类学的前提的决裂,另一方面是他向整体论的观点的回复,或至少向古代自然法的非个人主义的观点的回复。比如,理特(J. Ritter)将伦理理论理解为对近代政治理论的个人主义的前提及契约式的构建的拒绝。为了构建体系,黑格尔放弃参照城邦(polis)的典范,理特并不质疑黑格尔的这一做法所有具有的决定性意义。在伦理的概念中,理特觉察到[87]亚里士多德的自然概念的某种特定的重建,由此觉察到亚里士多德的法(nomos)②的概念的某种特定的重建。里德(M. Riedel)与波比欧(N. Bobbio)在黑格尔那里观察到近代自然法的完成,与此同时也观察到近代自然法的濒临解体。③ 里德特别强调,市民社会与国家之间的区别代替了自然状态与社会状态之间的自然法学论

---

① 关于这个方面,参看法译版《法哲学原理》的译者的《导论》,PPD,页 21 – 39。

② 参看 J. Ritter,《道德与伦理。论黑格尔对康德伦理学的分析》(Moralität und Sittlichkeit. Zu Hegels Auseinandersetzung mit der Kantischen Ethik),载于 Ritter,《形而上学与政治学。对亚里士多德与黑格尔的研究》(*Metaphysik und Politik. Studien zu Aristoteles und Hegel*),Francfort,1969,页 281 – 309。

③ 参看 M. Riedel,《黑格尔对自然法的批判》(Hegels Kritik des Naturrechts),载于 Riedel,《在传统与革命之间。对黑格尔的法哲学的研究》(*Zwischen Tradition und Revolution. Studien zur Hegels Rechtsphilosophie*),Stuttgart,1982 年. 页 170 – 203)。N. Bobbio 的论题是相近的:"总体而言,黑格尔的法哲学废除并完成了自然法传统。"(《黑格尔与自然学学》[Hegel e il giusnaturalismo]载于 N. Bobbio,《黑格尔研究》[*Studi Hegeliani*],Turin,1981,页 3。)

的划分,并在如下意义上延伸了它,即市民社会与国家之间的区别保留了自然状态与社会状态之间的划分的二元结构。从一种完全不同的观点出发,勒维特(K. Löwith)在黑格尔身上看到了历史决定论导向的倡导者的形象(自近代思想认为可以放弃历史的神学前提之后,历史决定论导向攫取了这种思想)。因为黑格尔从精神概念出发思考历史与自然本身,所以他使对历史的一种基督教的(奥古斯丁的)理解世俗化了(此理解将历史视为一种末世论的期待,期待意义允诺的实现①)。从这个视角出发被解读的黑格尔与古代政治思想相决裂,同时他也与救赎的基督教神学相决裂。世界进程(Weltgeschehen)代替救赎(Heilsgeschehen),历史审判代替最后的审判,理性的狡计代替神意(这些代替的一般意义在于将一种特许的价值赋予给作为精神承载者的人②),这些代替造成了救赎(Heilsgeschehen)向世界进程(Weltgeschehen)的转变,最后的审判向历史审判的转变,神意向理性的狡计的转变。在这一点上,勒维特与施特劳斯的观点一致,对后者而言,黑格尔与马克思完成了向历史决定论与人道主义的转向(自马基雅维利与霍布斯起,近代思想逐渐引发了这种转向);但是,对施特劳斯而言,在这一演变中起决定性作用的正是与古代实践哲学的决裂,因此,在某种意义上说,是与自然法(亚里士多德或者斯多葛主义者的自然

---

① 参看 K. Löwith,《世界历史与救赎历史:历史哲学的前提》(*Weltgeschichte und Heilgeschehen. Die Voraussetzungen der Geschichtsphilosophie*),见《全集》(*Sämtliche Schriften*)第 2 册, Stuttgart, 1983, 页 61 – 69;法译 *Histoire et Salut*, Paris, 2002,页 79 – 87。

② 参看 K. Löwith,《人与历史》(*Mensch und Geschichte*),见《全集》(*Sämtliche Schriften*)第 2 册,页 364 – 368,以及《黑格尔对基督宗教的扬弃》(*Hegels Aufhebung der christlichen Religion*)《全集》(*Sämtliche Schriften*)第 2 册,页 116 – 166。

法)的决裂。① 人们应该如何分析这些评价的差异呢？或许人们可用[88]黑格尔的"模棱两可"解释它们(海姆经常指责这种"模棱两可"②)。但人们也可以这样认为,即它们的共同点可能在于太轻易地接受自然与历史之间的对立(在近代思想中,此对立已成为一种套路)。所以,合适的做法是去询问黑格尔的法律—政治哲学的一种原创性,以及它的一种宝贵资源,是否就在于拒绝自然与历史之间的对立,或至少说是否就在于将这种对立植入到一种理论语境中,此语境转变了对立的意义。

对近代自然法的批判:历史的重音

在《论自然法的科学处理方式》一文(1802年)中,黑格尔批判近代自然法,直至他撰写柏林时期的最后作品时,他还持续这种批判,即便他的哲学经历了诸多重要转变。在1802年的文章中,黑格尔将近代自然法区分为两个主要思想潮流,一个思想潮流是格劳秀斯(Grotius)、霍布斯(Hobbes)、普芬道夫(Pufendorf)及洛克(Locke)

---

① 参看 L. Strauss,《自然法与历史》(*Droit naturel et histoire*),Paris,1954,页44;《什么是政治哲学》(*Qu'est-ce que la philosophie politique?*),Paris,1992,尤其参看页57和89。

② 参看 R. Haym,《黑格尔及其时代》(*Hegel und seine Zeit*),Berlin,1857(重版,Hildesheim,Olms,1962),页368-371。一般来说,Haym 与 Rosenkranz 之间的讨论(《黑格尔及其时代》[*Hegel und seine Zeit*]1844;《反对海姆博士,为黑格尔作辩护》[*Apologie Hegels gegen Dr. Haym*],1858;《作为德国国家哲学家的黑格尔》[*Hegel als deutscher Nationalphilosoph*],1870)以一种惊人的持久的方式决定了如下讨论的术语,即关于黑格尔哲学整体的意义的讨论。关于这个主题,参看 H. Ottmann,《个体与共同体:解释之境中的黑格尔》(*Individuum und Gemeinschaft. Hegel im Spiegel der Interpretationen*),Berlin,1977,页74-85。

的"经验主义的"自然法学论,①另一个思想潮流是康德与费希特的"形式主义的"导向,诚然黑格尔主要从谢林的同一哲学的角度出发批判这两个思想潮流(谢林的同一哲学在《先验观念论的体系》或《我的哲学体系的表述》(*Darstellung meines Systems der Philosophie*)中得到阐释);然而黑格尔的批判显然同样也依靠关于城邦(polis)伦理的一种构想,此构想依赖对柏拉图与亚里士多德的某些文本的非常随意的使用(此外,依赖谢林的哲学观点与依赖城邦伦理构想的两种论证思路的协调并非没有问题)。就现代性引起政治与法律—经济、公民与资产者的分裂而言(这种分裂唯独使法律—经济、资产者受惠),黑格尔——通过批判自然法理论的某些主要概念(主要是批判自然状态与社会契约的概念)——谴责了现代性本身。正如卢梭所主张的那样:

> [89]近代人几乎完全忘却了[城邦]这个词的真正含义;大多数人将城市视为城邦,并且将资产者视为公民。他们不知道,房屋组成城市,但是公民构建城邦。②

正如在众所周知的题目为"伦理体系"的残篇中,在1802年的文章中,黑格尔对现代性的这一批判——根据它的自我阐释——源于一种伦理(Sittlichkeit)构想,这种伦理构想明显与城邦(polis)伦理的理想或与公民伦理的理想相关。现代人是这样一种人,为了财产及自私自利的利益,他放弃了"固有的事务,希腊人用一个词指称这一事务,即 politeuein,这个词的意思是:在他的人民中,与他的人民并且为了他的人民

---

① 卢梭的情况比较复杂。从一个方面来说,由于其思想所动用的概念,其思想处于近代自然法学论的框架内;从另一个方面来说,青年黑格尔——在1802年的文章中情况尤其是这样——依赖卢梭的思想,目的是揭露伦理的近代堕落,在伦理的近代堕落中,"资产者"的观点取代了"公民"的观点。参看后面第四章。

② Rousseau, *Contrat*,第1卷,第6章,OC,第3卷,页361。

而生活,过一种普遍性的生活"。① 绝对的(公民的)伦理是对生活私有化的拒绝(相对的[资产者的]伦理具体体现了生活私有化,近代自然法为这种相对的伦理提供了理论形态)。

正如人们所知,黑格尔很快就放弃了这个城邦典范或城邦理想(此典范或理想引导着论自然法的文章的意图);这种放弃部分地与黑格尔对城邦的再现实化的悲剧性的发展进程的失望(法国大革命在他眼中就是这一进程)相联系,这种放弃也部分地与他的最终的哲学构建相联系(《精神现象学》是这一构建的最初表达)。人们在耶拿时期的作品中,尤其耶拿时期的最后一些作品中可观察到这一转变。因此,1805—1806年的《精神哲学》面对近代世界,将在论自然法的文章中以及在《伦理体系》中黑格尔仍然还颂扬的"高尚的伦理整体"的典范视为常理。从一个方面来说,个体对政治普遍物的直接拥护——古代伦理的原则——仍然还被描述为一种理想,这种理想"过去曾存在并且依然被如此地向往"。② 但是,确切而言,它只是一种被近代世界撑开的理想,并且这并非必然向坏的方向发展:自此之后,黑格尔将它与如下原则对照起来:

> 比古代人更高的近代原则,柏拉图所不知道的原则[……]由于这个原则,在其直接定在中的个体的外在的、现实的自由丧失了,但他们获得其内在的自由,思想的自由。③

[90]从《精神现象学》到《法哲学原理》再到《哲学科学百科全书》,黑格尔越来越清楚地意识到现代性的优越性在于,在现代性中,在某些特定法律及政治的条件下,对特殊个体性的肯定与普遍

---

① *Naturrecht*, *W*, 第2卷, 页489; *DN*, 页63。

② *GW*, 第8卷, 页262; *Esprit 2*, 页93: 这里涉及"古希腊人的崇高的与幸福的自由"。同样参看 *PhG*, *W*, 第3卷, 页264-266, (*PhE B*, 页323-327; *PhE* H, 页 I/290-294; *PhE* J/L, 页340-342; *PhE* L, 页249-250)。

③ *GW*, 第8卷, 页263-264; *Esprit 2*, 页95。

物所占有的至上地位并非不能兼容(在此处的普遍物之外,一种伦理—政治的共同体的存在本身是不可能的)。如人们所知,根据黑格尔的术语的说法,他着手的"与时代的结合"①(与现代性的结合)在很大程度上应归功于他对盎格鲁—萨克森的政治—经济学思想的发现②(自法兰克福时期起,黑格尔着手"与时代的结合",在逗留耶拿期间[1802—1807年]他完成了这一结合)。

这一黑格尔的伦理—政治思想的基础本身的改变对他对近代自然法的反复批判具有双重影响。

1. 首先,黑格尔坚持并深化了他对自然法学说的概念性工具的批判,此处的概念性工具即为"自然状态的虚构"与社会契约主题。在这里我只讨论"自然状态的虚构"问题,因为下一章节将处理契约问题。黑格尔所详述的关于自然状态的论据,就其本质而言,仍然是1802年论自然法的文章所提供的论据。自然状态是一个虚构,但是自人们接受近代自然法的个人主义的前提之后,此虚构就显得好像是必然的了。此外,如果人们接受这样一种观点,那么人们就应当为霍布斯的看法授予一种特权(霍布斯的看法最严密,并且最近乎事实,它尤其是唯一最适合支持如下论题的看法,即政治秩序具有无条件的必要性③)。因此,黑格尔接受《论公民》(*De Cive*)的逃离自然状态(exeundum e

---

① 《体系残篇》(*Systemfragment*),*W*,第1卷,页427;*Francfort*,页377。

② 参见后面第二部分的前言。

③ 关于黑格尔与霍布斯之间的关系,参看 V. Goldschmidt,《在黑格尔那里的自然状态与服从契约》(État de nature et pacte de soumission chez Hegel),载于《著作集》(*Écrits*)第2卷,Paris,1984,页193–202;L. Siep,《为承认而斗争:黑格尔对霍布斯的分析》(Der Kampf um Anerkennung. Hegels Auseinandersetzung mit Hobbes),载于《黑格尔研究》(*Hegel-Studien*)第9册,1974,页155–207;J. Taminiaux,《评论》(*Commentaire*),载于《黑格尔国家哲学的诞生,耶拿实在哲学的评论及翻译》(*Naissance de la philosophie hégélienne de L'État. Commentaire et traduction de la Realphilosophie d'Iéna*),Paris,1984,页133及其后。

statu naturae)的看法,即便他有时会错误地将这一观点归在斯宾诺莎的头上①;但是他以一种闻所未闻的方式延伸了这一观点。事实上,如果自然状态概念保有一种(相对的)切要性,那这是因为它以一种臆想的方式指出了所有法律关系的否定本身。自然状态只能被思考或臆想(erdichten)为社会及国家所构建的法权状态(Rechtszustand)的反面,或更为确切地说是法权状态的否定(论自然法的文章提到了"臆想"这一说法):

> [91]自然权利是强者的定在与暴力的声张,它是一个暴力的及非法的状态,对此状态如下说法最符合真理,即应当逃离自然状态。相反,社会毋宁说是这样一种状态,唯有在此状态中,权利才具有其现实性;确切来说正是自然状态的任性及暴行要被限制及牺牲掉。②

因此,如果自然状态不是在观念上的对现实的法律——政治秩序的否定,如果它是一种事实的存在,③那么此存在将对伦理生活的可

---

① 参看 *VG*,页117;*RH*,页142。
② *Enzykl*,第502节说明,*W*,第10卷,页311–312;Encycl 3,页292。此段落是柏林时期唯一的这样一个文本,即在其中黑格尔在传统意义上使用社会(Gesellschaft)这个术语(传统意义上的社会即指公民共同体或政治共同体 [societas civilis sive politica]),而不是在崭新的意义上使用这一术语,社会这个词自1817年起在黑格尔那里才获得崭新的意义。这或许为如下情况所解释,即黑格尔在很久以前撰写了这个文本:它以一种非常邻近的形式已出现在1809年纽伦堡中学的教授课程中,在那里,国家共同体(Staatsgesellschaft)与自然共同体(natürliche Gesellschaft)(即家庭)仍然以古典的方式被对立起来,正如在亚里士多德那里那样:参看 *Propädeutik*,*W*,第4卷,页245–246(*Propédeutique*,页54–55)。
③ 自然状态就其性质而言是一种事实,还是只是一种概念,此问题对诸多自然法学理论而言是一个困难点,甚至对于最严密的自然法学理论而言也是如此:参看霍布斯,*Léviathan*,页125–126;卢梭,*Discours*,*OC*,第3卷,页123和132–133。

能性构成一种暴力侵犯。不管怎么说,自然状态不能获得一种规范性的意义,因为,由于自然状态所有的规范性在原则上将变得不可能;自然状态的概念通过换质位法突出了社会政治的现实性的不同特征,就此而言,此概念至多具有描述性的用途。黑格尔总是从这一角度出发使用此概念;但是,根本上说,在卢梭那里情况已是如此了,对他而言,"如下研究,即在其中人们可进入[自然状态]这一主题的研究,不应被视为历史真相,而应仅被视为假设性的及附条件的推理;比起阐明真正的起源,它们更适合解释事物的本性"。① 因此,如下这点似乎被证实了(至少从这个例子来看),即黑格尔对近代自然法的基本概念的批判并不意味黑格尔拒绝自然法的计划,或更准确地说拒绝理性法的计划。

2. 但是黑格尔并不局限于批判近代自然法理论的概念性工具,似乎他也质疑此理论的意图本身。在《哲学科学百科全书》第502节的说明中(在上面论及自然状态时这个说明已被提及),这一点表现了出来。

> 自然法这一表达,对哲学的法权学说而言已变得司空见惯,它蕴含如下歧义,[也就是说]它意味着作为如下法而存在,即一种以直接自然的方式存在的法,[92]或意味着它是被事物的本性,即被概念规定的法。②

通常人们将这一段话理解为一种对自然法问题的极端批判。事实上,在这里仅仅是自然法这一用语受到了质疑,理由是这一用语可能会引起许多错误的描绘。在这一点上,1817—1818年海德堡的授课讲义——它是《法哲学原理》的初稿——则表现得更清楚。事实上黑格尔在那里讲到:

---

① Rousseau, *Discours*, *OC*, 第3卷, 页132-133。
② *Enzykl*, 第502节说明, *W*, 第10卷, 页311; *Encycl 3*, 页292。

"自然法"这一术语应被放弃并且应被"哲学的法权学说"这一称号代替,或者应被客观精神学说代替,正如在其他地方将被指出的那样。"自然"这一表达,蕴含这样一种歧义性,人们将其理解为(1)某种事物的本质及概念,并且将其理解为(2)没有意识的、直接的、如其所是的自然。①

人们看出,如果黑格尔排斥"自然法"这一称呼,那么他完完全全肯定近代自然法学论的意图(此意图即在于在理性中创立法)。然而这一学说派别的理论上的不确定性并不是偶然的(自然状态这样的概念揭示出这些不确定性)。

事实上,黑格尔对近代自然法的根本性指责不仅针对其术语(在此情况下,为了为自然法赋予一种完整的有效性,只需用"理性"这个词替换"自然"这个词就足够了),而且还更多地针对其理性概念的不足。就法的根据而言,以及就自然法学理论的谬误结论而言(这些结论是自然法学理论论及国家时从法的根据那里提取出来的),自然法学理论的错误看法的起因在于将理性还原为一种盘算的能力(霍布斯以一种伟大的一致性实行着这一还原工作②)。但是,如果如下情况属实,即自然/理性法理论的严重缺陷在于动用了一种关于理性的太为贫乏的构想,那么,正如黑格尔的并未道明的言辞所显示的那样,合适的做法是以另外一种合理性概念为基础重建这一理论(思辨哲学,尤其是《逻辑学》就在制定这种理论)。在前一章中我们已看到,这一点导致黑格尔自《法哲学原理》的第一节起宣称法的概念与法的理念之间的区别(这一区别深刻地改变了人们对这一术语的理解以及这一术语的外延)。

因此,不仅知性的细腻的演绎性构建需要法的合理性(自然法

---

① *RPh* Pöggeler,第 2 节,页 6;*LDN*,页 48。

② 参看 Hobbes,*Léviathan*,第 5 章,页 38。

理论的公理);[93]而且法的合理性还按照——甚至尤其按照——法律的抽象概念在整个历史的具体形态(Gestaltungen)中得以体现的能力来评定。① 因此我们已经注意到,从黑格尔的观点出发,法哲学必然与一种政治哲学及一种历史哲学②相联系,并且必然展现在它们之中。这一点影响了他对自然法的态度。诚然,康德与费希特也将法、道德、政治与历史联系起来,但是唯有黑格尔才终于想到将世界历史的发展进程视为广义上的法的抽象原则的现实化领域。因此,法的思想包含主要重音的移位,即主要重音从自然那里转移到历史那里。

历史与理性:概念的规范性

这种思考理性法的方式蕴含理性法与实定法之间的一种新联系,在此新联系中,并非法本身的历史性,而是它在客观形态(比如家庭或市民社会)中的现实化的历史性起到决定性作用。法的规定就其本身而言是非历史性的,这些规定的历史性的实现——比如将私有财产从所有如下束缚中解脱出来,即封建秩序或后封建秩序所致使的压在私有财产之上的束缚——指出,法的规定被自然法学论的建构孤立起来并被绝对化,这些规定事实上是一种"依附于一个整体的环节,此环节与所有其他规定相联系,共同建构一个民族与一个时代的特征"。③ 当黑格尔阐述自然法或哲学的法与"实定法的历史要素"之间的关系时,他参考孟德斯鸠(Montesquieu),这一点显示他想使关于自然法学论的动机的阐述经历一种转变,然而对黑格尔而言,这并不涉及对自然法学论根本意图的拒绝。在同一个反历史

---

① *RPh*,第 32 节,*W*,第 7 卷,页 85;*PPD*,页 141。
② 为了完整,应该补充上:以及一种道德哲学。
③ *RPh*,第 3 节附释,*W*,第 7 卷,页 35;*PPD*,页 113。

决定论的论辩语境中展开的论战清楚地指出了这一点。

黑格尔追随孟德斯鸠,他称赞关于实定法的"真正的历史观点",①此观点与将法孤立起来的做法相对立,②法律的历史决定论将法孤立起来,尽管这并非其本意;就此而言,法律的历史决定论与自然法学论很相似,尽管前者走的道路与追求的目的完全不同于后者。一种严苛的自然法学论具体体现在沃尔夫(Christian Wolff)的身上,黑格尔曾多次嘲笑他,因为他声称可以像论证几何学定理那样论证经验的及偶然的倾向,③黑格尔通过如下方式驳斥严苛的自然法学论,即强调"哲学的法"含有不可被超越的"界限",这使得哲学的法可以"去除不够确切的看法,甚至排除如下要求,即实定的法典,也就是说现实国家所需要的那种法典,似乎应该源自哲学的法的体系性阐述"。④ 希望仅从理性要求那里或从科学知性那里推演出一部民法典或刑法典,这种做法是荒谬的。此外,真正的、思辨的理性知道,现实的、在历史方面具体的法包含不可被还原的偶然成分及非科学的成分。相反,面对自然法或哲学的法的敌人,面对"历史学家"(黑格尔有些不公正地使胡果[Gustav Hugo]充演此处的"历史学家"的角色,但在《法哲学原理》第三节中论战对象事实上暗指萨维尼),黑格尔提醒说,"哲学的法"与"实定法"诚

---

① *RPh*,第3节附释,*W*,第7卷,页35;*PPD*,页113。

② 参看 Yan Thomas,《蒙森与法的孤立》(Mommsen et Isolierung du droit),载于 Th. Mommsen,《罗马公法》(*le droit public romain*),1892,重版,Paris,De Boccard,1992,第一卷,页1-48。

③ 沃尔夫(Wolff)将"所有可能的知识都引向哲学与数学,这些知识就部分而言具有完全分析性的性质,就部分而言也是偶然性的及纯粹手工艺性的知识"(*WdL* 3,*W*,第6卷,页538;*SL* 3,页354)。对经验实行理性化(这里即为将其几何化)的意愿将会导致如下结果,即"学究的粗野",它也是一种"粗野的学究"(*GdP*,*W*,第20卷,页263,*HP* 第6卷,页1654)。

④ *RPh*,第3节附释,*W*,第7卷,页35;*PPD*,页112。

然有区别,但它们并不必然地相互对立或矛盾,它们的关系毋宁说是"《法学阶梯》与《学说汇纂》"①之间的关系。这一表达无疑是笨拙的,就罗马法与专家法的方面而言,此表达显示黑格尔所掌握的材料的局限性(胡果在他对《法哲学原理》的分析中忍不住地揭示了这些局限性)。② 但此表达的目的是要强调,历史—实定物与理性物之间不可避免的不一致不能影响它们的原初的相互关联(黑格尔定义了法的实定性,就在此定义中,黑格尔阐述了历史—实定物与理性物之间不一致的原因)。以下就是黑格尔为法的实定性所赋予的定义:

> [95]法一般说来是实定的:(一)因为它必须采取在某个国家有效的形式;这种法律权威,也就是实定法知识即**实定法学**的指导原理。(二)从内容上说,这种法由于下列三端而取得了实定要素:(1)一国人民的特殊民族性,它的历史发展阶段,以及属于自然必然性的一切情况的联系;(2)一个法律体系在适用上的必然性,即它必然要把普遍概念适用于各种对象和事件的特殊的、外部所给予的性状,——这种适用已不再是思辨的思维和概念的发展,而是理智的包摄;(3)实际**裁判**所需要的各种最后规定。③

---

① *RPh*,第3节附释,*W*,第7卷,页35;*PPD*,页112。

② "书评的作者可以保证,二十二年前,当他在写这个东西时[即这样一个段落,此段落被黑格尔批判,因为此段落显示了作者对哲学家的无知],他并未想到黑格尔教授;但是现在他承认,按他谦逊的看法,黑格尔也真的没有能力理解实定法。"(Hugo,《〈法哲学原理〉书评》[Recension des Grundlinien]),载于《哥廷根学者通告》[*Göttinger Gelehrten Anzeigen*],1821,第61期;重新收录于 *RPh* Ilting 1,页381)

③ *RPh*,第3节,*W*,第7卷,页34;*PPD*,页112。[译注]中译参考《法哲学原理》,页4。

在实定法的定义本身之中"普遍概念"被指涉,此指涉很重要,因为它暗示理性物与实定物或与法的历史性要素之间的关系应被视为如下发展过程,即实定性所含有的理性材料的历史发展过程,应被视为一种关于内在性规范与其部分的及渐进的实现的辩证法。理性法的抽象的、非历史性的本质在于,生产出它的合理性的诸多连续的表现(这些表现被历史规定,但是在它们的偶然性的本身之中却具有一种必然性),并且,几乎可以说是将这些表现交付给外在性。但是只有当人们采取一种理性的观点,就是说采取一种法哲学的观点,实定物与理性物之间的这一相互关联才能被确证。这一点持续成为历史决定论的拥护者的盲点,继而持续成为法律实证主义的拥护者的盲点。

因此,十分清楚的是,黑格尔考量法的现实化的历史维度与实定性维度(换言之,考量法的单纯概念向其理念的过渡),此考量绝不意味他赞同历史法学派的纲领(萨维尼在其 1814—1815 年的作品中阐述了这一纲领①)。此外,在《法哲学原理》中充满了对萨维尼的观点的批判性影射,在海德堡与柏林的讲义中情况更是如此。当黑格尔介入到关于法律法典化的论战中时(此论战发生于拿破仑军队战败后的德国,它为历史决定论提供了将自己构建成一种学说的机会),黑格尔明确支持其昔日海德堡的老朋友即[96]法学家梯鲍特(Thibaut)的论题(德国诸邦从外国人的占领中解放出来,但是意识到《拿破仑法典》的优点,它们应该为自身配备一部共同的民法典,这部民

---

① F. C. von Savigny,《论我们这个时代的立法与法科学的使命》(Vom Beruf unserer Zeit für Gesetzgebung und Rechtswissenschaft)(1814 年)与《论这本杂志的目的》("Über den Zweck dieser Zeitschrift"),载于《历史法科学杂志》(Zeitschrift für geschichtliche Rechtswissenschaft),1815,第 1 期,页 1 - 12。这些文本以及其他关于法典编纂的讨论的文本被重新收录于文集《梯鲍特与萨维尼。他们的纲领性的作品》(Thibaut und Savigny. Ihre programmatischen Schriften),Munich,1973。

法典将成为国家未来的政治统一的开始①),并且他反对萨维尼的论题,按照萨维尼的看法,法典编纂可能只在如下条件下才获得成功,即民族精神(Volksgeist)的倾向所规定的以及法律科学的情形所规定的条件,在他眼中,1814年的德国不能满足这些条件。萨维尼质疑德意志民族具有如下使命(Beruf),即正如法国借拿破仑之手所做的那样,为自身配备一部统一的并且具有统一作用的民法典。②遵循梯鲍特的论据,黑格尔针对萨维尼反驳如下:

> 否认一个文明民族和它的法学界具有编纂法典的能力,这是对这一民族和它的法学界莫大的侮辱。③

此外,因为法律文化的成熟性不太令人满意,所以拒绝编纂法典,这种做法在实践领域中会招致损害。事实上,这就等于将立法者的任务托付给法官,在推行习惯法的国家中情况就是如此:

---

① 参看 Thibaut,《论一般公民法对德国而言的必要性》(Über die Notwendigkeit eines allgemeinen bürgerlichen Rechts für Deutschland)(1814),载于《梯鲍特与萨维尼:他们的纲领性的作品》(*Thibaut und Savigny. Ihre programmatischen Schriften*),Munich,1973。特别参看页 67 和 73。

② 参看 F. C. von Savigny,《论我们这个时代的立法与法科学的使命》(Vom Beruf unserer Zeit für Gesetzgebung und Rechtswissenschaft)(1814),载于《梯鲍特与萨维尼。他们的纲领性的作品》(*Thibaut und Savigny. Ihre programmatischen Schriften*),Munich,1973,页 112 和页 125 及其后,页 188 及其后。

③ *RPh*,第 211 节附释,*W*,第 7 卷,页 363;*PPD*,页 301 - 302。比如在 1819—1820 年的课程中,对萨维尼的攻击则更尖锐。"存在着著书反对及大叫着反对《拿破仑法典》的人,其中一大部分人清楚知道,他们面临何种危险。《拿破仑法典》包含伟大原则,它们是所有权自由原则以及如下原则,即将所有回溯到封建时代的东西驱除出去的原则。"(*RPh* Henrich. 页 172 - 173)。[译注]中译参考《法哲学原理》,页 220。

> 英国的国内法是包含在成文法规(制定的法律)和一种所谓不成文的法规中。其实,这种不成文法同样是成文的;要获得对不成文法的知识,只能而且必须阅读多本满载着不成文法的四开型书籍。[……]因为不成文法包含在法院和法官的判决中,所以法官就成为经常的**立法者**①。

至于谈到法典编纂会妨害法的发展这样一种论据,黑格尔通过区分如下两方面东西驳斥了它,一方面是应该[97]以一种不可更动的方式被确定下来的原则,另一方面是具体条款,这些条款能够并且应该随着市民社会的发展而变化;然而法典编纂绝不会对其构成障碍,它仅仅迫使立法者——而不是伪立法者(不常见的情况是,法官就是这种伪立法者)——逐渐精细化他的工作:

> 人们会想,一部法典将永远不会被完成,因为新的情况总是会出现。但是这些新规定永远只是普遍规定的特殊细节。因此,并非涉及新规定,而仅仅涉及诸多小的不怎么重要的规定。由此,如果一部好的法典被设立,那么确实总是会有后来的情况被添加进来,但这并非涉及按事情[本性]与原则相对立的东西,而是涉及一种细节点。对于这些新的特殊情况而言,裁定原则应被包含在已经存在的原则之中[……]一棵高大的老树分叉会越来越多,然而却不会成为一棵新树。因为会有新的[将来的]分支,而不愿意栽种任何树,这种做法可能是

---

① *RPh*,第 211 节附释,*W*,第 7 卷,页 362 – 363;*PPD*,页 301。同样参看 *RPh* Ilting 4,页 535 – 536。关于这一方面,1817 – 1818 的课程包含这样一些表述,这些表述与《法哲学原理》以及后来课程中的表述形成对比,比如如下表述,"对公民自由及权利而言,一个良好的法庭组织远比一部新的法律法典来得必要"(*RPH* Pöggeler,第 115 节,页 152,*LDN*,页 184)。萨维尼自然会同意这句话……[译注]中译参考《法哲学原理》,页 219。

愚蠢的。①

法无疑具有历史性的运动的特性,这一情况意味着其实定条款的调适及不断精细化。但这不是一种反对如下体系化行为的论据,即在所有适当的方面将法的原则体系化;这也不是一种中肯的反对意见,此反对意见针对关于法的根本原则的合理性的自然法学论的论题。

事实上,在法典编纂及其时机的问题之外,黑格尔反法学的历史决定论的论战也具有一种理论的重要性:事实上,它涉及理性法("自然法")与实定法之间的关系,并且涉及如下问题,即"法律或哲学的"科学应采取何种方式对待理性法及实定法。就在参与反胡果的论战之前(当然此论战针对的对象是萨维尼),黑格尔在《法哲学原理》中区分了两方面的东西,一方面是"基于历史的原因的发展"(die Entwicklung aus historischen Gründen),另一方面是"由概念而来的发展"([die] Entwicklung aus dem Begriff)。② 历史性的观察诚然"在它自己的领域中有其功绩及[正确]判断"。③ 但是,当涉及司法组织及其他促进自由的客观化的形态时,它不能代替理性的合法性证明,或用康德与费希特的术语来说,[98]不能代替演绎。如果演绎的运作应基于法的概念,那么它是"哲学性的考察"的专属事务,唯有它才能提供一种"自在自为的有效辩护"。④ 我们看出,此处黑格尔采取了一种推理,除了所用的用语之外,这种推理是典型的自然法学论的推理或理性法学论的推理,尽管黑格尔严厉地批判自然法的抽象概念。实定法出现于某种历史条件之中,对此历史

---

① *RPh* Ilting 3,页 657–658。部分翻译载于 *PPD* 1975, Add. 第 216 节,页 235。
② *RPh*,第 3 节附释,*W*,第 7 卷,页 35;*PPD*,页 113。
③ 出处同上。
④ 出处同上。

条件的研究可以无懈可击地解释实定法的条款,尽管如此,实定法的条款可以"自在自为地是非法的及非理性的";"大批罗马私法的规定"尤其就是这种情况,虽然这些规定无视理性,因此无视法,但是"大批的罗马私法的规定完全融贯地来源于罗马父权、罗马婚姻这样一些制度"。① 这样一些评价自然会引出关于如下标准的问题,即用萨维尼的术语来说,允许人们裁定这样或那样的法律机构(Rechtsinstitut)是否理性,因此是否与法相符的标准("历史的方法"的党徒必然会提出这一标准问题)。显然,标准的确定必须以法的规范性概念为前提,而非以法的事实性的或描述性的概念为前提。不过,确切而言,《法哲学原理》导言所设计的概念正是这样一种法的规范性概念。我们已经看到,导言指出自由首先局限在主观性的抽象领域内,它有为了自身而使自身客观化的使命,并且这"既是在'自由是关于其自身的理性体系'这一意义上而言,又是在'此理性体系是一种直接的现实'这一意义上而言"。② 由此产生了关于法的规范性定义:

> 任何定在,只要是自由意志的定在,就叫做法。所以一般说来,法就是作为理念的自由。③

《法哲学原理》所详述的批判性考量以法的规范性定义为前提,尤其论及一些黑格尔认为应拒斥的实定法的条款时,情况更是如此(例如,人们认为可以为人格地位加以诸多限制,④或者说在罗

---

① *RPh*,第 3 节附释,*W*,第 7 卷,页 36;*PPD*,页 113 – 114。
② *RPh*,第 27 节,*W*,第 7 卷,页 79;*PPD*,页 137。参看前面第一部分前言。
③ *RPh*,第 29 节,*W*,第 7 卷,页 80;*PPD*,页 138。[译注]中译参考《法哲学原理》,页 36。
④ 参看 *RPh*,第 40 节附释,*W*,第 7 卷,页 99;*PPD*,页 149 – 150。

马法中所有权的种类,或者在封建法中的如下区别,即封建主享有的身份上的支配权与佃农享有的使用上的支配权之间的区别①),或者当他论及哲学性的构建时(康德对法的种类的传统区分的修改,②[99]费希特对契约义务的阐释③),情况也是如此。诚然,黑格尔的思想拒绝规范主义的通常形式。但是在《逻辑学》中对实践理念的分析④以及在《法哲学原理》中对道德主观性的分析⑤中可以看出,对黑格尔而言,存在着一个关于规范性的好的用法。然而,重要的是,主体与规范之间的关系构建实践的应当,此关系永远不与现实性领域相分离,或永远不与在制度上实现出来的规范性相分离(主体与规范之间的关系的现实化以此规范性为前提)。这就解释了为什么说,"这些原则及义务的客观体系[这里涉及道德规范,但是对法律规范也有效],以及主观认识与此体系的结合,只有对伦理观点而言才存在"。⑥ 换言之,只有当法律规范与道德规范被转化为如下确立起来的规范时,即在一个共同体中得到承认的规范,法律规范与道德规范才作为规范被客观地设立起来。

然而,将法定义为自由的客观的及制度化的现实化,这样一种法的规范性定义会产生许多问题,这些问题应当被提及。第一个我在此仅提一下的问题针对黑格尔对应当的思想的反复谴责(康德式

---

① 参看 *RPh*,第62节附释,*W*,第7卷,页132-133;*PPD*,页167-169。

② *RPh*,第40节附释,*W*,第7卷,页99-100;*PPD*,页149-150。参看 Kant,*MdS*,法权学说(Rechtslehre),第10节,科学院版,第6卷,页259-260; *MM* R,法(Droit),页55(*MM* Ph 1,页135)。

③ 参看 *RPh*,第79节附释,*W*,第7卷,页162-163;*PPD*,页184-185。青年费希特主张,契约合同的义务性只有在契约的另一方开始执行他的给付时才产生。参看 Beitrag,《著作集》(*Werke*),第6卷,页114-115;*Cosidérations*,页135-136。

④ *WdL* 3,*W*,第6卷,页541-548;*SL* 3,页358-365。

⑤ 参看后面第十章。

⑥ *RPh*,第137节,*W*,第7卷,页254;*PPD*,页232。

的或费希特式的实践哲学为应当的思想提供了原型)。在黑格尔那里存在着明显是规范性的说理,比如关于奴隶制或私人所有权的说理,鉴于这些规范性的说理,几乎自《精神现象学》起黑格尔对应当的思想的持续批判是怎么一回事呢? 即便"自在自为的人不是注定要受奴役"①这一观点不应"被理解为一种单纯的应当",但是它绝对符合真理。换言之,即便黑格尔认为,如下拒绝奴隶制的行为与对它的通常辩护都属于"形式思维",即仅由于"人生而自由"就拒绝奴隶制,然而黑格尔显然赞同拒绝奴隶制的立场,与"关于奴役权及统治权的历史性观点"相区别,拒绝奴隶制的立场具有"包含真理的绝对出发点的优势,虽然还只是[100]包含出发点而已"。② 论及所有权,黑格尔的主张也同样清楚:"因为对我而言,在所有权中,我的意志,作为个人意志,因此作为个体意志,成了客观的意志,所以所有权就获得了一种私人所有权的性质。"③此处所有权的定义基于人的概念,此定义促使黑格尔对称性地驳斥如下观点,即摒弃"私有所有权原则"④的观点。在这里,正如谈到奴隶制那样,黑格尔驳斥相互对立的论据,但是避免将如下论题毫不偏袒地打退回去,即被相互对立的论据(拙劣地)支持的论题。应该承认,在法的领域,正如在道德领域,黑格尔区分概念的具体规范性与知性或情感的抽象规范性(不过黑格尔的这种做法会被怀疑为粗笨地自相矛盾)。在此意义上说,可能存在一种内在性的规范性,根据这种规范性,法的普遍概念是法的实定的、历史性的实现的规则,并且内在性的规范性与应当(Sollen)的哲学的抽象规范性不属于同一范畴(之所以应当的哲学的规范性是抽象的,那是因为它超越于历史—实定

---

① *RPh*,第57节附释,*W*,第7卷,页124;*PPD*,页165。
② *RPh*,第57节附释,*W*,第7卷,页123;*PPD*,页164。
③ *RPh*,第46节,*W*,第7卷,页107–108;*PPD*,页155。
④ *RPh*,第46节附释,*W*,第7卷,页108;*PPD*,页156。

的材料之外)。但人们可能怀疑此方法建立在一种任意的裁定之上,并且它通常就是如此。

第二个问题:自由意志的所有定在(Dasein)属于法,如果这一点属实,那么下面两方面之间存在着何种区别呢?一方面是广义上的法,它与黑格尔所称的客观精神同义,另一方面是黑格尔所称的"有限法律的法",即私法,或更确切地说是它的理性基础,正如人们将看到的那样。下面这段引文有助于我们解决这一问题:

> 这种一般的实在,作为自由意志的定在,是*法*,这种法不应仅被视为有限法律的法,而且,在一种宽泛的意义上说,应被视为自由的所有规定的定在。①

无论对上面提出的问题的答复是什么(可能有多种选择),显然在如下东西之间存在规范性地位的差别,即所有权法(它是抽象法的顶梁柱),主观道德的意志的法,伦理制度的法以及"世界精神的法"(它是"唯一""没有限制的、绝对的法"②)。[101]这将我们重新引向前一章处理的如下问题,即"法的扩充"。从黑格尔的观点看,重要的是主张"法律意义上的法"③、抽象法的特殊性(我们已看到抽象法的抽象所包含的实定的方面),并且同时主张如下合并的必然性,即将对术语"法"的法律—哲学的常见理解合并在一种元概念中,此元概念就是客观精神的概念本身,客观精神是主观性在客观性的秩序中的显现的相对统一的领域。

---

① *Enzykl*,第 486 节,*W*,第 10 卷,页 304;*Encycl* 3,页 282。也参看 *RPh*,第 29 节,*W*,第 7 卷,页 80;*PPD*,页 138。
② *RPh*,第 30 节附释,*W*,第 7 卷,页 84;*PPD*,页 139。
③ 黑格尔谈到了"法律上的财物"(eines juristisch – rechtlichen Eigentums)。*RPh*,第 43 节附释,*W*,第 7 卷,105 页;*PPD*,页 153。[译注]中译参考《法哲学原理》,页 52,略有改动。

第三个问题直接涉及我们当下的对象,即法、自然与历史之间的联系。对黑格尔而言,历史仍然还是外在的普遍性领域,在此领域中,法的抽象概念最终现实化了,也就是说它最终被伦理—政治性地客观化;正是借助历史,并且正是在历史之中,理性的现实性才逐渐地并且以一种困难重重、但仍然还不是最终的方式显示出来。有人将历史哲学或将被庸俗地理解的历史的终结构建成黑格尔哲学的最后定论,面对这一常见错误,在这里需要提醒人们的是,世界精神(Weltgeist)仅仅是一个"外在普遍的精神";①换言之,它只是绝对精神在时间中的外在化的表现(此时间是概念的定在,但仅仅是它的定在②)。在历史的时间之外,存在着概念的时间,它是将时间扬弃(Aufhebung)在如下在场中的时间,即作为绝对知识的思想对自身的绝对在场。就世界历史恰恰是一种自由的(客观化的)历史而言,对世界历史的考量最好地阐明了《精神现象学》的序言所提及的"否定的严谨、痛苦、耐心及劳作"。③ 但在难以辨清的历史发展进程中,如何区分如下两方面东西呢? 即一方面是顺应概念的东西(如果人们敢于这样说的话),另一方面是表现经验对精神的抵抗的东西,简言之,表现如下事实的东西,即经验有一个适合于自身的节奏。在历史发展进程的统一体中(从哲学的角度看,[102]只存在一种历史,只存在作为关于一种生成的历史的世界历

---

① *Enzykl*,第 549 节,*W*,第 10 卷,页 347;*Encycl* 3,页 327。

② "时间是在那里存在着的并作为空洞的直观而呈现在意识面前的概念自身;所以精神必然地表现在时间中,而且只要它没有把握到它的纯粹概念,这就是说,没有把时间消灭(扬弃),它就会一直表现在时间中。"*PhG*,*W*,第 3 卷,页 584(*PhE* B,页 655;*PhE* H,页 II/305;*PhE* J/L,页 685 – 686;*PhE* L,页 518 – 519)。[译注]中译参考《精神现象学》(下),贺麟、王玖兴译,北京,商务印书馆,1979,页 268。

③ *PhG*,*W*,第 3 卷,页 24(*PhE* B,页 69;*PhE* H,页 I/18;*PhE* J/L,页 82;*PhE* L,页 38)。

史,此生成即为人性向其自身的生成以及向如下东西的生成,即存在于人性之中并推动人性超越自身以致通往精神的绝对永恒的东西),如何不随意区分现实与偶然、理性与非理性?① 换言之,人们能够在哲学上区分历史的且理性的东西与历史的但非理性的东西吗? 理性让好像注定要阻止并耽搁它向其自身发展的东西存在,目的是为了与这种东西相分离,这种理性具有何种本性呢? 人们看到,黑格尔的观点不仅以一种法的规范性定义为前提,而且还以一种历史的规范性定义为前提。

可能的情况是,对这些不同问题(它们涉及非抽象的、嵌入在现实历史中的自然法的地位),黑格尔的答复——一经认识到此答复本来所具有的样子,人们可以不接受它——部分地被包含在他的一种概念化的处理中,此概念化处理所针对的对象是一种法,这种法黑格尔时而称之是抽象法,时而称之是形式法,时而称之是严格意义上的法,时而称之是不带任何修饰词的法。②

黑格尔的自然法:私法的规范性基础

到这里,如下这点已被默默承认(这仿佛是黑格尔自身所促使

---

① 参看 B. Bourgeois,《黑格尔与历史的无理性》(Hegel et la déraison historique),载于《黑格尔研究》(Etudes hégéliennes),Paris,1992,页 271 – 295。

② 特别参看 RPh,第 33 节,W,第 7 卷,页 87(PPD,页 142)和第 94 节附释,W,第 7 卷,页 180(PPD,页 196); Enzykl 1817,第 401 节,GW,第 13 卷,页 224(Encycl 3/1817,第 402 节,页 148); Enzykl,第 487 节,W,第 10 卷,页 306 (Encycl 3,页 284)。黑格尔在 1824—1825 年的课程中明确说道:"这就是形式法的领域,形式法是抽象的,它被称为形式的,是因为我给予自己的内容诚然是我的,但它同时也是一个外在事物,按其内涵来说并非自由。这就解释了为什么说它仍然是抽象法,仅仅是形式。"(RPh Ilting 4,页 164)

的那样),即哲学的法科学(philosophische Rechtswissenschaft)对应人们通常所称的自然法,并且更可取的做法是将自然法改名为理性法。诚然,黑格尔的"法哲学"不仅是对自然法的一种新命名,因为,人们已经能够看到,它拒绝自然法的主要的概念性工具;而且,它是来占据自然法的地盘,代替它,同时也接续它(正如黑格尔的逻辑学对传统形而上学所做的那样)。不过明确一些事情,这是可能做到的。

为了解释1820年的教科书的双重标题,1824—1825年的课程提醒人们,"'自然法'这一名称是对我们的科学的通常叫法"①。[103]接着,黑格尔虽然重申了他对自然法学论的自然主义前提的批判,尤其是对自然的社交性命题的批判,但是他还是强调,对实定法,"自然法"与"法哲学"维系着一种类似的关系,此关系是一种相互协调的关系,同时也是上下隶属关系。于是,黑格尔以对实定性的刻画为基础(在《法哲学原理》第三节中黑格尔给出了这种刻画),明确指出在哪些方面自然法以及法哲学与实定法相区别(重新使用论自然法的文章的术语,此处的自然法即为经验主义的法):自然法及法哲学排除决断的环节(对实定法而言,权威创立某种东西的事实必然蕴含这一环节),尽管自然法与哲学法之间存在区别,但它们都以自我规定原则及普遍性原则为基础:

> 虽然[自然法]经验性地发展着,虽然它将自然的冲动及需求全部地或部分地设立为[法的]基础,然而它与法哲学共享如下观点,即有一种源泉内在于人之中,它为所有人所固有,从这一泉源中人们应当汲取正当的(recht)东西[……]虽然有这种对立,法哲学与自然法有如下共同点,即它们的根源应该是某种内在的东西[……]法的实证科学与法律权威有关系,并且法

---

① *RPh* Ilting 4,页75。

应该成为实定法［……］法,法律,民法以及国家法应该成为实定法,尽管实定的东西一般与概念、自己的思想、自己的洞见、信念及意志相对立［……］不过法律应该是实定的,因为法律、制度是国家、现实世界的规定,因此它们应具有自然法则的形态。①

在1824—1825年课程的同一导言中,黑格尔也评注道,在通常意义上的自然法与他所构想的法哲学之间不仅存在一种理论风格上的区别,而且也存在外延的区别,尽管它们的目的具有相近性。法哲学覆盖的领域比自然法覆盖的领域要大,后者"不包含国家科学"(国家科学"为其自身而被探讨"②);因此就有了《法哲学原理》的副标题(事实上,就年代上而言,它是第一标题):自然法与国家科学(Naturrecht und Staatswissenschaft)。这里并非涉及一种单纯的细微差别,或一种几乎量上的区别。[104]近代自然法学说让其他学科(历史学,"国家数据学"["Statistik"]以及实定的国家法[positives Staatsrecht]③)研究国家知识,它使人相信,国家是一个纯然约定的组织,在确切意义上说的自然法中没有它的基础,近代自然法学说的代表公然支持这一观念(清楚的是,关于近代自然法学说,黑格尔尤其想到它的德国版本,特别想到沃尔夫)。因此,如下两方面东西结合起来,即一方面是反国家干涉主义的成见,一种庸俗的卢梭主义即乏味的政治科学的实证主义传播了这种成见(此处的政治

---

① *RPh* Ilting 4,页81–82;参看 *PPD* 1975,页48注解4。
② *RPh* Ilting 4,页75。
③ 撰写论德国法制的手稿时,为了查阅国家法,黑格尔知道了墨泽(Johann Jacob Moser)(1766—1782)的《新条顿国家法》(*Neues Teutsches Staatsrecht*)一书,这部浩瀚的汇纂仍然是黑格尔准备海德堡及柏林课程时参阅的众多信息来源之一(参看 *RPh* Pöggeler,第125节说明,页175;*LDN*,页205)。至于国家数据学(Statistik)或国家学(Staatenkunde),德国政治科学的原型,它本身是警察科学(Polizeiwissenschaft)的分支,参看 M. Stolleis,《德国公法历史》(*Histoire du droit public en Allemagne*),Paris,1998,页475–476。

科学在德国被叫作"警察科学"或"财政管理学"),另一方面是占统治地位的自然法理论的自然主义前提,这两者结合起来的目的是为了使如下两种领域分开,一种是私人领域,唯有自然法原则支配此领域,另一种是公法领域,此领域听任历史的偶然性及权力专断的摆布。

因此,人们可以认为,"法哲学"与"哲学的法"这些表达在黑格尔那里可能具有两种词义。一种词义包含客观精神的整个领域(此词义外延最大);换言之,它包含自由的整个客观化的形态(法律的、道德的、社会的、伦理—政治的以及历史的客观化的形态)。另一种词义的指涉范围则较有限,它对应在近代思想中人们通常理解为"自然法"的东西,也就是说元实定的法律原则的整体,人们以某些人类学前提为基础通过理性演绎发现这些元实定的法律原则,理性演绎中的理性概念与此处的人类学前提都是变化无常的;所以,人们可以同意或不同意将交往冲动(Gesellschaftstrieb)或社交(socialitas)列入这些人类学的前提中。因此,合适的做法是,通过如下区分防止一切歧义,即比黑格尔自身还要成体系地区分客观精神学说的广义上说的"法哲学"与确切意义上说的"自然法"。这一区分不仅促使人们在"法哲学"的整个外延中思考"法哲学",将其不仅思考为"对自然法的典型的扬弃(Aufhebung)(近代制定出这种自然法,法哲学通过否定及废除自然法而拯救并[105]保留了它)",[1]而且也将其思考为对狭义上的自然法的扬弃(Aufhebung)。

我支持如下论题:在客观精神("法哲学")学说的结构中,抽象法或形式法是此整个结构的第一基层,它是如下自然法的对应物,即其意义为近代思想所接受的自然法;抽象法事实上定义了合理的社会

---

[1] B. Bourgeois,《黑格尔哲学中的自然法》(Le droit naturel dans la philosophie de Hegel),载于《黑格尔研究》(*Etudes hégéliennes*),Paris,1992,页 178 – 179。

秩序的抽象前提(此处的抽象前提尤指非时间性的前提)。然而,黑格尔的"自然法"——它被理解为抽象法学说——不能创设一种政治秩序;正是由于这个原因,在阐述抽象法的规定的过程中,如下这点被经常提醒,即这些规定不适用于在客观精神中属于国家的东西,或者说它们只是间接地适用于这种东西。① 这样一个问题,就某一部分而言,它接受了自然法学论的构建的遗产,就另一部分而言,它又超越了它或否认了它,这样一个问题包含自然性与历史性之间的一种新联系,自然法理论不能准确地将这种联系作为一种主题来处理。

就此而言,黑格尔所称的抽象法是怎么一回事呢?鉴于它包含的内容(人格与财产法,契约法,诉讼法及刑法),抽象法对应私法领域,私法领域的普遍原则具有独特的哲学基础,此基础即为作为自由意志的普遍形式的人的概念,从这一独特的哲学基础出发,抽象法阐述了私法领域的普遍原则。即便黑格尔有时会考虑一些技术性的问题(比如契约分类,不过在这里他只是追随康德的做法而已②),他的言辞根据通常的术语来说还完全属于自然法的范围。两个迹象证实了这一点。

第一个迹象已被研究过,它涉及抽象法的抽象性的意义及价值。③ 抽象法阐述自由的客观化的最普遍形式,差不多可以说它阐述自由的客观化的轮廓,它是透过某人对一般某物(Sache)的占有

---

① 比如参看 *RPh*,第 46 节附释,*W*,第 7 卷,页 108(*PPD*,页 155):私人所有权的政治界限;*RPh*,第 57 节附释,*W*,第 7 卷,页 123(*PPD*,页 164):对作为政治原始形象的奴役的拒绝;*RPh*,第 75 节附释,*W*,第 7 卷,页 157 – 158(*PPD*,页 180 – 181):拒绝将契约模型应用到国家身上。

② 参看 *RPh*,第 80 节,*W*,第 7 卷,页 165 – 168;*PPD*,页 185 – 189。如果黑格尔在这里是以康德为榜样(不过他严厉批判康德的法律构想),这首先是因为在黑格尔看来,面对罗马法学家的"惯例",康德的契约分类构成了一种"理性分类",此分类适合于它的对象(参看 *RPh*,*W*,第 7 卷,页 165;*PPD*,页 186)。

③ 参看前面第一章,页 59 及其后。[译按]这里指原书页码。

的基础性关系阐述这种轮廓的。[106]人格是自由主观性的普遍表达及形式表达(此处的自由主观性在主观精神学说末尾呈现出来①);人格是自由主观性的客观化了的形象,这就解释了为什么说,在自由主观性所含有的诸多不同维度中,法的维度享有特权:黑格尔意义上的人格首先是法律人格,即便它不仅仅是法律人格。因此,其特有的规定是法律资格,也就是说能够作为法律主体而存在及行动。人格本身应被理解为在原则上未被限定的如下权利的形式要件,即一个意志对一个"被发现的自然"(物的世界)的占有的权利(此意志通过占有行为"为自身赋予了实在性"②):这可能就是黑格尔对主体权利的定义。因此,恰恰因为黑格尔用纯然形式的及非历史性的术语定义占有权,所以占有权显得好像是黑格尔意义上的自然法的模板性结构。对物的占有是这样一种行为,借助此行为,个人将自己构建为一种具体的抽象(如果人们能够这样说的话)。在霍布斯那里,一种自然权利被扩展为对一切物的权利(jus in omnia),黑格尔明确重提霍布斯的这种构想的做法表明,黑格尔的言辞在何种程度上充满了自然法学论的共鸣。③ 此外,正如在霍布斯那里那样,拒绝为主体的基本占有权的行使设定法律限制,丝毫不意味着这样一些限制的不存在;不过,这些限制不是形式的,而是实在的,它们不是法律限制,而是社会及政治的限制。这就解释了为什么说,"抽象法"的抽象性不具有一种仅仅否定性的意义及一种贬义。事实上,如果它意味着法凭借自身不能成为任何具体政治秩序及社会秩序的原则(此结论与大部分自然法学论学说的法律主义相矛盾),那么,它也意味着这样一些法律原则的

---

① 参看 *RPh*,第35节,*W*,第7卷,页93-94;*PPD*,页145-146。
② *RPh*,第39节,*W*,第7卷,页98;*PPD*,页148。
③ 参看 *RPh*,第44节,*W*,第7卷,页106;*PPD*,页153:"人具有将其意志体现在任何物之中的权利,这个物由此就成了我的物[……][这是一种]人对一切物所具有的绝对占有权。"

存在,这些法律原则具有无条件的有效性,此有效性独立于所有有限的情景或历史语境。简言之,抽象法的抽象性使得抽象法具有一种规范性的价值。

存在第二个迹象,此迹象为黑格尔的言辞赋予了自然法学论的色调,此迹象在前面同样也被提及:即便黑格尔反复控诉规范主义(主要是康德的规范主义),但他的抽象法理论充满规范性的命题,也就是说[107]拥有批判性地衡量经验的功能。我们已经指出过,这一点在论及财产时表现得很明显。当黑格尔声称"在与外在事物的关系中,合理的方面是我占有财产"时,① 他为理性赋予一种规范性力量。关于人的自由的主张则更明确:人的自由被描述为所有法律秩序的基本要素,但同时它应被视为占有自我的劳作的结果,黑格尔为此劳作赋予一个总的名称,即教化(Bildung)。这就是说,就其自身而言,法的秩序是抽象的及非时间性的,它也可被视为如下历史性劳作的结果,即为自由本身之故而对自由的构建,并且这既表现在个体发展的层面上,也表现在种系发展的层面上:

> 人根据在他本身内的直接实存是一种自然的东西,对概念说来是外在的东西。只有通过对他自己身体和精神的培养,本质上说,通过他的自我意识了解自己是自由的,他才占有自己,并成为他本身所有以对抗他人。②

这番话不仅涉及个体教化,而且也涉及人类的教化(讨论教化的后续部分确定,教化主要经历如下劳作的发展过程,即作为普遍

---

① *RPh*,第49节,*W*,第7卷,页112;*PPD*,页158。这番话的规范性内容在1817—1818年的课中表现得更清楚:"因此财产应该是私有的。"(*RPh* Pöggeler,第26节,页29;*LDN*,页72)

② *RPh*,第57节,*W*,第7卷,页122;*PPD*,页163。[译注]中译参考《法哲学原理》,页137。

性的客观的及具体的构建的劳作①),这一点正是上述那节的附释所要指出的东西。其主题是奴隶制,并且对黑格尔而言,这是与关于事物的历史观点(《法哲学原理》第三节提及了这一观点)再次做个清算的机会。首先,黑格尔好像不加偏袒地将如下两方面东西驳了回去,一方面是对奴隶制及奴役的"历史性"辩护(此处"历史性"辩护首先意指"事实性"辩护)——格劳秀斯曾详述了此辩护,②另一方面是自然法学论对它的驳斥,此驳斥建立[108]在非历史性的主张之上,即主张人的自由本性;事实上,这两者是"形式思维"的一种二律背反(即自然与自由之间的对立)的两个方面,这两个方面同样都是片面的。但很快黑格尔就否认这两个论题具有等效性,他偏向后一论题:

> 法和法学所由开始的那种自由意志的立场,已经超越了虚妄不真的立场,在后一种立场上,人作为自然存在,而且仅仅作为在自身中存在的概念,尚有可能成为奴隶。③

对奴隶制的历史性辩护,由此对源自奴隶制的绝对奴役的历史

---

① 参看 RPh,第 187 节附释,W,第 7 卷,页 344－345;PPD,页283－284。参看 O. Tinland,《教化的无限价值。论法哲学原理的一个附释》(la valeur infinie de la culture. A propos d'une Remarque des Principes de la philosophie du droit),载于 J.－Fr. Kervégan 和 G. Marmasse(主编),《法的思想家黑格尔》(Hegel penseur du droit),Paris,2004,页 211－226。

② 参看《战争与和平法》(Droit de la Guerre et de la Paix)(Barbeyrac 翻译),第 1 卷,第 3 章,第 8 节,Caen,1984。"每个人尤其有权使自己成为他所希求的那个人的奴隶。"(页 121):"按照亚里士多德的看法,存在着这样一些人,他们生来就是奴隶[……],同样也存在具有这一性质的一些民族。"(页 123)也参看第 2 卷,第 22 章,页 666;第 3 卷,第 7 章,页 820。卢梭完美地代表了相反的观点(人生而自由)(Contrat,第 1 卷,第 4 章,OC,第 3 卷,页 355－358)。

③ RPh,第 57 节附释,W,第 7 卷,页 123－124;PPD,页 164。[译注]中译参考《法哲学原理》,页 65。

性辩护,正如《社会契约论》所强调的那样①,是将权利还原为事实的一种粗劣做法,与之相对,自然法学论的观点呈现出"包含真理的绝对出发点的优势,虽然还只是包含出发点而已"。② 这一表态以什么为依据呢? 它以自然状态与法权状态之间暗含的对立为依据。事实上,奴隶制"属于一种先于法的状态"③(这解释了为什么说它只能被事实辩护)。此状态对应经典的自然法学论的用语中所谓的自然状态。在《论公民》(De Cive)中霍布斯强调应不惜一切代价走出这种状态:"应该离开这样一种状态,霍布斯已经说了:人们应该逃离自然状态。"④正如《哲学科学百科全书》的一个附释所明确指出的那样,这完全就是《精神现象学》的一个著名段落中所谓的为承认而斗争的关键点:

> 为承认而做的斗争[……]只发生在自然状态中——在那里,人仅作为单个的人而存在——相反,它与市民社会及国家相离甚远,因为就在市民社会及国家中,构成这一斗争结果的东西——也就是说被承认——已经存在。⑤

---

① "他[指格劳秀斯]最常用的推理方式总是通过事实来确立权利,人们可以运用一种更为前后一致的方法,但此方法不见得对暴君更有利。"(Contrat,第1卷,第2章,OC,第3卷,页353)

② RPh,第57节附释,W,第7卷,页123;PPD,页164。

③ RPh,第57节边注,W,第7卷,页124;PPD,页454。也参看 RPh Ilting 3,页226-227。(部分翻译载于:第57节 Add,PPD 1975,页111)

④ RPh Ilting 4,页209。参看 Hobbes,《论公民》(Le Citoyen)(Sorbière 翻译),第1章,第14节,Paris,1982,页99。

⑤ Enzykl,第432节补充,W,第10卷,页221;Encycl 3,页533。参看段落"自我意识的独立与依赖;统治与被奴役"(Selbstständigkeit und Unselbstständigkeit des Selbstbewuβtseins; Herrschaft und Knechtschaft),PhG,W,第3卷,页145-155(PhE B,页201-211; PhE H,页I/155-166; PhE J/L,页216-227页;PhE L,页150-158)。[译注]法文引文与黑格尔原文有出入,中文翻译参考黑格尔原文译出。

[109]黑格尔反对"奴役权",在其论据中存在某些矛盾的东西:在非法到法的过渡中涉及一种暴力,此暴力组织为承认而做的斗争,黑格尔认为此暴力是"必然的及正当的环节",[1]有人将此暴力绝对化,黑格尔为了质疑这种绝对化的做法,求助于一种概念性特征,不过既鉴于它的哲学前提(将人描述为"生而自由"),又鉴于此前提所引出的对历史的看法,他拒绝这一概念性特征。这一矛盾的原因在于黑格尔所称的抽象法——或我冒昧地称之为他的"自然法"——的特殊地位。就其原则而言,法是非历史性的,这解释了为什么说,其概念充当了衡量历史现实的作用(法的概念的某些维度仅仅在这里被提了一下):法的概念与一种人的概念相联系(此处的人是作为自由的人,他将自己构建为自由的人),以法的概念为依据,人们有权与卢梭一起主张奴隶制是"对法的绝对否认",[2]无论在什么时代,在什么地方,奴隶制都是对法的绝对否认。从这个观点出发,人们可以认为,黑格尔的抽象法学说包含关于如下看法及理论的基础,即关于人权的一种非自然主义的看法与关于法权国家的一种批判性理论。[3] 然而,这些抽象的法律原则的现实化具有一种历史,非常简单地说,此历史就是大写的历史。它同样也具有一种史前史,这种史前史在一种先于时间的时间中对应于"为承认而做的斗争"、这一暴力的原初的辩证法。法、国家与历史象征性地以这一辩证法的结局为前提,此结局即为自然向文化的自动超越,以及奴役(Herrenschaft)的纯粹暴力向政治隶属(Herrschaft)的自动超越:

  在现实历史开始以前的情况,一方面是毫无利害感觉的愚

---

[1] *Enzykl*,第433节说明,*W*,第10卷,页223;*Encycl* 3,页231。
[2] *RPh*,第57节附释,*W*,第7卷,页123;*PPD*,页164。
[3] 参看后面第五章。

昧的天真，另一方面是为获得形式上承认而斗争的勇气和复仇的勇气。①

事实上，如果历史是人类认识其自由的历史，也就是说是人类认识其法的历史（此处的法是在其最宽泛的意义上而言的法），那么所有与此定义绝对不相容的东西应被丢弃在现实历史之外的地方，即丢弃在"自然状态"之中（自然状态好像是整个法权状态[Rechtszustand]的否定）。我的确是在说：所有[110]与历史及法的规范性定义绝对不相容的东西。因为，不言而喻，暴力、不公正是否定性的具体形态，它们在历史中不可能缺少：人们知道，黑格尔对如下看法有多么地不宽容，即启蒙运动（Aufklärung）所培育的关于历史的和谐直线式的发展进程的看法。尽管历史暴力无处不在，但它不能被认为是不可调和的，被认为是一种绝对的否定物，因为历史的出发点，其先验条件（用一种非黑格尔的语言来说），是人对人的人性的承认。这绝不意味着奴役的消失，不过，这呈现一种抗议它的永恒可能性。

因此人们看到，法的规范性功能是法的抽象性及其形式主义的积极的一面，此功能与它的如下独特处境相关，即它处于自然与历史之间。按照黑格尔的看法，法既不处在历史之中，也不处在历史之外。它是其内在规范，此规范具有可理解性与合理性；历史是自由的历史，也就是说是如下现实化的历史，即法的必然抽象的原则的现实化。与历史相比较（此处的历史是作为精神认识其自由的历

---

① *RPh*，第349节附释，*W*，第7卷，页507；*PPD*，页436。也参看 *RPh*，第57节附释，*W*，第7卷，页124（*PPD*，页164 – 165）。关于这些问题的详细分析，参看 J. – Fr. Kervégan，《黑格尔，施米特：在思辨与实证之间的政治学》（*Hegel. Carl Schmitt. Le politique entre spéculation et positivité*），Paris，第二版，2005，页213 – 217。[译注]中译参考《法哲学原理》，页355。

史与作为将此自由构建成社会政治的自然的历史①),法就像是一种自然。但这种自然本身具有一种历史,在此历史的发展进程中,人类通过与其自身的自然性做斗争,也就是说教化它,从而真正地表现自身,这种表现是政治性的表现。如果法的概念独立于国家的概念,那么法的理念——它就是其实现的*历史*——是这一概念的规范效力的具体转述。

---

① *RPh*,第342-343节,*W*,第7卷,页504;*PPD*,页431-432。

第三章　契约:社会的法律条件

［111］黑格尔的抽象法学说的其余部分引发了许多有价值的研究成果,与此相对,契约理论,黑格尔的抽象法学说的中心环节,相对地已被人忽视,如果人们考虑到为国家与市民社会写就的成千上万的研究篇章,那么契约理论显得尤其被人忽略。当然,契约理论的某些方面已足够频繁地被提及,但这些方面仅仅触及契约所不是的东西,或触及婚姻与政治联系这样一些领域,在这些领域中,契约不能充当典范的角色(按照黑格尔的看法,婚姻与政治联系分别属于伦理领域,它们不能被归在契约的法律范式之下①)。诚然,这些问题是重要的,尤其当人们想在黑格尔与自然法的传统之间建立一种联系时;但是这些问题不指明,或至少不直接指明,原本法律意义上的契约是怎么一回事。相反的情况是,如下这样一些研究成果很罕见,这些研究成果的主题是作为构成私法领域的关系的契约理论。在这些研究成果中,首先应提及宾得(Julius Binder)关于义务契约的报告,②此报告文本格调不凡,但是显然过多充斥了魏玛时期新黑格尔主义的富有争议的(具有种族化性质的)导向。引用法学历史学家兰道(Peter Landau)的精确研究也是合适的,其精确研

---

① *RPh*,第 75 节附释,*W*,第 7 卷,页 157－158;*PPD*,页 180－181。
② J. Binder,《在黑格尔法哲学体系中的义务契约》(Der obligatorische Vertrag im System der Rechtsphilosophie Hegels),载于 B. Wigersma(主编),《第三次黑格尔年会会谈》(*Verhandlungen des dritten Hegel-Kongresses*), Tübingen, 1934,页 37－59。

究的对象是黑格尔对契约法的辩护；[112]尽管此研究并非对其发展的内部结构感兴趣，而是对它与十九世纪的法律文化之间的关系感兴趣，①不过此研究的巨大功绩在于,它强调在黑格尔的契约理论中价值概念扮演决定性角色。

评注者——上述这些罕见的例子除外——对黑格尔的契约理论兴趣不大,原因在于黑格尔的契约理论看起来缺乏原创性。就本质上说,黑格尔好像只限于重复罗马帝国法的关于源于契约的义务(obligationes ex contractu)的那些伟大阐述(黑格尔在黑尼修斯[Heineccius]与胡果的教程中发现这些伟大阐述得到了阐释,这些教程是他的信息来源之所②)。以某种特定方式,黑格尔自己强调其契约理论缺乏原创性,比如说他指出,他所建议的契约分类"从整体上说与康德的分类一致",与罗马法的某些经典分类相对照(实际契约与经双方同意的契约,有名契约与无名契约……),康德的分类可

---

① P. Landau,《黑格尔的契约法的论证》(Hegels Begründung des Vertragsrechts),载于《法—社会哲学档案》(Archiv für Rechts – und Sozialphilosophie),第 LIX 期,1973,页 117 – 137。

② Heineccius 是十八世纪末许多广为流传的教课书的作者,黑格尔使用了他的以下著作的第二版:《根据查士丁尼〈法学阶梯〉次序编排的古罗马法阐释集》(Antiquitatum Romanarum jurisprudentiam illustrantum Syntagma secundum ordinem Institutionum Justiniani digestum),Francfort,1771;他还使用了如下著作:《按照〈法学阶梯〉秩序整理的民法原理》(Elementa Juris civilis secundum ordinem Institutionum), Berlin,1765;并且他使用了以下著作的第五版:《按照〈学说汇纂〉秩序整理的民法原理》(Elementa Juris civilis secundum ordinem Pandectarum),Francfort,1747。在《法哲学原理》第 3 节中黑格尔与胡果(Hugo)展开了论战。黑格尔使用了胡果的以下著作的第六版:《直至查士丁尼的罗马法史教科书》(Lehrbuch der Geschichte des römischen Rechts bis auf Justinian [Manuel d'Histoire du droit romain jusqu'à Justinien],Berlin,1818,《民法学课程教科书》(Lehrbuch eines civilistischen Cursus)共有七卷,其中第三卷收集了胡果的核心作品。

能是"理性的分类"。① 这一颂扬性的评价在如下情况中变得尤为值得注意,即黑格尔此外还严厉批判康德的法权学说(Rechtslehre),因为,正如传统罗马法,康德的法权学说将属于伦理领域的元素引入到私法陈述中。这一指责尤其针对康德所建议的权利的三重划分:

> 在这种分类[在人格权、物权和诉权之间的分类]中,特别存在着以家庭和国家等实体性关系为前提的权利和有关单纯抽象人格的权利纷然杂陈的混乱现象。康德所主张而为后人乐于采用的分类,把权利分为物权、人格权以及物权性质的人格权,也是同样混乱。②

[113]无论此评论具有何种有效性,它指明了黑格尔的契约学说可能具有的最值得注意且最具黑格尔特色的方面,此方面即为黑格尔的契约学说努力辨别出契约特有的法律环节,就是说,它确定契约在哪些方面确切属于抽象法领域,同时它努力阐明,契约关系的抽象性在哪些方面需要一种实现化或现实化的原则(实现化或现实化的原则应在伦理领域内被研究,因为此领域一般致力于将法与道德这两者的抽象性转化为现实性,更确切地说,实现化或现实化的原则应在伦理的中间部分即在市民社会中被研究,此部分聚集伦理领域最具现代性的特征,并且也聚集了最具冲突性的方面)。还原论的解释在黑格尔的契约理论中只看到私法的内在局限性的显露(此处的私法忽视其社会及伦理—政治的条件),与这种解释相反,适当的做法是证实如下这点,即根据黑格尔的观点,由于契约在抽象法的结构中所具有的职能,契约在自身之中具有一种不可争辩

---

① *RPh*,第 80 节,*W*,第 7 卷,页 165 页;*PPD*,页 186 页。
② *RPh*,第 40 节附释,*W*,第 7 卷,页 99 页;*PPD*,页 149 页。[译注]中译参考《法哲学原理》,页 48。

的创造性,并且同时与市民社会相比(市民社会显现为契约的真正的实现领域),它具有一种不可争辩的创造性。

承认的客观化

就契约属于抽象法而言(我们知道,人们不应仅以否定的方式理解抽象法这一称呼),并且就它一般地属于法的思辨理念而言,契约,按照黑格尔的看法,不应被理解为对自由的一种限制或约束,而应被理解为自由的一种客观展现,一种现实化(Verwirklichung)。在将法——甚至抽象法——思考为自由的实现、而非自由的约束的努力中,我们可发现对于如下事实的一种解释,即黑格尔的契约理论,与实定法相反,不为特殊的法律义务腾出位置(此处特殊的法律义务即指源于契约[ex contractu]的义务①),或者至少说黑格尔几乎不关心在法学家眼中十分重要的问题,即在契约缔结者一方不遵守其契约义务的情况下可以付诸实施的手段(诉讼)的问题;这是因为在黑格尔看来,这些诉讼不涉及"契约自身的本性"②。那么这个本性到底是什么呢?

[114]我们已经看到,所有权关系是抽象法的模板结构。在此层面上,在意志的一个完全客观化的运动中,人与其占有的东西排外地相互联系着,并且他融合在这个为他所占有的东西中:"只有作为一个所有者[的意志],主观意志才是现实的意志。"③这一人的物

---

① J. Binder,《在黑格尔法哲学体系中的义务契约》(Der obligatorische Vertrag im System der Rechtsphilosophie Hegels),载于 B. Wigersma(主编),《第三次黑格尔年会会谈》(*Verhandlungen des dritten Hegel-Kongresses*),Tübingen,1934,页 45 及其后。
② *RPh*,第 77 节附释,*W*,第 7 卷,页 160;*PPD*,页 183。
③ *RPh*,第 46 节旁注,*W*,第 7 卷,页 110;*PPD*,页 453。

化是"一般的抽象意志"①的完全适当的表现(法律意志就是此处的一般的抽象意志)。人,这个"完全抽象的自我"②,只有通过将自己实际融入物之中(人对此物已谋得一种为法律所保护的占有),对他自身及对其他人而言才具有现实性。那么,契约是怎么一回事呢? 在哪些方面而言对它的处理将影响法的概念?《法哲学原理》的一个段落阐释了从财产到契约的过渡,此段落指出了契约的本质贡献,这一贡献即为在意志与物的关系中引入另外一个意志的中介:

> 财产作为意志的定在,作为他物而存在的东西,只是为了他人的意志而存在[……]这是一种中介,有了它,我不仅可以通过实物和我的主观意志占有财产,而且同样可以通过他人的意志,也就是在共同意志的范围内占有财产。这种中介构成契约的领域。③

契约意指订契约的人的意志之间的一种关系,这是一个显而易见的道理。但是这个明显的事实包含某种更深刻的东西,如果人们考虑主观精神理论的如下结论,即意志并非直接地或自然地就是它自身,也就是说,意志并非直接地或自然地就是自由意志,在意志所建立的自己与自己的中介中,或通过希求它的自由,意志才是自由意志。然而抽象法的学说指出,为了不停留在无知的对自身的静观中,主体对其自由的希求首先包含物的世界的中介(我以一种不限定的方式将我的占有意志[animus domini]融入物之中,我的占有意志是一种中介,它建构法律性的东西,建构意志的

---

① *RPh*,第 40 节,*W*,第 7 卷,页 98;*PPD*,页 148。

② *RPh*,第 35 节附释,*W*,第 7 卷,页 93;*PPD*,页 146。

③ *RPh*,第 71 节,*W*,第 7 卷,页 152;*PPD*,页 178。[译注]中译参考《法哲学原理》,页 80。

客观化),主体对其自由的希求接着包含——尤其包含——他人意志的中介,他人的意志承认我的意志,因此将我的意志设立为自由意志。承认——也就是说,每个人对他人的人性的假定,以及仅仅借此而实现的对自身的人性的假定——意味着意识从欲望及其满足的特殊性与直接性中分裂出来。在《精神现象学》中,[115]这一征服经历了否定性的痛苦考验,经历了自我放弃的痛苦考验(对奴隶的意识而言,向主人的屈服代表着此处的自我放弃);但是人们知道,劳动超越殊死的斗争与服从,作为"被限制的欲望"通过如下方式在此过程中起到决定性的作用,即促进自我的意识达到普遍性:

> 尽管对于主人的畏惧是智慧的开始,在其中意识是为自己本身的,而不是自为的存在。但是通过劳动,它达到了自身[……]劳动是一种被限制住的欲望,一种被停止住的消失,或者说它教化着。①

如果先不考虑其他因素,那么从财产到契约的过渡阐明了一种相似的普遍性的建构,此建构发生于个人意志的冲突之中并凭借此冲突而发生。通过一条途径(此途径与意识的殊死斗争的途径相比不那么光彩夺目,但它具有同样的丰产性),契约显明了在自由的构造中承认的重要维度(人们并未充分突出这一点):

> 契约以当事人双方互相承认为人和所有人为前提。契约

---

① *PhG*, W, 第3卷, 页153(*PhE* B, 页209; *PhE* H, 页I/164 – 165; *PhE* J/L, 页225 – 226; *PhE* L, 页157)。参看 *Enzykl*, 第435节, W, 第10卷, 页224; *Encycl* 3, 页232:"在为主人的服务中, 奴隶[……]克服其欲望的内在直接性, 并在此异化及在对主人的恐惧中, 引起了智慧的开始——向普遍的自我意识的过渡。"

是一种客观精神的关系,所以早已含有并假定着承认这一环节。①

事实上,契约的缔结及其执行都证实了,人与人之间的互相承认——政治及社会的秩序一旦存在,此承认就不能被强取②——是所有的法的关系的先决条件,在一定程度上说,是所有的法的关系的周遭环境。因此所有事情都好像如此发生,即一旦走出自然状态或者人性达到其真正的处所(即政治的,家庭的及社会的处所),凭借契约而达成的承认就接替了凭借斗争而达成的承认;③[116]就此,契约是理性自由在其客观化运动中的一种引人注目的展现。

承认的整个过程一般以构建一种普遍性的领域为导向,回溯地看,普遍性的领域为承认赋予一种意义(普遍性领域在《精神现象学》中即为"普遍自我意识"的领域,在客观精神的结构中,即为伦理及国家领域,伦理与国家作为广义上的法的真正基础而出现,如果不是作为其经验性的起源而出现的话)。在这里,由于法律意义上的人在契约中彼此相互承认为法律意义上的人,所以,财产借助契约被"一般地设立为抽象的,普遍性的物"。④ 此外,这一表达还暗示,承认在契约中依然是不完善的(自抽象法起初的几个辩证法

---

① *RPh*,第71节附释,*W*,第7卷,页153;*PPD*,页178。[译注]中译参考《法哲学原理》,页80。

② 参看 *RPh*,第57节附释,*W*,第7卷,页123-124;*PPD*,页164-165:"法和法学所由开始的那种自由意志的立场,已经超越了虚妄不真的立场,在后一种立场上,人作为自然存在,而且仅仅作为在自身中存在的概念,尚有可能成为奴隶。这种早期的不真现象所涉及的精神,还只是在它最初意识的阶段。自由的概念和自由的最初纯粹直接的意识之间的辩证法,就引起了承认的斗争和主奴的关系。"[译注]中译参考《法哲学原理》,页65。

③ 参看 *RPh*,第349节附释,*W*,第7卷,页507(*PPD*,页436);*Enzykl*,第433节说明,*W*,第10卷,页223(*Encycl 3*,页231)。

④ *Enzykl*,第494节,*W*,第10卷,页308;*Encycl 3*,页288。

展开以来,此处的承认就一直在起作用):仅仅借助抽象法的资源并且仅仅在法律人格的领域内,人对人的完全的伦理性的承认不可能发生。1824年到1825年的讲义虽然强调契约的普遍性内容,但同时也指出其限制:

> 在契约中存在一种共同的意志,它是一种普遍意志,但诚然还不是真正的普遍性;相反,它是这样的一种普遍性,此普遍性同时在其自身中具有偶然性。此外,普遍物本身,自在的法被[包含]在其中,意志在契约中受到约束,[并且]它只能被法的概念约束,而不能被它[自己的]偶然性或他人意志的偶然性约束。受约束这一环节,作为法的法存在于契约中。①

契约产生了义务(黑格尔说,"受约束"),因为它是普遍性的运载者,但此普遍性不是"真正的"普遍性,因为它依然受到偶然性的影响。

契约的法律意义

法在人—物的关系中还并未作为法出现,与此相对,法在契约中"作为法"出现了,出于何种原因法在契约中作为法出现了呢?根据1824年到1825年的讲义的另一个段落的说法,这是因为契约关系"扩展了我的直接意志",甚至将其扩展"至普遍物"。② 通过设立一种意志与意志的关系以及一种人与人的关系,订立契约的行为[117]在客观的法律意志中揭示了一种普遍性的潜在(当法律意

---

① *RPh* Ilting 4,页263。
② *RPh* Ilting 4,页179。

志,作为某个人的意志,完全倾注于个别物的不确定的及原子式的外在时,普遍性的潜在对法律意志而言起初显得还是缺位的)。一旦我订立契约,尽管契约对象总是个别物(正是为此,"意志与意志的关系"是"这样一种特有的及真正的场所,在此场所中,自由是个定在"①),我就不再仅仅是这个或那个财产的所有者,我为了他人,因此为了我自身,成为了法律上的人,或者说一般的财产所有者。在此情况下,没有发生领域的转换,而客观精神的规定在一定程度上得到了强化(此处客观精神的规定即指在抽象法领域中显现出来的规定):契约比人—物的关系更清楚地将"作为本身"的意志与意志的经验主体区分开来,借此,它揭示了意志的客观性成分。凭借契约,意志本质上说不再是一个人、两个人或多个人的意志,它是形式性的普遍意志,因此是真正的法律意志。对契约分析的如下三个方面强调了意志的法律化(意志因此挣脱了其直接表现的主观形态及特殊形态)。

首先,契约引起如下情况,即借助在法律上被形式化了的意志的行为,人与物之间的法律关系总是存在中介。换言之,权利总是以权利为前提,因为为了契约能够存在,每个可交易物(res in commercio)必须有一个可辨识的所有者,这则要求所有权的一种法定的及稳定的秩序。然而,所有权的根本性结构(人对物的占有关系)可能会传播如下信念,即法律领域植根在经验性的占有行为的偶然性之中,好像所有权的拥有总是源于一种原初的占有(这种占有可能是法的模板)。这种观点依赖对霍布斯的对一切物的权利(jus in omnia)的主题的极端化处理。关于这种观点的阐述可在施米特(Carl Schmitt)那里找到,施米特为一种论题辩护,根据此论题,在法(nomos)的"三个含义"中(即"占有""分配"与"生产"),第一个含义是原初性的并且是决定性的:"土地占有"(Landnahme)、对

---

① *RPh*,第71节,*W*,第7卷,页152;*PPD*,页178。

领土及资源的"占取"、原初性的占有,这是所有"法"的先决条件。①这不是黑格尔的立场,对黑格尔而言,原初性的占有属于人们所谓的"前法"的领域②;[118]原初性的占有应被视为法律秩序构建的一种非法律性的先决要求。但是这一边际条件远非是无足轻重的:如果上述先决要求不被满足,那就不存在法律秩序,因为如果从原则上说,不可能辨识出整个可让渡的财产的合法所有者,那么交易协定的合法性不能受到保障。诚然,在构建起来的法律秩序中及在依赖法律秩序的社会秩序中,甚至是在政治—伦理秩序中,如下自然状态的虚构不再行得通,即人们只要想占得某物并且能够占得某物,某物就归谁。相反,此秩序的稳定假定如下情况,即采取直接占有无主物(res nullius)的形式的原始法律积累的过程被认为已完成(只要此过程具有几分历史现实或前历史的现实,但这不是争论点):

> 在这种中介性的观点已在那里得到实现的状态里,直接地占有外部东西作为满足需要的手段不再会或几乎不会发生;这些东西都是所有物了。③

然而,当人们仅限于考虑所有权,而不考虑其复杂的社会的及历史的现实化,那么自然状态的虚构还保有一种真实性:

> 物属于时间上偶然最先占有它的那个人所有,这是毋待烦

---

① 参看 C. Schmitt,《占取,划分,放牧》(Nehmen, Teilen, Weiden),载于《宪法权文集》(*Verfassungsrechtliche Aufsätze*),Berlin,1958,页489–504。

② L. Gernet,《在古希腊的法与前法》(Droit et pré-droit en Grèce ancienne),载于《在古希腊的法与制度》(*Droit et institutions en Grèce antique*),Paris,1982,页7–119。

③ *Enzykl*,第524节,*W*,第10卷,页321;*Encycl* 3,页303。[译注]中译参考《精神哲学》,页333。

言的自明的规定,因为第二个人不能占有已经属于他人所有的东西。①

如果人们事实上承认,占有不是阐释所有权关系的本性的一个事实,而是其先决条件,那么人们应该认为,对一切物的权利(jus in omnia)说明了整个法的关系的基本结构或原初结构:

> 人有权把他的意志体现在任何物中,因而使该物成为*我的东西*;人具有这种权利作为他的实体性的目的,因为物在其自身中不具有这种目的,而是从我意志中获得它的规定和灵魂的。[119]这就是人对一切物据为己有的绝对权利。②

但是出于两个原因,我们不能完全限于原初占有(occupatio primaeva)这一模式中。首先,即便仅限于所有权的范围内,抽象法不能被还原为直接占有的形态。这就解释了为什么说,在所有权的诸多标准中,比起占有,黑格尔更重视使用,并且在占有中,黑格尔轻视单纯的"直接有形的占有",重视"做标记",并且更重视"为……赋予形状",因为这些做法已与如下东西保持距离,即原初性的行动、占有所具有的直接性的东西;同样地,因为"为……赋予形状""不再局限于我在这个地方与这个时间的在场,不再局限于我的认知与我的意志的在场",所以"为……赋予形状"是"最为适合理念的占有,因为它在自身中连接了主观的东西与客观的东西"。③ 第

---

① *RPh*,第50节,*W*,第7卷,页114;*PPD*,页159。[译注]中译参考《法哲学原理》,页59。

② *RPh*,第44节,*W*,第7卷,页106;*PPD*,页153。[译注]中译参考《法哲学原理》,页52。

③ *RPh*,第56节和附释,*W*,第7卷,页121;*PPD*,页163。

二,人"只有作为财产所有者时才对他人而言具有定在",①作为这些人之间的关系的所有权的契约性转让尤其使如下现象得以显现,即权利具有一种循环的维度,或毋宁说,具有一种自动预先设定前提的结构。因此,人们不能借助如下法律决断论的模型思考权利,即秩序生发于一种"规范的虚无"或生发于"实际的无序",②然而毋宁说人们应将权利思考为一种矛盾的发展过程,根据这一过程,某个财产的转让(割让)是对它的(前一个)所有者的权利的客观性证实,甚至是一种确立。法律上说,在我马上就不再拥有我割让给他人的财产所有权时,我拥有对财产的所有权(关于此处的财产所有权,因我是它的所有者,我才能割让它)。事实上,只有在如下情况下我才实际上是对他人而言的(正如对我自身而言的)财产所有者,即凭借一种完成了的意志行为我放弃了我的财产或获得一个财产(与他人一起此处的意志行为被完成,它被赋予一种法律性的客观存在)。因此契约阐述了"一个矛盾,[120]即直到我在与他人合意的条件下终止为所有人时,我是而且始终是排除他人意志的独立的所有人"。③

契约分析的第二个方面显示了属于契约将意志客观化及(形式性的)普遍化的功能,这第二个方面涉及价值在契约中所起到的作用。本义上的契约对黑格尔而言意指"实物的"或双务的契约,与"形式的"或单边的契约相反,"实物的"或双务的契约以交换东西

---

① *RPh*,第 40 节,*W*,第 7 卷,页 98;*PPD*,页 148。
② 由此施米特(Carl Schmitt)说明了"决断论思想"与"规范主义"及"关于秩序的具体思想"的区别:参看《法律思想的三种类型》(*Les trois types de la pensée juridique*), Paris, 1995,页 83。存在一种主张,根据此主张,霍布斯代表了这种思想的"纯粹类型"。此主张显然遭到了强烈的反对。
③ *RPh*,第 72 节,*W*,第 7 卷,页 155;*PPD*,页 179。[译注]中译参考《法哲学原理》,页 81。

或服务为目的(买/卖,租借,薪水合同①),本义上的契约所涉及的东西不是在其特殊的、不可替代的同一性中的事物(某种物质性的财产,某种劳动),而是抽象的普遍性环节,凭借此环节,在质的方面不同的东西发现了一种共同尺度,即价值,价值是"它们的普遍性的东西"。② 古典经济学家,特别是李嘉图,设计出了劳动价值的概念,但这里不涉及劳动价值(此外这让人更为吃惊,当人们知道黑格尔持续关注政治经济学时,他称这门学问为"一门科学,它通过从一大堆偶然情况那里发现规则而为思想争得了荣誉"③);价值是与它相称的特殊需要的普遍化了的表达,因此价值是特殊需要的"特殊效用"④的抽象尺度。兰道正确地强调说,此处黑格尔是从亚里士多德的角度出发运用价值概念,⑤因此此概念与李嘉图的学说相矛

---

① 黑格尔的契约分类学说(错误地)使处在不同层面上的两种区别叠合在一起,一种是形式契约与实物契约之间的区别,另一种是单边契约与双边契约之间的区别。传统罗马法区分如下两种契约,一种是形式契约(此契约以完成某些手续形式为前提,它们是最古老的并且是最严苛的契约),另一种是实物契约(消费借贷[mutuum],寄存,寄托[commodatum],抵押),这些契约除了以"形式性的要件,约定"为前提外,还以"物质性的要件,物(res),以交付某种有形之物"为前提(P. -F. Girard,《罗马法基础教本》[*Manuel élémentaire de droit romain*],第8版,Paris,1929,页538)。单边契约——大多数形式契约构成了单边契约,但是消费借贷(mutuum)也是单边契约——只为契约的一方产生了义务。相反,双务契约或双边契约引起了交互的义务:在出售或租赁中,契约的每一方同时是债权人与债务人(P. -F. Girard,《罗马法基础教本》[*Manuel élémentaire de droit romain*],第8版,Paris,1929,页468-469)。正是出于这个原因,它们在这里被赋予了一种范式的意义。
② *RPh*,第77节,*W*,第7卷,页160;*PPD*,页182。
③ *RPh* Ilting 4,页487;参看 *PPD* 1975,页220。
④ *RPh*,第63节,*W*,第7卷,页135;*PPD*,页170。
⑤ P. Landau,《黑格尔的契约法的论证》(Hegels Begründung des Vertragsrechts),载于《法—社会哲学档案》(*Archiv für Rechts - und Sozialphilosophie*),第 LIX 期,1973,页182。

盾,根据李嘉图的学说,尽管物品的交换价值也以某种效用为条件,但是物品的"交换价值""只依赖相对劳动量,即被用来生产每个物品的劳动量"。① [121]事实上,按照亚里士多德的看法,货币价值"已成为一种需要的替代品,并且这是通过协议发生的"。② 《法哲学原理》的一个手写的旁注完全根据这一观点指出,价值是"满足某种需要的维持着自身的可能性"。③ 黑格尔是第一位考量了政治经济学对社会哲学强制性地深刻修正的哲学家,④他在这里悄悄跳过李嘉图的价值理论,其原因可能是,在他看来这一理论仅仅涉及近代市民社会(这种社会的现实具有历史性的处境);相反,它不直接影响抽象的法律关系的非时间性领域。在此意义上,人们应当认为,劳动价值是价值在如下形势下采取的一种特殊形态,即需要体系所实现的财产的生产及商业交换的形势;这诚然不是李嘉图的观点,但预示了马克思对政治经济学的罗宾森式的无稽之谈的批判:

> 每个人的生产,依赖于其他一切人的生产;同样,他的产品转化为他本人的生活资料,也要依赖于其他一切人的消费。价

---

① D. Ricardo,《政治经济学与赋税的原理》(Des principes de l'économie politique et de l'impôt),Paris,1977,页26。

② Aristote,《尼各马可伦理学》(Ethique à Nicomaque),第5卷,1133 a 28。

③ RPh,第63节旁注,W,第7卷,页136;PPD,页455。

④ 参看 G. Campagnolo,《黑格尔与政治经济学。科学与体系》(Hegel et l'économie politique. La science et le système),载于 J. - Fr. Kervégan 和 H. Mohnhaupt(主编),《在法律史与哲学中的经济与经济理论》(Wirtschaft und Wirtschaftstheorien in Rechtsgeschichte und Philosophie),Francfort,2004,页109及其后,和《生产的现代性与现代世界的生产:按照黑格尔的看法的劳动与财富》(Modernité de la production et production du monde moderne. Travail et richesse selon Hegel),载于 J. - Fr. Kervégan 和 G. Marmasse(主编):《法的思想家黑格尔》(Hegel penseur du droit),Paris,2004,页193 – 210。

格古已有之,交换也一样;但是,价格越来越由生产费用决定,交换渗入一切生产关系,这些只有在资产阶级社会里,在自由竞争的社会里,才得到充分发展,并且发展得越来越充分。斯密按照真正的十八世纪的方式列为史前时期的东西,先于历史的东西,倒是历史的产物。这种互相依赖,表现在不断交换的必要性上和作为全面媒介的交换价值上[……]毫不相干的个人之间的互相的和多边的依赖,[122]构成他们的社会联系。这种社会联系表现在交换价值上。①

在对契约的分析中,黑格尔不将价值视为特殊需要的表现,而是将其视为"一般需要"②的尺度,这一事实阐明了法律行为在其结构的抽象性中所具有的普遍化功能。黑格尔研究了所有权,抽象法的真正的创造性显示在这一研究中,但是可能的是,抽象法的真正的创造性更明显地显示在黑格尔对契约的分析中(可以这样说,抽象法的真正的创造性描绘了诸多形式性的模式,这些模式是整个交易社会、尤其是整个近代市民[资产者]社会的前提条件,这个市民社会臣服于价值法则的统治,但同样也面临所有形式的"商品拜物教"的威胁)。

在这里,人们从黑格尔的契约研究中可获取的最后一个要素是,黑格尔的契约研究为契约的约定程序保留了一席之地。关于约

---

① Marx,《1857—1858 手稿[大纲]》(*Manuscrits de 1857 - 1858 [Grundrisse]*),Paris,1980,页 91 - 92。在这里我引用这一段话,而不引用在《资本论》第 1 卷第 1 章第 1 节中与之对应的那一段话,原因是他在其信中甚至提及了《法哲学原理》的某些表述,如黑格尔在《法哲学原理》中将市民社会定义为"多边依赖的体系"(*RPh*,第 183 节,*W*,第 7 卷,页 340;*PPD*,页 280)。[译注]中译参看《马克思恩格斯全集》,第 46 卷上册,人民出版社,1979,页 102 - 103,略有改动。

② *RPh*,第 63 节,*W*,第 7 卷,页 135;*PPD*,页 170。

定,黑格尔是这么说的:契约的约定含有"意志的一面,[……]因此契约中法的实体性的东西"。① 人们可以考虑,为什么黑格尔为罗马法的特殊的及古老的程序赋予那么多阐述空间(此阐释在一个只占十节的叙述中占了两节),罗马法的程序的作用是,"通过一个非常简单的仪式使诸多极为不同的协议成为必须遵守的义务"(此处的仪式由老套的询问及回复构成②)。黑格尔详细阐述罗马法的程序,其动机可能是,契约的约定,作为象征性的与制度化了的程序,是法律语言的施为性功能的实行的一个令人瞩目的例子。在《法哲学原理》的私人样本中,黑格尔记录道,"这样的言语[即契约缔结者根据一个不可侵犯的法律安排而宣布的言语]是行为与行动"。③因此,除了协议针对的物质性对象及履行的现实之外,在此仪式中引起黑格尔关注的东西是言语,更确切地说,是被仪式化了的言辞交换,此交换在仪式中是行为的客观法律意义的唯一承载者:

> [123]意志在身体的姿势或明确表示的语言中所达到的定在,已经完全是作为理智的意志的定在,给付只是由此所生的不由自主的必然结果而已。④

法律形式主义的这一以言行事的维度能解释契约的两个根本方面(在一般的层面上说这两个方面已被提及)。首先,这一维度强调契约的"意向性"特征。从法律的观点来看,契约是并且只是

---

① *RPh*,第 79 节,*W*,第 7 卷,页 162;*PPD*,页 184。

② P. – F. Girard,《罗马法基础教本》(*Manuel élémentaire de droit romain*),第 8 版,Paris,1929,页 515

③ *RPh*,第 79 节旁注,*W*,第 7 卷,页 164。

④ *RPh*,第 79 节附释,*W*,第 7 卷,页 163;*PPD*,页 185。[译注]中译参考《法哲学原理》,页 86。

诸客观意志的合意,就是说,参与到程序中的诸多意志的合意。费希特声称,自履行开始算起,协定才获得互为强制的特征。① 与费希特相反,黑格尔强调,法的手续(在这里指契约的约定)使"我的意志的决定"生成了,以至于我着手割让给他人的财物"自现在起就终止为我的财产",并且"我已承认[它]是他人的财产",②这意味着,"[对他人的]承认不仅仅是因为他占有[某个财产],而且还是对他的作为意志本身的意志的[承认]"。③ 第二,契约的约定体现法律形式主义的普遍化的使命;语言能够同时使主观表象客观化并且普遍化,④同样地,契约约定将法律行为从其经验的特殊性中脱离出来(此处的经验的特殊性即指某个人,某财产的所有者,在这样的和那样的条件下将财产割让给某个他人),并且为它赋予一种高度的普遍性。论及契约约定,《法哲学原理》提醒人们,语言是"最配得上精神的表象的要素";⑤多亏了语言,在契约行动中构建起来的共同意志才能是一种真正的"理智的意志"⑥。借助契约约定,抽象法揭示出,它拥有普遍化的形式性的能力,此能力在某些方面可与知性科学的能力相比较(知性科学在此被提及是由于它们的如下维度,即它们具有很强的创造性)。

[124]契约关系将抽象法的模板结构(所有权关系)转移到普

---

① 此论题处于一种论辩的策略之中,这种策略旨在为人民的如下权利辩护,即自主权者侵犯社会协定时起,人民就有起义的权利:参看 Fichte, *Beitrag*,《著作集》(*Werke*),第 6 卷,页 112-115;*Considérations*,页 134-136。

② *RPh*,第 79 节附释,*W*,第 7 卷,页 162;*PPD*,页 184。

③ *RPh*,第 81 节旁注,*W*,第 7 卷,页 171;*PPD*,页 457。

④ 参看 *Enzykl*,第 459 节说明,*W*,第 10 卷,页 272;*Encycl* 3,页 255。"语言的形式方面是知性的工作,知性将其范畴创造性地植入到语言中;这种逻辑本能产生了语言的语法的方面。"[译注]中译据德文原文译出。

⑤ *RPh*,第 78 节,*W*,第 7 卷,页 161;*PPD*,页 183。

⑥ *RPh*,第 79 节附释,*W*,第 7 卷,页 163;*PPD*,页 185。

遍性领域(普遍性领域才真正是抽象法的领域)。借此,首先以抽象个别性的模式(即某个人是某个东西的所有者)表现自身的客观自由发现了它的真理性的一面。但是在人与人之间的契约关系中展示出来的人格普遍性包含限制,这些限制一般而言即为抽象普遍性的限制。事实上,这些限制显示在如下事实之中,即客观意志被契约设立并且被程序象征性地表现出来,这种客观意志仍然是"一种共同意志,而不是自在自为的普遍意志"。① 特殊意志客观地克服了它们的特殊性,并且同时依然执迷于它们的特殊性,这些意志的共同要素,即契约,正如黑格尔所展示的那样,具有一种结构,此结构与卢梭意义上的所有的人的意志的结构有相似之处。② 所有的人的意志是公意的一种近似物(这可能是一个圈套),公意的特征表现在其本质及其对象的双重普遍性中。③ 同样地,在黑格尔那里,契约程序阐明了法的具有平等主义性质的形式主义,这种形式主义为普遍物的伦理—政治性的实现提供了一种抽象的预示。但在两种情况下,近似物是不完善的,并且会产生混淆,因为,与特殊物相对比,它为普遍物(公意,国家)赋予一种衍生的、次要的地位,与此相对,无论怎么样,在黑格尔那里,普遍物毋宁说是特殊物的现实性的条件。在契约中,法的"内在普遍性"只具有"任性与特殊意志的共同要素"④的地位,这是一种限制,在抽象法领域中被构建的普遍性不可超越此限制。对如下(不合时宜的)企图的检验将证实

① *RPh*,第75节,*W*,第7卷,页157;*PPD*,页180。

② 参看 Rousseau,*Contrat*,第2卷,第3章,*CO*,第3卷,页371。"在所有的人的意志与公意之间当然存在差别;公意只注意考虑共同利益,所有的人的意志注意考虑特殊利益,并且它只是个人意志的总和。"

③ 参看 Rousseau,《日内瓦手稿》(*Manuscrit de Genève*),*OC*,第3卷,页306:"公意,为了真正成为这样的意志,应在其对象方面以及在其本质方面都具有普遍性。"

④ *RPh*,第82节,*W*,第7卷,页172;*PPD*,页190。

这一点,即企图将契约模式输出到它的原初领域之外,即输出到私法领域之外。

没有契约的国家

国家,特别是近代国家,不是"社会"契约的结果(在卢梭作品的德文翻译中,[125]这个契约被叫作国家契约[Staatsvertrag]!),这一点一直为黑格尔所主张。自 1802 年论自然法的文章之后,对契约主义的不断批判使得黑格尔往往被列入自然法的敌人的队伍中。但是,在前一章中,我们已看到,正是"自然法"这一表达受到了质疑,因为它对自然的指涉很模糊,与之相对,它涵盖的理论设想并未被质疑,让我们简单回想一下下面这点,题目"法哲学原理"之下的著名文本包括一个副标题"自然法与国家科学",并且黑格尔自己有时谈及"[他的]自然法"。① 相反,他不错过任何机会来提醒人们说,他(通过重新思考术语)接受隐藏在这一不幸的表达之下的理性法的问题;不过,自然法学主义所调用的那种理性(知性的理性)不能兑现它自己的要求。关于黑格尔对理性法的衷心,有一个令人吃惊的例证:讨论符腾堡议会的文章用黑格尔所称的"永恒的理性法"②反对"好的旧的法"的支持者,这篇文章甚至热烈赞同 1789 年法国革命对"永恒的理性法"的表达。我们顺便注意一下,如下做法是多么的怪异:将"凡是实在的东西都是理性的"这种观念归于这样一位思想家——他不断批判保守的论点,按照这种保守的观点的看法,"好的旧的法"是好的,因为它是旧的(就某个部分

---

① 参看 *Corresp*,第 3 卷,页 189(于 1819 年 3 月 26 日致 Niethammer 的信)以及页 231(于 1821 年 5 月 9 日致 Daub 的信)。

② *Wurtemberg*,*W*,第 4 卷,页 496;*Pol*,页 244。

而言,"凡是实在的东西都是理性的"这一表达是有问题的)。

哪些理由可以特别解释黑格尔拒绝社会性的及政治性的契约主义呢？人们知道,黑格尔强烈拒绝所有将契约模型运用到家庭与国家这些伦理组织之上的尝试：

> 婚姻不是契约关系,因为婚姻恰恰是这样的东西,即它从契约的观点、从当事人在他们单一性中是独立的人格这一观点出发来扬弃这个观点。①
>
> 卢梭[……]作出了他的贡献,他所提出的国家的原则,不仅在形式上(好比合群本能、神的权威),而且在内容上也是思想,而且是思维本身,这就是说,他提出意志作为国家的原则。然而他所理解的意志,仅仅是特定形式的单个人意志(后来的费希特亦同),他所理解的普遍意志也不是意志中绝对合乎理性的东西,而只是共同的东西,即从作为自觉意志的这种单个人意志中产生出来的。[126]这样一来,这些单个人的结合成为国家就变成了一种契约,而契约乃是以单个人的任性、意见和随心表达的同意为其基础的。②

根本上说,在这两个情况中判断的依据是相同的,即契约是私法行为,此行为的诸多特征,正如刚被分析的那样,使得契约不能合适地解释伦理关系(如婚姻结合或政治结合)的构建,并思考"联合

---

① *RPh*,第163节附释,*W*,第7卷,页313;*PPD*,页263。也参看*RPh*,第75节附释,*W*,第7卷,页157;*PPD*,页180。[译注]中译参考《法哲学原理》,页179。

② *RPh*,第258节附释,*W*,第7卷,页400;*PPD*,页334-335。也参看*RPh*,第75节附释,*W*,第7卷,页157;*PPD*,页180:"国家的本质也不存在于契约关系之中,无论国家被理解为所有人与所有人所订的契约,还是所有人与君主或政府所订的契约。"[译注]中译参考《法哲学原理》,页254-255。

本身"。① 因此,契约将普遍意志还原为共同意志,或用卢梭的话说,将公意还原为所有的人的意志,并将意志维持在其特殊性及其分离之中。然而,婚姻与国家运用了一种普遍性,此普遍性远没有将特殊意志实在化,而是纠正它,并引导它超出其自身,且在这两个情况中是以不同的方式实现。伦理领域的具体普遍物不可被还原为法的关系的抽象普遍性,这一点使得如下移植变得无效,即将法律模式移植到伦理领域中。然而,如果契约模型不适合解释伦理生活中伦理性的东西,那么相反,它充分地适合伦理生活所包含的非伦理性的东西;我们将看到,在市民社会的构思中它扮演重要角色(在市民社会中,伦理有迷失自身的危险)。

鉴于主流的理论设置,当上述论据被运用到国家身上时,它将具有一种特殊的让人不可忽视的意义。让我们参阅 1817 年的文章(此文章的总的目的是斥责如下抵抗,即拿破仑垮台之后符腾堡国王所召见的等级[Stände]对引入立宪政体的抵抗,此处的立宪政体与法国宪章的政体相近)。在这篇文章中,正如在《法哲学原理》中,黑格尔不满足于批判如下干预,即"[契约]关系以及一般的私人所有权关系"对"一种具有完全不同本性的领域的干预"。② 他也指出,为什么将私法概念运用到国家身上这一做法在他看来是完全错误的。这里值得稍微长一点地引用这篇文章的一个段落:

> [127]还需要补充说明的是,随着采邑同国家的质的差异,采邑中诸侯和臣民间的关系所曾具有的**确切形式**也完全改变了。君主与领国曾作为具有特殊特权的所有者和占有者以私

---

① *RPh*,第 258 节附释,*W*,第 7 卷,页 399;*PPD*,页 334。同样地,婚姻首先是一种"同意,同意组成为一个人"(*RPh*,第 162 节,*W*,第 7 卷,页 310;*PPD*,页 262)。

② *RPh*,第 75 节附释,*W*,第 7 卷,页 157 – 158;*PPD*,页 189 – 181。

人特权者的形式互相对立,因而处于第三者——皇帝同帝国的权力之下,所以双方就像是处于一个高级官吏之下一样.可以互相缔结契约,按照私法形式相互发生关系。在近代,较为真实的概念已取代了那种先前无思想和无理性地加以接受的观念,即认为政府和诸侯是以神的权威为基础的观念。就是在这个时代,"国家契约"这一术语仍旧有人觉得是包含着这样的错误思想:好像契约这个概念真的可以在国家里运用于诸侯和臣民的关系,以及政府和民众的关系,好像从契约的本性产生的那些私法的法律规定在国家这里可以找到自己的用场似的,甚至就应当这样。稍微反思一下就可以认识到诸侯和臣民的关系,政府和民众的联系,是以一种原始的、实体的统一为其相互关系的基础的,然而与此相反,在契约中则应该说是从相反的方面出发的,即以双方同等独立、互不相关为基础的,双方在某种事情上互相产生的结合,是从两者的主观需要和任意产生的一种偶然性的关系。国家中的联系本质上不同于这样一种契约,这种联系是一种客观的、必然性的、不以任意和癖好为转移的关系。①

契约是一种在法律个人之间的约定,也就是说"从两者的主观需要任意产生的一种偶然性的关系"。相反,政治的联系是"一种客观的、必然性的、不以任意和癖好为转移的关系";它预先假定"一种原始的,实体性的统一",此统一既是统治者与被统治者之间的——不平等的——关系(统治)的基础,也是被统治者本身之间的关系的基础(被统治者之间关系具有平等性,此平等性不存在

---

① *Wurtemberg*, *W*, 第4卷, 页504-505; *Pol*, 页253-254(翻译有改动)。[译注]中译参考《黑格尔政治著作选》, 薛华译, 中国法制出版社, 2008, 页153。

于对某个人或某群人的服从中,而存在于对国家的服从中,此处的国家作为共同生活的理念而存在)。就此,近代契约主义与古典政治哲学相比构成了一种倒退,古典政治哲学对政治联系的伦理维度具有辨识力,正如论自然法的文章向人提醒的那样:

> [128]在近代,人们从内部调整自然法,在此调整中,外在公正被反射在存在着的有限物中的无限性,因此,形式的无限性构成了民法的原则,它获得了对公法及国际法的一种特殊的至上统治。被归在其下的关系形式,如契约,被暴力地引入到伦理整体的绝对权力中[……]并且由于这些完全处在有限物中的关系,理念与绝对权力被直接毁灭了。①

因此,契约主义的主要不足是,它使政治联系变得偶然了(比如说,宣称一种脱离的权利或移居国外的权利便是由洛克从中提取的结论②),并且由此剥夺了国家的特有的必然性,以及剥夺了政治的固有尊严。因此,从黑格尔的观点看,如下两方面东西之间不存在矛盾:一方面是对社会契约学说的拒绝,关于社会契约学说,人们普遍认为,它以1789年的原则为其发展的结果;③另一方面是对"基本教理"④的拥护,此处的"基本教理"为1789年的原则所表述。因为"著名的人与公民的权利"不能代替政治组织,它们至多是国家

---

① *Naturrecht*, *W*, 第2卷, 页518; *DN*, 页92。

② 参看《关于政府的第二篇论著》(*Le second traité du gouvernement*), 第8章, 第121节, Paris, 1994, 页88。

③ 比如参看 E. Bloch,《自然法与人的尊严》(*Droit naturel et dignité humaine*), Paris, 1976, 页126–136; J. Habermas,《自然法与革命》(Droit naturel et Révolution), 载于《理论与实践》(*Théorie et Pratique*), 第1卷, Paris, 1975, 页109–144。

④ *Wurtemberg*, *W*, 第4卷, 页588; *Pol*, 页240。

运行的"稳定调节器"。① 就此,黑格尔不如美国制宪者激进,因为后者拒绝让《权利宣言》高于美国宪法,根据是"宪法是权利的真正宣言"。② 对黑格尔而言,法国版的《宣言》的意义在于,它庄严宣告社会秩序的存在根据,此存在根据即为个人权利,它们是永恒的原则,因为它们建立在理性之上,或至少说建立在知性之上;但是,即便它是公法(Staatsrecht)的"序言",它也不能为公法(Staatsrecht)提供根基。政治秩序的原则不能被还原为法律秩序的原则(法律秩序是市民社会的抽象基底)。

但并非唯独因为这一事关原则的理由黑格尔便拒斥契约主义。人们试图在理论上从私法原则中推演出公法原则,在这一做法的背后,黑格尔同样也觉察到如下危险,即在实践上将公共领域屈从于私人利益。[129]黑格尔哲学的醒目特征是要求一个强大的国家,此要求源自如下观察,即黑格尔观察到罗马神圣帝国虚弱不堪(人们以封君及城市的权利为名,甚至就以法为名,将此虚弱不堪设定为原则)。在等级(Stände)代表们祈求"好的旧的法"的这一行为中,1817年的文章觉察到了无政府主义的幽灵,此处的无政府主义以尊重权利及自由权为名被合法化。此外,这些自由权不是个人自由权,而是不同行业协会的特许权及特权(行业协会[Zünfte]意指古代"行会"与"行会管事会",而不是黑格尔所期望的近代同业公会[Korporationen])。古代行业协会在近代国家的强大中看到其独立受到威胁,为此黑格尔谴责它们的"行会精神"(Zunftgeist)。③ 简言之,符腾堡议会不信任"法国"制度(此制度以公共空间与私法空

---

① *Wurtemberg*, *W*, 第4卷, 页588; *Pol*, 页240。
② *Fédéraliste*, 第84篇, 页718-719。
③ *Wurtemberg*, *W*, 第4卷, 页483; *Pol*, 页230。"等级"的愿望是将公法局限于"好的旧的法"与特权(对黑格尔而言,公法于1791年诞生),对此愿望的揭露构成了这部著作的主线:参看 *Pol*, 页221, 227, 244, 253-257, 281, 283, 300, 320, 324。

间的严格区分为基础),这一不信任表达了这样一种社会的新封建制的愿望,即这种社会仍然还不是"市民社会",并且也不愿成为一种政治社会。

此外,为了国家以及为了黑格尔所称的"理性公法"——这两者都受到私法霸权的威胁——的斗争显示,有两个重要构想从契约主义的问题中产生,其中服从契约是最发人深思及最危险的构想。按霍布斯或卢梭的方式被设想的联合契约意味着"每个合作者将其所有权利完全让渡给共同体"①(即便这只涉及一种单纯的地位改变),因此联合契约维系公共领域的至高权力;相反,服从契约——它可能也与联合契约相连接,正如在普芬道夫②那里那样——导致如下情况,即通过为个人或社会群体或某些特定社会群体保留某些权利或特权,人们为主权设定了某些事关原则的限制。[130]明显的悖论是,新封建主义——或按照德国人的表达,等级国家(Ständestaat③)——是契约论观点的一个可以接受的后果(契约论观点通常与启蒙及法国革命相联系),因为它完成了公共领域的私

---

① Rousseau, *Contrat*, 第1卷, 第6章, *OC*, 第3卷, 页360。
② 关于"双重契约"(double contrat), 参看普芬道夫,《自然法与民族法》(*Le Droit de la Nature et des Gens*), 第7卷, 第2章, 第7—8节, Barbeyrac 翻译, 重版, Caen, 1986, 第2卷, 页231—234。在其摘要中, 他总结说:"在国家的常规构建中,应必然地存在两种协定以及一种普遍规则。"根据第一种协定(社会条约), "每个人与其他所有人都投身于如下行为中,即相互联合,目的是大家一直都可以存在于一个唯一的团体之中"。规则规定"政府形式"。第二种协定是这样一种条约,它规定统治者与被统治者各自的权利与义务,"这包含了每个人将其权力及意愿提交出去"(《人与公民的义务》(*Les devoirs de l'homme et du citoyen*), 第2卷, 第6章, 第7—9节, Barbeyrac 翻译, 重版, Caen, 1986, 第2卷, 页64—66)。
③ 由于 Stand 这个术语的多义性, Ständestaat 这个表达变得很难翻译, 此术语指示德意志民族罗马帝国的状况, 从十六世纪到十八世纪末, 这个帝国的皇帝权力始终受限, 随着主要等级(Stände)将自己构建为主权国家, 如普鲁士或巴伐利亚, 皇帝权力逐渐被掏空了。

有化,此私有化是国家全面法制化的规划的产物。人们借助统治契约(Herrschaftsverträge)后封建式地构建政治关系,此构建依赖一种关于政治秩序的看法,此看法就其本质而言与如下观点并无区别,即被具有革命性意义的自由主义契约理论设定为前提的观点:在这两个情况中,正是作为预先存在的个体意志的合意的私人契约起到了模型的作用(此外这一点使得近代自然法的新颖性变得可疑了)。因此人们不应惊讶地发现,在《法哲学原理》中,对哈勒(Karl Ludwig von Haller)的倒退的观点的批判直接接在了对卢梭的契约主义及其革命后果的批判之后。事实上,这两者都将权力还原为所有权,因此显示了它们对政治联系的特性的无知。哈勒的观点与卢梭的契约主义代表了两种矛盾的政治选择,黑格尔强调了这两者在理论方面的相近性:

> 过去[但是这也适用于当代人哈勒]一度把政治权利和政治义务看作并主张为特殊个人的直接私有权,以对抗君主和国家的权利,现在却把君主和国家的权利看成契约的对象,看成根据于契约[……]以上两种观点无论怎样不同,但有一点是相同的,它们都把私有制的各种规定搬到一个在性质上完全不同而更高的领域。①

一旦人们将公共意志视为特殊意志的衍生物,或者说一旦人们认为在逻辑方面,公共意志与特殊意志相比具有次等地位,那么无论愿不愿意,人们也不得不使公法屈从于私法,使普遍物屈从于特殊物,使理性概念屈从于随意的意见。法国大革命的巨大贡献在于,它确立了公法原则的自主:"人们应该将法国革命的开始视为理性公法[131]反对压制它的整个实定法及特权的战斗。"②法国大革

---

① *RPh*,第75节附释,*W*,第7卷,页157－158;*PPD*,页181。[译注]中译参考《法哲学原理》,页82,略有改动。

② *Wurtemberg*,*W*,第4卷,页506－507;*Pol*,页256。

命参与者的错误在于,他们并未从革命中提取所有结论,他们坚持一种不恰当的观点,即认为符合人权纲领的自由的抽象定义可为公共领域提供根基。《论英国改革法案》的文章重申了对人权政治的批判。它指出,"对原则的人而言,立法本质上被包含在拉法耶特(La Fayette)所编撰的[原文如此]《人权宣言》中,此《人权宣言》出现在一些最初的法国宪法的前言里"。① 然而,确切来说黑格尔的信念是,人们并非凭借法律原则来统治,除非人们陷于革命的乌托邦与"毁灭的狂怒"的危险的抽象观念中(这就是在法国所发生的事)。诚然,法并未引起法国革命的大恐怖,引起此大恐怖的是一种法(以及"自然的与不可让渡的"权利)的政治,这种政治强化了构成法的抽象概念。并且契约主义在理论上使这一衍生物成为可能。

社会的契约化

法律上的人的特殊意志处在与他人的特殊意志的关系之中,此法律上的人的特殊意志的第一个客观化是契约,就此而言契约具有实定性。契约的普遍性依然依靠契约所联合的意志的特殊性,就此而言契约具有限制。契约的实定性与限制,简言之,订立契约的行为的矛盾特征,解释了不再处于抽象法本身之中而是处在伦理(Sittlichkeit)的结构之中的契约的功能及状况。事实上,我们不能局限于(激进地)批判政治性的契约主义。黑格尔批判抽象法的抽象性,他也批判对政治联系所做的契约主义式的描述,这两种批判导致大部分评论者认为,对黑格尔而言,契约模式在私法关系的狭小领域之外缺乏任何价值。然而,如果黑格尔实际上拒绝将国家构建在契约之上(拒绝的理由刚被指出),那么在伦理领域内契约可并未

---

① *Reformbill*,*W*,第 11 卷,页 127;*Pol*,页 394。

缺席。完全相反,在伦理的中间环节即市民社会的构建中,契约扮演着一个根本性的角色(黑格尔首先将此处伦理的中间环节分析[132]为伦理本质的外在化的否定环节①)。

事实上,黑格尔的市民社会不是一个纯粹的市场社会,它同样是个法的社会:

> 整体的实体性基础是所有权法。没有法,需求体系及其错综复杂的关系不能绝对地继续存在下去。②

法律秩序的存在不仅是一般的市民社会的前提,而且甚至也是它的最活跃及最具现代性的组成部分的前提:

> 当人们将工业构建成目的,并将法构建成手段时,人们[也]可以说,只有当法在国家之中存在时,工业才存在于国家之中;法是绝对的手段,只要司法还不稳定,只要它是任意的,坏的,拖沓的,那么就不会有工业,不会有贸易被引入[;]贸易发展得越强大,司法就越应该被迅速地执行。③

事实上,普遍物在特殊利益的竞争中的现实化不只是看不见的手的功绩;它也以"有意识的调整工作"为前提④(此调整工作同时既属于法律范畴,也属于行政范畴)。或者毋宁说,就是因为市民社会在很大程度上依赖需求体系的自我调节,所以其良好运作的前

---

① "这种反思关系首先显示为伦理的丧失,换句话说,由于伦理作为本质必然假象地映现出来,所以这一反思关系就构成了伦理性的东西的现象界,即市民社会。"(*RPh*,第 181 节,*W*,第 7 卷,页 338;*PPD*,页 278)[译注]中译参考《法哲学原理》,页 195。

② *RPh* Henrich,页 168。

③ *RPh* Ilting 4,页 528 – 529。

④ *RPh*,第 236 节,*W*,第 7 卷,页 384;*PPD*,页 318。[译注]中译参考《法哲学原理》,页 239。

提,是被黑格尔称为市民社会的"法律制度"(Rechtsverfassung)①,黑格尔在一个名为"司法"的小节中研究了这一点。此小节处在市民社会的经济组织及社会组织(需求体系)的分析与市民社会的制度性结构(警察及同业公会)的分析之间,这一点表明,在司法这一节中,所涉及的东西不只是司法组织及程序,就其部分而言还涉及其他东西。此外,这一分析既不处在抽象法的分析之中,也不处在国家的分析之中(司法管理显然属于黑格尔[133]称之是政府权力的东西的管辖范围②),这个事实表明,在市民社会的复杂运行中,法的表达方式起到了特别的作用。一言以蔽之:就近代社会领域与政治—国家领域相区分而言,市场、(私)法及制度性的内核即"同业公会"是三个层面,以这三个层面为基础,近代社会领域的复杂性被组建起来(这种组建部分是自发的,部分按照规定的程序)。

然而契约模型在按照法的关系对市民社会的构建中起到主要作用(涉及思考国家时,黑格尔不断提醒人们契约模型的不恰当)。作为市场社会,市民社会以我所称的原始法律积累为前提(这是造成市民社会在历史上较迟出现的原因之一)。换言之,商品社会以法律秩序及与此秩序相符的特定所有权的分配为前提。因此,在市民社会中,所有权并非先于契约而产生,而是其结果:按照现行的法律规定我所获得的东西是属于我的(与此相对立的情况是,所有权在抽象法领域中就其非历史性的方面被考察)。

---

① *RPh*,第 157 节,*W*,第 7 卷,页 306;*PPD*,页 259。[译注]中译参考《法哲学原理》,页 174。

② *RPh*,第 287 节,*W*,第 7 卷,页 457;*PPD*,页 386 - 387。"司法权与警察权[……]以一种更直接的方式与市民社会中的特殊物相关联,并通过这些特殊目的实现了普遍利益。"

正像在市民社会中,自在的法变成了法律一样,我个人权利的定在,不久前还是直接的和抽象的,现在,在获得承认的意义上,达到了在实存的普遍的意志和知识中的定在。因此,有关所有权的取得和行动,必须采取和完成这种定在所赋予它们的形式。在市民社会中,所有权就是以契约和一定手续为根据的,这些手续使所有权具有证明能力和法律上效力。原始的即直接的取得方式和名义(第54节以下),在市民社会中已真正消失了,它们仅仅作为个别偶然性或局限的环节而出现。①

就某些方面而言,如下宣称看起来无关紧要,即宣称在市民社会(作为生产及商品交换的社会)中"所有权是以契约为根据"(而不是以对一切物的权利[jus in omnia]的使用为根据),然而,从另外一个观点看,此评论远非是平庸的评论。它指出,契约,抽象法的核心形态,只有通过如下方式才能恰当运转并被恰当地现实化,即构建(再一次提醒,与现代性相符地构建)[134]一种"市民的(civil)"社会(此处 civil 一词是在其崭新的意义上而言,这一崭新的意义与此术语在政治哲学的传统中所含有的意义相对);市民社会虽然还服从国家,但它与国家相区别,而且具备与政治的组织及管理模式不同的组织及管理模式,它们即为市场,民法与刑法的管理,并且(还有)行政干预(警察)。

然而,我们并不认为资产者的市民社会在如下意义上而言建立在契约之上(此处的市民社会不是自然法学论所构建的国家),即契约是市民社会的根源或根基;如果情况真是如此,那么黑格尔只是将契约模式的应用领域移向了经济及社会领域。毋宁说,我们应作如下理解,即市民社会,作为市场社会,在结构方面被去政治化,

---

① *RPh*,第217节和附释,*W*,第7卷,页370;*PPD*,页306。[译注]中译参考《法哲学原理》,页226-227。

正如哈贝马斯(Jürgen Habermas)所说的那样,①市民社会只能在毫无瑕疵的法律秩序的条件下才能拥有一种符合规则的运转,法律秩序的稳定性建立在契约关系的普遍化的基础之上。因此,从这个视角来看,应当注意从"身份到契约"②的市民社会的不可逆转的行进,并且承认,契约,甚至在其规定的抽象性中,是社会的法律条件,在此意义上它是"现代人自由"的支柱。然而,如果社会关系的契约化是构建市场社会的本质要素,那它不能以恰当的方式独立地构建市场社会;社会不仅需要法律基础,它也以制度性的与习性的(habitus)条件为前提,即以"警察与同业公会"为前提(黑格尔在市民社会分析的第三部分中研究了它们)。最后,这就解释了为什么说,正如黑格尔的市民社会不是单纯的市场社会那样,这种市民社会也不是单纯的契约社会,尽管它也是契约社会与市场社会。

---

① 参看 J. Habermas,《后期资本主义的合法化问题》(*Legitimationsprobleme im Spätkapitalismus*),Francfort,1973,页 55;《理性与合法性》(*Raison et légitimité*),Paris,1978,页 58。

② 梅因(Henry S. Maine)将西方法律文化的历史表述为一种"从身份到契约"(from Status to Contract)的演变进程:参看《古代法》(*The Ancient Law*),重版,Boston,1963,页 172 - 174。韦伯(Max Weber)对此分析提出反对意见,他认为自法的古代形式开始存在起,就已有契约;最好说是存在着契约形式本身的演变,即"身份契约"到商业社会的"用途契约"(Zweckkontrakt)的演变(《法律社会学》(*Sociologie du droit*),Paris,1986,页 50 - 51)。

第二部分　社会的活力与缺陷

[135]市民社会(或市民—资产者社会,或资产阶级社会:翻译的选择并非无关紧要!)与国家相区别且隶属于国家,黑格尔的这一关于社会的构想圆满完成了十七世纪以来的对政治看法的深刻变革。黑格尔强调,如果人们想要理解国家与市民社会这两者,那么不混淆国家(政治社会)与市民社会是很有必要的。因此,人们可以认为,客观精神学说的主要思想(虽然肯定政治—国家的客观上的至上权力,但还是承认诸多非政治的权利)是近代思想的努力结果,此努力的目的是摆脱政治共同体(κοινωνίαπολιτική)的古典模式。市民社会(societas civilis)的概念处于神学及法律—政治的传统中,霍布斯与此传统有意识地划清界限,此外其哲学似乎以负像的方式使黑格尔的社会及政治哲学所要努力解决的问题呈现出来。概言之,此问题涉及在共同体中不能仅仅通过政治术语被思考的关系的存在及地位问题(此处的共同体在政治上并且应在政治上被定义)。施米特断言,霍布斯将自然状态与社会对立起来,此做法是整个近代政治思想——直至黑格尔与马克思——的模板。① 以下分析尝试去认识此断言的有效性

---

① 参看 C. Schmitt,《大地之法》(*Le Nomos de la Terre*),Paris,2001,页100。

及限制。

[136]认为市民社会研究构成客观精神学说最具创新的部分(如果不说是最具革命性的部分的话),这一说法几乎是一种老生常谈。通过利用"市民的(bürgerlich)"这一形容词的一词多义,马克思将此概念为己所用,借此构造一种批判工具,一种指向资产阶级的"理论导弹",马克思占用此概念的方式与上述市民社会的研究不无关系。许多评论者(如卢卡奇与马尔库塞)以创造性的方式开采这一宝矿,以致人们很难读懂这些人的详细叙述,特别是当这些叙述论及贱民的构成以及市民社会(甚至国家)不能补救此弊病的无能时(这里姑且不考虑马克思主义为它们提供的有力拓展)。不过在这里遵循的是一条不同的道路。根据一种概念史的看法,首先要揭示的是,资产者与公民之间的区别(黑格尔诚然不是此区别的发明者)以某种特定方式简洁地表达了一种分析,此分析的对象即在近代世界中社会与政治之间必然维系着的矛盾关系(第四章)。然后将市民社会理论描述为关于法权国家(Rechtsstaat)的自由主义理论的一种预测,老实说是一种批判性的预测(关于法权国家的自由主义理论在黑格尔去世后的几十年里得到充分发展);值得注意的是,黑格尔的分析为社会赋予属性与职能,这些属性与职能被自由主义法学家描述为法权国家的属性与职能(第五章)。最后,我们研究伦理概念的构建及修改;黑格尔分析市民社会(此分析也针对市民社会的如下维度,即它可能具有矛盾的东西),显然此分析是一个中心,从此中心出发,伦理可在如下维度中被考量,即它具有特别现代性的东西(第六章)。

引言:社会考古学

[137]将近十八世纪末,市民或政治社会($\kappa o\iota\nu\omega\nu\iota\alpha\pi o\lambda\iota\tau\iota\kappa\eta$, societas civilis, civil society, bürgerliche Gesellschaft)的古典概念①经历了一次深刻变革,在相对较短时期内,此变革促成了一种市民社会的新概念的形成,这种市民社会与国家不同,且趋向于与国家对立;就政治方面来看,市民社会的古典概念后来最后发展为一种"社会领域"的描述,此社会领域构成社会学的特许的研究对象。② 我们可以详尽讨论这一语义变迁的条件与理由,以及这一变迁完成的领域:这一语义变迁不是已在盎格鲁—苏格兰的思想中——斯密的大社会(big society)③——呈现出来了吗?或在法国思想中,比如在

---

① 参看 M. Riedel,《社会,市民的》(Gesellschaft, bürgerliche),载于 GG,第二卷,页 719 及其后。也参看 C. Colliot‑Thélène,《国家与市民社会》(État et société civile),载于《政治哲学词典》(Dictionnaire de Philosophie politique),Paris,1996,页 225 及其后。

② 几乎与法国的孔德(Auguste Comte)同时,施坦因(Lorenz von Stein)创造了这一新术语,目的是指称关于社会的科学研究,即便他谈及的毋宁说是社会学说(Gesellschaftslehre),而不是社会学(Soziologie)。参看 Stein,《社会的概念》(Le concept de société),Grenoble,2002[他的书《在法国的社会运动史,从 1789 年直到我们今天》(Geschichte der sozialen Bewegung in Frankreich, von 1789 bis auf unsere Tage)(1850)的引介],以及 N. Waszek 的导论《施坦因,从德国观念论到社会学》(Lorenz von Stein, de l'idéalisme allemand à la sociologie)(出处同上,页 5–61)。

③ 参看 A. Smith,《道德情操论》(Théorie des sentiments moraux),Paris,1999,页 324:"体系的人似乎在设想,他可以如此轻松地支配一个大社会的不同成员,就像手轻松地支配棋盘上的不同棋子。他没有觉察到,棋盘棋子所拥有

[138]重农论者那里呈现出来?① 黑格尔的作品首次清晰地处理了它,这一点无论如何是确定的。市民社会被认为是政治领域或国家领域的一种自我分化的产物,黑格尔为这种社会的结构提出一种总体解释,此解释影响巨大:为了相信这点,只消想一想马克思对此解释的使用就够了。在他对《法哲学原理》的未完成的评注中,市民社会(bürgerliche Gesellschaft)的概念起到如下作用,即实现一种激进的"政治批判",②此批判针对市民的及资产阶级的社会并同时针对国家(国家也是资产阶级的国家,它是社会的上层建筑或"概述"③)。一个概念,它在古代与中世纪哲学以及在近代自然法中曾专指政治生活,并将城邦(polis)、社会(societas)或国家构建为人性专有领域,不过此概念后来最终阐释了人的生活所具有的如下东西,即根本上说非政治性的或非直接地是政治性的东西,并且它未被还原为特殊个体性的属性,如此运作的词汇转变的规模及理论转变的规模是巨大的。市民社会的成员是卢梭意义上的资产者,私人,他因其利益及生活方式与公民(Staatsbürger)绝对不同,此外资产者是公民,或渴望成为公民。④ 事实上,对社会个人来说(黑格尔将社会个人辨识为不带任何修饰词的人⑤),普遍物是所有理性政

的运动原则不同于手传递给它们的原则,与此相对,在人类社会的大的棋盘之上,每个棋子都有一个特有的运动原则,此原则完全不同于立法者可能为它所授予的原则。"

② K. Marx,《对黑格尔的政治法权的批判》(*Critique du droit politique hégélien*),Paris,1975,页198。

③ 参看 K. Marx,《政治经济学批判序言》(*Préface de la Contribution à la critique de l'économie politique*),Paris,1957,页4,以及《1857年导言》(*Introduction de 1857*),载于《1857—1858年手稿》(*Manuscrits de 1857-1858*),第一卷,页43。

④ 参看后面第四章。

⑤ *RPh*,第190节附释,*W*,第7卷,页348;*PPD*,页287。作为这一外在国家(即市民社会)的"公民",个体只是"私人"(*RPh*,第187节,*W*,第7卷,页343;*PPD*,页282)。

治的范围,它不是一种目的,更谈不上是一种最高目的,它至多是为其特殊利益服务的手段;然而,要满足此利益,只有借助与其他利益的相互竞争(其他利益同样也为它们的特殊性所束缚)。

伦理(Sittlichkeit)学说包括家庭、市民社会与国家。此结构本身指出,黑格尔用国家与市民社会之间的区别,"本义上的政治的"国家与"外在国家"之间的区别,代替古代的家(oikos)与城邦(polis)之间的严格的二分法,亚里士多德在《政治学》中,特别在其第一卷中,将此二分法作为主题来探讨。亚里士多德所阐明的构想①以一种惊人[139]长久的方式在希腊城邦解体之后存在着,因为在封建世界并在后封建等级社会(ständische Gesellschaft)中,人们重新发现此构想的回声。据此构想,家(oikos)——家庭或毋宁说同住的一家人——与城邦相对立,它代表人类生活的"私人的"、非政治的部分。它不仅是类的身体及精神的繁衍之所,而且还是整个"经济"活动的场所(经济[oiko – nomia]一词的词源提醒我们,其某部分原初地与生活的家庭部分相联系),或更确切地说,它是"经济"活动正当的、"自然的"那一部分的场所:获利的正当手段与非正当手段之间存在区别,(家庭)经济学与以财富本身为目的的财富获取行为(la chrématistique)之间存在区别,确切地说,这些区别都以自给自足与自我限制的标准为基础,在同住一户人家范围之内的生产手段的限制划分确保标准的遵守。② 简言之,以家庭(oikos)的封闭世界为所在地的活动的目的如下,即单纯地活着,生产及再生产个体与群体生活的在伦理之下的(infra – éthique)条件;与之相反,人们按最高的——或者可能是唯一的——伦理及政治目的来安排政治实践,最高的伦理及政治目的即为高尚的生活或幸福的生活(eu zên)。

在近代自然法理论的框架内,这一区别被自然状态与市民社会

---

① 参看 Aristote,《政治学》(*Politiques*),第一卷,第 2 章,1252b27 及其后。
② Aristote,《政治学》(*Politiques*),第一卷,第 8 章,1256a 及其后。

的二元结构排挤,此结构——姑且不考虑其他影响因素——将扮演一种类似角色。自此以后,自然状态与市民/政治的状态之间的对立接替城邦(polis)与家庭(oikos)之间的对立(不过人的政治的维度与非政治的(或前政治的)维度之间的划分以及它们之间的上下等级关系并未被放弃掉)。此替代对应对政治秩序的认识的一种根本变革。政治社会不再被视为人的自然目的;自此以后,它被视为一种手段(老实说是唯一的手段),几乎可以这样说,它通过自上而下地解决个体的共存问题,促使个体追寻他们自己的目的。霍布斯对我们说,它是为了解决人的共存问题而被人发明出来的巧计①(共存问题在假设的自然状态下始终不能被解决)。换言之,个人出自本性不断寻觅自由、幸福或统治,国家的创设在传统上被描绘为一种原初的契约,它允许个人自由地享受——即不受所有外部束缚地享受——他们"自然的及不受时效约束的"权利:[140]如果重新采用洛克的一种由三个词组成的说法,那这些权利即为生命、自由及财产,②如果人们仿照1789年的《人权宣言》的说法,它们即为自由、所有权及安全。③

在这些条件下,如下这点让人吃惊,即亚里士多德以及受亚里士多德哲学影响的思想为政治共同体赋予夸张的意义,即便政治共同体不能再保留此意义,"市民社会"这一表达仍持续指称政治共

---

① "因为技艺创造了这个伟大的利维坦(人们称其为共和国或国家[拉丁文是 CIVITAS]),所以它只是一个人造的人。"(Hobbes,《利维坦》[*Léviathan*],页5)

② "就本性而言,人具有[……]一种保存其所有物的能力,即保存其生命、自由及财产的能力。"(洛克,《关于政府的第二篇论著》[*Le second traité du gouvernement*],Paris,1994,第7章,第87节,页62;参看第5章,第87节,页62,以及第9章,第123节,页90)

③ "所有政治性联合的目的在于维持人的自然的及不受时效约束的权利。这些权利是自由、所有权、安全及反对压迫的抵抗。"《人与公民的权利宣言》(*Déclaration des Droits de l'Homme et du Citoyen*),第二条。

同体。这一持续指称是不恰当的,因为近代政治理论将国家构建为一种衍生的及约定的实在,与此相对,个体取得存在论的第一实在的地位。这种不当的持续指称的理由可能在于,当近代自然法理论形成时,在十七世纪前半叶,①没有什么东西能让人辨识——更不用说思考——商业及工业革命与利润经济的实行所引起的变革,此变革一方面涉及对于人与人之间建立起来的关系的看法,另一方面涉及关于政治的构想。直到在十八世纪的思潮中,借助盎格鲁—苏格兰的思想才产生了对如下情况的意识,即社会制度是"人们行动的产物,不是某个人的计划的结果"。② 这是一种关于政治及社会的新看法,自那时起,区分政治与社会这两个术语被证明是必要的,在此新看法的起源处寓居了自由主义思想家所清楚表达的如下信念,即"商业比国家更古老",③由此,如下观点是虚妄的,即认为政治持有解决人类共存的社会问题的秘诀。如果此观点在古代社会、封建社会或德国等级社会(Ständestaat)中可能具有部分真理(因为这些社会为自身以及在它们中形成的关系给出了一种政治优先性的界定),[141]那么此观点在贸易社会中不合适,在贸易社会中,为个体行为所保留的灵活领域不再被规定好,而在罗马,个体的不可侵犯的身份(status)规定此领域。因此,用贡斯当(Benjamin Constant)的术

---

① 格劳秀斯的《战争与和平法》(*De jure belli ac pacis*)追溯至 1625 年;霍布斯的《法律原理》(*Elements of Law*)、《论公民》(*De Cive*)及《利维坦》(*Léviathan*)分别发表于 1640 年、1642 年及 1651 年。

② A. Ferguson,《论市民社会史》(*Essai sur l'histoire de la société civile*),Paris,1992,页 221。哈耶克(Hayek)将这句话选为自由主义政治哲学的标志:参看《法,立法,自由》(*Droit. Législation et Liberté*),第 1 卷,Paris,1980,页 23。

③ 参看 Hayek,《致命的自负》(*La présomption fatale*),Paris,1993,页 62。关于此主题的诞生,参看 J. G. A. Pocock,《德性、贸易及历史》(*Vertu, commerce et histoire*),Paris,1998,以及《马基雅维利的时刻》(*Le moment machiavélien*),第 14 章,Paris,1997,页 471 及其后。

语来说,近代"商业民族"的特点即为逐渐抹掉社会生活的纯然政治性的规定的全部踪迹,①纯然政治性的规定存在于古老的"征服民族"中。尽管黑格尔对商业作用的分析比弗格森(Ferguson)或贡斯当的分析更辩证,但他自己也注意到,在他的意义上来说的市民社会中,"人有价值,因为他是人"②,在此处的语境中即为人因是私人个体而具有价值,而不是按照他在宗教归属的部分性领域中所占据的位置,或在国家职能的等级世界中所占据的位置。资产者的社会性建构不能免去公民的政治性建构,这不能影响如下这点,即对黑格尔来说,正如对自由主义者而言,现代性已放弃所有对人采取直接政治性的定义。

三种要素——首先以不相关联的方式——塑造了对市民社会的新理解(此处的市民社会形成于十八世纪下半叶)。首先是产生了对如下情况的意识,即不能再认为生产活动要以家庭作为自然的及主要的场所。经济不再以家庭(oikos)为中心,将政治经济学附加到旧的家庭经济学及其"家庭"管理的技术上,或毋宁说是,用前者代替后者,这一做法是恰当的。第二,人们在十八世纪发现,市民社会远非构建了这样一种规范领域,在这种领域中,政治性的动物一直发展着,相反,市民社会具有一段历史,而且不仅仅是一段等同于人类自然状态的史前史。自此,构建近代政治思想的对立物(在霍布斯那里是自然与人工机巧之间的对立,然后是自然与历史的对立)失去了其清晰性,正如弗格森的如下这段话所表明的那样:

---

① 参看 B. Constant,《论与现代人的自由相比较的古代人的自由》(De la liberté des Anciens comparée à celle de Modernes),载于《论现代人的自由》(De la liberté chez les Modernes),Paris,1980,页 491–515。在这里,政治按战争的模型被思考,社会借助经济的范式被定义:"战争是冲动,商业是计算。但是正因为这,所以一个时代应到来,在此时代中,商业取代战争。我们已来到这样的时代。"(op,cit,页 498)

② RPh,第 209 节附释,W,第 7 卷,页 360;PPD,页 299。

[142]因此,如果人们问,自然状态在哪里？我们将回答说:它在这里[……]哪里有活跃的人通过改变其周遭环境行使其才能的地方,哪里就是自然状态,这些情景同样也是自然的[……]如果宫殿远非自然,那简陋的小屋也同样远非自然;最为完善的政治的精细改良与理性及情感的原初运行同样都是机巧。①

由此,我们终将研究——借用埃利亚斯(Norbert Elias)的用语——"文明的进程",换言之,一种历史,借此历史,人类以一种非协同的方式通向文明或教化,文明或教化回溯地看显现为人类的本性。②

新的社会概念的第三个特征就不那么显而易见:如果直至十八世纪,近代政治哲学形式上坚持市民社会的传统观念(此处的传统观念说得仓促些就是亚里士多德的观念),那它也微妙地促进了此观念的分崩离析。事实上,无论其统治方式是什么,政治社会(*κοινωνία πολιτική*)由自由且相似的个人组成(如果他们不是真正平等的话),这只是因为他们遵守同样的法律;人们通常带着轻蔑的意图回溯性地将如下东西称为民主,即其初始名是"享有所有城邦权利的人的平等"(isonomie)③的东西。相反,市民社会的近代概念——正如霍布斯对它所设想的那样——包含一种必然的附属关系的想法:自此以后,本质问题是主权问题,主权的建构不是市民社

---

① A. Ferguson,《论市民社会史》(*Essai sur l'histoire de la société civile*), Paris,1992,页113。

② 参看 N. Elias,《风俗的文明》(*La civilisation des moeurs*),Paris,2002,以及《西方的动力》(*La dynamique de l'Occident*),Paris,2003。这里涉及同一著作的两个部分,这一著作的确切题目是《论文明的进程》(*Über den Prozess der Zivilisation*)。

③ 参看 G. Vlastos,《政治平等》(Isonomia politikè),载于《享有所有城邦权利的人的平等:关于希腊思想中平等观念的研究》(*Isonomia, Studien zur Gleichheitsvorstellung im griechischen Denken*),Berlin,1964,以及 Chr. Meier,《政治的诞生》(*La naissance du politique*),Paris,1995,页43及其后。

会建构的结果,而是其意义本身。因为政治社会建立在一种权力的关系之上,此关系就结构方面而言是不平等的。正如在亚里士多德那里,政治关系建立在统治者(archein)与被统治者(archesthai)之间的一种总是可逆的关系上。因此,不涉及政治领域的等级式建构的问题——比如探讨国民之间或国民阶层之间经济或社会关系的问题——应在另外一个框架内被探讨,这一点必然促成对社会概念的改造。简言之,自十七世纪起,近代哲学理解政治关系的方式已以负像的方式呈现自十九世纪起市民社会概念所包含的新成分。①

[143]前面提及的不同要素动摇了市民/政治社会的传统概念。盎格鲁—萨克森思想站在了前哨的位置:对此思想而言,社会与政府之间的区别很快就被接受为一种不争的事实。在此方面,人们可能会提及斯密的大社会,市场与贸易的社会,人们按"天赋自由的简单及明显的体系"安排此社会,此社会的动力使其违犯政治社会的边界,或至少使其限制政治社会领域及其行动手段。② 我们也可以想一想潘恩(Thomas Paine)的与《国富论》同年出版的《常识》一书的开头部分:"不论其形式是什么,社会总是是一种恩惠,但最好的政府只是一种必然的恶,最坏的政府是一种让人不能忍受的恶。"③

尤其因为德意志经济与政治的落后,与英国及法国相比,在德意志这块地方事情变得更复杂,甚至混乱。将近十八世纪末,人们可注意到市民社会(bürgerliche Gesellschaft)这一概念的动摇不定,

---

① 关于此主题,参看 J. - Fr. Kervégan,《市民社会与私法:在霍布斯与黑格尔之间》(Société civile et droit privé. Entre Hobbes et Hegel),载于 P. - F. Moreau(主编),《理性的建筑术:马特龙文集》(Architectures de la Raison. Mélanges Alexandre Matheron),Lyon,1996 年,页 145 – 164。

② 参看斯密,《国富论》,第 4 篇,第 8 章,页 784 – 785,此章结束时论及"大社会"。

③ Paine,《常识》(Le sens commun),Vincent 译,Paris,1983,页 59。

并首先注意到此概念的晦涩难懂。① 因此,经济学家施替林(Jung-Stilling)在1793年区分了社会生活的三个层次:家庭层次,市民社会(bürgerliche Gesellschaft)的层次及国家社会(Staatsgesellschaft)的层次。国家是一种具有主权的市民社会(societas civilis cum imperio),至少在法律上说,这暗示市民社会的概念独立于政治权力的概念。同样,于1790年,法学家胡分兰特(Hufeland)断言,在市民社会与国家之间存在一种区别;他将这归因于社会生活的私有化,此私有化是政治专制制度的间接后果。康德也意识到,社会概念处于变迁中。诚然,就本质来说,他仍坚持市民社会与政治社会之间的传统的对等关系。但与此同时他写道,"人们不能必然地将市民联合称为一种团体",因为"在发布命令的人(imperans)与臣民(subditus)之间不存在合作关系(Mitgenossenschaft);他们不是伙伴,而是一方隶属于另一方,[144]且不相互协作"。② 由此产生了如下两方面东西之间的一种崭新区别(不过康德并未从此区别中提取包含在其中的所有含义),一方面是社交性的(gesellschaftlich)状态,它不与自然状态对立(在自然状态中存在社交性),另一方面是市民的(bürgerlich)状态,或政治的状态:"很有可能在自然状态中存在一种团体,不过不存在一种市民社会,此社会通过公共法律保障我的东西与你的东西。"③相反,青年费希特在《论法国革命》(1793)及《关于学者的使命的讲演》(1794)中明确区分国家与社会。《论法国革命》强调,社会(Gesellschaft)一词既可适用于所有种类的契约联盟,也适用于一种十分特殊的联盟形式,此联盟以市民契约

---

① M. Riedel给了诸多例子,参看《社会,市民的》(Gesellschaft, bürgerliche),载于 GG,第二卷,页753及其后。

② Kant, *MdS*, *Rechtslehre*,第41节,科学院版,第6卷,页306;*MM R*, *Droit*,页120(*MM Ph 1*,页188)。

③ Kant, *MdS*, *Rechtslehre*,科学院版,第6卷,页242(也参看页306);*MM R*, *Droit*,页31(也参看页120)(*MM Ph 1*,页116,也参看页188)。

(Bürgervertrag)、社会契约为基础,这种联盟形式就是市民的(政治的)社会。① 再者,整个社会(Gesellschaft)并非建立在一种契约之上。这可能涉及个人之间身体的、并非有意的,尤其是缺乏法律特征的一种单纯共存;在此意义上,社会并非与自然状态,即与法律约束的缺乏不相容(此处的法律约束是市民/政治的状态[bürgerlicher Zustand]的特征)。费希特将法国大革命理解为社会对国家的反抗。但是,人们在他提出的封闭的商业国家中看到他的绝非自由主义的经济构想。费希特的教化国家致力于废除自身,他的这一看法与上述他的经济构想不允许他具有如下观念,即面对政治,社会具有一种自主,哪怕是部分的自主。

显然正是在黑格尔那里人们第一次——这不仅仅是对德国而言——碰到了市民社会与国家(Staat)之间、社会与政治之间的概念区别。② 人们大量讨论黑格尔在其思想演进中何时产生对此问题的意识:它是《法哲学原理》的一种创新? 或事实上它在耶拿时期(1802—1807)的手稿中已经存在? 对于一些人来说,就在编写1820年的那本书的过程中,黑格尔已意识到后来他所称的[145]市民社会的特殊性③。就此而言,我重新站到其他评论者所支持的立

---

① 参看 Fichte, *Beitrag*,《著作集》(Werke),第 6 卷,页 130; *Considérations*,页 147。

② 参看 E. - W. Böckenförde(主编),《国家与社会》(*Staat und Gesellschaft*),Darmstadt,1976,及《对当代社会性的国家而言国家与社会之间的区别的意义》(la signification de la distinction entre État et société pour l'État social contemporain),载于 E. - W. Böckenförde,《法,国家与民主宪法》(*le droit, l'État. et la constitution démocratique*),Bruxelles – Paris,2000,页 176 – 272。

③ 参看 M. Riedel,《市民社会概念及其历史起源问题》(Der Begriff der bürgerlichen Gesellschaft und das Problem seines geschichtlichen Ursprungs),载于《在传统与革命之间》(*Zwischen Tradition und Revolution*),Stuttgart,1982,页 139 – 169。

场上来;①正是耶拿时期的作品,特别是《精神哲学》与《伦理体系》这两部作品,通过如下方式为国家与市民社会的区分铺平了道路,即将某些出自政治经济学的主题整合到政治哲学中②(政治经济学,正如人们命名的那样,是"对立的科学",与警察国家对立,与所有政治对立)。在"第一个体系"中黑格尔分析工具,劳动分工,并在某些特定方面,分析语言,在"第二部精神哲学"与《伦理体系》中分析社会等级(Stände)及适合这些等级的意向态度(Gesinnung),当他注意到这些分析所引出的关于市民社会的理解与耶拿手稿所坚决主张的城邦(polis)典范不可调和时,上述分析构成一些前提,对这些前提的系统性的重新采纳导致国家与市民社会的区分。③《精神现象学》中的一个著名段落仍在阐明城邦典范。④ 然而,就在夸张地描述"幸福"之后(此"幸福"源于特殊个体性在民族的活的伦理整体中的融化),黑格尔补充道:"理性应从此种幸福中走出

---

① 参看 R. P. Horstmann,《论市民社会在黑格尔政治哲学中的角色》(Über die Rolle der bürgerlichen Gesellschaft in Hegels politischer Philosophie),载于《黑格尔研究》(Hegel-Studien),第 9 期,1974,页 209-240,以及 B. Bourgeois,《黑格尔的自然法》(Le droit naturel de Hegel),Paris,1986,页 638-639,以及 N. Bobbio,《论市民社会的概念》(Sulla nozione di società civile),载于《黑格尔研究》(Studi Hegeliani),Turin,1981,及 N. Waszek,《苏格兰启蒙运动与黑格尔关于"市民社会"的记述》(The Scottish Enlightenment and Hege's Account of "Civil Society"),Dordrecht,1988。

② 参看 M. Riedel,《国民经济学的接受》(Die Rezeption der Nationalökonomie),载于《在传统与革命之间》(Zwischen Tradition und Revolution),Stuttgart,1982,页 116-139。

③ 参看 Esprit 1,页 58-60,69-75,78-81,98-107;Esprit 2,页 72-76 和 92-109;SS, GW,第 5 卷,页 331 及其后,页 350 及其后(Vie éthique,页 167 及其后["相对的伦理生活"与社会等级]以及 188 及其后["需求体系"])。

④ PhG,W,第 3 卷,页 264-266(PhE B,页 323-325;PhE H,页 I/291-292;PhE J/L,页 342;PhE L,页 250)。

来;因为一个民族的自由生活仅仅自在地或直接地是实在的伦理。"①第二部《精神哲学》虽然颂扬古代人的"公共的优美生活",此生活保证"普遍物与特殊物的直接统一性",但是它将"近代的更高原则"与"公共的优美生活"独立起来,②近代的更高原则通过伦理整体的诸环节的功能上的区分体现自身。黑格尔于1817—1818年在海德堡开设关于"自然法与国家科学"的课程,自课程《笔录》(Nachschrift)出版以来,我们同样确信地知道正是在那时,[146]国家与市民社会之间的明显区分出现了;此外我们能核实,在此文本中这一区分明显与国家经济学(Staatsökonomie)理论知识的获得相关联。③ 正如在1805年的情况那样,借助"资产者"与"公民"的对立④黑格尔阐述了上述概念区分。这一革新的意义为如下这点所衡量,即上述概念区分在第一版的《哲学科学百科全书》中并不存在,不过这一版的《哲学科学百科全书》与上述《笔录》于同年出版,在其中等级之间的区分,正如在耶拿手稿中那样,还是建立在其伦理属性之上(即其"德性"之上),而非建立在其客观的经济—社会的属性之上。⑤ 1808与1811年黑格尔在纽伦堡中学授课,课程内容以"哲学预科教育"为题被编辑出版,此课程同样以一种极为传统的方式(亚里士多德学说的方式,如果人们愿意这样说的话)将如下两种东西并置:家庭——建立在伦理情感("爱情,信任及服从")之上的"自然的社会",以及国家社会(Staatsgesellschaft)⑥——"服从

---

① *PhG*,*W*,第3卷,页267(*PhE* B,页325;*PhE* H,页1/293;*PhE* J/L,页343;*PhE* L,页250)。

② *GW*,第8卷,页263,*Esprit* 2,页95。

③ 参看 *RPh* Pöggeler,第72节,页89;*LDN*,页129。

④ 参看后面第四章。

⑤ 参看 *Enzykl* 1817,第433节,*GW*,第13卷,页234;*Encycl* 3/1817,第434节,页158,以及译者的注解2。

⑥ *Propädeutik*,*W*,第4卷,页245–246;*Propédeutique*,第23和24节,页54。

法权关系的人的社会"。

市民社会(bürgerliche Gesellschaft)的"发现"处于与"[当下]时代的和解"的过程之中,在此过程中,青年时期作品中的对"资产者"的极具批判性的语气缓和了。自1817、1818年的课程以来,与国家不同但是也与家庭不同的市民社会成了中间调解项,它可以避开一种二元论的套路(近代自然法理论从亚里士多德的家庭[oikos]与城邦[polis]对置的做法中继承此二元论的套路)。市民社会的调解是一种外在调解:市民社会是一种"外在国家"。① 但是这种外在性远非是一种单纯的缺陷,它产生了社会环节的创造性。对家庭封闭的社会性的否定——个人不是成了"市民社会的儿子",②并已不再仅仅是其父母或其派系的儿子了吗?——诚然是一种异化因素,市民社会首先显现为"丧失在它的两极中的伦理体系";③但是这一伦理领域的直接统一性的分裂间接使如下和解与扬弃成为可能,即人类与其自身的政治和解[147]及在理性国家中对经济人(homo oeconomicus)的分裂存在的扬弃。

正如《法哲学原理》对市民社会概念所阐释的那样,市民社会呈现四个特有特征。

(1)它是一个劳动的社会,此社会建立在需要的多样性之上,社会本身产生这些需要,且代替了一种人们不再能寻觅到的自然。此外,劳动的社会建立在艰苦工作的互补性之上。与正在诞生中的政治经济学的(被重新阐释的)教益相一致,需求体系是社会需要与社会生产的互动,因此包含将市民社会与社会化的传统形式区别开的特征,这些特征即为劳动的技术性及社会性的分工,对需要不设限制,异化(黑格尔用以分析异化的术语直接预示了马克思的术

---

① *RPh*,第157节,*W*,第7卷,页306;*PPD*,页259。
② *RPh*,第238节,*W*,第7卷,页386;*PPD*,页320。
③ *RPh*,第184节,*W*,第7卷,页340;*PPD*,页280。参看后面第六章。

语),社会整体被职能性地分层为职业等级(Berufstände),这些等级是被制度化了的但又是开放的社会——职业团体①(此处的社会分层不再是法定的,正如在等级社会中那样)。

(2)市民社会是一种文化的环境,对个人而言如此,对共同体本身也如此;②事实上,政治与社会的分化过程是文明的发展进程本身(此处文明一词是在启蒙主义者为此术语所赋予的意义上来说的)。市民社会无疑是近代历史的产物;③但是作为人类自己建构自己的过程的整个历史被概括在市民社会之中。我们知道:"人"是社会的产物,而不是相反,并且为了定义人而诉诸人的一种不可确定的自然性,这可能是错误的。④

(3)市民社会既不是一种纯粹的具有"交换"功能的市场社会(正如哈耶克所言),也不是一种单纯的教化场所(正如用文化主义的眼光看,人们可能会主张的那样);市民社会是一个法权社会(Rechtsgesellschaft),被"法律制度"构建的社会。⑤ 因此,正是它——尤其不是本义上的国家——为抽象原则赋予一种现实性(抽象原则被主体自然权利理论的主题明确表达出来,接着被人权的主题明确表达出来)。因此,市民社会是人们不久之后所称的法权国家(Rechtsstaat)的存在条件。[148]富有教益的是,多亏了黑格尔这位被假定为强权国家(Machtstaat)的辩护士,这一学说才被表达出来。

(4)最后,市民社会是一种阶级的社会;由于其固有逻辑,至少

---

① 参看 RPh,第 206 节,W,第 7 卷,页 358(PPD,页 296):"[至于决定]个体属于哪个特殊等级,[……]最后本质性的决定取决于主观意见与个人的自由决定。"
② RPh,第 187 节,W,第 7 卷,页 343 及其后;PPD,页 283 及其后。
③ 特别参看 RPh,Ilting 3,页 565;W,第 19 卷,页 227(HP,第 3 卷,页 593)。
④ RPh,第 190 节附释,W,第 7 卷,页 348;PPD,页 287。
⑤ RPh,第 157 节,W,第 7 卷,页 306;PPD,页 259。

它显得具有成为一种阶级社会的趋向。就此话题,人们可以提及《法哲学原理》的著名段落,这些段落研究贫困化,在"更穷阶级"与"更富阶级"之间阶级的极化发展,以及研究作为消除社会内部矛盾的尝试的殖民。黑格尔如此写道:

> 人通过他们的需要而形成的联系既然得到了普遍化,以及用以满足需要的手段的准备和提供方法也得到了普遍化,于是一方面财富的积累增长了,因为这两重普遍性可以产生最大利润;另一方面,特殊劳动的细分和局限性,从而束缚于这种劳动的阶级的依赖性和匮乏,也愈益增长。与此相联系的是:这一阶级就没有能力感受和享受更广泛的自由,特别是市民社会的精神利益。①

上述这点是黑格尔市民社会构想的非常有趣的方面(在黑格尔自己那里,市民社会在理论上的发展结果是对社会矛盾的政治—国家性的扬弃[Aufhebung]②),这一方面促使马克思思想的诞生,此思想比法权国家理论家们的思想更具激进性,它使黑格尔的分析中具有批判性的潜在东西翻转过来以反对国家与资产阶级社会本身。事实上如下做法显得没有必要,即过度诠释黑格尔的文本,目的是在那里读出好像是隐含着的一种为后来的马克思所发展的批判,此批判的对象即为由利己主义的环境引起的一般的人的异化,市民—资产阶级社会使一般的人屈从利己主义的环境。《论犹太人问题》的如下这段话最好地总结了青年马克思的观点:

> 因此,每一个所谓的人权都不超越利己主义的人,利

---

① *RPh*,第243节,*W*,第7卷,页389;*PPD*,页322-323。[译注]中译参考《法哲学原理》,页244。

② 参看后面第六章。

己主义的人作为资产阶级社会成员即与共同体分离的个体而存在[……]在资产阶级社会中,人远非被认为是一个类的存在;完全相反,类的生活[149]本身,社会,显现为一种外在于人的环境,显现为对于其原初独立的一种限制。①

毫无疑问,黑格尔的言辞不具有马克思作品的革命性目的;在青年黑格尔派的队伍中,有人甚至激烈批评其政治上的冷漠及保守倾向。但是他对市民社会(bürgerliche Gesellschaft)概念的辩证的思考方式在理论上使马克思对此社会的批判成为可能(往后,它不被理解为市民社会,而被理解为资产阶级社会),与此同时,它使革命政治的发明成为可能,此政治尝试超越如下做法,即将政治的东西还原为国家的东西,此还原做法正是在黑格尔那里登峰造极。因为黑格尔构建了关于社会的一种非政治性的概念(此处的政治性是在此术语的古典意义上而言),此构建使得马克思可以彻底批判政治,同时使得马克思可以以如下概念为名义思考(仅仅是)资产阶级的社会的异化维度,即关于社会的一种醒目的、元政治的概念(马克思所思考的资产阶级社会正是被引回其真相那里的黑格尔的市民社会)。因此,人的解放经由社会革命,此解放应被思考为社会与政治的分离的扬弃(Aufhebung);所以它经受市民—资产者社会的再政治化过程(人们认为仅仅是政治性的革命,即1789年革命,已可以使市民—资产者社会非政治化②)。反之亦然,人的解放以废除国家为前提(此处的国家作为一般统治机构而存在,它不仅仅是一阶

---

① Marx,《论犹太人问题》(*La question juive*),Paris,1968,页39。也参看《对黑格尔政治法权的批判》(*Critique du droit politique hégélien*),Paris,1975,页131-132;《1844年手稿》(*Manuscrits de 1844*),Paris,1972,页61及其后,页111。

② 参看Marx,《论犹太人问题》(*La question juive*),Paris,1968,页41-45。

级对于另一阶级的统治机构）。于是人们有理由自问，马克思对社会的看法的意图——无论此意图是有意识的还是无意识的——是否并非在于简单地扬弃（Aufhebung）政治本身。不过这是另外一个故事了……

第四章 公民反对资产者？
对于"整体精神"的探寻

[151]在卢梭之后，当黑格尔与康德想对比资产者与公民时，他们借助的是法语词汇，这一事实凸显了德国的法律与政治语言的一种困难性。在一个针对亚里士多德的城邦(polis)构想的评论中，黑格尔自己明确表达了这种困难性："我们没有指涉'资产者'与'公民'的两个词。"① Bürger 这一术语既表示原初意义上的资产者，即城市居民(Stadtbürger)，也表示政治共同体的成员，即公民(Staatsbürger)；②在十九世纪，当涉及指涉某社会阶级的经济与文化特性时，人们也在以上基础上添加资产者(Bourgeois)这个法语词。③ 但是这一困难的诸多缘由不仅仅是语言学的，它们主要在于德国政治历史的诸多特殊性。等级国家(Ständestaat)——这个词本身几乎不能被翻译成法语——的诸多组织妨碍人们构想一种政治共同体，此共同体的成员——尽管仅仅是在某些方面——在权利上可以平等。简言之，在词汇的层面上，资产者与公民之间的不易区分表现了如下两方面之间的鸿沟，一方面是以其古代形式呈现出来的公民身份观念或在其革命性的词义上来说的公民身份观念，另一方面是一个分

---

① *GdP*, *W*, 第19卷, 页228；*HP*, 页593。
② [译按] 德语词 Staatsbürger 对应的法语词是 citoyen。
③ 参看 W. Sombart 的著作题目，《资产者》(*Der Bourgeois*)(1913)。

裂的德国的政治组织(在德国,平等的观念几乎没有什么意义)。

[152] 不过,即使法国大革命已复活公民身份的习俗(ethos),上述困难仍持续存在。法国大革命和人与公民(人们通常忘记这一点)的权利宣言一起诞生,起初的那些宪法尝试为公民身份授予一种法律定义。① 德国哲学家于是将这一新的词汇借用过来。比如费希特在1793年写道:

> 不过一个窃取了某些职业的专属资格的社会阶层在做什么事呢?[……]此特权不仅将贵族阶层构建为国中之国,此处的贵族阶层具有独立于其他公民(Bürger)②利益的利益;此特权还将民族的其他阶层从公民(Staatsbürger)③的表单上整个地划去,它废除了他们的城市权(Bürgerrecht)④并将他们转化为屈从于一种顽固统治的奴隶。⑤

但是,当费希特与康德如此在德国引入公民身份这一词汇时,他们不仅遭到法国大革命的反对者的敌视,如甘茨(Gentz)或雷伯格(de Rehberg),⑥而且同样也遭到他们的某些信徒的讽刺。克

---

① 1791年宪法,第2编,第2条;1793年宪法,第4-6条,尤其第7条:"法兰西人民是公民全体。"
② [译按]德语词 Bürger 对应的法语词是 citoyen。
③ [译按]德语词 Staatsbürger 对应的法语词是 citoyen。
④ [译按]德语词 Bürgerrecht 对应的法语词是 droit de cité。
⑤ Fichte, *Beitrag*,《著作集》(*Werke*),第6卷,页235;*Considérations*,页222-223。
⑥ 雷伯格在1793年写道:"为了引入新的体系(这一体系应该建立在所有公民的普遍平等之上),人们应该废除某些等级的特权,并且应该消灭这些等级本身。"《法国革命研究》(*Untersuchungen über die französische Revolution*), Hannover/Osnabrück, 1793, 第1册, 页177; 法译 *Recherches sur la Révolution française*, Paris, 1998, 页165。

洛普施托克（Klopstock）——法兰西共和国的荣誉公民！——在了解到康德的《论一句俗语：在理论上可能是正确的，但不适用于实践》这个小册子之后，于1793年讽刺地惊呼道："如果人们说国家公民（Staatsbürger①），那为什么不说水鱼（Wasserfisch）呢？"②好像康德做出的区别是一种词汇上的幻想。如果人们想确定黑格尔对于资产者与公民之间的区分的应用有何新颖之处，那么合适的做法是首先将此应用放置在德国法律与政治的语言传统中。

回顾

"资产者"与"公民"这两个词在法语中分别出现于十二世纪与十三世纪。在法学家们的词汇表中，"资产者"或"城市自由民"被用来描述城市居民中如下这些人所享有的特权身份，即在行会组织及市政管理中善于操持某些职务的人。[153]因此，资产者由于其居所及权利性质与如下两种人相区别：一种是贵族与教士，另一种是非自由的人（农奴及仆役）。至于"公民"（civis）这个术语，它在每个人的地位是由其身份特殊性（特权）来定义的社会秩序中没有很大意义。相反，在近代国家构建起来时，此术语出现了或再现了；但是此术语的出现或再现是为了接受一种决定性的转变。

博丹（Jean Bodin）为主权赋予原初定义，他将主权定义为"一个

---

① ［译按］作者直接在书中使用德语词 Staatsbürger，并未提供相应的法语翻译。

② 被 M. Riedel 引用，《公民，国家公民，资产者》（Bürger, Staatsbürger, Bürgertum），载于 *GG*，第1卷，页692。

共和国的绝对的及永久的权力",①并将其构建为国家的本质属性,他也是第一个人,在讨论亚里士多德的城邦(polis)概念时,区分资产者、公民及臣民。博丹说,亚里士多德很好地注意到城市与城邦之间的区别,城市只是一个地理学意义上说的地方,而城邦"是一个法学用语",与此相对,他"在共和国与城邦之间并未做出区别"。②某个城市的居民,只要他在城市里享有某些特权,他就拥有资产者的权利。至于公民,他是城邦的成员。但是虽然公民独立享有完全的权利(sui juris),但他同样也是共和国的成员,因此是臣民(正是在这里,博丹革新了传统的政治语言)。事实上,为了区分公民与资产者,他明确指出,"特权不制造公民,制造出公民的是主权者与臣民之间的相互义务"。③ 于是合适的做法是将公民身份的传统观念重新植入保护与服从的关系中,服从专指对国家(或"共和国")的服从。由此,有了如下不止三次重复出现的定义,即"坦诚的臣民,他人的主权的拥护者"④是公民。他明确指出:

> 正是坦诚的臣民对其最高君主的承认与服从以及君主对臣民的指导,无私及保卫造就了公民:这是与他国的资产者之间的本质区别。⑤

---

① Bodin,《共和国》(*République*),第 1 卷,第 1 章,第 8 节,页 179。关于博丹的主权理论,特别参看 O. Beaud,《国家的权力》(*La puissance de l'État*),Paris,1994,第一部分,页 53 及其后。也参看 S. Goyard – Fabre,《博丹共与和国法》(*Jean Bodin et le droit de la République*),Paris, 1989,页 86 及其后,以及 J. H. Franklin,《博丹与专制主义理论的诞生》(*Jean Bodin et la naissance de la théorie absolutiste*),Paris,1993。
② Bodin,《共和国》(*République*),第 1 卷,第 1 章,第 6 节,页 118 – 119。
③ 同上,页 131。
④ 同上,页 113。
⑤ 同上,页 141。

[154]自然法理论将使这个公民—臣民的新构想系统化,这一构想明显与人们所称的专制制度相适合。霍布斯的一部作品的题目就是"论公民"(De Cive);但是对他而言,这个术语只意味臣民:

> 每个公民,并且每个处于从属地位的公民,被称为握有主权的人的臣民。①

普芬道夫的双重契约理论为此公式赋予一种决定性的根基,这一理论即为:联合契约要求服从契约成为其不可或缺的补充部分,自此,公民从本质上说就成了臣民,并且其第一职责就是服从。

就本质而言,直至法国大革命公民与臣民之间的等同性一直被维持着。然而,启蒙运动者想弱化这种严格的等同性。在十八世纪的发展进程中,关于公民与资产者的讨论发生了转向,而这是由于第三个术语的闯入,即人,此术语的职责在于合并其他两个术语。紧接着产生了如下现象,即问题毋宁说被模糊化了,《百科全书》中狄德罗所编撰的"资产者"与"公民"这两个条目就为此模糊所害,更不必说"社会"与"市民社会"这两个条目(它们源自若古[Jaucourt]),它们显然被混淆了。资产者与公民之间的区分好像变得惊人的不稳定起来:

> 资产者是这样的人,其通常住所是城市;公民是一种资产者,人们在谈及社会的时候谈论公民,公民是社会的成员[……]住所以一个地方为前提;资产者以一个城市为前提;公民资格以一个社会为前提,每个个人都知晓社会事务并喜欢社

---

① Hobbes,《论公民》(De Cive),第5章,第11节。由于在"城市"与"城邦"之间引入了一种混淆,Sorbière 的翻译没有忠实于原文(GF,页145-146)。

会利益。①

诚然,狄德罗与霍布斯相对立,后者"在臣民与公民之间不做任何区分",并且狄德罗主张,"公民这个名称不适合被征服的人,也不适合被孤立的人"。② 但是他丝毫没有明确指出这两个概念如何区分,而满足于说"公民具有某些他永不放弃的权利"。③ 至于谈到资产者与公民之间的区别,这区别好像只是程度上的区别。

卢梭一定考虑到了这些屡见不鲜的含混,他在《社会契约论》中的一个注释中评论道:

> [155][城邦]这个词的真正含义在近代人那里几乎完全被忘却了;大多数人将一个城市看作一个城邦,将一个资产者看作一个公民。他们不知道,房子构成城市,但是公民构成城邦。④

此处卢梭考虑到狄德罗编撰的诸多条目,这一点为如下事实所证明,即他补充道,除了达朗贝尔(d'Alembert),"日内瓦"这一条目的作者,"没有其他法国作家[……]理解公民这一词的真正含义"。⑤ 然而,尽管卢梭参考博丹,但他用力摆脱后者,并且卢梭不满足于——无论他说了什么——重新构建关于公民的一种传统概念,"近代人"可能已不幸地与此传统概念相远离。事实上,根据《社会契约论》,公民的特殊资质并非单纯地是成为作为"坦诚臣

---

① 《百科全书》(*Encyclopédie*),条目"资产者"(Bourgeois),1777,第5卷,页391。
② 《百科全书》(*Encyclopédie*),条目"公民"(Citoyen),第8卷,页182。
③ 同上,页183。
④ Rousseau, *Contrat*,第1卷,第6章,*OC*,第3卷,页361。
⑤ 同上,页362。

民"的共和国一员:公民的特殊资质在于参与建构"最高权力"。①正如康德所言,公民本质上说是"合作的立法者",并非单纯地是"合作的臣民"②;他不是在量上与资产者相区别,而是借助特殊的政治资质与后者相区别,其参与主权的建构活动为他赋予这种特殊的政治资质。因此,卢梭虽然表面上恢复了一种古典观念,但他却着手一种根本性的创新活动:当博丹仅仅将城邦及公民概念与政治主权的近代环境并置处理时,卢梭使城邦及公民概念适应政治主权的近代环境。然而这一重新诠释促进资产者与公民之间的一种新关系的产生:此关系不再仅仅是上下等级式的,而且也是对立的。在《爱弥尔》中,资产者与公民显现为文明人的两个事实上相矛盾的种类,文明人本身是自然的人的非自然化的结果,这一非自然化为了成功,应该彻底。并且这一双重区别引起了关于现代性的万分悲观的诊断:

> 凡是想在文明秩序中把自然感情保持在第一位的人不知道自己在希求有什么。如果经常处在自相矛盾的境地,经常在其倾向与应尽的本分之间徘徊犹豫,那他永远既不能成为一个人,也不能成为一个公民,他对自己与别人都将一无好处。我们时代的人,今天的一个法国人、一个英国人及一个资产者,就是这样的人;他将成为一无可取的人。[……]公共机关已不再存在,也不可能存在下去,因为在祖国不再存在的地方就不会再有[156]公民。"祖国"与"公民"这两个词应从现代语言中抹去。③

相反,对于在这方面预示十九世纪自由主义看法的康德而言,

---

① Rousseau, *Contrat*, 第1卷, 第6章, *OC*, 第3卷, 页361。
② Kant, *Gemeinspruch*, 科学院版, 第8卷, 页292–294; *Théorie et pratique*, 页33–35。
③ Rousseau, *Emile*, *OC*, 第4卷, 页249–250。

真正重要的对立不再是公民与资产者之间的对立(即便他保留此区别),而是两种人的对立,一种是本义上的公民,他享有法律及经济上的独立性,另一种是受保护的同伴(Schutzgenosse)(根据西耶士的术语即被动公民),他只享受从属于人的身份的权利。人,作为人本身,拥有民事权及公共自由权:这是1789年《人权宣言》的根本主张;但是在两种人之间存在区分,一种是在政治上只是臣民的人,另一种是既是臣民又是公民的人,即合作的立法者。① 表面上看,我们在这里碰到了古代区分的一种单纯重复:比如,在雅典公民与居住在雅典的外国侨民之间的区别,或在罗马的公民(cives)、依附民(clientes)与异邦人(peregrini)之间的区分。但是,事实上,康德正处在区分市民社会与国家的道路上。在他眼中,重要的不是政治的不平等,而是民事平等,换言之,重要的是(私)法统一领域的建构以及源自这一建构的对政治权力的原则性的限制。这正是排除公共幸福原则的意义(此原则准确来说处在专制主权学说的中心):

> 公共福利[……]正是通过法律确保每个人自由的法律制度:在此情况下每个人被允许选用他认为的最好途径来寻觅其幸福,只要他不侵害普遍的合法的自由。②

---

① Kant, *Gemeinspruch*,科学院版,第8卷,页292–294(*Théorie et pratique*,页33–35);*Frieden*,科学院版,第8卷,页349–350(*Paix*,页91);*MdS. Rechtslehre*,第46节,科学院版,第6卷,页314(*MM R*,*Droit*,页129–130;*MM Ph I*,页196–197)。

② Kant, *Gemeinspruch*,科学院版,第8卷,页298;*Théorie et pratique*,页40。我们想到了Constant的话:"恳求权力机关保持在它的界限之内。恳求它满足于成为正义的权力机关,我们自己负责成为快乐的人。"(《论与现代人的自由相比较的古代人的自由》[*De la liberté des Anciens comparée à celle des Modernes*],载于《论现代人的自由》[*De la Liberté chez les Modernes*],Paris,1980,页513。)

第四章　公民反对资产者？对于"整体精神"的探寻　　193

康德区别政治公民身份的条件与法的社会秩序,此区别毫无争议地使他——在黑格尔之前——成为倡导法权国家(Rechtsstaat)的先驱之一。

如果说,在德国,最具洞察力的人——康德,费希特,雷伯格(Rehberg)——很快觉察到法国大革命意味着 Bürger① 概念的重新定义,那人们应注意到在通常的法律文献中[157]问题远非这么清楚。让我们举几个例子。② 在《纠正公众对法国革命的评论》一书中,费希特三次援引一部著作,在此著作中,康德在柯尼斯堡的同事施马尔兹(Theodor von Schmalz)致力于将公民身份的新概念重新载入双重契约的问题中,以便使公民也同样是臣民:"就联合契约的方面来说,我们可以将合作者(Mitgenossen)称为

---

① ［译按］作者在上文已指出,德语 Bürger 一词具有多义性,它既可意指原初意义上的资产者,即城市居民(Stadtbürger),也可意指政治共同体的成员,即公民(Staatsbürger)。由于这一术语在传统政治及法律的不同语境中,具有"城市居民""公民""臣民"等意思,所以在这篇"回顾"中,当作者使用德语 Bürger 一词时,有时并未提供相应的法语翻译,而是试图用语境来阐释这个词的意思。译者在翻译这篇"回顾"过程中,必要时也沿袭作者的这一做法。

② 我以下著作为根据:P. - L Weinacht,《国家公民:关于一个政治概念的历史与批判》(Staatsbürger. Zur Geschichte und Kritik eines politischen Begriffs),载于《国家》(Der Staat),第 8 期,1969,页 41 - 63;M. Riedel,《公民,国家公民,资产者》(Bürger, Staatsbürger, Bürgertum),GG,第 1 卷,页 672 - 725;M. Stolleis,《臣民—公民—国家公民:对于十八世纪后期的法学术语的评论》(Untertan - Bürger - Staatsbürger. Bemerkungen zur juristischen Terminologie im späten 18. Jahrhundert),载于 R. Vierhaus（主编）,《在启蒙时代的公民与公民性》(Bürger und Bürgerlichkeit im Zeitalter der Aufklärung),Heidelberg,1981,页 65 - 99;H. - P. Schneider,《十九世纪在城市与国家之间的公民》(Der Bürger zwischen Stadt und Staat im 19. Jahrhundert),载于《国家》(Der Staat),第八期副刊,1988,页 143 - 178。我非常感谢 H. Mohnhaupt 给我了这些文献指示。

公民；就服从契约的方面来说，我们称之为臣民。"①在同一时代中，海登赖希(Karl Heinrich Heydenreich)完全将公民与臣民等同起来。与马上就要被人接受的学说相对立，他拒绝将统治者(Oberherr)视为公民(Bürger)。事实上，"人们将公民理解为与统治者相对立的臣民(Untertan)。公民是臣民，因为他可以并且应该被他所允诺的服务约束"。② 在此涉及的不是诸多边缘的或完全落后的立场：在行将结束的十八世纪，海登赖希与施马尔兹位于最著名的自然法学家之列。他们将公民与臣民等同起来的做法与德意志帝国的现实完全相符；在"公民与臣民"这一表达方式中，"与"意味着"就是说"，此表达方式是那个时代行政及法律文件中的惯用说法。人们通常也混淆公民与资产者(bourgeois)，如下事实解释了这一混淆，即大多数非城市居民是农奴，或至少说不独立享有完全的权利(sui juris)。由此，人们经常不加区别地使用术语 Bürger(在它所包含的两个意义上来说的 Bürger③)与臣民(Untertan)。比如说，筛德芒特(Heinrich Gottfried Scheidemantel)宣称在公民与臣民之间存在"一个重要区别"：

> 存在着一些臣民，他们不是公民，比如仆役[……]相反，存在着一些公民，他们不是臣民，比如说君主。④

[158]此"重要区别"并不妨害如下事实，即正常来说人们可以是既是臣民又是公民！如果应该区分一般意义上的 Bürger 与特殊

---

① Schmalz,《自然国家法》(*Das natürliche Staatsrecht*),1804,第44节。也参看《纯自然法》(*Das reine Naturrecht*),1795,页131-177。

② Heydenreich,《自然国家法的基本特征》(*Grundzüge des natürlichen Staatsrechts*),1795,第一部分,页200。

③ [译按]即城市居民与公民。

④ Scheidemantel,《条顿国家法与采邑法索引》(*Repertorium des teutschen Staats- und Lehnsrechts*),条目"公民"(Bürger),第1册,1782,页440。

第四章　公民反对资产者？对于"整体精神"的探寻　　195

意义上的 Bürger,就是说,应该区分臣民—公民与"享有为城市所特有的好处的人",那么这一术语可以起到如下指称作用,即既指称"国家成员"或"首要臣民"(subditi primarii),又指称参与"城市经济及管理活动"的人。①

先前的作家们多多少少仍然忠诚于启蒙(Aufklärung)理想。如果人们将目光投向一些作家,比如墨泽(Johann Jacob Moser)或普特(Johann Stephan Pütter)(在这些编纂者那里,黑格尔汲取了《德国法制》所要处理的信息),人们会发现关于政治秩序及社会秩序的一种更为传统的构想。青年黑格尔带着同情提及诸多宪法专家(Staatsrechtler),其中最杰出的宪法专家便是墨泽,他的观点完全符合德意志帝国的过时组织。他首要关心的是帝国与诸多等级之间的关系,即与构成帝国的领地、公国、教会土地、自由城市等之间的关系。当他使用公民(Bürger)这一术语时,这是为了指称城市居民或他们中的一部分,但是这一术语意义模糊。墨泽不是说公民(civis)一词"在拉丁语里与臣民(subditus)同义",②因此在德语里应被翻成臣民(Untertan)吗?

让我们总结一下:当黑格尔开始其哲学生涯时,像"资产者"与"公民"这些词语的意义在德国法律语言中仍十分模糊。他理应通过如下方式清楚阐释近代现实的一个根本且崭新的方面,即为上述概念赋予一种准确的及部分而言闻所未闻的意义。我们通过比较两类著作展示此点,一类是伯尔尼及法兰克福时期的著作,另一类是耶拿、海德堡及柏林时期的著作。因为在这两类著

---

① Scheidemantel,《根据理性与最有教养民族的习俗而被考察的国家法》(Das Staatsrecht nach der Vernunft und den Sitten der vornehmsten Völker betrachtet),第3册,1773,页174、179 和页242-243。

② J. J. Mose,《新条顿国家法》(Neues teutsches Staatsrecht),第17册,1774,为 Zeller 重新出版,1967,页1-2;也参看页460-461。

作之间存在一种断裂,此断裂解释了黑格尔接下来对市民社会的发现。

从伯尔尼到法兰克福

伯尔尼与法兰克福时期(1794—1800)的黑格尔著作表达了对城邦(polis)的伦理及政治理想的强烈拥护(此理想是伦理的,因为它是政治的)。人们在罗森克朗茨(Rosenkranz)传下来的以"政治研究"(*Politische Studien*)与"历史研究"(*Historische Studien*)为标题的残篇中再次发现这种拥护,这种拥护在其中没有任何改变。①[159]这些文本详述了关于城邦及公民的一种看法,法国大革命显得已为这一看法赋予了一种现实性(至少根据法国大革命的最初进展来说,黑格尔很早就与如下极端化保持距离,即雅各宾派使1789年改革主义的方案极端化②)。对此,一部用法语写就的颂扬"自由的享用"③的残篇是一个例证,无论此残篇是为黑格尔自己所撰写,还是只是为其所誊抄。城邦(polis)伦理的特征在于将私人领域,此领域的活动(尤其经济实践活动)以及此活动所表现的"对[财产]

---

① 参看 Rosenkranz,《黑格尔生平》(*Vie de Hegel*),Paris,2004,页168 - 170、199 - 209。在这一传记作品的附录中为他所出版的文本与其他一些文本被收集在 Hoffmeister 编辑的 Dok 中,页 257 - 282,并且人们在常见的 Suhrkamp 版中可以找到这些文本,参看 W,第 1 卷,页 427 - 448。关于著作的推定年代问题,参看《关于黑格尔青年时期的著作年表》(Zur Chronologie von Hegels Jugendschriften),载于《黑格尔研究》(*Hegel - Studien*),第 2 期,1963,页 111 - 115。

② 于1794 年 12 月 24 日致谢林的信已经谴责了"小丑罗伯斯庇尔党徒的丑行"(*Corresp*,第 1 卷,页 18)。

③ Dok,页 276;Berne,页 23。

的关心",①全部纳入公共政治领域及源于此领域的价值之下;我们几乎可以谈及一种私人生活在公共生活中的消失。因为"在一个共和国中,人们正是为了一个理念而生活",②所有不促进这一理念(即自由理念,城邦理念)实现的东西,都是有害的并且应被摒弃。于是就有了在古代制度中旨在规劝公民不要太多依恋其财产的规定;事实上,"某些公民的过多财富甚至可以置最自由的制度形式于危险之中并摧毁自由本身"。③

在论基督宗教的实证性的作品完成不久,写于1796年5月到8月之间的一部残篇最有力地表达了这一共和国的理想。黑格尔提醒道,对于希腊公民或罗马公民而言,"其祖国的理念,其国家的理念是[……]世界的最后目的,或其世界的最后目的"。为此理念,他不仅仅牺牲其财产及生命;在此理念中,他拥有其存在,唯有借此"事物的最高秩序"他才拥有存在,并且"在此理念之前他的个体性消失了"。④ 城邦要求公民与黑格尔所称的"整体精神"毫无限制地同一起来(此处的整体精神与"团体精神"相对立):

> [160]但是当等级——统治等级、教士等级或两者——丧失质朴的精神时(此精神创建法律及秩序并至今仍在推动着它们),不仅此丧失不可弥补,而且对人民的压制、侮辱及人民的堕落成了不可避免的事。正是出于这个原因,所以当这些等级孤立起来时,此事实已表现出对自由构成的一种危险,因为一

---

① W,第1卷,页126;Positivité,页49。关于同一主题也参看 W,第1卷,页204-205(Berne,页98),页206(Berne,页100),页213-214(Berne,页106),尤其是页439(Francfort,页437-438)。
② W,第1卷,页207,注60;Berne,页80。
③ W,第1卷,页439;Francfort,页438。
④ W,第1卷,页205;Berne,页98。

种团体精神可能会由此诞生,它立即会去反对整体精神。①

这甚至将排斥所有个人信仰;唯有一种公民宗教,一种人民宗教(Volksreligion)才被证实为与国家的或城邦的伦理相容。对于共和国的公民而言,正如对于近代基督徒那样,"灵魂是不朽的";但是此灵魂,他的灵魂,正是共和国本身:

> 共和国[……]在共和国主义者死后还活着,在后者的思想中,共和国,他的灵魂,是某种永恒的东西。②

如果在死的前夜,小加图(Caton le Jeune)还沉浸在《斐多》的阅读中,那在一定程度上来说这是一种万不得已的办法,因为其真正灵魂,罗马共和国,已经死了。简言之,如果施米特能够说论自然法的文章提供了"关于资产者的第一个政治性的及论战性的定义",那么伯尔尼时期的文本完全否定他的存在,如果人们将资产者理解为这样"一种人,他拒绝离开其私人的,非政治的领域"。③ 即便涉及爱的诸多情感,④私人领域及私人价值的存在本身也会危害伦理整体性,此伦理整体性只有在完整的时候才存在。对于公民来说,这个大写的"我"一直是"我们",并且"在[人民的集会]前以及在其口中,这样的'我们'具有其整个真理"。⑤

政治整体性与公民习俗(ethos)的绝对化产生两个结果(这两个结果此外处于不同层面上),突出这两个结果是恰当的做法。第

---

① *W*,第1卷,页57;*Berne*,页44。

② *W*,第1卷,页206;*Berne*,页100。

③ C. Schmitt,《政治的概念》(*La notion de politique*),Paris,1972,页108。

④ 参看 Aristide 的拟人法,他在想象中遭遇到具有骑士风度的爱的语言,他为如下事实感到愤怒,即人们可以将"感情,行动与热情这些奢侈物"不献给城邦,而献给其他东西:*W*,第1卷,页437(*Francfort*,页436)。

⑤ *W*,第1卷,页433;*Francfort*,页431。

一个结果涉及用语。除了一个例子之外(此例子仍涉及一种表达,此表达完全由一种传统的法律语言构成,此表达即为"城市居民与农民"[Bürger und Bauern]①),Bürger 与 bürgerlich② 这两个术语的使用总是涉及一种政治秩序,一种在其传统词义上来说的市民社会(societas civilis),这尤其表现在如下表达中,即政治社会(bürgerliche Gesellschaft),③[161]公民—政治权(bürgerliche Rechte),④ 公民—政治法律(bürgerliche Gesetze),公民宪法(bürgerliche Verfassung)。因此公民国家(bürgerlicher Staat)⑤的公民(Staatsbürger)⑥本身拥有诸多公民—政治权(bürgerliche Rechte)。⑦⑧ 从这一视角来看,与公法相区分的民法或私法的观念是不可设想的。法的秩序是一种统一的秩序,并且它是政治性的秩序:"无论政治社会(bürgerliche Gesellschaft)⑨的起源及其主权者与立法者权利的起源是怎样,在其中,个人权利就其本性来说已然成为国家权利。"⑩诚然在那时,还远未建立起私法与公法之间清楚的

---

① W,第 1 卷,页 167;*Positivité*,页 84。
② [译按]bürgerlich 是德语名词 Bürger 的形容词。
③ [译注]对于此处出现的德语词 bürgerliche Gesellschaft,作者在下文中提供了法语翻译,即 la société politique[政治社会]。中译参考法译。
④ [译注]对于此处出现的德语词 bürgerliche Rechte,作者在下文中提供了法语翻译,即 droits civiques - politiques[公民—政治权]。中译参考法译。
⑤ [译注]此处德语词 bürgerlicher Staat 对应的法译为 État civique(公民国家)。中译参考法译。
⑥ [译注]此处德语词 Staatsbürger 对应的法译为 citoyen[公民]。中译参考法译。
⑦ W,第 1 卷,页 171;*Positivité*,页 8。
⑧ [译注]此处德语词 bürgerliche Rechte 对应的法译为 droits civiques - politiques(诸多公民—政治权)。中译参考法译。
⑨ [译注]此处德语词 bürgerliche Gesellschaft 对应的法译为 la sociétépolitique[政治社会]。中译参考法译。
⑩ W,第 1 卷,页 160;*Positivité*,页 78。

区分。但是伯尔尼或法兰克福时期的黑格尔著作完全排除此区分。虽然"民事法律涉及每个公民的人身安全及财产安全",①但是,它们没有建构一种自主的法律领域。这不仅是因为民事法律以国家的肯定性的承认为前提,每个人都接受这一点;这尤其还因为人类生活的私有化危害城邦的法(此处的私有化源于法律—民事领域的自主化)。不过黑格尔只是在如下重要的保留条件下强调这一原则,即意识自由的条件,意识自由,关于这一独一无二的权利,他说道,它是一种不可让渡的"人权"(Menschenrecht),并且他将此权利构建为一种"社会契约的根本条款"。② 就后一方面来说,刚刚读过莱辛(Lessing)、门德尔松(Mendelssohn)及《单纯理性限度内的宗教》的黑格尔(不管他愿意不愿意)与其说是一个希腊人或罗马人,还不如说是一位启蒙运动家(Aufklärer)。

第二个评论:城邦(polis)伦理意味着斥责"小团体",黑格尔用此称呼是为了与《社会契约论》相呼应,将"小团体"与"大的市民社会"对立起来。这些小团体,"部分的团体",其"私法"危害公共组织及公民精神。③ 伯尔尼时期论实证性的作品充分发展此主题,这一作品阐明基督教信仰变得纯然实证的了,就是说它僵化了,其原因是"教会从私人团体转变为国家"。④ 教会从一个教派(其规章及戒律只在内心领域[in foro interno]约束其成员)[162]转变为一种拥护教权的国家,一种教会国家(kirchlicher Staat),此国家首先与政治国家相对抗,最后,通过窃取后者的某些本质性权利而与后者相同一。因此教会以及与其联系在一起的国家忘记了如下这点,即

---

① W,第1卷,页149;*Positivité*,页69。
② W,第1卷,页170;*Positivité*,页87。
③ W,第1卷,页63和66;*Berne*,页49和51。比较以下著作,Rousseau,*Contrat*,第2卷,第3章,*OC*,第3卷,页371–372。"局部的联盟"的形成"有害于大的联盟"。
④ W,第1卷,页179;*Positivité*,页95。

第四章　公民反对资产者？对于"整体精神"的探寻

"关于信仰本身,确切来说不存在任何社会契约":①人们可以相信,人们可以愿意相信,但是人们不能受到契约约束而相信。此处不是在研究黑格尔为什么要为教会与国家之间的严格分离辩护(后来他认为不能实现此分离),也不是在分析这些考虑与人民宗教(Volksreligion)的理念之间的关系(人民宗教不是在国家中的一种宗教,而是国家的一种宗教)。这里要强调另外一个方面,因为它密切涉及本章主题:在论实证性的作品中,对于公民国家(bürgerlicher Staat)与教会国家(kirchlicher Staat)之间的关系的论证呈现一种结构,此结构与《德国法制》的分析所呈现的结构一致,《德国法制》的分析对象是如下两方面之间的关系,一方面是"在理念中的国家",②德意志帝国已成为此国家,另一方面是构成德意志帝国的部分性的小团体,这些小团体本质上就是诸领地公国。然而,1795—1796年的文本在这些团体(Gesellschaften)间并未建立法律上的区别(教会与国家同样都是团体),与此相对,1799—1802年的文本将帝国衰落——此衰落已处于其最古老的起源处——归因于私权与特权的表达方式对公共权利的侵蚀:

> 在如下事实中已存在一种自在自为的矛盾,即不仅所有权,而且与国家直接相关的事务应具有私法的形式。③

此外《德国法制》中公法与私法之间的毫无掩饰的区别使如下做法得以可能,即承认私法是一个重要的特殊领域,在其中其诸多原则绝对合法,《基督宗教的实证性》没有提及此点。在非国家的法律关系的存在中伯尔尼时期的文本觉察到伦理领域的一种解体因素。相反,《德国法制》虽然前所未有地强烈主张国家法(Sta-

---

① W,第1卷,页166;Positivité,页84。
② Constitution,W,第1卷,页507 – 508和596;Pol,页73和162。
③ Constitution,W,第1卷,页538;Pol,页103(翻译有改动)。

atsrecht)的特殊性及一个强大国家的政治必然性,但也清楚宣告在政治共同体中非政治的或非直接地是政治的维度的存在:

> [163]国家权力的中心,政府,应向公民自由托付如下东西,即对其目的([即]组织与维持权力),对其外在及内在安全来说不是必需的东西,并且对于政府而言,在此领域内保障及保护公民自由活动最为神圣,并且保障及保护公民自由活动可以毫不顾及实际利益;因为此自由就自身而言就是神圣的。①

因此,在强调公共领域与私人领域之间的区别的同时,此段落已使自由的英雄式构想相对化,尽管这不是其主要目的。自由的英雄式构想是伊波利特(Hyppolite)的措辞,此构想如果还浸透着论自然法的文章,那么随后它便让位给一种观念,按此观念,同一个个体,他同时是资产者与公民。从伯尔尼时期对教会国家的批判到耶拿时期对公共领域与私人领域的区分,在此发展过程中我们看到一种趋向于非政治化的法律及社会领域的存在正显露出来,《法哲学原理》将以完全清晰的方式构想这种存在。

在伯尔尼,黑格尔对诸多部分性团体的斥责与如下主题并行,即密切涉及后来的市民社会概念的主题,此主题事关等级(Stände)隔离对于城邦及公民精神而言的有害结果。事实上,在对古代民族风俗的纯朴性的惯常颂扬中黑格尔写道:

> 但是当等级——统治等级、教士等级或两者——丧失质朴的精神时(此精神创建法律及秩序并至今也在推动着它们),[……]对人民的压制、侮辱及人民的堕落于是就成了不可避免的事。正是出于这个原因,所以当这些等级孤立起来时,此事实已表现出对自由构成的一种危险,因为一种团体精神可能

---

① *Constitution*,*W*,第1卷,页482;*Pol*,页51。

会由此诞生,它立即会去反对整体精神[……][自那时起]整体就不再构成如下共同体(Gemeinde),即在其神坛前显现为整体、显示为全体一致的共同体。①

就其本身而言,此处的评论并不具有特别的原创性;它在重复一种传统观念,按此观念,政治平等是民主的基础,以民族的很高的同质性程度为前提,并且不能与极度不平等共存。社会地位的不平等对国家构成危险,在近代人中,卢梭有力表达了这一观念:

> 因此您愿意为国家提供一个坚实存在吗?请您尽可能拉近两个极端等级:请您既不容许有富豪存在,[164]也不容许有赤贫存在。这两个等级天然不可分离,它们对公共福祉来说都同样致命。②

尤其在民主国家中,需要"地位及财富上的平等,没有这些平等,在权利及权力方面的平等不能常存"。③ 因此在青年黑格尔的文本中,值得注意的东西因此不是其内容,而是作者后来采取与此分析相对立的分析,并将"团体精神"构建为主要手段,借此手段"整体精神"可以维系自身。《法哲学原理》发展出来的爱国主义或政治意向态度(politische Gesinnung)的构想有意识地与自由的英雄主义决裂,青年黑格尔称赞自由的英雄主义在1793年的战士——公民身上、在这些新希腊人身上的诞生。④ 在1795年,黑格尔的评价恰恰相反:

---

① W,第1卷,页57页;Berne,页44。相似的话载于 W,第1卷,页94(Berne,页75),相似的且与同业公会或行业协会(Zünfte)相关的话载于 W,第1卷,页150(Positivité,页70)。
② Rousseau, Contrat,第2卷,第11章,OC,第3卷,页392。
③ Rousseau, Contrat,第3卷,第4章,OC,第3卷,页405。
④ 参看后面第十一章。

> 与教会和国家联系的方式相似,同业公会与国家发生着联系,面对国家,同业公会具有其权利。它们在国家中也形成一种社会[……]依然在那里,国家放弃其公民的权利。①

如果人们阅读将"团体精神"与"整体精神"对立起来的1794年的残篇,并同时对照阅读1817—1818年的课程内容,对比将变得还要惊人;事实上黑格尔重新讨论诸多同样的主题,但是这一次是为了强调同业公会制度及此制度激发的主观意向态度的使命,此使命具有伦理性,它并非是直接政治性的使命:

> 借助特殊化普遍自由被产生出来,借此事实普遍的爱国主义形成了。普遍的爱国主义必须存在,但必须通过团体精神被产生出来。②

此处我们衡量出如下两方面之间的区别,一方面是关于伦理的纯然政治性的构想,它是青年黑格尔的构想,另一方面是关于区分化了的伦理整体的构想,如果此伦理整体的政治环节包含其他两个环节(家庭和市民社会)并使其相对化,那它真正是普遍性的及理性的环节,这只是因为其他两个环节都按自身的原则组织起来。对市民社会的重大发现位于伯尔尼的文本与成熟时期的文本之间,此发现意味着重新评估资产者形象。

[165]几乎没有什么法兰克福时期的作品在黑格尔学说的形成中起到决定性作用。与康德实践哲学的交锋,对基督教"命运"的重新反思,借助历史及经济学对近代现实的特征的发现,黑格尔还未思考所有这些东西的统一性,不过所有这些东西都促进了标尺的转换,耶拿时期的作品就带有此转换的踪迹。让我们审查一下这一

---

① *W*,第1卷,页150–151;*Positivité*,页70–71。
② *RPh* Pöggeler,第132节说明,页186;*LDN*,页215。

重要的转变是如何酝酿起来的。表面上看,当涉及资产者—公民关系问题时,法兰克福时期的作品与伯尔尼时期的作品之间只存在少许差别,或不存在差别。罗森克朗茨(Rosenkranz)传播的好些残篇——但是其中某些残篇事实上可追溯到伯尔尼的逗留时期——重申公民的希腊理想,并将其与现实的"资产者"精神及近代制度对立起来。论自然法的文章论述了"沉迷于产业活动的阶层(die erwerbende Klasse)",①此阶层的特有特征(即对经济及法的看重)再一次地与古代公民的政治习俗(ethos)对立起来。首先被控诉的是经济主义:

> 在近代国家中,财产安全是一个铰链,整个立法都围绕着它转,公民的大多数权利都与它相关。在古代不少的共和国中,严格的财产权(我们国家的骄傲)[……]为国家制度所损害。在斯巴达的制度中,财产及职业安全几乎不纳入考虑范围[……]如果人们只在贪婪中寻求如下渴望的来源,即法国无套裤派(sans-culottisme)的体系对财产最大平等的渴望,那么人们或许没有公正对待这个体系。②

因此,在撰写此残篇时,古代伦理—政治的理想在黑格尔眼里还保留其所有价值,并且他以谅解的方式描述了法国大革命为恢复此理想所做出的努力(其中包括以"恐怖的"形式做出的努力)。当人们知道黑格尔后来对"绝对自由"的罪行所下的评价时,上述谅解会让人感到吃惊。

经济主义的相关物,法律主义,同样也被苛刻评价。在阅读休谟的《英国史》期间黑格尔做了如下评论:

---

① *Naturrecht*, *W*,第2卷,页490;*DN*,页64。[译注]中译据德文译出。
② *W*,第1卷,页439;*Francfort*,页437–438。[译注]中译据德文译出。

他的历史[休谟的历史]的对象是一个近代国家,其内在情况不仅依法被规定(在古代人那里情况也是如此),而且它应该将其稳定性更多地归于法的形式,更少地归于在法的形式中的无意识的自由生活。[166]法律作为普遍性的意识,同时作为对立、特殊性的意识,很好地为不同等级分配了它们的位子,但是人们不再作为整体的人而行动,不再以使他们富有生气的理念为基础。①

法律的形式主义与经济的需要表现出双重异化,近代人屈从此双重异化,他是一个在《爱弥儿》意义上的资产者,他已变得不能直接并毫无保留地拥护"整体精神"。在他眼中,此整体不再是其存在或固有本质:它"在他身上实行一种统治"。② 按《体系残篇》的说法,近代民族的生活"支离破碎并被孤立起来",它已失去如下"最为完善的完满性",即"幸福的民族"③享有或毋宁说曾经享有的完满性。

然而,与古代公民理想的决裂已处在酝酿之中,不过黑格尔那时对此未必有绝对清楚的意识。上述的决裂历经了一条由三个部分组成的道路。自伯尔尼逗留时期起,黑格尔就开始阅读历史著作(休谟,吉本[Gibbon]……)并发现了孟德斯鸠。但是这些阅读,毫无疑问还包括那时着手的对德意志帝国史及其法律组织的研究,使黑格尔在法兰克福逗留期间得出了如下结论(此结论不久后便变成一种确信),即近代伦理—政治现实具有不可还原的独特性,因此不顾及此独特性的理想已不合时宜。从这一观点看,黑格尔对英国的兴趣——此兴趣不再中断——起到一种决定性作用:他读休谟的历

---

① *W*,第1卷,页446;*Francfort*,页441(翻译有改动)。
② *W*,第1卷,页433;*Francfort*,页431。
③ *W*,第1卷,页426;*Francfort*,页376。

史著作,他跟踪议会争论,最后他一定思索了孟德斯鸠论英国宪法的那一著名章节。然而,对历史特殊性,甚至对细节的关心,对诸多一般原则实现的现实条件的注意,简言之,就是后来人们所称的黑格尔的"现实主义",它体现在两方面,一方面是对《卡特密信》的评注性翻译,另一方面是从1798年论符腾堡政治处境的讽刺小册子那里遗留下来的东西。

这两个文本中的第一个文本包含如下评价(此评价几乎与上面提及的残篇的观点相背离),即黑格尔指出"财产安全"在许多方面为皮特(Pitt)的政治所损害,"个人自由""由于根本法的中止"而受到限制,并且公民权(staatsbürgerliche Recht)①[167]"在实定法的影响下"受到限制,②黑格尔悲叹这些事实。罗森茨威格(Rosenzweig)说"革命性的及创造未来的意志"还未从1798年的诸多作品中消失,并且黑格尔此刻还没有为"理解存在的东西"献身③,因此在某种意义上说他的任务不是为存在的东西作辩护。然而,某些文本摘录,正如刚刚被援引的那个摘录,几乎不能与如下谴责相协调,即谴责资产者的财产伦理,也不能与如下拒绝相协调,即拒绝为个人自由赋予一种绝对价值。

至于论符腾堡政治形势的著作,在其中黑格尔显示了对事关原则的决策可能具有的具体且直接的结果的关心,此关心无可争议地预示了如下作品中的清醒的现实主义,即《德国法制》、1817年的《评1815年和1816年符腾堡王国邦等级议会的讨论》及《论英国改革法案》。诚然,黑格尔不无夸张地呼吁个人与社会团体"将自身

---

① [译注]此处德语词 staatsbürgerliche Recht 对应的法译为 droits civiques[公民权]。中译参考法译。
② *W*,第1卷,页 257–258;*Francfort*,页 150–151。
③ 参看 Rosenzweig,《黑格尔与国家》(*Hegel et l'État*),Paris,1991,页 60。

提升至处在[他们的]小利益之外的正义的层面上"。① 但是,显示为构成文本主方向的东西,即政治选举代表制的需要,是与"资产者等级(Stand)"②的整个近代存在相关联的,如果人们相信《德国法制》的观点的话。然而,这一要求并非被毫无限制地提出:无疑它符合正义,但在政治方面它只能在某些条件下(首要条件是公共精神[Gemeingeist]的存在,一种真正的统一的政治文化的存在)才有效,没有这些条件,此要求尽管是正义的,但被证实为有害。因此,霍夫迈斯特(Hoffmeister)正确地强调了如下这点,即在卡特密信的翻译中,"黑格尔的老师不是卢梭,而是孟德斯鸠"。③ 无可争议,黑格尔已做出选择,此选择最终意味着谴责一些他目前还赞同的抽象理想。在对符腾堡人民致辞的开头,他写道:

> 更美好的及更正义的时代图像已在人的灵魂中诞生,一种向往,一种对更为纯洁、更为自由的状况的渴望推动着所有心灵,并使其与现实分开。④

[168]此评论涉及一种态度,此态度在当时就是他的某些同胞的态度。但是,黑格尔似乎也在驳斥——甚至在其信中——伯尔尼的某个残篇,此残篇揭露如下撤回所具有的堕落结果,即"缺乏公民品质的"人民向私人领域的撤回。此残篇事实上主张:

> 只有最腐朽的民族才能将如下顺从设立为准则,即对卑鄙之徒的蠢蠢冲动的盲目顺从。只有时间以及对一个更好的状

---

① W,第1卷,页270;Francfort,页168。
② Constitution,W,第1卷,页536;Pol,页101(翻译有改动):"代表制与封建制度的本质非常紧密地联系在一起,资产者等级的形成完善了封建制度。"
③ Dok,页464。
④ W,第1卷,页268-269;Francfort,页167。

况的完全遗忘才能使人民达到这个地步。①

在这种——并非事先考虑好的——自我批判中,难道人们不能看出如下事实的迹象吗? 即与时代、与具体历史的现实性的和解正处于实现的阶段中。

我终于来到此和解所要经历的第二段路。如人们所知,正是在法兰克福才有了对政治经济学的发现,此发现对于市民社会概念的制订至关重要,对于这一新兴学科,黑格尔稍后说,它是"诸多诞生于最近时代并以最近时代为其土壤的科学中的一门科学"。② 康德在柯尼斯堡的同事佳伏(Garve)翻译了斯图亚特(J. Steuart)的《政治经济学原理研究》(Inquiry into the Principles of political Oeconomy)(1767),通过罗森克朗茨(Rosenkranz),我们知道,"自1799年2月19日到5月16日"——因此,在法兰克福——黑格尔在撰写关于此德文译本的一篇以注疏为形式的评论;③但是这部在黑格尔经济学思想的形成中起决定作用的著作遗失了。与经典作家如斯密,李嘉图的学说相比(此学说后来占统治地位),黑格尔经济学思想的某些特征被认为是落后的。无论怎么说,这些特征可以从斯图亚特这位作家在黑格尔身上所施加的长期影响中得以解释,关于这位作家,马克思强调说他为"货币体系及商业体系提供一种理性表达",并与斯密相区别,"他十分关心资本的生成过程",因此,关心它的历史。④ 黑格尔对斯图亚特的研究是在耶拿被详述出来的某些主题的发源地。对于奢侈品贸易可能具有的有益效果的评论,被《伦理体系》接着又被1805年的《精神哲学》所详述的等级学说

---

① *W*,第1卷,页100;*Berne*,页68。
② *RPh*,第189节附释,*W*,第7卷,页346;*PPD*,页285。
③ Rosenkranz,《黑格尔生平》(*Vie de Hegel*), Paris,2004,页201。
④ Marx,《剩余价值理论》(*Théories sur la plus-value*),Paris,1974,第1卷,页30。

(Stände),与斯图亚特的立法者形象可能不无关系的事务管理人的形象(Geschäftsmann),①以及对国家与需要体系之间的关系的一般构想,[169]所有这些主题都展现了黑格尔对斯图亚特的阅读所具有的持续影响。但是这还不是全部:无疑,正是在斯图亚特(当然也在斯密)那里黑格尔第一次遇到一种观念,按此观念,共同福祉——至少如果人们将其还原为黑格尔后来所称的形式普遍性——源自诸多利己主义目的的相互作用;利益不需要被社会参与者有意识地追求,它甚至排斥所有协作一致的企图。在黑格尔使用的斯图亚特的翻译著作的第二卷开头,出现了如下评论:

> 如果说不是私人利益,而是对祖国的热爱应成为组织有序的国家成员的行动动力,那么所有东西都可能被腐化了。在被统治者那里,爱国主义是不必要的东西,而在管理国家的政治家那里,爱国主义应显现威力。②

无疑,这里涉及自斯威夫特(Swift)与曼德维尔(Mandeville)起就已在盎格鲁—萨克森思想中变得几乎是老生常谈的一个主题,根据曼德维尔的《蜂蜜的寓言》的副标题的说法,这个主题即为"私恶,公善"。无论怎么说,青年黑格尔借助斯图亚特接触了此主题。直接与公民的古代习俗(ethos)相矛盾,对于斯图亚特的评注肯定促进了后来对资产者形象的重新评估,并促使将市民社会——诚然在其相对的权利中——升格到伦理整体的必要的构成要素之列(此

---

① 参看 GW,第8卷,页273;Esprit 2,页105。
② J. Steuart,《国家科学原理研究》(Untersuchungen über die Grundsätze von der Staatswissenschaft),第2册,页4,Hoffmeister 强调这一段对将来的伦理学说的重要性。但是如下观点过于简化问题,即黑格尔通过"断言国家对经济的统治",他后来反对这些"资本主义的原则"(Dok,页467):即便在柏林时期的著作中,国家也不具有统治"需要的体系"的职责。

处的伦理整体不可能再直接地并专有地是政治性的)。总之,如下这点可能属实,即在认识到这种学说时(这种学说与依然是他的伦理及政治理想的东西相对抗),黑格尔起初是反抗它的。以阅读休谟为基础,黑格尔撰写了一篇无疑是法兰克福时期的残篇,此残篇为这种可能的对抗提供了一幅写照。斯图亚特诉诸一种图景,按此图景,个体是经济机器的一个齿轮,与此相对,黑格尔悲叹地说在历史事实的参与者中,"大部分人只是以机器齿轮的形式呈现自身"。①

最后有一点值得提及。当黑格尔最终意识到近代世界不能还原为崇高整体的典范时,为什么资产者与公民之间的和解不立即介入?[170]其中原因可能是,对他而言,仍然缺乏一些思辨手段,以使他能够在伦理的家庭环节、社会环节与政治环节相互区别的维度中思考伦理同一性。但是无论怎么说,正是在法兰克福这些手段被发现了。但是此发现完成于反思基督教命运的背景中,此背景还不允许黑格尔将这些手段应用到资产者正面形象的出现的问题之上。正是为此,黑格尔在阅读斯图亚特并开始关心政治生活的现实形式的同时(或者说几乎同时),他制订了一些概念(反抗康德学说,那时他希求这些概念是非概念性的,"难以理解的"),这些概念在耶拿时将引出关于一种思辨的也是辩证的理性的明晰计划。毫无疑问,《体系残篇》(Systemfragment)的断言即"生命是联系与非联系之间的联系"②标示了一个时刻,在此时刻,黑格尔知道他的哲学真正诞生了。上述断言使黑格尔投身于一条道路,黑格尔在那时还猜想不出这条道路将引他走向何方。无论如何,在他逗留于耶拿期间,

---

① W,第1卷,页446;Francfort,页442。也参看《最古老的德国观念论的体系纲领》(Plus ancien programme systématique de l'idéalisme allemand),W,第1卷,页234-235。

② W,第1卷,页422;Francfort,页372。

正是沿着这条道路,他最终再次思考了如下构想,即在伦理—政治的领域他直到那时还支持的构想。

从耶拿到柏林

资产者与公民之间的对立在耶拿时期的著作中出现。这种对立在 1805 年的《精神哲学》中第一次以一种明晰的方式出现。不过这种对立曾在论自然法的文章以及在《伦理体系》中隐约出现。与之相反,它在此前的任何一部著作中都没出现,即便以多重的方式被预示。其原因很清楚:这种区分只有在如下情况下才能获得一种切要性,即放弃希腊崇高整体的伦理理想,或至少将它相对化(希腊崇高整体的伦理理想处于伯尔尼及法兰克福时期著作的核心地位)。黑格尔在卢梭那里,然后是在康德那里发现了这一区分,在黑格尔那里这一区分的重新论述——正如人们将要看到的那样——与对如下存在的承认紧密相连,即伦理的非政治形式的存在或非直接是政治形式的存在,此存在对应于自 1817 年起被称作是市民社会(bürgerliche Gesellschaft)的东西。

在耶拿著作中,公民与资产者之间的区别具有一个关键内容,并且后来它保留了这一内容,不过是在一种缓和的形式下,此内容即为,[171]与卢梭的观点一致,黑格尔强调如下近代还原现象所具有的危险,即将个人仅仅还原为法律上的人与经济参与者的角色。私人领域自给自足并且私人领域优越于政治,这些信念支配资产者的观点。论自然法的文章以论战的方式发展此批判。此文章将"自由人的状态"与"非自由人的状态"对立起来,这事实上是在考量如下两方面的差别:一方面是"普遍的生活",①即公民在城邦共同体中的生活(le politeuein,le "citoyenner"②);另一方面是"普遍的私人生活",③它屈从于"在资产者意义上来说的 Bürger"的"政治无能"。④ 为了支持此论战性的描绘,黑格尔援引了吉本(Gibbon)的一段话;但是人们可以追问,黑格尔是否尤其忘却了已被提及的《爱弥儿》的一段话,在这段话中,卢梭恰好说到资产者一无是处。

在耶拿时期的其他著作中,言辞的论战性语调更少了,不过没有消失。《伦理体系》为资产者赋予如下定义,即由于"陷入于所有权及特殊性之中"⑤,资产者"既不能够拥有德性也不能够拥有无畏精神";⑥劳作与赚钱之人力图撇开普遍物,因为他只认识并只承认普遍物的抽象形式,即钱。然而黑格尔在此文本中所设计的社会等级与伦理意向态度学说使人可以瞥见一种新的方向。事实上,自主在伦理整体的不同层面上被承认(诚然这些层面按上下等级编排),它借助在伦理整体中展开的差别丰富了伦理整体:

> 在伦理生活的绝对实在的整体中,伦理生活的三个形式应该同样也是实在的。每个形式应为其自身组织起来,成为一个个体并得到一种形态,因为它们的混合是自然伦理的东西的形式的缺乏,智慧的缺乏。⑦

我们看到,对资产者(完全有限的)权利的承认与对伦理的

---

① *Naturrecht*,*W*,第 2 卷,页 489;*DN*,页 63。
② 这一翻译的提议要归功于 B. Cassin。
③ *Naturrecht*,*W*,第 2 卷,页 492;*DN*,页 66。
④ *Naturrecht*,*W*,第 2 卷,页 494;*DN*,页 68。
⑤ *SS*,*GW*,第 5 卷,页 336;*Vie éthique*,页 173。
⑥ *SS*,*GW*,第 5 卷,页 338;*Vie éthique*,页 174。
⑦ *SS*,*GW*,第 5 卷,页 333;*Vie éthique*,页 169。

一种自然主义看法的质疑携手并进,对伦理的自然主义看法就很大程度上而言与先前的崇高整体的范式相对应。

[172]1805年的《精神哲学》也在如下两方面之间维持一种严格的上下等级关系:一方面是普遍等级、公共等级,此等级为国家管理及战争方面的服务献身;另一方面是农民等级、商人等级及资产者等级,这些等级埋头于货物生产,分配与消费的次要任务之中。但是在这部著作中同时也产生了一种转向,多亏此转向后来的市民社会学说的意义就其本质来说被预示了。① 事实上,这部著作断言,公民这一术语与资产者这一术语指涉的态度及客观实践对应近代现实的不同方面,不过这些方面相互联系。公民态度无疑与资产者态度相对立;但是此对立是内在于近代人的一种分裂——近代人被诸多矛盾的"职业"分割(此处的"职业"是在德语词 Beruf② 所具有的复杂的意义上来讲的职业)——并且不再是柏拉图式的一种"劳动分工":

> 同一[个体]关心自身及其家庭,他工作、签订契约等等,同样他也为普遍物工作,将后者作为目的;按照第一个方面来说,他叫资产者;按照第二个方面来说,他叫公民。③

就在黑格尔给出这一明确表述时,他将其与《德国法制》的诸多分析联系起来:"市侩(Spießbürger)与帝国公民同样都是形式上的资产者。"在一个理念国家中,没有国家,没有市民社会,没有资产者,也没有公民。此处存在一种以断裂的形式出现的意识,这肯定

---

① 参看前面第二部分引言:"社会考古学"。
② [译按]德语词 Beruf 具有职业、行业的意思,也有天职、使命的意思。
③ *GW*,第8卷,页261页;*Esprit* 2,页92。

应大量归功于黑格尔的经济学著作的阅读。① 在上面我已论及斯图亚特对黑格尔的影响。至于斯密,耶拿时期的手稿显示《国富论》的阅读以一种决定性的方式促进了黑格尔的劳动分析的形成,因此促进对"理性的狡计"及"承认"的分析的形成。② 经济知识的占有导致的结果是,城邦(polis)理想与[173]公民伦理不能被移植,正如不能被移植到近代性的环境中。更好的表达就是:近代性拥有更优越的伦理资源。诚然,1805 年的手稿还提到"希腊崇高的与幸福的自由,它曾被羡慕着并现在仍然被如此羡慕着"。③ 但是这种将个人与伦理实体直接同一起来的做法已显得太为单纯,太为抽象。借助主观道德的裁决机构的出现,同时借助非政治的或非直接是政治的社会领域的建构,近代世界允许主观性将自身表现为自主的伦理形象:"借此原则,个人——在其直接定在中的个人——的外在的、现实的自由丧失了,但是他获得其内在自由,思想自由。"④ 黑格尔将不再改变这一判断,此判断宣布"对于希腊的怀旧"已经

---

① 为了查看黑格尔对政治经济学的"接受"的准确分析,更为宽泛地讲黑格尔对苏格兰启蒙者的"接受"的准确分析,人们要参照 N. Waszek 的诸多作品:《苏格兰启蒙运动与黑格尔关于"市民社会"的记述》(*The Scottish Enlightment and Hegel's Account of 'Civil Society'*),Dordrecht,1988,特别是页 60 – 65 和页 112 – 134,以及《黑格尔的市民社会学说与苏格兰启蒙的政治经济学》(Hegels Lehre von der bürgerlichen Gesellschaft und die politische ökonomie der schottischen Aufklärung),载于《辩证法》(*Dialektik*),1995,第 3 期,页 35 – 50。我们同样提及 Manfred Riedel 的诸多经典文章:《国民经济学的接受》(Die Rezeption der Nationalökonomie),载于 Riedel,《在传统与革命之间》(*Zwischen Tradition und Revolution*),Stuttgart,1982,页 116 – 138,以及《黑格尔的市民社会概念及其历史起源问题》(Hegels Begriff der bürgerlichen Gesellschaft und das Problem seines geschichtlichen Ursprungs),出处同上,页 139 – 169。

② 参看 *Esprit* 1,页 103 – 105;*Esprit* 2,页 53 – 54。

③ *GW*,第 8 卷,页 262;*Esprit* 2,页 93。

④ *GW*,第 8 卷,页 263 – 264;*Esprit* 2,页 95。比较以下著作,*RPh*,第 124 节附释,*W*,第 7 卷,页 233;*PPD*,页 221。

过时,也就是说,城邦(polis)伦理已经过时。

正是在海德堡及柏林,通过给予市民社会学说最后的形式,黑格尔完结了对资产者—公民关系的反思。在黑格尔专有意义上来说的市民社会(bürgerliche Gesellschaft)这一名称于1817—1818年在海德堡论《自然法与国家科学》的讲义中出现。在这里,在定义市民社会时,黑格尔说"国家成员是资产者,不是公民",①这就是说:在(可能)为普遍物的政治服务献身之前,他们是法律上的人及经济参与者(他们试图满足其利己的目的),并为需求链条所束缚。《法哲学原理》与《哲学科学百科全书》将市民社会描述为"外在的国家"。②这一规定强调了两个对立的方面,或毋宁说是相互补充的两个方面。从一个方面来说——这是主要方面——市民社会是或只是"需要与知性的国家"。③ 黑格尔在此利用了费希特的需要国家(Notstaat)的主题,但是并非用来指称本义上的国家,而是指称市民社会:因为市民社会是公民政治联合的外在反映或"现象",所以应将其定义为需要国家。建立在需要体系的机械运行之上,这一需要国家为必然性所摆布,正是这一点将需要国家与本义上的(政治的)国家绝对区别开来。如果普遍物在需要国家中[174]存在,那它只以如下外在形式存在,即无意识的、抽象的经济调节以及私法的形式性的措辞。此外,诸多特殊目的的竞争还暗示每个人反对每个人的战争(尽管它发生在很久以前):市民社会"[在它之中]保留自然状态的残余"。④ 这

---

① *RPh* Pöggeler,第89节,页112;*LDN*,页151。参看 *RPh* Pöggeler,第72节,页89;*LDN*,页129。

② *RPh*,第157和183节,*W*,第7卷,页306和340;*PPD*,页259和280。参看 *Encycl 3*,第523和534节,页303和310。

③ *RPh*,第183节,*W*,第7卷,页340;*PPD*,页280。

④ *RPh*,第200节附释,*W*,第7卷,页354;*PPD*,页292。仅仅是残余:市民社会——在这个方面,马克思与黑格尔分道扬镳——不是一个自然状态,恰恰是因为它不被还原为这样一种环节,这种环节即为在市民社会中的需求体系。

解释了如下这点，即因为国家按客观自由原则及具体普遍性的原则被有意识地编排，并且因为它有自己的政治任务，所以它应严格地与抽象领域（即市民社会）相区别。因此黑格尔不断谴责易于"混淆国家与市民社会"的自由主义倾向。谁将国家目的设定为"保护财产与人身自由"，谁就不知道国家的真正使命（即确保"联合本身"）[1]并将公民降低到资产者之列。

但是，从另一方面来说，市民社会是国家的外部世界，它的他者，它的中介。伦理整体的外在于自身的存在是一个否定性的机构，借助它，伦理整体赢得其政治性的在自身中的存在。因此，对普遍物的积极拥护，公民对国家制度的表面上的直接信任，这些都不是通过压制资产者（"这些以自身利益为目的的私人"[2]）的利己主义的方式而获得，而毋宁说是通过依靠利益主义而获得。因为自由，正如《逻辑学》所确立的那样，它不是必然性的反面，它的抽象的他者，而是它的真理，就是说，自由就结构方面而言将必然性囊括在自身之内，作为自身的否定性环节。在完善了的黑格尔学说中，资产者与公民，正如社会与国家，既相互同一又相互区别。卢梭在他们那里看到了两个对立的形象。相反，黑格尔最后达成如下观点，即通过将个体还原为经济人（home oeconomicus）的抽象属性，近代市民社会首次为人的理念赋予一种有着具体意义的内容。因为资产者是人本身，我们所理解的一般人，抽象的人，他从事抽象劳动，并且就在此抽象中他被赋予一种特殊存在。[3] 至于公民，他是

---

[1] *RPh*，第 258 节附释，*W*，第 7 卷，页 399；*PPD*，页 334。

[2] *RPh*，第 187 节，*W*，第 7 卷，页 343；*PPD*，页 282。

[3] 参看 *RPh*，第 190 节附释，*W*，第 7 卷，页 348；*PPD*，页 287。关于此方面参看 M. Riedel，《公民，国家公民，资产者》（Bürger, Staatsbürger, Bürgertum），载于 *GG*，第 1 卷，页 706-709，以及 B. Bourgeois，《黑格尔的人》（L'homme hégélien），载于《黑格尔研究》（Études hégéliennes），Paris，1992，页 181-205。

真正的、被确证了的人,他具体表达了他的现实普遍性。[175]现代性为资产者的抽象存在赋予现实性,关于公民的引人注目的古代理念没有此现实性将停留为一种抽象观念。

黑格尔不再满足于将如下两方面对立起来,一方面指涉古代的公民伦理,另一方面是伦理的否定,扎根于特殊性中就意味着这种否定。自这种不满足发生起,黑格尔碰到了一种困难,此困难在于建立中介,这些中介可以促进思考现实与诸多相互矛盾的态度之间的必然连接。法兰克福时期对基督教的反思以及这一反思为自己提供的"非概念性的"工具——生命、爱、命运——是关于这一后来的任务的第一个理论草样,因为它致力于思考同一与非同一之间的同一性。自法兰克福时期起,黑格尔遇到了"团体精神"与"整体精神"如何联系的困难问题,他在法兰克福、然后在耶拿密集反思伦理—政治问题,此反思促使他制定出对此问题的核心解决方案,不过此难题只有借助《逻辑学》的大量工作才找到其哲学上的出路。为了充分考量政治及其近代限制,黑格尔需要一种思辨哲学,甚至是一种形而上学的所有资源。但这并不意味着人们只有在形而上学的条件下才能利用他的社会政治观点。

第五章　法权状态：市民社会

　　[177]在德国观念论中，尤其在黑格尔那里，探寻十九世纪前半叶自由主义法学家所提出的法权国家问题的前提，这可能看起来令人惊讶。事实上，如果法权国家(Rechtsstaat)是对警察国家(Polizeistaat)、专制主义警察国家的一种论战式的回应，并且不同于历史学家特莱奇克(Treitschke)所称颂的强权国家(Machtstaat)，①那么就存在很多好的理由将黑格尔列入法权国家的反对者的行列：黑格尔的体系难道不是"普鲁士复辟精神的科学住所吗"？② 此外，更确切来说应在盎格鲁—萨克森宪政主义(洛克、柏克)或在法国宪政主义(孟德斯鸠)那里寻找这一典型的德国学说(即法权国家的理论)的根源。然而，康德及后康德主义者已经锻造理智的工具，法权国家的理论家将这些工具转化为法律及政治的要求。国家与市民社会的区分就属这种情况。但我们也能想到一整套主题，它们无疑是从英国及法国思想那里继承而来，不过在这些主题之上德国哲学家们的思辨创造性得到了运用，这

---

　　①　"国家的本质首先是权力，第二是权力，第三还是权力。"(H. von Treitschke，《联邦制国家与统一国家》[Bundesstaat und Einheitsstaat]，载于《历史与政治著作集》[Historische und politische Aufsätze]，第二册，Leipzig，1886，页152。)就此方面，参看 C. Colliot-Thélène，《强权国家理论的起源》(Les origines de la théorie du Machtstaat)，载于《哲学》(Philosophie)，第20册(1988)，页24-47。

　　②　Haym，《黑格尔及其时代》(Hegel und seine Zeit)，Berlin，1857(重版，Hildesheim，Olms，1962)，页359。

些主题即为:人权,权力分立,政治代表制,合宪性的控制……在[178]此领域中,德国古典哲学为法权国家学说提供根据。因此,"[……]从德国观念论出发询问宪政主义的意义"这一做法是切要的。① 在本章中,我将为一个不费解的论题做辩护:黑格尔可以被视为法权国家理论的精神先驱,如果法权国家理论不是一种国家理论,而是对如下方式的看法的话,即:在其实践及制度安排中,国家应当采取的顾及新兴的社会自主现象的方式。但黑格尔也是第一个批判此学说理论根据的人,这一批判甚至发生在此学说得到其经典表述之前。

从康德的"共和国"到自由主义的法权国家

在法语词汇中,法权国家(État de droit)概念具有一种模糊的、甚至是矛盾的意义。② état 这一词的模糊性使得它事实上既可表示政治制度、国家(德语是 der Staat),也可表示某物或某人的处境,即其"地位"(德语是 der Zustand,拉丁语是 status);由此产生了一种令人不太满意但又不可避免的解决办法,即将这个词的首字母大写。因此,法权国家(État de droit)与法权状态(l'état de droit)不是一回

---

① O. Jouanjan,《法权国家,政府及代表制的形式,从康德的一个段落出发》(État de droit. forme de gouvernement et représentation. A partir d'un passage de Kant),载于《斯特拉斯堡法学院年鉴》(Annales de la Faculté de Droit de Strasbourg),第 2 期(1998),页 280。此外参看 O. Jouanjan(主编),《法权国家的形态》(Figures de l'État de droit),PUStrasbourg,2001;汇集在此著作中的文章对本章写作有助益。

② 参看 M. Troper,《法权国家的概念》(Le concept d'État de droit),载于 Troper,《法的理论,法,国家》(La théorie du droit, le droit, l'État),Paris,2001,页 267 – 281。

事……"法权状态"表示"法律"统治;它与暴力统治及混乱的自然状态的表象相矛盾。就严格的法理方面来说,"法权国家"是这样一种国家,其活动被明示的规范所确定及限定;就本质而言,这些明示的规范包括两个部分,第一个部分是基本权利,它们以"人权"形态或以受宪法保护的公共自由权的形态出现,第二部分即为诸多权力的符合立宪政体的组织安排,此组织安排包含权力的分离。因此,法权状态与法权国家是不同的概念。法权状态的概念表示按照法来编排组织政治共同体,至于涉及这一法的内容、外延领域、形式特征及现实性原则,则没有什么明确的东西被提出来。极端来看,所有的人类群体都可被视为一种法权状态,如果人类群体遵循规则——即便这些规则不是明示的——并具备一种机构,此机构如有必要可约束人们遵守规则:[179]此外,凭借约束机构的存在,法不同于单纯约定。[1] 法权状态是一种法权共同体(Rechtsgenossenschaft),一种按形式法律规则或习俗规则组织起来的共同体:因为政治约束也迫使人承担义务,所以根本上来说,上述概念就是政治约束的表达本身,它意味着对一个公共世界的共同归属,此公共世界为法(nomos)所建构。

  法权国家的概念更具专业性:首先它意味着国家应使其行为受到合法性原则的检验。与专制国家相反,法权国家的权力被一整套形式化的原则所构建及限定。这对应这样一种类型的国家,人们愿意称此类型的国家为自由主义国家、民主制国家或资产阶级国家。自十八世纪末以来,这种类型的国家在美国、法国以及其他欧洲地方建立起来。尽管法权国家已成为一个一般概念,但是,比起其他地方,这个概念在德国传统中包含更丰富的内容:此概念"是一种德

---

[1] 参看 M. Weber,《经济与社会》(*Economie et société*),Paris,1971,页 34 和 58–59。

语的词汇形式,在其他民族语言中没有对等物"。① 因此,应明确指出自十九世纪以来德国公法所理解的法权国家(Rechtsstaat)是什么。此概念的历史解释其意义。令人惊奇的是,此概念的最初使用人之一是穆勒(Adam Müller),他是与浪漫主义思潮相联系的保守政治思想家,在柏林宫廷讲授的课程中,他颂扬"真正的有机的法权国家"。② 但是,无可争辩的是,在1815年之后——此时,德国进入一段复辟时期——正是南部德国的宪政主义的先锋们将此表达推广开来,并将此表达构建为一种口号,此口号联合了诸多自由主义的要求。1834年以来,洛特克(Rotteck)与威尔克(Welcker)的《国家—专业词典》(Staats‑Lexikon)的很多版本相继问世,此书将法权国家概念引入公共领域范围,并将一些原则推广开来,这些"原则真正符合关于国家的合理观念,[180]换言之,符合

---

① K. Stern,《法权国家》(Der Rechtsstaat),科隆大学演讲45(Kölner Universitätsreden 45),1971,页3。关于此问题,存在大量文献。在法语文献中,我们尤其要提及如下作品:E. ‑ W. Böckenförde,《法权国家概念的诞生及发展》(Naissance et développement de la notion d'État de droit),载于《法,国家与民主宪法》(Le droit, l'État et la constitution démocratique),Bruxelles ‑ Paris, 2000,页127‑147;O. Jouanjan,《导论》(Présentation),载于《法权国家的形态》(Figures de l'État de droit),页7‑52;H. Mohnhaupt,《德国的法权国家:历史,概念,功能》(L'État de droit en Allemagne. Histoire, notion, fonction),载于《法律及政治哲学的册子》(Cahiers de philosophie juridique et politique),第24期(1993),页69及其后。在德语文献中,除了后面要引用的文章外,还存在许多概括性的作品:E. ‑ W. Böckenförde,词条《法权国家》(Rechtsstaat),载于《哲学历史词典》(Historisches Wörterbuch der Philosophie),第8卷,第332个专栏以及其后。K. Sobota,《法权国家原则》(Das Prinzip Rechtsstaat),Tübingen,1997;M. Stolleis,《法权国家》(Rechtsstaat),载于《德国法权历史袖珍词典》(Handwörterbuch der deutschen Rechtsgeschichte),第4卷,页367及其后。

② 参看A. Müller,《治国之术原理》(Elemente der Staatskunst)(1809),重版,Iéna,1922,第1卷,页199‑200。

法权国家的观念"。① 1830年之后,法权国家成为司法构建的一个重要部分(此司法构建受自由主义的影响),并且许多重要著作在其书名中都指涉法权国家概念。② 但是,按政治形势,此概念经历诸多重要演变。自由主义者归附德意志帝国,并追随俾斯麦,绝大部分已成为民族主义的自由党人,他们害怕社会主义取得权力,他们稍稍改动了将国家行动隶属于法(法律)之下的设想,同时将其希望寄托于发展出一种对政府部门的司法控制。十九世纪末的一个行政法专家写道,法权国家是"安排有序的行政法的国家";③ 人们已远离最初自由主义者的要求。

但是,为了发现法权国家概念的诸前提,我们应回溯到康德:此学说的信徒与反对者都赞同这一点。④ 十八世纪九十年代的康德作品都被烙上了法国大革命感受的印记,它们定义了《论永久和平》所称的"共和国制度"。⑤ 康德法权国家的原则"不是已建立的

---

① Rotteck 被 O. Jouanjan 在《导论》(Présentation) 中引用,《导论》载于《法权状态的形态》(Figures de l'État de droit),PU Strasbourg,2001,页19。

② R. v. Mohl,《根据法权国家公理的警察科学》(Die Polizeiwissenschaft nach den Grundsätzen des Rechtsstaats) (1832);O. Bähr,《法权国家:一种新闻学的研究》(Der Rechtsstaat. Eine publizistische Studie) (1864);R. Gneiss,《德国的法权国家与行政法院》(Der Rechtsstaat und die Verwaltungsgerichte in Deutschland) (1879)。

③ O. Mayer,《德国行政法》(Das deutsche Verwaltungsrecht) (1895),被 Böckenförde 引用,《法权国家概念的诞生及发展》(Naissance et développement de la notion d'État de droit),载于《法,国家与民主宪法》(Le droit, l'État et la constitution démocratique),Bruxelles – Paris,2000,页134。

④ 根据 Mohl,康德引起了"法权国家"理论的一种"本质性进步"[《国家科学的历史与文献》(Geschichte und Literatur der Staatswissenschaften),第1卷,F. Enke,1855,页241]。对于 C. Schmitt 而言,"康德的表述包含资产阶级启蒙运动的最清楚的以及最终的表达"(《宪法学说》[Théorie de la Constitution],Paris, 1993,页264)。

⑤ Kant, Frieden, 科学院版, 第8卷, 页349 – 350; Paix, 页91。

国家所制定的法律,而是一个国家赖以建成的法则"。① 因此,它们是符合人权(Menschenrecht)的政治制度的普遍条件,并且描绘出了"根据理念的国家"或本体共和国(respublica noumenon)的特征,"对所有一般政治的(bürgerlich)②制度而言的永恒规范";③此规范是"一个并且是同一个规范",与此相对,现象共和国(respublica phaenomenon)却允许存在多种不同形式,它们对应制度的不同经典类型。[181]共和制的原则如下:④

(a)"人们有如下自由,即遵从只为他们所同意的法律";

(b)"民事平等",它意味着拒绝任何单方面的义务。《论永久和平》说得更清楚:作为公民的社会成员的平等;

(c)"民事独立"。此处康德重新采用西耶士在积极公民与消极公民之间做出的区别。⑤ 接受在公民之间所做出的区别难道

---

① Kant, *Gemeinspruch*,科学院版,第8卷,页290; *Théorie et pratique*,页31。

② [译注]此处德语词 bürgerlich 对应的法译为 politique[政治的]。中译参考法译。

③ Kant,《反思8077》(*Réflexion 8077*),科学院版,页609 - 610(翻译载于 Castillo,《康德与文化的未来》(*Kant et l'avenir de la culture*), Paris, 1990,页288)。也参看《系科之争》(*Le conflit des Facultés*),页108,(科学院版,第7卷,页91)。《法权学说》(*La Doctrine du droit*)谈及"在理念中"的国家:*MdS, Rechtslehre*,第45节,科学院版,第6卷,页313;*MM R, Droit*,页128(*MM Ph 1*,页195)。

④ Kant, *MdS, Rechtslehre*,第46节,科学院版,第6卷,页314;*MM R, Droit*,页129(*MM Ph 1*,页196)。与《法权学说》(la Doctrine du droit)的陈述相比较,其他一些陈述包含一些区别,这些陈述载于 *Théorie et pratique*,页30 - 38(科学院版,第8卷,页390 - 396)以及 *Paix*,页91(科学院版,第8卷,页349 - 350)。

⑤ 参看 Sieyès,《关于人与公民的权利的承认与理性阐释》(*Reconnaissance et exposition raisonnée des droits de l'homme et du citoyen*)(1789年,7月),载于 Sieyès,《政治著作集》(*Ecrits politiques*)(R. Zapperi 编), Paris - Montreux,页199。在1795年热月党人的宪法中,这一区别被引入。

不违背自由及平等原则吗？不违背,因为消极公民是自由的(他们具有法律人格:至少对男性个体、成年人及智力健全的人而言,不存在奴隶身份,农奴身份或人格减等[capitis deminutio]),并且消极公民在法律面前是平等的。但他们不是"共同立法者":① 事实上,只有享有司法独立且同样享有社会及经济独立的人才能(通过推选代表的方式)参与制定法律,社会及经济独立是判断独立与选举独立的保障。此论据在十九世纪的自由主义者那里大受欢迎;它清楚表明法权国家理论的"资产阶级的"看法(教育与财产![Bildung und Besitz!])。

根据这些原则,国家在规范方面受制于法(在法中国家找到了其根基),并且反过来,国家确保法的良好管理。然而,这些原则不是简单的自然法的"抽象"原则,因为它们只有在如下条件下才能被满足,即诸多法律上的人构建成一个政治社会。"对法权状态(rechtlicher Zustand),人们可以说,所有可以在人与人之间(即便是不情愿地)维系法的关系的人都应进入这一状态。"② 对于一种政治社会的归属是一种法律命令,并且自由、平等及独立的原则是[182]元规范,为了与法相符,即为了成为一个共和国,政治社会应遵守元规范。

在论永久和平的著作的第一个正式条款中,康德明确指出促使满足上述三个原则的制度设计。③ 在那里他陈述了共和国建制的两个标准。谈到"执政方式",康德将其区别于"统治(Herrschaft)的形式",即区别于政体,此处的标准是权力分立,更确切说是将行政机构与立法机构分离开。对康德而言,正如对洛克,唯有立

---

① Kant,*Gemeinspruch*,科学院版,第8卷,页294;*Théorie et pratique*,页35。至于"消极公民",他们是"被保护的同伴"(Schutzgenossen)。

② Kant,*MdS*,*Rechtslehre*,第41节,科学院版,第6卷,页306;*MM R*,*Droit*,页120(*MM Ph 1*,页188)。

③ Kant,*Frieden*,科学院版,第8卷,页351-353;*Paix*,页95-97。

法者才是主权者,并且此主权者"只能是人民的统一意志",①与此相对,"摄政者"(国家首长)作为"法人"只是行政机构的负责人。② 康德的共和主义的第二个标准是行政权及——但是事情并非很清楚——立法权的行使的代表制特征。由此产生如下论题,即"所有不是代表制式的政府形式都不是一种恰当意义上来说的政府形式"。③ 然而,比起这两个标准还存在一个更重要的主张(康德好像顺便提及了它),按此主张,对人民而言,此处即对臣民而言,执政形式(Regierungsart)"无可比拟地"要比国家形式(Staatsform)、比政体重要。④ 在这里,法权国家(Rechtsstaat)学说诸导向中的一个导向显现出来,即此学说并不是在规定一种政治,而是要为所有政治确定一种限制性的框架。如果执政方式——对被统治者而言——比执政者的身份更具决定性意义,那么人们将倾向于使政体问题相对化。康德与三月革命前(Vormärz)的德国自由主义者就此志同道合:康德坚决反对所有革命观点,⑤而三月革命前的德国自由主义者采纳审慎的改良主义。

康德的政治哲学在很多方面预示了法权国家(Rechtsstaat)问题。我们从其中抓取三点。首先,政治法律化的理想:国家,正如以

---

① Kant, *MdS*, *Rechtskhre*, 第47节, 科学院版, 第6卷, 页313; *MM R, Droit*, 页128(*MM Ph 1*, 页198)。

② Kant, *MdS*, *Rechtskhre*, 第49节, 科学院版, 第8卷, 页316; *MM R, Droit*, 页132(*MM Ph 1*, 页199)。

③ Kant, *Frieden*, 科学院版, 第8卷, 页352; *Paix*, 页95。"这种非共和的政府形式是一种怪物(Unform)。"

④ Kant, *Frieden*, 科学院版, 第8卷, 页353; *Paix*, 页97。

⑤ 特别参看"关于公民联合所导致的法律后果的评注"的A点: *MdS, Rechtslehre*, 科学院版, 第6卷, 页318–323; *MM R*, Droit, 页134–141(*MM Ph 1*, 页201–205)。

后在凯尔森那里,与法律秩序等同起来,国家只是法权状态(rechtlicher Zustand)。反之,自然状态的特有属性[183]不是"不公正",而是"法的缺失",因为在自然状态中缺失法的一种公共管理(此管理由"能胜任的法官"①执行)。康德的政治研究方式趋向于将政治还原为它的法律维度。所以,当康德说"因此,在向道德致敬之前,真正的政治不能前行一步"时,对此康德表述的一种粗浅阐释不应摆布我们,因为此处涉及"被认作是法权学说"的道德。② 在康德词汇中,道德是属概念,法与伦理是种概念。③ 因此,康德的话不是使政治道德化,而是使其法律化:"法对于人而言应被视为神圣不可侵犯的东西,无论这对于统治的国家来说要付出什么样的巨大牺牲。"④ 第二,康德将重点放在形式的而非质料性的法律原则之上。共和国政府形式的两个不同特征,即权力分立与政治代表制的存在,在十九世纪法学家的术语中,属于"形式性构建",而非"质料性构建"。然而,国家目的及其具体组织的正面规定的缺乏意味着使最好的政体问题相对化,直到那时此问题在政治哲学中还被视为核心问题。康德的法权国家的形式性标准的确致使他拒绝民主政治,其根据是民主政治"势必是一种专治政治"。⑤ 但是,不是由于其实体性特征,而是由于它对权力运用方式所产生的后果,民主政治才被拒

---

① Kant, *MdS*, *Rechtslehre*, 第 44 节, 科学院版, 第 6 卷, 页 312; *MM R, Droit*, 页 127(*MM* Ph 1, 页 194)。

② Kant, *Frieden*, 科学院版, 第 8 卷, 页 380 和 383; *Paix*, 页 155 和 161。

③ 在"道德形而上学的划分"中,法(Recht)与伦理(Ethik)是道德的两个分支[*MdS*, *Rechtslehre*, 科学院版, 第 6 卷, 页 242; *MM R, Droit*, 页 30(*MM* Ph 1, 页 115)]。这些版本包含的图表含有错误,并且摆放不当,正如 B. Ludwig 所指出的那样,他纠正了它,并且将其重新放置在《道德形而上学》(*Métaphysique des Moeurs*)的总的导论里:参看康德,《法权学说的形而上的基础知识》(*Metaphysische Anfangsgründe der Rechtslehre*), Hambourg, 1986, 页 34。

④ Kant, *Frieden*, 科学院版, 第 8 卷, 页 380; *Paix*, 页 155。

⑤ Kant, *Frieden*, 科学院版, 第 8 卷, 页 352; *Paix*, 页 95。

绝——至少是被明确地拒绝；事实上，民主政治——当然此处涉及"纯粹的"民主政治，正如《联邦党人文集》①给它所命名的那样——不仅侵害权力分立原则，也损害代表制原则。第三，康德宣布国家自我限制的必要性。这是剥夺针对行政首脑（摄政者）及最高立法者的一切抵抗权的正面意义。只有按法构建起来的主权者才有权设定政府行为的边界。但划定界限内在[184]于政治社会的诸条件，尤其是因为它直接来源于政治社会的第一原则，即全体人的自由。

十九世纪自由主义的法学家已制定出法权国家（在此词的专业意义上来说）的学说。此主题的发展伴随着市民与资产阶级社会的发展，这一点发生在深受如下抵抗影响的背景中，即当权者（Obrigkeit）的政治体系对自由主义及民主主义的胆怯要求的强烈抵抗。相反，在魏玛共和国期间及以后，议会制度的危机或导致对法权国家（Rechtsstaat）模型的质问，或导致对它的转变。以施米特为首的"整体国家"的理论家采取第一个方向。在二十世纪二十年代，施米特发展出对法权国家的一种批判，此批判突出了将法权国家自由主义的逻辑与民主主义的政治逻辑拼凑在一起的困难。② 自他归附纳粹主义之后，将近1935年，施米特引发了"超现实主义的讨论"（于昂扬[O. Jouanjan]），讨论题目是：民族—社会主义国家是否应

---

① *Fédéraliste*，第14篇，页100 - 101。

② 参看 C. Schmitt,《宪法学说》(*Théorie de la Constitution*)，Paris, 1993，页263 - 357。《现代宪法的自由主义成分》(*La composante libérale de la constitution moderne*)。同年，Schmitt 发表了一个显然更具论战性的文本，论及"将无产阶级整合进新国家"这个方面，此文本以"资产阶级法权国家的方法的不足"这一评定为结束，此文本的名字是《资产阶级的法权国家》(Der bürgerliche Rechtsstaat)，载于 C. Schmitt,《国家，大空间，法：1916—1969年的作品》(*Staat, Grossraum, Nomos. Arbeiten aus den Jahren* 1916 - 1969)，Berlin, 1995，页44 - 50。

被定义为一种法权国家?① 在魏玛共和国期间具有社会—民主主义倾向的法学家,如黑勒(H. Heller)、克什海姆(O. Kirchheimer)或若曼(F. Neumann),发展了另一个方向,此方向的发展结果即为,在德国联邦共和国的基本法中产生了"社会的法权国家"(sozialer Rechtsstaat)的定义。此转变引发巨大讨论:将社会性目的分配给国家意味着社会产品的管理及再分配的"干预主义"政治,在何种程度上来说,将社会性目的分配给国家这一做法与法权国家的非干预主义原则相融合? 在二十世纪五十年代至六十年代的德国,人们大量讨论此问题。② 但是,无论对此概念采取何种立场,对辨别法权国家的标准,法学家差不多达成一致意见。按施米特的一个学生的观点,这些标准如下:

[185](1)权力分立原则,立法权、司法权及行政权的分离;(2)法院独立原则,据此原则,诉讼程序及判决完全摆脱来自上面或下面的影响;(3)行政管理的合法性原则,它完全拒绝所有没有合法性根基的管理行为;(4)权利的司法保护原则,当无论何种非法的行政性干预发生时,此原则保

---

① 1935年,Schmitt 发表《法权国家》(Der Rechtsstaat)一文,此文作为一个章节载于 Hans Frank 编辑的《法与立法的国家—社会主义手册》(*Manuel national - socialiste de droit et de législation*),并且他也发表了一篇题为《"法权国家"之争意味着什么?》(Was bedeutet der Streit um den "Rechtsstaat"?)的文章。这些文本载于文集《国家,大空间,法》(*Staat, Grossraum, Nomos*),页 108 - 117 及页 121 - 131。参看 M. Stolleis,《在国家社会主义之下法权国家之争意味着什么?》(Que signifiait la querelle autour de l'État de droit sous le national - socialisme?),载于 O. Jouanjan(主编),《法权国家的形态》(*Figures de l'État de droit*),PU Strasbourg,2001,页 373 - 383。

② 参看收集在如下著作中的文本,E. Forsthoff(主编),《法权国家的性质与社会福利国家的性质》(*Rechtsstaatlichkeit und Sozialstaatlichkeit*),Darmstadt,1968。

障人们可在独立的司法机关前上诉的可能性;(5)公法补偿原则,此原则通常保障在个人财产领域内合法的或非法的行政介入的补偿。①

此外,通过将法权国家的描述还原为如下三个标准,我们获得关于法权国家的最低限度的描述。第一个标准即为合法性或毋宁说法律的至高无上,康德及最早的自由主义者突出此标准。所有行政措施、所有管理行为、所有在私人领域内的干预都要以法律条款为依托。因此,合法性是国家行为的合理性的唯一原则(此处的合法性被理解为与如下规则相符,即根据系统化的程序被颁布的规则)。当合法性原则与对法律及其应用领域的限制性定义相结合时,它则更具有约束力;我将稍后再次探讨此主题。第二个标准:所有国家行为——包括倘若此行为来自立法者这种情况——应能够在司法方面被评估及监督。这意味着一个比普通法律更高一级的规范的存在,即便普通法律是普遍意志的表达。在法权国家中唯有宪法至高无上,这一点明显限制人民主权的民主逻辑。第三个标准:法官职位的独立,或毋宁说它对法及法律的从属,并只从属于它们。② 用一句话来总结,法权国家是合法的国家,是受宪法支配的国家,是司法的国家。

法权国家(Rechtsstaat)理论使用一种关于法律的新概念;它与"法是主权者的命令"这样的法律观念断绝关系。关于后一种观

---

① E. R. Huber,《在近代工业社会中的法权国家与社会福利国家》(Rechtsstaat und Sozialstaat in der modernen Industriegesellschaft),载于《法权国家的性质与社会福利国家的性质》(*Rechtsstaatlichkeit und Sozialstaatlichkeit*),Darmstadt,1968,页593。

② 按照 Schmitt 的看法,法权国家发展的最高峰是国家的"总的司法权"的理想(《宪法学说》[*Théorie de la Constitution*],Paris,1993,页271)。但他反驳说(页272),"国家并非单纯就是一种司法组织"。

念,人们可以在比如霍布斯那里找到其表述。① 在一个法权国家中,法律是一种普遍规范及形式规范,它带有显然的合理性,[186]被经常地表达出来并被集体接受。因此,所有立法者的行为不是就其本身而言(eo ipso)就是法律:只有当对象本身是普遍的,"当全体人民对全体人民做出决定时",②它才是法律。因此,应在如下两方面之间做出区别:一方面是法令,就其对象而言它们是特殊决定,就其运用而言它们是地区性的,就其效力而言它们是暂时的;另一方面是法律,普遍性及无定限的时限是其特征。无此区别,法律统治将不可避免地转变为立法者统治,因此,转变为一种专制形式。③再者,法律面前的平等性,作为法权国家的本质原则,假定法律很好地呈现出普遍的、形式的及合理性的规范特征(此处的合理性是在韦伯的"目的合理性"的意义上来说,而非在"价值合理性"的意义上来说④)。这样一种法律构想规定了法权国家的行为模式可能所是的样子。法权国家不能颁布"社会性法律";如有必要,只有行政措施才能向某些阶层确保特定补助金的好处。法律规范的主要任务一方面是确保全体及每一个人的基本权利的保护、人权的保护,另一方面是规定不可触犯的自由区域。当下的立法形式与此构想

---

① "显然,法律一般而言不是建议,而是命令。"(*Léviathan*,第 26 章,页 282)。

② Rousseau,*Contrat*,第 2 卷,第 6 章,*OC*,第 3 卷,页 379。

③ 亚里士多德区别两类民主制度,一类民主制度是,在其中,法(nomos)统治着,另一类民主制度是,在其中,在"煽动家"的唆使下,"大众"通过公民大会决定通过的"法令"具有最高权力,这将平民百姓构成"君主"(《政治学》第 4 卷,第 4 章,1292 a 5 – 11)。

④ 参看 M. Weber,《经济与社会》(*Economie et société*),Paris,1971,页 22 – 23 及页 45。我们知道,根据韦伯(Weber)的看法,法的形式化是合理化的一个重要方面,合理化伴随着法与官僚政治的政治统治(Herrschaft)类型在近代世界的胜利而产生:参看《经济与社会》(*Economie et société*),页 223 及其后,以及《法律社会学》(*Sociologie du droit*),Paris,1986,页 221 – 222。

相离甚远。在二十世纪的发展进程中,国家经历结构性转变,这些转变破坏法权国家的"坚实内核",当代国家已不再是十九世纪自由主义的法权国家,而是各类服务的提供者,社会性的国家及行政性的国家。①

法权国家使国家行为服从个人自由的要求,此自由为宪法所保障。在此构造的中心,存在一些基本权利(Grundrechte),这些基本权利为人保留了一种自由的绝对空间。这些不可让渡的基本权利首先是可与国家对抗的诸多自由权。自十九世纪以来,人们差不多已制订出关于这些权利的一览表。人身自由(排斥奴役或奴隶制),自由的私人财产,住宅的不可侵犯性,关于意识、意见、表达、结社、集会及出版的自由,[187]一言以蔽之:诸自由权是自由的表现。至于谈到政治平等的诸条件,它们为公民权利所保障,这些权利即为法律面前的平等,平等的投票权("一人,一票"),有平等的机会做公共性的工作,请愿权。最后,社会性的诸权利呈现出社会博爱的程度,不过博爱也要从属于个人自由的绝对优先性。法权国家以它的方式使1791年制宪成员的三词口号现实化了,但其中唯有自由被无条件地尊重了。法权国家学说没有达到新自由主义派或唯意志论派的反国家的激进主义(密瑟[L. Von Mises]、哈耶克[F. A. Hayek]、诺齐克[R. Nozick]、罗斯巴德[M. Rothbard]……),它倾向于在根本上被视为非政治的社会领域中限制国家的干涉权力。

甚至在法权国家得到其法律表达之前,它已是一个政治性的要求。在1848年革命前的二十年间(三月革命前时期[Vormärz]),保守派致力于在德国恢复权威国家(Obrigkeitstaat)并拒绝"符合宪法

---

① 参看 E. Forsthoff,《社会性的法权国家的概念与本质》(Begriff und Wesen des sozialen Rechtsstaats),载于《在变革中的法权国家》(Rechtsstaat im Wandel),Stuttgart,1964,页41。

地组织国家"这一"革命"观念。① 至于涉及法权国家的口号,它总结了一个社会及经济阶层的渴望,此阶层试图确保其自主。法权国家的要求源自于市民社会这个术语②所指示的新现实,此要求与"产业等级"(Stand des Gewerbes)③的上台相联系,产业等级的活动要求生产及市场的组织独立自主,因此要求警察国家的终结。法权国家及其构建的政治准则与资本主义交换经济的发展严格相符,对此,一些人(黑格尔就是其中之一)最初觉察到,资本主义交换经济的发展可能意味着国家的民族外观的扬弃。④ 法权国家的口号是[188]近代社会及其活的力量的一种武器,此武器被用来反对如下国家,即被理解为阻碍近代社会自由发展的国家。

让我们从法权国家概念的历史性研究中汲取三点借鉴。首先,

---

① Charles‑Louis von Haller,《政治科学的复辟[1820—1825]》(*Restauration der Staatswissenschaft* [1820-1825]),6卷本,重版,Aalen,1964;作者的翻译,*Restauration de la science politique*,Lyon,1824—1830年)。Charles‑Louis von Haller 的这部鸿篇巨著甚至以夸张的方式阐明了这些导向,他将世袭君主政体与如下两方面东西对立起来,一方面是"社会契约的幻想",另一方面是"造作的市民社会"。黑格尔非常严厉地对待这些评论(*RPh*,第219节附释和第258节附释,*W*,第7卷,页373-374,页401及其后;*PPD*,页308和页336及其后)。

② "市民社会这一概念是一个有争议的社会概念。人们按照市民社会概念编排资产阶级法权国家(bürgerlicher Rechtsstaat)这一概念,自此概念出现之时起,它同样也是一个有争议的政治概念。"E. R. Huber,《在近代工业社会中的法权国家与社会福利国家》(*Rechtsstaat und Sozialstaat in der modernen Industriegesellschaft*),载于《法权国家的性质与社会福利国家的性质》(*Rechtsstaatlichkeit und Sozialstaatlichkeit*),Darmstadt,1968,页591。

③ *RPh*,第204节,*W*,第7卷,页357;*PPD*,页295。

④ *RPh*,第246节,*W*,第7卷,页391;*PPD*,页325。韦伯强调说,正如"官僚制的"统治方式的发展,法的合理化及国有化与经济的现代变革相联系。参看 M. Weber,《经济与社会》(*Economie et société*),Paris,1971,页55、74、350。《经济与社会》(*Wirtschaft und Gesellschaft*),Tübingen,1980,页551。

在政治方面,法权国家的主题就客观方面来说倾向于维系社会现状(statu quo),整个十九世纪的历史证明了这一点;它已成为有产者的工具,用以抵抗可能质疑"市场的自发秩序"的要求。此外,自十九世纪末以来,这些要求的得势使法权国家陷入危机。第二,法权国家的原则蕴含私法对公法的支配权:私人的第一属性是财产,比起公民,私人更像是基本权利的真正主体。私人财产的独立特征是法权国家的试金石,并规定了法权国家对政治所施加的限制。法权国家首先是私法国家。第三,法权国家学说在法与政治之间设立一种屏障,一种对古典政治哲学而言不可接受的分裂。它不力求为国家行动指示目的或提供方向,而是设置屏障来限制它。根本上说,它是对政治的抑制。

法权国家概念在康德那里可找到起源,这点可被认为是确定的。但黑格尔的国家——地上的神[1]!——可以声称是一种法权国家吗?如果人们固守于被海姆体系化了的黑格尔的哲学形象[2],那这一问题初看起来荒唐可笑。此外,黑格尔在《精神现象学》中不留情面地分析了他所称的"法权状态"(Rechtszustand),在对"法权状态"的描述中,人们认出了罗马帝国的某些特征。《精神现象学》中法权状态的一部分特征是——当然这里涉及查士丁尼"编

---

[1] "应尊奉国家为神性的东西"(*RPh* Ilting 3,页744)。在《法哲学原理》中,国家制度"应被视为神性的东西及永存的东西"(*RPh*,第273节附释,*W*,第7卷,页439;*PPD*,页370)。

[2] 特别参看 Haym,《黑格尔及其时代》(*Hegel und seine Zeit*),Berlin,1857(重版,Hildesheim,Olms,1962),页357及其后。像 Rosenzweig 这样审慎的读者似乎会承认,"在黑格尔那里,将国家预感为权力的这一做法与康德的法权国家学说相对立"(《黑格尔与国家》[*Hegel et l'État*],Paris,1991,页335)。相反地,可参看 St. B. Smith,《黑格尔对自由主义的批判》(*Hegel's critique of Liberalism*),第5章"黑格尔的法权国家"(The Hegelian Rechtsstaat),Chicago UP,1989,页132及其后。

撰"的罗马帝国法——在私人关系中形式主义的及拘于细节的私法的支配权,①其另一部分特征是"世界主宰"的暴力统治,"自知是现实的神的畸形的自我意识"［189］的暴力统治。② 可以这么说,具有平等主义特征的法律形式主义的统治与最残暴的专政并非毫不相容,并且法权状态完全可以是"破坏性的暴力"的一件外衣。但这一分析仅揭示未处于如下框架内的抽象法所含有的界限,即能以一种合理方式实现抽象法的框架,此框架即为国家,尤其是近代市民社会。然而,如果黑格尔的法律及社会哲学并未处在法权国家的问题域之内(它拒绝法权国家理论的理论根据),那它通过如下方式抢先提出法权国家的问题域所涵盖的具体主张,即为这些主张赋予一种不同以往的根据。我们将不对在其专业术语含义上来说的法权国家学说的某些特定方面进行陆续地重新考量(在其专业术语含义上来说的法权国家学说只是在黑格尔的生命结束时才问世),而对至少是重要的主题,如人权与法的统治的特定方面,进行陆续地重新考量,这两个重要主题将被法权国家学说连接起来。

人权:自由权

基本权利问题,或用更为政治性的语言来说,人与公民的权利问题,在法权国家学说中占核心地位。此问题阐明如下法权国家学说的反专制主义甚至反国家的方针,即:唯有国家权力的限制——此限制借助一种适当机构——才能使个人充分享有基本权利,这些

---

① *PhG*, *W*,第3卷,页355(*PhE* B,页414–415; *PhE* H,页Ⅱ/44; *PhE* J/L,页434; *PhE* L,页325)。

② *PhG*, *W*,第3卷,页358(*PhE* B,页418; *PhE* H,页Ⅱ/48; *PhE* J/L,页437–438; *PhE* L,页328)。

权利被认为是先天的并且不依赖国家。黑格尔牢记自由主义及共和主义传统记载下来的这些权利;但他转变了暗地里引导它们的理论构建的问题。此外,他也不以同样方式对待人权。西耶士"在自由制度的组织方面表现出伟大的洞见,为此他享誉盛名",①追随他,黑格尔区分人权,[190]人权塑造了外表看来十分结实的整体,黑格尔也致力于发现影响此整体的张力。自西耶士之后,在诸多人权之间,人们通常区分出"自由权"与"债权"。自由权是"关于……的权利"(关于占有的权利,关于自由迁徙的权利,关于工作的权利,关于表达自己观点的权利),这些权利的根据在于人的本性之中。债权是"享有可能来自社会状态的公共利益的权利"②(取得公共救济金的权利,教育权……),对于西耶士来说,存在着一个十分珍贵的形象比喻,按此比喻,债权是一些支票,人们可以拿它们到

---

① *Reformbill*,W,第 11 卷,页 117,*Pol*,页 385。这是黑格尔唯一明确指涉西耶士的地方。但是人们可以猜测黑格尔知晓他的作品,西耶士的很多作品已被翻译成德语。西耶士的第一部被翻译的作品(由 C. F. Cramer 翻译)出版于 1794 年,为《西耶士作品集:试论优先权与什么是市民阶层?》(*Sieyès Schriften:Versuch über die Vorrechte und Was ist der Bürgerstand?*)。1796 年,第二部被翻译的作品(由 J. G. Ebel 翻译)包揽了这一时期可被找到的作品中的核心作品,这二部翻译作品是《西耶士,政治作品集》(*Sieyès, Politische Schriften*)。最后,仍然是 1796 年,Cramer 用法文出版了一个册子,此册子配有一个简短的德文前言,是《西耶士作品集》(*Collection des écrits d' Emmanuel Sieyès*)(这些精确信息我得自于 P. - Y. Quiviger)。关于黑格尔与西耶士之间的关系,参看 G. Planty - Bonjour,《从西耶士的代表制政体到黑格尔的立宪君主制》(Du régime représentatif selon Sieyès à la monarchie constitutionnelle selon Hegel),载于 H. - C. Lucas 和 O. Pöggeler(主编):《在欧洲宪法史语境中的黑格尔的法哲学》(*Hegels Rechtsphilosophie in Zusammenhang der europäischen Verfassungsgeschichte*),Stuttgart,1986,页 13 – 35。

② Sieyès,《关于人与公民的权利的承认与理性阐释》(Reconnaissance et exposition raisonnée des droits de l'homme et du citoyen),第 24 条,载于 Sieyès,《政治著作集》(*Ecrits politiques*)(R. Zapperi 编),Paris - Montreux,页 204。

"公共机构"或"社会大企业"那里要求兑换它们,个人在这样或那样的程度上来说都是"社会大企业"的"股东"①;因此,债权假定一种按法构建起来的政治社会的存在。在自由权与债权之间不仅存在区别,而且还存在一种可能的矛盾,二十世纪的许多作者强调了这一点;②黑格尔以某种特定方式跑在了他们的前面。

首先,黑格尔的文本并未详细分析西耶士意义上的自由权(西耶士意义上的自由权是本义上的人权,因为它们在国家面前保障个体及社会生活的独立性)。但黑格尔的文本不断提醒人们要记住这些权利的原则的整体有效性,并记住遵守它们的必要性,此必要性并非指道德上而言的必要性,而是伦理及政治的必要性:

> 通行的权利的原则[……]在国家权力里有其现实性和保证。这些原则就是在先前诸范围内阐明了的财产自由的原则,不言而喻还有政治自由的原则,市民社会、其产业和社团的原则,以及各特殊行政机构之受到调控的、依赖于法律的效能的原则。③

---

① Sieyès,《关于人与公民的权利的承认与理性阐释》(Reconnaissance et exposition raisonnée des droits de l'homme et du citoyen),载于 Sieyès,《政治著作集》(Ecrits politiques)(R. Zapperi 编),Paris - Montreux,页 199。

② 参看 C. Schmitt,《宪法学说》(Théorie de la Constitution),Paris,1993,页 306 及其后;F. A. Hayek,《法、立法与自由》(Droit, législation et liberté),第 2 卷:《社会正义的幻想》(Le mirage de la justice sociale), Paris,1981,页 103 和页 121-127。L. Ferry 与 A. Renaut 阐释了此问题,L. Ferry 和 A. Renaut,《政治哲学》(Philosophie politique),第 3 册:《从人的权利到共和理念》(Des droits de l'homme à l'idée républicaine),Paris,1985,页 84 及其后;同样参看其文章,《自由权与债权》(Droits-libertés et droits-créances),《法》(Droit),第 2 册(1985),页 75-84。

③ Enzykl,第 544 节说明,W,第 10 卷,页 341;Encycl 3,页 321。[译注]中译参考《精神哲学》,页 350。

关于自由的诸多权利,黑格尔在这里提出两点。从一方面来说,诸自由权在国家中取得"其现实性和保证",并就一个部分而言在公共领域内拥有其行使场所。因此,比如说,意见与表达的自由,好也罢坏也罢,[191]促使借助辩论对政治生活采取不可或缺的管理,①为此,"谈及其意识及外在具体表达,舆论应被[……]蔑视,谈及其本质基础,它应被尊重"。② 诚然,黑格尔并非无限制地同意宗教自由原则。但这正是因为宗教自由在他眼中并非唯独属于个人意识的权利领域(与天主教相抗衡,黑格尔有力地再三重申了个人意识的权利)。宗教以教会形式组织起来,它是一种政治力量,宗教的完全独立意味着国家对宗教的依附,可以说历史为此提供了许多例子;这解释了为什么说如下这点很重要,即国家不是控制宗教领域内的意识,而是控制此领域内制度化的交往形式,只要宗教领域干扰公共领域(这势必是事实)。③

然而,自由权——《人权宣言》的第二条宣告了这些权利——首先不是政治权利,作为在其普遍性中的人的权利,它们在市民社会中拥有其现实化的领域:"在市民社会中,财产及人格为法律所认可,且具有法律效力。"④诚然,在伦理整体中,市民社会是"区分的阶段":⑤随着市民社会无限地将个体需求及其渴望多元

---

① "在辩论中使人兴奋的东西在于,汇集起来的人相互对抗,目的是肯定、证明、反驳、让人感动,与精神的活泼的在场紧挨着。"(*Wurtemberg*, *W*, 第 4 卷,页 516;*Pol*,页 265)也参看 *RPh*,第 316 – 319 节,*W*,第 7 卷,页 483 – 489;*PPD*,页 412 – 417。

② *RPh*,第 318 节,*W*,第 7 卷,页 485;*PPD*,页 414。

③ 参看 *RPh*,第 270 节附释,*W*,第 7 卷,页 414 – 428(*PPD*,页 352 – 363),以及 *Enzykl*,第 552 节说明,*W*,第 10 卷,354 – 365(*Encycl 3*,页 334 – 341)。

④ *RPh*,第 218 节,*W*,第 7 卷,页 371;*PPD*,页 307。

⑤ *RPh*,第 181 节,*W*,第 7 卷,页 338;*PPD*,页 277。

化,它将个体分隔开来,通过这种方式,它显得——与家庭联系的抽象普遍性及政治联系的具体普遍性相比较——好像是一个分散的特殊性地带,好像是"原子系统"。① 但恰恰因为它是个强大的操作机构,其操作任务即为区分诸个体及诸人群,所以近代市民社会——市民社会就本质而言是近代的——需要平等的自由原则,此原则是人权的基础,同时,市民社会为此原则赋予万分具体的意义;②个体局限于法律上的人及经济活动参与者的诸职能,事实上,市民社会去掉了[192]等级(及特权)社会为个体赋予的所有法定谓语,它将个体还原为他的通常本性,即需求及劳动的存在物,因此同时也为具有平等主义性质的法律形式主义赋予具体内容。人(der Mensch),这个"观念的具体—要素"③,是抽象的法律上的人的社会性具体化,或更准确说经济性具体化,并且是基本权利的现实支撑者,此处的基本权利因此是社会性权利,不过这是在与"债权"非常不同的意义上来说的。

人格与所有权这两个抽象概念构建起自由权的核心,对此,《法哲学原理》的第一部分指出,这两个概念是私法的基质,法律行为能力表达了人格,而所有权将这种在市民社会背景下的能力客观化了(此处的市民社会已摆脱封建束缚)。因此,人与所有权是严格意义上来讲的人权问题的核心概念,因而在诸多自由权中,个人自由与所有权自由占据主要位置。"人"首先是自由支配其身体及精神

---

① *Enzykl*,第 523 节,*W*,第 10 卷,页 321;*Encycl* 3,页 303。

② E. Balibar 突出"平等自由的提议"对人权主题而言所具有的建筑术特征。参看 E. Balibar,《民主的界限》(*Les frontières de la démocratie*),Paris,1992,以及《普遍物》(Les universels),载于《大众的恐惧》(*La crainte des masses*),Paris,1997,页 441 及其后。[译按]"平等自由的提议"中的"平等自由"一词对应的法语原文是 égaliberté,它是以法语词 égalité(平等)与 liberté(自由)为基础被生造出来的。

③ *RPh*,第 190 节附释,*W*,第 7 卷,页 348;*PPD*,页 287。

的个人(因此既不是农奴,也不是奴隶);他是如此,或更确切说,他不得不通过占有自我的与教化身心的劳动将自己打造成如此,为个人赋予一种"其对象是自己本身的所有权"。① 占有外部财产这一法律行为能力定义了每个人都应能够成为的个人。② 因此,所有权(在洛克为此术语所赋予的宽泛意义上来讲,它包括生命、自由及财产③)是所有自由的基础,尤其是行为自由及从业自由的基础。因此,正是完全意识到这句关于人权的话所包含的诸多牵连关系,黑格尔在分析需求体系的开头处宣称,"正是首先在这里,确切说只有在这里,谈及了人[……]"。④

所以,自由权,在其自由的意义上来说的人权,以一种确实很复杂的方式与市民(资产者)社会的存在及运转相联系(构建现代性的区分化过程将此处的市民社会从国家那里解脱出来)。[193]自由权的真正享有人既不是公民,不是道德主体,也不是仅仅在抽象法的意义上来说的个人,此享有人是在"资产者意义上来说的Bürger"、⑤经济人(homo oeconomicus)或社会人(homo socialis)。即便自由权包含政治成分(属于公民身份的权利),它们仍首先是非政治性的权利:为此,它们显得好像是些"自然"权利。因此,从表面上看,黑格尔赞同自然法学家们的观点:基本权利是来自人类本性的权利。但是对于黑格尔而言,人是社会的人,是市民社会的人:此观点与自然法学论的观点完全不同,正如与法

---

① *RPh*,第57节附释,*W*,第7卷,页122;*PPD*,页163。
② *RPh*,第36节,*W*,第7卷,页95;*PPD*,页147。"人格一般包含法律行为能力,并构成抽象的、因而是形式的法的概念,以及构成这种法的基础,此基础本身是抽象的。"
③ J. Locke,《关于政府的第二个论著》(*Le second traité du gouvernement*),Paris,1994,第5章第87节和第9章第123节,页62以及页90。
④ *RPh*,第190节附释,*W*,第7卷,页348;*PPD*,页287。
⑤ *Naturrecht*,*W*,第2卷,页494;*DN*,页68。

权国家的理论家的观点完全不同一样。个体发现其共同本性(即作为需求及劳动的存在物)沉淀在近代生产及交换组织之中,沉淀在需求体系之中:个体不再拥有——正如在以前等级社会中那样——不顾其才能或愿望而规定其权利及义务的身份。抽象的人,正如抽象劳动,是近代社会化形式的产物,并且他应被承认是权利的"抽象"享有者,这些权利与人的特殊性存在无关,它们不是特权:

> 人[……]证实他能越出这种限制并证实他的普遍性,借以证实的首先是需要和满足手段的殊多性,其次是具体的需要分解和区分为个别的部分和方面,后者又转而成为特殊化了的,从而更抽象的各种不同需要。[……]当需要和手段的性质成为一种抽象时,抽象也就成为个人之间相互关系的规定。①

但对黑格尔而言,从社会角度对人的自然权利的重新定义与政治的相对化相关联。我们将在如下两个方面核实这点。首先,国家可被引导着局部干涉所有权制度(在自由主义者眼中,所有权制度神圣不可侵犯):

> 属于私有权的各种规定有时不得不从属于法的较高级领域,即共同体、国家;[……]可是这种例外也不是出于偶然,出于私人任意或私人利益的,而是完全根据于国家这一合乎理性的机体。②

---

① *RPh*,第 190 和 192 节,*W*,第 7 卷,页 348－349;*PPD*,页 286－287。[译注]中译参考《法哲学原理》,页 205 和 207。

② *RPh*,第 46 节附释,*W*,第 7 卷,页 108;*PPD*,页 155－156。[译注]中译参考《法哲学原理》,页 54－55。

[194]在这里人们发现剥夺所有权的原则建立起来,此原则的设立是为了公益事业(它产生补偿);此原则被当下诸国认可,但几乎很难与私有财产的不可侵犯性协调一致,黑格尔时代的自由主义者将私有财产描绘为神圣不可侵犯。但人们也能想象,国家会被引导着以特别方式将私有财产国有化或对其施行国家控股,当私有财产的所有权的集中化与社会及国家自身的普遍利益相矛盾时……

第二,黑格尔拒绝人权的常见主题所运用的关于自由的描绘。此主题将自由构建为主体意志生来就有的谓语;[1]就其原则而言,自由不受限制,它只能受外部机构即国家束缚。然而,此描绘既不充分又具有矛盾。不充分是因为它将自由构建为一种要塞,自然世界及人的世界的客观性始终围困着它。矛盾是因为这一前政治的、本性的——在"本性的"这一术语的诸多不同的意义上来说——自由要求借助政治途径实现自身:人权是"易理解的及不可争辩的原则",根据1789年的《宣言》,这些原则确定"所有政治组织的目的"(第二条),并且为了实际上被遵守,这些原则要求"社会保障"。对黑格尔而言,情况相反,正是因为自由(以及表现自由的权利)不包含任何本性的因素,所以人们应通过法律、社会及政治建构它:

> 自由,作为直接物与自然物的观念性而存在,它不是自然而直接的状态,而毋宁说应被理解为被赢取及挣得的状态,并且这是通过一种知识及意志的教育(Zucht)的无限中介。[2]

所以,自由权(因此一般的人的权利)在黑格尔那里所具有的

---

[1] 按照康德的观点,在诸多主体自然权利中,自由是唯一"天生的"或天赋的,而不是"后天取得的"权利。(*MdS*, *Rechtslehre*,科学院版,第6卷,页237;*MM* R, *Droit*,页26;*MM* Ph 1.页111)。

[2] *VG*,页117 (*W*,第12卷,页58);*RH*,页142。

地位不同于在自由主义者的法权国家中所具有的地位。诚然,黑格尔的国家承认这些权利,并且保障个体享有它们,它甚至要"将权利构建成一种必然的现实性";①但是,黑格尔的国家同时也剥夺这些权利的绝对原则的特征。诸多权利——以及法——应将其现实性归于国家,因为仅仅是权利的宣告,无论它是多么的庄严及有条理,都不足以将其实现为现实的自由。没有国家,根本的法律原则将停留为抽象的、甚至是虚幻的原则。唯有[195]理性国家通过如下方式为人权赋予现实性,即让市民社会以一种独立的方式自我组织起来,至少达到如下程度,即市民社会为它自身的矛盾所威胁,并且对社会特殊性的政治性扬弃已成为必要。国家将市民社会及其抽象的法律原则构建为它自身的普遍性的组成部分。但是,国家借此剥夺了它们的这一要求,即成为人的共同生活的即政治存在的基础。

人权:"债权"

在黑格尔那里,社会权利可被清楚地识别出并被承认;在这一点上,黑格尔与法权国家学说相背离,法权国家学说尤其关注预防国家对个人自由空间的干涉。诚然,黑格尔不是第一个做这个事情的人:正是法国大革命承认并宣告"救助权";然而,这并非没有迟疑,比如说,1789 年的《宣言》并未提出此权利,不过观念已然出现在某些草案中。遵从罗伯斯庇尔及孔多塞的看法,②1793 年的《宣

---

① *Enzykl*,第 537 节,*W*,第 10 卷,页 330;*Encycl* 3,页 312。
② 在罗伯斯庇尔那里,此原则具有一种再分配的意义:"对缺乏生活必需品的人的必不可少的救济是占有多余之物的人的义务。"(在 1793 年 4 月 24 日的演说中被阐述的《人权宣言》草案的第 11 条)

言》宣称"公共救助是一种神圣债务",并确定"社会有义务为不幸的人提供救济,或为他们谋得工作,或保障已无工作能力的人的生存手段"(第 21 条);它同样规定,"社会应将教育普及到所有公民那里"(第 22 条),并将"社会保障"定义为"所有人的行动,目的是保障每个人都可以享有并维持其权利"(第 23 条)。但黑格尔为这些社会性的权利提供了一种特别解读,此解读按照他关于国家与市民社会之间的关系的构想被编排。因此,比起法国革命者,他更关注自由权与社会权利的不同结构可能引入到人权的复杂大厦中的不平衡。

黑格尔将社会性的政治活动构建为国家活动的一个重要维度。中央及地方行政当局要积极介入到市民社会中,目的是矫正诸多商业经济的危险的不平衡,这是为了个体,也是为了社会自身,中央及地方行政当局确保一种经济性的管理(police)[196](监督及管理生产与价格),同时它们也确保对赤贫的人的社会保护。① 但是一种社会政策的存在并不必然意味着社会权利的存在:旧制度的君主制用家长式的论据为其对经济机制及货币流通所实行的干预进行辩护,而臣民没有"权利"企求它们的帮助。康德谴责这种关于社会的家长式的看法,此看法是警察国家的看法:"一个建立在对人民仁慈的原则之上的政府,[……]即一个家长制政府,[……]是可以构想出来的最专治的政府。"②而在黑格尔那里,对市民社会的看法(此处的市民社会对国家而言具有相对的自主性)以及将人构建为近代生产过程的产物的设想,促使人们承认享有"特殊福利(Wohl)"的权利的存在:

---

① 关于"管理"(police)这一术语,参看 *PPD*,页 316,译者注解 1。
② Kant, *Gemeinspruch*,科学院版,第 8 卷,页 290–291;*Théorie et pratique*,页 31。

> 在需要的体系中，每一个人的生活和福利是一种可能性，它的现实性既受到他的任性和自然特殊性的制约，又受到客观的需要体系的制约［……］但是在特殊性中的现实的法，既要求把阻挠任何一个目的的偶然性予以消除，以策人身和所有权的安全而不受妨害，又要求单个人生活和福利得到保证——即把特殊福利作为法来处理，并使之实现。①

黑格尔在用于描述市民社会的章节中，在"警察"及"同业公会"的标题下分析了如下任务，即让权利"在特殊性中变得现实"，因此推行一种社会政策。在经济事务领域内，国家管理被委以的责任在于"长期规划，并推行一种普遍性的管理"，通过仲裁的方式推行这种政策，尤其通过仲裁来解决发生在生产者与消费者之间及发生在"产业的大的分支"之间的利益冲突；②用当下的术语来说，国家管理负责推行经济政策及社会政策。但是，为此目的，它要与同业公会这个社会性的组织合作。正如黑格尔的等级（Stände）并非对应于旧制度的"等级"（黑格尔的等级毋宁说是法定的社会职业团体，职业等级［Berufstände］），同业公会也不等同于传统的行会或行会管事会。1817年《评1815年和1816年符腾堡王国邦等级议会的讨论》明确区分了［197］如下两方面：一方面是过时的行业公会（Zünfte），它们为行会精神（Zunftgeist）所驱动，局限在其特权的维护上；另一方面是近代职业性的同业公会，为了管束市场的盲目运行，同业公会必须存在。③ 在利益多元化及

---

① RPh，第230节，W，第7卷，页382；PPD，页315-316。［译注］中文翻译参考《法哲学原理》，页237-238。

② RPh，第236节，W，第7卷，页384；PPD，页319。

③ Wurtemberg，W，第4卷，页483；Pol，页230-231。《法哲学原理》的一个补充明确表示："同业公会自在自为地不是一种封闭的行会。"（RPh，第255节补充，W，第7卷，页396）

利益的资本主义式竞争的背景下,同业公会是一种社会性的被组织起来的利益。但是它也有政治使命,因为它促进了社会领域在立法机构中被代表;这就是政府对其运行具有监控权的理由。① 因此,政府与同业公会协力促进"普遍利益本身",并且,它们同时协力"维护特殊利益"。②

经济管理与社会管理,同业公会的活动:所有这些致力于私人幸福的活动超越了法权国家的界限(此处的法权国家是人们按自由主义者的方式所理解的法权国家)。粗略地说,黑格尔的国家是一个社会国家,因为,作为普遍机构,它不得不在特殊利益间确保平衡,市场及社会机构不能独自构建此平衡。市民社会无疑也拥有自身的普遍性机构,即民法法院及刑法法院。但遵守法律的形式性保障无法恰当地管理近似自然状态的市民社会。因此对于社会的特殊性应存在一种政治性的管理。当然,制定社会政策只是国家诸多任务中的一个任务。正如我们在前一章中所指出的那样,将制定社会政策构建为国家的存在根据,这等于是将国家构建成一个外在国家(外在于它自身的普遍性),一种需要国家(Notstaat):确切说,这是自由主义者的守夜人式的国家。因此,这等于是把国家与市民社会混为一谈,因为国家只推崇一个目的,即"单个人本身的利益"。③但是低估这一功能将使人忘记,国家的目的也在于填平处在普遍性与特殊性、政治与社会之间的一直有可能塌陷的沙坑。在《法哲学原理》第236节及其后几节中,黑格尔研究了英国工业革命的不幸结果,即赤贫的贱民(Pöbel)的形成,尤其是被社会隔离的贱民的

---

① *RPh*,第308和311节,*W*,第7卷,页476和480;*PPD*,页405和409。关于"公共权力监督":*RPh*,第252节,*W*,第7卷,页394;*PPD*,页328。

② *RPh*,第270节,*W*,第7卷,页415;*PPD*,页352。

③ *RPh*,第258节附释,*W*,第7卷,页399;*PPD*,页334。也参看*RPh*,第270节附释,*W*,第7卷,页424(*PPD*,页359)和第324节附释,*W*,第7卷,页492(*PPD*,页420)。

形成[198],以及市民社会自身的不稳定(市民社会经济、法律及社会管理的常规模式显得已不能再以有效的方式运行下去)。这些文本中,黑格尔认真仔细地处理了"社会问题",这种处理证实了上面刚说的那点。在下一章中,我们将回到这个关键性的分析上来。在这里,我们将关注涉及"债权"时此分析所蕴涵的东西,我们强调两点。

首先,如果社会权利显然以公共权力的协同介入为前提,那它们在市民社会中自然有其真正位置及施行场所:正是以"市民社会的儿子"为名义,个人在市民社会中才有"权利"可利用。① 因此,正如西耶士所说,②"社会救济权"与其说是公民权利,还不如说是资产者权利。同业公会的使命可作如下理解,即通过建立市民社会的一种制度性的网状结构,同业公会使市民社会避免了被还原为一种纯粹的市场社会,并且同业公会向个体保证,其"特殊福利"将被视为一种"权利"。③ 因此,正是首先借助社会性制度(警察也是其中的一种制度,至少由于其行动范围),市民社会才可以不仅仅是一切人反对一切人的战场。④

第二,在自由权与社会权利之间,在"关于……的权利"与"对……有权利"之间,存在一种潜在矛盾,它要求被政治性地处理。就其原则而言,有多少人权是非政治性的权利,就有多少紧张关系应由国家来负责处理,这些紧张关系影响人权所形成的整体(但此主张含有的意义完全不同于它根据自然法学论的观点可能所

---

① *RPh*,第 238 节,*W*,第 7 卷,页 386;*PPD*,页 320。
② Sieyès,《人与公民权利宣言的第二个草案》(Second projet de déclaration des droits de l'homme et du Citoyen),第 27 条,载于 S. Rials(编辑),《人与公民权利宣言》(*La Déclaration des Droits de l'Homme et du Citoyen*),Paris,1988,页 619。
③ *RPh*,第 255 节,*W*,第 7 卷,页 396;*PPD*,页 331。
④ 参看 *RPh*,第 289 节附释,*W*,第 7 卷,页 458;*PPD*,页 388。

具有的意义,因为对黑格尔而言,原初权利或自然权利的观念是一种含混的(或矛盾的)概念),也影响市民社会,并且不能在社会范围内被克服。唯有现实普遍物的裁决机构——此机构只能在政治领域内被定位,因为法所保障的普遍性及在特殊利益对立的竞争中经济法则所发现的普遍性都是形式的普遍性)——才能确保个体及社会团体现实享有特殊的及竞争性的权利,并能做出必要的决定,消除可能会使诸多人权形成的整体分裂的矛盾;因此,[199]当论及生产者与消费者之间的利益冲突时,黑格尔认为,这个冲突最后需要"一种凌驾于双方之上的、有意识的调整工作"。[1] 与人们的通常观点相比较,这些决定含有更多的"自由"成分,按黑格尔的看法,这些决定大致看来与其说倾向于平等,还不如说倾向于自由,因此与其说倾向于社会权利,还不如说倾向于自由权。但是如果说,面对好像是呈现出来的替代选项,在表面上黑格尔的选择与自由主义者的选择相同(近代世界选择社会性的自由,损害政治平等),那么,在黑格尔那里支持其选择的自由概念与自由主义者的自由构想天差地别。[2] 正如通常那样,黑格尔在这里指出,人们可以拥护一种解决方式,虽然拒绝它要解决的问题的提出方式。

最后,在黑格尔的国家建构中,人权所处的位置被如何刻画呢?作为政治自由的制度性表现的理性国家,它(无疑在历史上首次)

---

[1] 参看 RPh,第236节,W,第7卷,页384;PPD,页318。[译注]中译参考《法哲学原理》,页239。

[2] 关于自由的自由主义构想,参看 L. Jaume,《自由与法律:自由主义的哲学起源》(La Liberté et la loi. Les origines philosophiques du libéralisme),Paris,2000。自由的诸构想是如下辩论的基础,即采纳1789年《宣言》之前发生的辩论。M. Gauchet 清晰分析了这些构想,参看其作品《人权的革命》(La Révolution des droits de l'homme),Paris,1989。

承认并保障"永恒的人[的]权利";①因此,《人权宣言》构成了"基本教理书",②它陈述了宪法大厦的基础,但应补充的是,它仅仅陈述了基础。然而,正是由于其抽象性,人权,特别是自由权,不能形成现实政治的内容。或者将涉及一种抽象政治,并非是"国家的人",而是"原则的人"③构想并实施了这种抽象政治(一种确信的道德引导着"原则的人");这将是一种专断政治,一种德性政治,其形式及结果只会激起人们的忧心(当然,我们想到了法国大革命时期的大恐怖)。罗伯斯庇尔宣称,"法国大革命是首次以人权理论及正义原则为基础的革命";④但是,运用着我们所知道的推论,他也认为"国王,贵族,暴君,无论他们是谁,都是反对地上统治者(即人类)[200]与反对宇宙的立法者(即自然)的暴动奴隶"。⑤ 黑格尔拒斥人权的这一抽象政治。但是,与反革命者相对立(对他们而言,上述政治建立在"一种理论错误"之上⑥),黑格尔将此政治视为真实自在的理念在实践上的误入歧途,合适的做法是仅仅去明确此理论的根据。人权不应为了反抗国家而主张主权,相反,人权应借助国家但在国家之外得以实现。因此,黑格尔的立场远非为某些政治或道德考虑所决定,他在思考国家与市民社会、政治与法律—经济

---

① "[在罗马]奴隶试图解放自己,试图获得对其永恒的人的权利的承认。"(*Enzykl*,第 433 节附释,*W*,第 10 卷,页 224;*Encycl* 3,页 534。)

② *Wurtemberg*,*W*,第 4 卷,页 492;*Pol*,页 240。

③ *Reformbill*,*W*,第 11 卷,页 122;*Pol*,页 390。参看 B. Bourgeois,《黑格尔与人权》(Hegel et les droits de l'homme),载于《哲学与人权》(*Philosophie et droits de l'homme*),Paris,1990,页 86 – 88。

④ Robespierre,《最后的演说》(Dernier discours)(1794 年 7 月 26 日),《作品集》(*Œuvres*),第 10 卷,Paris,1967,页 544。

⑤ 《罗伯斯庇尔的演说》(Discours de Robespierre),《议会档案》(*Archives parlementaires*),第一系列,第 63 卷,页 198。

⑥ J. de Maistre,《关于法国的评论》(*Considérations sur la France*),Paris,1980,页 64 – 65。

的关系时所采取的创新方式完全左右其立场(此处国家与市民社会、政治与法律—经济的关系处在现代性形势下,即处在新教徒宗教革命、法国政治革命及英国经济革命之后的世界中)。这一关系是辩证的。近代市民社会的矛盾的解决只可能是政治性的解决,这一黑格尔的信念——马克思以他的方式重拾了此信念——致使他采纳一种立场,毋庸置疑,此立场与法权国家的理论家的观点不符,后者的观点是自由主义而非"社会性的"观点。因为属于市民社会这一相对性领域,所以人权——无论涉及自由权还是债权——只被承认具有一种相对的意义及价值。

法律秩序:作为"法权状态"的市民社会

黑格尔不仅在《精神现象学》中使用"法权状态"这个术语,也在成熟时期的作品中运用它,目的是带有保留意见地指出一种抽象法的统治(此处的保留意见为抽象法的统治所引起)。黑格尔的法的概念很宽泛,"法权状态"只对应此概念的外延的一个微小部分,黑格尔对费希特的国家构想的如下评价可证明这一点:"[在费希特那里,]法是最高原则[……]国家并非在其本质中被构想,而仅仅被视为法权状态,确切而言,即被视为有限存在物与有限存在物之间的外在关系。"[1]对黑格尔而言,如果费希特将国家构建为一种"需要国家"(Notstaat),[2]这是因为,[201]正如自

---

[1] *GdP*,*W*,第 20 卷,页 412;*HP* 7,页 1996。
[2] Fichte,*Naturrecht*,《著作集》(*Werke*),第 3 卷,页 302(*Droit Naturel*,页 310);*Sittenlehre*,《著作集》(*Werke*),第 4 卷,页 238(*Système de l' éthique*,页 227)。我们已说过,黑格尔将这一名称用于市民社会(*RPh*,第 183 节,*W*,第 7 卷,页 340;*PPD*,页 280)。

由主义者那样(表面上看,他与自由主义者完全对立),他将国家想象为市民社会及私法的延伸,由此,他不能思考其特有的政治使命。为了恰当定义此使命,合适的做法是细致探索"法权状态"的界限(在某些条件下,近代市民社会就是法权状态)。在黑格尔那里,法权状态概念差不多对应法律状态(gesetzlicher Zustand)概念及法律制度(Rechtsverfassung)概念,后一术语被用来刻画市民社会,并且它与术语国家制度(Staatsverfassung)相对照。① 这些表达指明,在市民社会中抽象法被执行,其执行形式是为法律制度所保障的法律统治。"法权状态"是市民社会分析的一个重要环节,因为它提请这样一种社会注意普遍物,这种社会似乎被需求体系的逻辑判定为要在特殊性中消逝:

> 在市民社会中,理念丧失在特殊性中,并分裂为内外两面。在司法中,市民社会回复到它的概念,即自在地存在的普遍物跟主观特殊性的统一。②

在题为"司法"(die Rechtspflege)的那节中,黑格尔首先处理作为抽象法的表达的实定法,并提出将实定法体系化为民法典的问题(当时此问题在政治上很棘手);然后他研究按权利及法律组织起来的社会生活的诸条件,此研究产生了对制度及司法程序的思考。乍看起来,黑格尔为这些详细描述所安排的位置让人吃惊。为什么司法属于市民社会的分析范围?为什么它

---

① 参看 *RPh*,第157节,*W*,第7卷,页306;*PPD*,页259。1817年论符腾堡的文章确实谈及一种"国家的法律制度"(*W*,第4卷,页494;*Pol*,页242);但涉及的是一个引用。

② *RPh*,第229节,*W*,第7卷,页381;*PPD*,页315。[译注]中译参考《法哲学原理》,页237。

被放在如下两方面的研究之间？即一方面是对近代生产结构（需求体系）的研究，另一方面是对社会生活的行政管理及制度性管理（警察与同业公会）的研究。人们原本可以料想，黑格尔在论抽象法的部分中处理此问题；不过黑格尔将法律规范的（司法）管理研究从抽象法/私法的研究中分离出来，目的是将前者归并到一种具有思辨性的思考中，此思考的对象即为作为被设定的存在（Gesetztsein）的法律（das Gesetz）。既然接受[202]两方面之间的分离——一方面是抽象法，一方面是抽象法在实定法的秩序框架内的表达及应用方式，那为什么黑格尔不在国家框架内研究后者呢？因为司法，正如警察，处在政府管辖权范围之内，①由此"应当既被视为一种公共权力的义务，也应被视为它的一种权利"。② 为什么黑格尔将司法构建为一种社会性问题，而非法律性的或政治性的问题呢？人们可以在他为法律所赋予的定义中找到答案：

> 法律是自在地是法的东西而被设定在它的客观定在中，这就是说，为了提供于意识，思想把它明确规定，并作为法的东西和有效的东西予以**公布**。通过这种规定，法就成为一般的实定法[……]只有在**自在的存在**和**被设定的存在**的这种同一中，法律的东西才作为**法**而具有拘束力。③

在对法律的这一分析中有两点值得注意：首先黑格尔将法律刻画为抽象法的客观的及实定的存在；其次应注意如下两方面之间的相近

---

① 参看 *RPh*，第 287 节，*W*，第 7 卷，页 457；*PPD*，页 386 – 387。
② *RPh*，第 219 节附释，*W*，第 7 卷，页 374；*PPD*，页 308。
③ *RPh*，第 211 和 212 节附释，*W*，第 7 卷，页 361 和 364；*PPD*，页 300 和 302。[译注]中译参考《法哲学原理》，页 218 和 221。

关系,一方面是法律(das Gesetz),另一方面是术语"设定"(setzen)所意味的逻辑学功能,它们的相近关系不是一种单纯的文字游戏。

首先实定法的法律形式指出了实定法的特征。一个国家中的现行法律明确将抽象法表示出来,抽象法——用黑格尔的术语来说——被设定了。因此,法律的实定性远非意味着在理性方面的缺陷,它是法的现实化的条件;但是,它当然没有穷尽法的可能的合理性。黑格尔在其最后一部政治著作中写道:

> 诚然,所有的法,以及从它那里引出的法律,根据形式,是某种实定的东西,由最高权力设定并签发,由于它是法律,所以必须服从它。不过,与所有其他时代相比,在今日,普遍知性更多地被引导着去追问,这些权利是否仅仅根据其物质性的内容就是实定的,或它们是否也自在自为地是正义的及理性的。①

眼下,我们将注意力放在第一句话上。法律形式将法律意义上的人的形式权利转化为[203]在市民社会中社会参与者对其权利的具体运用。比如说,对物的抽象的及不受限制的占有权(霍布斯的对一切物的权利[jus in omnia])现实化为在社会中确立起来的对某物的占有(所有权):

> 正像在市民社会中,自在的法变成了法律一样,我个人权利的定在,不久前还是**直接的**和**抽象的**,现在,在获得承认的意义上,达到了在实存的普遍的意志和知识中的定在。②

---

① *Reformbill*,*W*,第 11 卷,页 88;*Pol*,页 360。
② *RPh*,第 217 节,*W*,第 7 卷,页 370;*PPD*,页 306。[译注]中译参考《法哲学原理》,页 226。

作为法律,更进一步,作为被编成法典的民法及刑法体系,抽象的主体权利(我的权利)获得了一种现实性。首先,这意味着法(客观法,法律体系)为所有人所认识:"法律义务包括[……]一种必要性,即法律要普遍地为人所熟悉。"①其次,这意味着法律机构保护法以及保护从法中引出的诸权利,当它们被损害时,法律机构修复它们,如此便将它们提升为一种普遍性的东西。法律的实定性远非一种纯粹的偶然性标志,它使得法不再是一种特殊要求,而被设定为普遍物:

> 法的东西要成为法律,不仅首先必须获得它的普遍性的形式,而且必须获得它的真实的规定性。②

法律是在其普遍性中被实现并被思考的法。这就解释了为什么说"能给予他们的人民即便像优士丁尼安那样一种不匀称的汇编的统治者[……]做了一件出色的公正的事"。③

让我们从此分析中提取双重信息。首先,市民社会是抽象法的具体化及普遍化的空间,是抽象法的现实性的土壤,这解释了司法分析所处的位置。差不多可以说,制度化了的社会领域是法的真正介质(即便法的归咎点,用凯尔森的话来说,是个别的人这一抽象概念),反过来,这意味着,没有市民社会(因此没有局部自我管理的市场以及没有此市场引起的制度),抽象法很有可能停留为一种空想,"自在的"法。第二,当黑格尔宣布他偏向于通过一部民法典

---

① *RPh*,第215节,*W*,第7卷,页368;*PPD*,页304。

② *RPh*,第211节附释,*W*,第7卷,页361;*PPD*,页300。[译注]中译参考《法哲学原理》,页218。

③ *RPh*,第215节附释,*W*,第7卷,页368;*PPD*,页305。[译注]中译参考《法哲学原理》,页224页,略有改动。

时,涉及的不仅是他对发生在 1810—1820 年的德国的法律及政治争论的介入,也不仅是[204]他加入到一种阵营中的这一事件——此阵营不偏向弗里德里希式的模型(《普鲁士国的普遍国家法》[Allgemeines Landrecht für die preussischen Staaten]),而事实上偏向拿破仑式的模型(民法法典)。上述黑格尔的宣告也尤其是一种理性的选择:无论一部法典的创编有多么的不完善(这无疑是普鲁士法典的情况),它"在其普遍性中表达法的原则,因此,在其确定性中表达它们"。① 法律借此恰当表达了一种普遍性(一种知性的普遍性,而不是一种理性的普遍性②),社会生活能胜任的普遍性。对黑格尔而言,法律统治(法权状态)将市民社会提升为思想,因此指明,市民社会不仅是伦理理念的分裂环节,同样也是其真正和解的形式上的预备。

但是,为了理解这一法律理论的所有意义,合适的做法是关注此理论所运用的逻辑学概念。法律(das Gesetz)是在设立(Setzen)的关系中的抽象法的自在存在(Ansichsein)。然而,设立是本质的诸多进展形态的一种形态。《逻辑学》的每一领域(存在、本质、概念)的特征不是为其对象的特殊性所刻画(就某种程度上来说,黑格尔的逻辑学的对象总是同一个,即存在,此存在处于一种运动过程中,在其中它被理性地阐述,并成为概念),相反,《逻辑学》的每一领域的特征被进展模式所刻画,进展模式是逻辑学对象被理解的

---

① *RPh*,第 211 节附释,*W*,第 7 卷,页 362;*PPD*,页 301。关于梯鲍特(Thibaut)与萨维尼(Savigny)就法典编纂问题展开的论战,以及关于黑格尔对于前者的支持,参看前面第二章。

② 参看 *RPh*,第 216 节附释,*W*,第 7 卷,页 369;*PPD*,页 306。正是"不了解理性的普遍物与知性的普遍物之间的区别"导致了某些人(此处指萨维尼与历史学派)的如下做法,即以法典编纂可能不完善为由,拒绝法典编纂。

方式。① 关于存在的逻辑学完全是一种过渡(übergehen)的逻辑学，在其中，与被给予的相异性的关系总在规定着范畴的构建及其扬弃(Aufhebung)。在概念领域中，进展的特征是概念在其诸环节中自由发展(Entwicklung)。② 中间的本质领域展现了否定在自身之内的反思过程：

> 本质的否定性是*反思*，并且诸规定[为]本质本身所反思及设定，这些规定在它之中保持为某种被扬弃的东西。③

[205]本质使对存在的论说成为可能，就此而言，它表明存在与其自身的不相符。因此，这里涉及的是借助本质的诸规定来思考内在的矛盾，借此矛盾，所有东西成了它所是的东西，即间接达成了它直接所是的东西。对黑格尔而言，本质是"*存在的真理*"，④它完全不是一种后台，一种不动的背景(Hintergrund)，为现象、事物的表面性存在提供稳固的内在基础的背景。本质存在着，它只是存在的反思，即否定性。然而这一反思性的两个相关形态是设定(Setzen)与预先设定(Voraussetzen)；本质性的反思同时是"设定的反思"与"预先设定的反思"：

> 反思性运动因此应被理解[……]为在自身之内的绝对反冲击[……]设定的反思是预先设定的反思，但是，作为预先设

---

① 参看 J. - Fr. Kervégan,《黑格尔与黑格尔主义》(*Hegel et l'hégélianisme*), Paris, 2005, 页 79。
② 参看 *Enzykl*, 第 161 节, *W*, 第 8 卷, 页 308; *Encycl* 1, 页 407。"概念的进展既不再是向他物的过渡，也不再是映现于他物之中，而是发展。"
③ *WdL* 2, *W*, 第 6 卷, 页 15; *SL* 2, 页 4 – 5。
④ *WdL* 2, *W*, 第 6 卷, 页 13; *SL* 2, 页 1。

定的反思,它完全是设定的反思。①

反思设定规定性,并且这些规定性是所有思想活动使用的范畴,它们是同一性、区别、矛盾、根据。但是,如果反思存在,那是因为本质本身"碰到了一个它要超越的已然存在的直接物,本质是以此直接物为出发点的转向"。② 由此,设定的反思与外在的(预先设定的)反思相互关联。本质将存在设定为存在着的东西(因此,本质是它的根据),同时它将存在预先设定为要被超越的东西(因此,本质是它的真理或理念[eidos])。所以,被设定的存在(das Gesetztsein)指出了真正的本质规定的结构,即实际上不存在什么规定性不被中介或设定,无论表面看来它的存在是多么的直接:"在本质领域内被设定的存在对应于定在。"③但是因为设定这个被设定的存在的东西不是一种肯定性的运动,正如在存在领域内从一个规定到另一规定的过渡,相反,它是一个纯粹的否定性(关于存在的本质性反思),所以反思的规定不是一种与他物的关系,而是一种"与自身相等同的否定";它"因此是被设定的存在,否定,但是作为在自身中的反思,它同时又是这个被设定的存在的被扬弃的存在,与自身之间的无限关系"。④ 诚然,脱离逻辑学的语境,这些[206]概念具有较少的专门意义,但这不等于说它们不怎么重要了;然而,在本质发展过程中对设定(Setzen)的规定是《法哲学原理》中涉及法律的言论的思辨基础。抽象法(或用古典语言来说,自然法)是法律的"本质";法律是其被设定的存在,如果人们愿意,也可以说法律是其定在,或用更好的说法,其现象。但是,此本质,抽象法,不是一个背景,一个

---

① *WdL* 2, *W*,第6卷,页27-28;*SL* 2,页22-23。
② *WdL* 2, *W*,第6卷,页27;*SL* 2,页22。
③ *WdL* 2, *W*,第6卷,页32;*SL* 2,页29。
④ *WdL* 2, *W*,第6卷,页35;*SL* 2,页33。

悬挂在理念天空中的真理秩序,此秩序为实定的、经验的及处在历史中的法律机构充当理智的规范作用。严格来说,法不存在;或毋宁说,只有通过采取法律的反思(被设定的)形态时它才存在。

"被设定"为实定法,法不再是一种一般的关于所有权、契约及违法纠正的普遍规定的汇编,而是具体的普遍规范,复杂的、无限不同的、总是易于蜕变为暴力的社会关系应与此规范保持一致。在此形式下,法是调解遍布市民社会的纷争的普遍化模式。诚然,在特殊利益领域中,存在许多促进普遍利益的东西——市场调控、警察所确保的秩序、同业公会的劳动。但是法律具有如下特殊方面,即法律工作,带着所谓法庭的庄重,表达了"市民社会的观念及意识"。[1] 反过来,实定法不能满足其自身:它需要这个根据或这个抽象本质,即"自在"的法,客观精神的普遍规范。因此,不是因为或不仅仅是因为法律以合适的形式被通过,它就有效;它也应与今天我们所称的法的普遍原则相符。自然法学家的建构阐明了一种规范主义的构想,在这里,黑格尔难道重新接受一种与此构想相类似的构想吗?没有,因为法律机构所展现的"自在的法"的构想只是实定的市民法的理性内核。因此,实定法与理性的抽象法之间的关系阐明了《法哲学原理》开头表述的论题,即"自然法或哲学的法与实定法不同[;]但通过宣称它们彼此对立或冲突而歪曲这一说法,这将是一个很大的误解"。[2] 法律将法理的抽象概念转化为社会领域的现实构造。因此,法律将市民社会构建成一种"相对的整体",[3]一种法权状态,相对的整体拥有[207]特定的运行规章,因此与国家相对,它争得了一种(部分的)独立。

从某些方面来说,法的这一构想与自由主义的法权国家理论很

---

[1]　*RPh*,第218节附释,*W*,第7卷,页372;*PPD*,页307。
[2]　*RPh*,第3节附释,*W*,第7卷,页35;*PPD*,页112。
[3]　*RPh*,第184节,*W*,第7卷,页340;*PPD*,页280。

相近。"是权威,而不是真理,构建了法"(auctoritas, non veritas facit legem),①此格言阐明了法律的政治性构想,与此构想相对立,黑格尔的法的构想强调法律规范是"普遍原则","单纯的普遍规定"。②合适的做法是,不试图规定一切,而是保留普遍性特征,并让法学操心如何将法律运用到具体案件中。此外,黑格尔对立法领域的定义与法权国家理论的定义相近:实定法在私法领域内进行裁定,并且其本质部分是民法及刑法的法典编纂。然而,黑格尔在其中也纳入家庭法(遗产的传递,夫妻关系)、某些国家生活的方面与司法机构的组织及司法程序。③ 因此,立法领域超过了私法范围。然而,法律的最后目的是,"在市民社会中,财产及人格获得承认与法律有效性"。④ 因此,法的统治就是按法制(Rechtsverfassung)对市民社会的建构。

然而,黑格尔的立场与法权国家学说之间存在重要区别:按黑格尔的看法,国家有权颁布一种社会性立法,以促使市民社会按其自身规则运行,即现实地成为一种市场及自由交换的社会。此观点与自由主义的法权国家纲领相背离,与后来发展起来的社会国家(Sozialstaat)的观点相近。在立法权所针对的对象中,在赋税规定之旁,出现了"借助国家,[个人]所获益的东西及个人在享有中所收获的东西",也就是说,"一般私法法律,区镇及同业公会的权利以及具有完全普遍性的组织",⑤人们应将这些确切理解为一种社会性立法,诚然,与后来出现的保护主义国家(État‑providence)的社会性立法相比,黑格尔的社会性立法是粗陋的。社会性立法的存

---

① Hobbes,《利维坦》(*Léviathan*)(拉丁文版),第 26 章,Tricaud 和 Pécharman 翻译,Paris,2004,页 210。"是权威而不是真理构建了法。"
② *RPh*,第 216 节,*W*,第 7 卷,页 368 – 369;*PPD*,页 305。
③ 参看 *RPh*,第 213 节,*W*,第 7 卷,页 365;*PPD*,页 303。
④ *RPh*,第 218 节,*W*,第 7 卷,页 371;*PPD*,页 307。
⑤ *RPh*,第 299 节,*W*,第 7 卷,页 466;*PPD*,页 396。

在(或可能性)乍看起来让人吃惊。对此,黑格尔事实上首先与法权国家的理论家的意见相符,他认为,立法者只能[208]对"就其内容而言具有完全普遍性的内部事务"做出决定;①相反,行政机构及政府负责"特殊事务及[法律]执行的方式"。② 对此我们将做两点评论。首先,立法与行政工作之间的界限没有被明确描绘出来。古尔维奇(Gurvitch)说,通过确立一种明晰的及"归并到国家法中"的社会性的法,立法者只是批准了一个"纯粹的及独立的"社会性的法,③此法产生于社会制度本身(即同业公会的运行规则);他确定了政府所推行的社会政策的形式性框架。唯有社会政策的最为普遍的定位及方针的决定属于立法领域;比如说,黑格尔曾赞同对童工的法律上的禁止。相反,政府推行一项政策,此政策以适合诸多确定团体的措施的形式表现出来。然而,不仅仅是一个专门的官僚机构,相反,整个国家应该治理社会及经济生活的不良运转。一个独一无二的例子:如果殖民扩张首先是一种发展进程的结果,此发展进程促使市民社会"超出其自身"(双重运动,即一方面是夺得原材料、劳动力及市场,另一方面是大都市劳动阶层的贫困化),那殖民扩张采取了一种国家政策的形态。④ 第二个评论:立法机构本身部分地就是社会等级及社会组织的衍生物,乡镇及同业公会的衍生物。⑤ 由于此社会根基,议会——与政

---

① *RPh*,第 298 节,*W*,第 7 卷,页 465;*PPD*,页 395。
② *RPh*,第 299 节附释,*W*,第 7 卷,页 466;*PPD*,页 396。
③ G. Gurvitch,《社会性的法的理念》(*L'idée du droit social*),Paris,1931,尤其参看页 153。
④ 参看 *RPh*,第 246 - 248 节,*W*,第 7 卷,页 391 - 392;*PPD*,页 325 - 327。
⑤ 参看 *RPh*,第 308 - 311 节,*W*,第 7 卷,页 476 - 481;*PPD*,页 405 - 410。

府当局不同——是一个"调解性机构",①是政治普遍性与社会特殊性之间的连接纽带。因此,社会性立法,正如预算投票(它通过确定税的基数影响社会组织),促使推行一种必要的政治性调解,此调解的对象即为市民社会。总之,尽管社会政策可以被制定成法律,但是它,正如财政法,尤其是"一种政府事务"。② 它更多地属于警察的管辖领域,而非立法管辖领域。

法权状态的界限

[209]黑格尔将市民社会构想为"法权状态",通过确定是什么东西使此构想与法权国家理论区别开来③,我们考量了黑格尔与自由主义之间的差别的地方。首先应强调在黑格尔眼中法律统治及司法程序的形式主义所包含的严格界限。在很大程度上,这一形式主义只是誊写了抽象法本身的形式主义。它传达了自在的法——它因为是抽象的,所以是形式的④——向实现于社会中的法的转变。因此,实现于社会中的法包含一个不可逾越的界限,此界限是"法权状态"的界限本身(此处的法权状态是被恢复到其基本结构的法权状态)。不过,这里涉及的不是法本身的不足(抽象法的抽

---

① *RPh*,第 302 节,*W*,第 7 卷,页 471;*PPD*,页 400。

② 参看 *Enzykl*,第 544 节说明,*W*,第 10 卷,页 343 – 344;*Encycl 3*,页 323 – 324。

③ D. Losurdo 详细探讨了关于黑格尔的"反自由主义"的诊断,D. Losurdo,《黑格尔与现代人的自由》(*Hegel e la libertà dei Moderni*),Rome,1992。也参看 J. – C. Pinson.《黑格尔,法与自由主义》(*Hegel, le droit et le libéralisme*),Paris,1989。

④ *Enzykl*,第 487 节,*W*,第 10 卷,页 306(*Encycl 3*,页 284):"法本身是形式的、抽象的法。"

象性具有肯定的意义),而是涉及其现实化的场景的不足。法律秩序的形式主义与其现实化的领域即市民社会的特性相关,市民社会是"理念实在的抽象环节,此处的理念只是作为相对整体性以及作为直接靠在外在现象上的内在必然性而存在"。①

无论法在其抽象普遍性中有多么的精确,它在市民社会中都应适应于"无限分化的及无限错综复杂的环境"。② 由此,法院应维持一种重要的评估能力,目的是对法律采取一种合适的变革;我们"因此进入到一个不为概念所规定的领域"。③ 出于这一原因(它不是唯一的原因),民法不能达到一种最终的合理性;它"首先属于其时代及在此时代中的市民社会的情况"。④ 然而,法权状态的根本界限是,它仅借助市民社会施行私法。我们知道,市民社会是伦理的外在于自身的环节,特殊物与普遍物之间的仅仅是外在连接的环节;它建立在如下两方面东西之间的分离之上,一方面是需求、渴望及特殊利益,另一方面是[210]经济调节及司法程序的形式普遍性。⑤ 因此,它听任普遍抽象的法律规范的区分化了的实现,并在事实上听任它的一种具有区分作用的实现。

生产及商业交换体系要求法应构建市民社会。此体系包含一种动力,人们应当既知道此动力的社会化功能(生产及商业交换体系使理性的自私自利者即社会参与者相互依赖),也应认识此动力的非社会化影响(生产及商业交换体系产生不平等,产生人们与社

---

① *RPh*,第 184 节,*W*,第 7 卷,页 340;*PPD*,页 280。
② *RPh*,第 213 节,*W*,第 7 卷,页 365;*PPD*,页 303。
③ 参看 *RPh*,第 214 节,*W*,第 7 卷,页 366;*PPD*,页 303。
④ *RPh*,第 218 节附释,*W*,第 7 卷,页 372;*PPD*,页 307。这是一种"德国病",即对立法要求一种完善性,私法不能办到这种完善性。(*RPh*,第 216 节附释,*W*,第 7 卷,页 369;*PPD*,页 305 – 306)
⑤ 参看 *RPh*,第 182 – 184 节,*W*,第 7 卷,页 339 – 340;*PPD*,页 279 – 280。

会的脱离)。借助一种生产组织(此组织如不被共同商量好,那它就越精细),需求体系有助于确保如下两方面东西的满足,一方面是经济活动参与者的通常相互矛盾的期待,另一方面是为生产体系所激增的、与"自然"关系疏远的需求。"观念"①的眩晕扩大了需求,需求的满足意味着每个人对每个人、每个人对全体的依赖。一个看不见的虚拟的手不断调适需求的满足模式,因此转变需求本身;但是这只手也同样产生不当的不平等,这些不平等被视为一种不公正,对于它们,法既没有使命也没有能力纠正它们。就结构方面而言,需求体系是不平等的,"个人财富与才干的不平等"是其逻辑的"必然结果"。② 因此,生产及资源分配体系的动力蕴含令人忧虑的冲突,当这些冲突的解决办法可能超出社会资源、司法秩序资源甚至国家资源时,上述冲突则变得更令人忧虑。我将在下一章中讨论此问题。个人竞争对赤贫者而言包含异化因素及不公正因素,它在经济合理性与社会生产率方面包含积极因素,就这两种情况而言,无论怎么说,个人竞争处在阶级战争或"世界内战"③的潜在前景中,此前景确实与法权状态没什么关系。

就其本质而言,法权状态是在市民法律的保障下对基本主体权利(尤其是自由权)的尊重。无论基本主体权利有多么不同,人们可以在如下联系中找到其诸特征的一致性,即法权状态与资产者的市民社会所维持的结构上的联系(资产者的市民社会在近代历史的最近阶段中已[部分]脱离国家)。[211]因此,从原则上说,法权状态是非政治性的。以此为基础,人们就可以理解黑格尔对此状态所持的细腻评价及对自由主义教条所表达的保留意见,自由主义的教

----

① *RPh*,第 194 节,*W*,第 7 卷,页 350;*PPD*,页 288。
② *RPh*,第 200 节,*W*,第 7 卷,页 353;*PPD*,页 292。
③ 参看 C. Schmitt,《世界的统一》(L'unité du monde)(1952),载于《论政治》(*Du Politique*),Puiseaux,1990,页 225–249。

条为法权状态赋予绝对意义。正如市民社会自身,法权状态具有发展过程中的环节的意义,此处的发展过程即为伦理。为此,法权状态具有一种必要性及一种合法性。但是,如果它被提高到绝对物这个层次,那它自身的现实性原则将由此受损。因为,如果人们为"资产者"权利赋予绝对的特征,那不仅公民的政治生活将会受损,而且社会本身的存在也会受害。如果市民社会能自给自足,正如在自由意志论者的睡梦中那样,如果社会关系的政治性维度能被消除,那市民社会将朝向自我毁灭的方向发展,并且社会的无政府状态将以政治暴力收场。

第六章 "丧失在它的两极中的伦理……"

[213]黑格尔著作纪念版(Jubiläumsausgabe)的一个分册包含第一版《哲学科学百科全书》,在此分册的前言中,格洛克纳(Glockner)指出,此作品的中间部分涉及中介,享有特殊地位,它们在后来两版《哲学科学百科全书》中遭到最为重要的修改,这些中间部分即为自然哲学,本质的逻辑学,客观精神学说。① 此断言只具有指示性的意义,人们不能详细证实它。至于谈到客观精神,关于伦理的阐述受到最为重要的改动。其中最引人注意的变动——后来我们知道,它发生在1817—1818年论"自然法与国家科学"的讲义中,此讲义与第一版《哲学科学百科全书》同年出版——即为引入家庭、市民社会与国家的区分,此做法意味黑格尔要与一种二元论保持距离,此二元论一方面突出亚里士多德的看法(家[oikos]与城邦[polis]的分离),另一方面突出近代自然法(自然状态与社会状态的分离)。② 此变动的最为引人注目的方面无疑是对市民社会(bürgerliche Gesellschaft)这一传统概念的重新定义,此传统概念在第一版《哲学科学百科全书》中仍存在,此版《哲学科学百科全书》非常传统地将如下两方面东西对立起来,一方面是自然状态的"假想",另一方面是"社会与国家所建构的状态",它还断言,"社会[……]是一种状态,在其中法有其现

---

① *Sämtliche Werke*(全集),纪念版,第6卷,页 xxxv – xxxvi。
② 参看前面第二部分引言。

实性";①在此处,人们应将社会理解为一种社会状态,政治性的社会,[214]而非后来所谓的"市民社会"。上述变动以其方式证实格洛克纳的如下判断,即在伦理中,市民社会事实上是一个"中介性领域",②因此是一个关键地方,一个具有张力的中心。令人惊讶的是,借助一个简短的内容添加,上述来自纽伦堡中学讲义的评注③在后来的《哲学科学百科全书》的版本中被原封不动地保留下来,在后来的版本中,社会(Gesellschaft)这个词具有一种完全不同的意义。④ 在本章中,市民社会概念的逐渐形成以及市民社会与国家的区分的逐渐形成为一种分析起到导引线的作用,此分析的对象即为伦理学说的改造以及此学说包含的结构性困难,黑格尔似乎只是逐渐意识到这些困难。

从客观精神到伦理

客观精神概念本身就显示黑格尔的精神的概念与一般看法及其早先的哲学规划有多么背离。此概念在《精神现象学》中已默然存在,尤其在第六章中,与意识的形象、自我意识的形象、理性的形象不同,精神的诸多形象呈现为"世界的形象",⑤精神本身被定义为一种"伦理的现实性",在其中意识"与作为客观现实世界的它自

---

① *Enzykl* 1817,第 415 节说明,*GW*,第 13 卷,页 228;*Encycl* 3/1817,第 416 节评注,页 512。
② *RPh Pöggeler*,第 89 节说明,页 113;*LDN*,页 151。
③ 参看 *Propädeutik*,*W*,第 4 卷,页 247;*Propédeutique*,页 55。
④ *Enzykl*,第 502 节说明,*W*,第 10 卷,页 311–312;*Encycl* 3,页 292。
⑤ *PhG*,*W*,第 3 卷,页 326(*PhE* B,页 386;*PhE* H,页 Ⅱ/12;*PhE* J/L,页 405;*PhE* L,页 301)。

身相对立"。① 然而这一说法在海德堡的《哲学科学百科全书》之前并未出现。在这个文本中,对此概念的定义依然简短扼要:主观精神终于意识到希求自身的自由构成其规定性,它向如下必然性敞开自身,即自我弃绝的必然性、在客观性中异化的必然性(此处的客观性首先显示为好像是一种纯粹偶然的被给予的东西,并且此处的必然性为如下自由观念所蕴含,即自由是在他者中的在自身近旁的存在)。这一向相异性移动的要求在《逻辑学》中被思辨地创立起来,它与辩证法的构想相联系,1800年之后,辩证法组织着黑格尔的哲思。在《哲学科学百科全书》论及伦理时,黑格尔特别表达了向相异性移动的要求。

[215]自《法哲学原理》起(事实上,自1817—1818年的课程起),客观化成为一般精神与特殊的实践精神的特有特征:其自由为如下能力所衡量,即它"在客观性中逗留在自身那里的"能力。② 因此,自由作为精神的一般规定性获得了"必然性的形式"。③ 从客观逻辑(存在与本质)到主观逻辑(概念)的过渡展现为必然性在自由中的扬弃(Aufhebung),如果人们记得此点,那么人们就可衡量出客观精神概念所含有的动荡。自由是"必然性的真理",④对这一重要的逻辑论题黑格尔好像改变了他的看法。不过违反这一逻辑学论题的行为只是表面上的。事实上,在《逻辑学》中,自由显示概念的"主观"能动性的特点,必然性这一范畴总结存在与本质的"客观"

---

① *PhG*, *W*, 第3卷, 页325, (*PhE* B, 页384; *PhE* H, 页 II/10; *PhE* J/L, 页403; *PhE* L, 页300)。[译注]中译参考《精神现象学》(下), 页2。

② *RPh*, 第28节, *W*, 第7卷, 页79; *PPD*, 页137。

③ *Enzykl*, 第484节, *W*, 第10卷, 页303; *Encycl* 3, 页282。

④ 参看 *WdL* 3, *W*, 第6卷, 页246; *SL* 3, 页36:"自由显示为必然性的真理并且显示为概念的关系类型。"同样参看 *WdL* 3, *W*, 第6卷, 页249 (*SL* 3, 页39); *Enzykl*, 第158节和159节说明, *W*, 第8卷, 303页和304-305 (*Encycl* 1, 页403-405)。

逻辑的所有进程,只有当概念在自身中重新创造客观性与必然性的维度(没有此维度,概念将"只是主观的"概念,此处主观一词是在其通俗意义上而言),自由对必然性的扬弃才获得其完整意义,即在维持必然性的同时取消它,在保留它的同时超越它。因此,从主观概念到客观性的过渡,然后从逻辑学到自然的过渡,总之从自由到必然性的转变,是对概念自由的具有决定性意义的证明。通过为概念逻辑填充现实性的分量,《哲学科学百科全书》的精神哲学重新采纳了概念逻辑的这一交错配列法式的结构。事实上,客观精神学说通过翻转精神哲学的一般结构重新产生出这一结构:在此学说中,主观精神—客观精神—绝对(主观—客观)精神的序列被倒转为如下序列,即客观性(抽象法)—主观性(道德)—主-客观性(伦理)。由此,至少在形式层面上如下必然性显现出来,即客观精神理论必然接受一种道德主观性的理论,道德主观性的理论当然不是重新采纳主观精神学说的成果。① 在其整体中,正如在其每个部分中,黑格尔的体系普遍取决于主观性与客观性的一种特定的、真正说来闻所未闻的配合,此配合经历深刻改造这些概念的发展阶段。

不过,直至1830年,客观精神的阐释经历一些重要改造。对此这里就有一个例子。"在一个外在存在的世界中构建起来的自由接纳必然性的形式",②此断言[216]对理解什么是伦理极为重要,为了阐明此断言,最后一版《哲学科学百科全书》包含一个补充性的段落,此段落通过明显改造前一版《哲学科学百科全书》第485节的结尾而详细发挥了它。在前一版《哲学科学百科全书》第485节,黑格尔写道:

> 理性意志不仅是自在的,它既不是内在的东西,也不单纯

---

① 参看下面第十章。
② *Enzykl*,第484节,*W*,第10卷,页303;*Encycl* 3,页282。

是直接性的东西,正如自然物那样,不过其内容被人们认识,并具有有效性,作为实定法及其相关习俗而存在。①

这段话的一般意义很清楚。客观精神是表现为世界的自由;但此客观世界是一个精神性的世界,它克服如下两方面之间的抽象矛盾:一方面是按反思范畴被理解的主观性,另一方面是从自然的直接性方面被思考的客观性。然而,通过将"实定法"(权威意志设立它,它包含一种外在性的含义)与习俗(它为实定法添置一种被体验到的、但不是主观的或个体的归属性的认可)放置在同一层面上,1827年的文本模糊了或至少缓和了如下两方面之间的客观精神的特有张力:一方面是伦理体系的实定的或暗含的规则,另一方面是这些规则被主体经历的方式,此处的规则具体体现在实践中并在实践中被证实。

在1830年版的《哲学科学百科全书》中,第485节明确法与习俗之间的区别。"在必然性的形式中",客观精神的诸规定显示"理性意志与个别意志的统一",个别意志是"理性意志积极显现的直接且固有的环节"。但对意识而言,精神诸规定的内容可显现为"自己使自身有效的力量",或显现为"以一种构成性的方式融入主观意志中的东西,显现为其习惯、内在意向态度及品格"。在第一种情况下,客观精神具有法的外在合理的形式;在第二种情况下,具有风俗(Sitte)的形式,即理性被客观地归并在合理的实践中。② 法律所发表的普遍物不调节个人与集体行为,或法律未被个体积极地内在化并体验,此种可能性表达主观性与客观性之间的张力,此张力是客观精神的标志。伦理概念[217]以一种明晰的方式接受此张

---

① *Enzykl* 1827,第485节,*GW*,第19卷,页353;*Encycl 3*,第484节,页282(注)。

② *Enzykl*,第485节,*W*,第10卷,页303 – 304;*Encycl 3*,页282。

力。伦理——包括当"它的法律及权力"接受主观性的拥护——强制主观性放弃其完全自主的要求:"伦理实体"在主观性之上实行"一种绝对权威及一种绝对力量"。① 伦理主体(人、资产者、公民)应弃绝他本能地(并且虚幻地)对其自由或自由任性所具有的看法,在伦理主体那里,这一看法在道德语言中表现出来。

1830年版的《哲学科学百科全书》用在《法哲学原理》中仅适用于伦理的术语,陈述客观精神主客观的双重维度。在1820年,伦理被定义为"成为现存世界和自我意识本性的那种自由的概念"②:伦理统一并重新组织了法的客观的形式主义和道德意识的主观的形式主义。此连接虽然克服了它们的抽象对立,但并未废除"关于这两个环节的区别的意识";③此种区分是自由意志的普遍概念与其特定定在的区分。伦理首先是一种客观性的世界,其诸规定性形成一个"必然性的圆圈"。然而,个体并非是此实体的单纯被动的"偶性";伦理是诸客观规定的体系,此体系是一个被体验的世界,只有当它是从个体方面来说的"认知对象",④或至少说信仰对象时,它才具有现实性。与物理自然的法律相区别,伦理自然的法律全靠"观念"而有效;其有效性基于个体对它们的认识及承认:

> 伦理性的东西就是理念的这些规定的体系,这一点构成了伦理性的东西的合理性。因此,伦理性的东西就是自由,或自在自为地存在的意志,并且表现为客观的东西,必然性的圆圈。

---

① *RPh*,第146节,*W*,第7卷,页295;*PPD*,页252。
② *RPh*,第142节,*W*,第7卷,页292;*PPD*,页251。[译注]中译参考《法哲学原理》,页164。
③ *RPh*,第143节,*W*,第7卷,页293;*PPD*,页251。
④ *RPh*,第146节,*W*,第7卷,页294;*PPD*,页252。

这个必然性的圆圈的各个环节就是调整个人生活的那些伦理力量。个人对这些力量的关系乃是偶性对实体的关系,正是在个人中,这些力量才被观念着,而具有显现的形态和现实性。①

因此,主体与伦理世界的客观组织所维持的联系重新产生此世界的双重方面。从一方面来说,"伦理实体,其法律及其权力"完全无法被侵害,并且对个体显现为[218]完全无法被损害;从这一角度看,其权威要比"自然的存在更为稳定"②。从另一方面来说,伦理客观性拥有的权力也意味着主体在其中找到"自信心"并在其中认识到他固有的本质。只有在客观性不是"某种对主体来说是陌生物"的情况下,只有在客观性表达"自我意识的现实活力"③的情况下,客观性才是伦理的。由此,个体与其行动条件及规范的关系——当此关系采纳法律或道德义务的形式时,它仍还是外在的关系——因转变为风俗(Sitte)而被完全内在化。作为"普遍行为的方式",④伦理习俗是被普遍物客观引导的实践,它显示主体对建构他们的普遍性的拥护。因此,伦理比道德更多地揭示主观性在客观精神中的决定性作用,或者说,比起道德,伦理以一种更少带有歧义的方式揭示主观性在客观精神中的决定性作用;主观性不仅是"自由概念的存在基础",也是"与自由概念相符的实存"。⑤ 客观精神的概念是成为一个"要被[精神]产生并已被精神产生出来的世界,在此世界中自由作为必然性存在",⑥

---

① *RPh*,第 145 节,*W*,第 7 卷,页 294;*PPD*,页 252。[译注]中译参考《法哲学原理》,页 165。
② *RPh*,第 146 节,*W*,第 7 卷,页 295;*PPD*,页 252。
③ *RPh*,第 147 节和附释,*W*,第 7 卷,页 295;*PPD*,页 253。
④ *RPh*,第 151 节,*W*,第 7 卷,页 301;*PPD*,页 257。
⑤ *RPh*,第 152 节附释,*W*,第 7 卷,页 303;*PPD*,页 258。
⑥ *Enzykl*,第 385 节,*W*,第 10 卷,页 32;*Encycl* 3,页 180。

客观精神只有在如下条件下才符合其概念,即特殊主观性在其中是此转变的现实化的操作者及其核实的裁决者。但是主观性只有在如下情况下才能做到这点,即伦理主观性承认普遍—客观规范的优先权,并接受自己的渴望具有相对性(伦理主观性与道德意识不同,绝对自主总是使后者晕头转向)。主观性通过拥护规范内容为规范内容赋予现实性,在客观精神中,此内容并非首先为主观性的拥护所设立:此内容是其实体,作为实体,它总是其行动的前提。诚然,"第二自然",[1]伦理,与外在自然根本不同,因为它是自由,此自由以必然性的形式表现出来,并且它不是必然性的盲目统治。然而,正如人们本能地觉察到的那样,它仍然是一种自然:它所讲的语言是必然性的语言[2]。

[219]在1830年的《哲学科学百科全书》中,对客观精神的定义以《法哲学原理》对伦理的定义为参照榜样,这点不应太让人惊讶。伦理不是客观精神中可能与法及道德并置的一个部分。事实上,伦理是"已成为自然、意识到自身的自由",[3]唯有它完全符合客观精神的定义,不过条件是,在客观性领域内,它使法的单方面的客观性与道德的单方面的主观性实现和解。

伦理概念及其修改

客观精神概念的提出使黑格尔自1803—1804年起所做的持

---

[1] *RPh*,第151节,*W*,第7卷,页301;*PPD*,页257。同样的表达——这种表达显然来自亚里士多德——被用来指示法的领域或一般的客观精神领域。参看 *RPh*,第4节,*W*,第7卷,页46 *bis*;*PPD*,页120。

[2] 此处,人们处在了关于如下方面的讨论的中心,即黑格尔的制度主义向个体所承认的自主的方面:参看下面第十二章。

[3] *Enzykl*,第513节,*W*,第10卷,页318;*Encycl 3*,页299。

续努力臻于完善,此努力的目的在于"与时代和解",其方式是在近代世界的特殊性中思考近代世界,近代世界是宗教改革的世界、市场经济的世界及法国大革命的世界。与城邦(polis)典范的放弃直接相联系,客观精神概念的提出包含双重方面。

客观精神概念为黑格尔自耶拿、甚至自法兰克福时期起所做的努力赋予思辨基础,此努力的目的在于冲破实践哲学与近代自然法的框架,1802年的文本无情解构了近代自然法的"经验论的"版本(霍布斯、格劳秀斯、洛克、卢梭),以及实践哲学的"形式主义的"版本(康德—费希特)。但是,与黑格尔在其耶拿早期著作中采纳的道路相反,客观精神概念并不蕴含对如下构想的振兴,即关于伦理—政治生活过时的、目的论式的及自然主义的构想;基督教肯定自主原则,更为广泛地说,肯定"近代更高的原则,此原则为古代人,为柏拉图所不知",[1]基督教的这种肯定使上述构想明确失效。此问题是一个杠杆,它使黑格尔克服近代思想应该已经遭遇到的自然与自由的对立(或者说——但这只是其变体——本性的自由与理性的自由之间的对立)。

从一种内在于体系的观点来看,主观精神与客观精神之间的区别为黑格尔的绝对精神的构想提供了空间;我们甚至说,此区别必然引起这种构想,即便这种说法应该会对我们造成疑难。诚然,黑格尔关于绝对精神的构想先前就被定义,但是,就从《精神现象学》序言所阐释的体系纲领来说(从"实体"的观点上升至"主体"的观点)[2],它造成多种难题。[220]老实说,概念逻辑所展示的关于主观性的闻所未闻的概念指明了难题解决的出路:自此,主观性已不再是单个主体的所有物,相反,它首先是概念的所有物,概念以一种

---

[1] *GW*,第8卷,页263;*Esprit* 2,页95。
[2] *PhG*,*W*,第3卷,页23(*PhE* B,页68;*PhE* H,页I/17;*PhE* J/L,页80;*PhE* L,页37)。

内在性的方式发展其诸规定,此发展在概念所建构的客观性环境中运作。即便自由与世界一起"接受了必然性的形式",① 或毋宁说因为自由与世界一起"接受了必然性的形式",所以世界可被构想为"自由的诸多规定的体系"(客观精神即为此处的世界)。按康德或费希特的看法,法与道德(或法与伦理)相对立,客观性与主观性始终抽象地相对峙。为了不与主观性持续抽象对峙,客观性接受绝对精神的保障,绝对精神的概念将对自由的真正肯定设立在分裂与否定中:

> 精神的本质从形式上来说就是自由,即作为与自身相同一的概念的绝对否定性。依据此形式性的规定,[……]精神能忍受其个别直接性的否定,其无限的痛苦,也就是说,在此否定性中以一种肯定的方式保存自己并且自为地与自身相同一。②

因此,就自然与自由的对立可被视为最后的对立而言,③ 恰当的做法是在客观精神中研究自然与自由的对立的扬弃所具有的诸形式。

在耶拿作品中,尽管存在发展的多种迹象,但是,伦理的所指对象依然是希腊的城邦(polis),或至少是黑格尔描绘出来的希腊城邦。"伦理王国"的特征是"在每个人身上,习俗都直接与普遍物相统一"。④ 此普遍物与特殊物之间的直接统一对应关于伦理的一种狭义的政治性构想:与《政治学》第一卷设立的传统相一致,黑格尔按经济领域与政治领域、家(oikos)与城邦(polis)(或市民社会[so-

---

① *Enzykl*,第 484 节,*W*,第 10 卷,页 303;*Encycl* 3,页 282。
② *Enzykl*,第 382 节,*W*,第 10 卷,页 25 – 26;*Encycl* 3,页 178。
③ 参看 M. Riedel,《自由法则与自然的统治》(Freiheitsgesetz und Herrschaft der Natur),载于《在传统与革命之间》(*Zwischen Tradition und Revolution*),Stuttgart,1982,页 65 – 84。
④ *GW*,第 8 卷,页 262;*Esprit* 2,页 94。

cietas civilis])的传统区分安排伦理构想。黑格尔将生产及交换活动排除在伦理—政治领域之外,此做法在论自然法的文章中表现得明显,[221]论自然法的文章抨击资产者的"政治无能";①在《伦理体系》中,②黑格尔就未明显将生产及交换活动排除在伦理—政治领域之外,不过此著作总是显露着伊波利特所称的"自由的英雄式构想"③。按此观点,战争是城邦共同体生活(politeuein)的卓越形式,甚至是专有形式。

这一关于伦理的政治—尚武的看法还支配着《精神现象学》,《精神现象学》第五章充满激情地描绘了与普遍物的相通一致及忘我,伦理在于这种相通一致及忘我之中。④ 然而,黑格尔已深信城邦(polis)典范已过时;但是他在其中看到了伦理的杰出形式。1805—1806年的《精神哲学》为这一态度提供了令人印象深刻的例子,但也同样指出一条道路,此道路允许人们排除这一态度的诸多模棱两可的地方。从一方面来说,《精神哲学》以一种已然是怀旧的方式论及古代伦理,在其中"高尚的公共生活是所有人的生活习惯";从另一方面来说,相隔一行,它第一次用"近代的更高原则"反对古代伦理,近代的更高原则要求,将每个人与大家及每个人与整体的紧密统一进行一种分化(如果说不是一种解体的话)。⑤《精神

---

① 参看 Naturrecht, W, 第2卷, 页495, DN, 页68, 整个这个段落强调了伦理、高尚与尚武行为之间的联系。

② 在此文本中,正直的等级(工匠与商人的"资产者"等级)事实上被承认具有一种"相对的伦理",尽管此等级依然严格依附于绝对的、唯一真正来说政治的等级。参看 SS, GW, 第5卷, 页331; Vie éthique, 页167。

③ J. Hyppolite,《黑格尔历史哲学导论》(Introduction à la philosophie de l'histoire de Hegel), Paris, 1983, 页94。

④ PhG, W, 第3卷, 页264–266(PhE B, 页323–325; PhE H, 页I/290–292; PhE J/L, 页340–342; PhE L, 页249–250)。

⑤ GW, 第8卷, 页263; Esprit 2, 页95。

现象学》第六章以更明显的方式确立一种决裂的必然性,决裂的对象即为"真实精神"的形象(这里的"真实"是"直接真实"),此形象表现每个人与整体的仍然是过度紧密的统一,城邦的粗糙的伦理体现了此形象。城邦应防备所有破裂的危险,探寻私人幸福是其中的主要危险;城邦建立在对个体性的压迫之上,它没有能力抵抗个体性的主张,包括在政治方面无可指责的主张,正如在安提戈涅那里发生的情况那样。在索福克勒斯的作品中,对人法与神法之间的冲突的分析显示一种矛盾,此矛盾暗中破坏"只能通过压制特殊性精神才能保全自身"的共同体。[①] 自特殊性精神出现之后,以及自特殊性精神意味深长地降临在一个女人身上之后(这个女人在最强的及最悲剧的意义上体现了"对共同体的永恒讽刺"),共同体呈现了一幅滑稽的或悲哀的景象,[222]此景象反映了一种"[与自身的]绝对对立",[②]此对立为一种分裂所纠缠,共同体不能从这种分裂中幸免。因此,"崇高整体"的古代形象不是就事实来说是过去了的东西,而是就本质来说是过去了的东西,理由是这个形象暗含对分裂、对矛盾的否认,分裂、矛盾是整个生命的动力。"使人们走出实体生活的直接性的劳作"[③]尽管很痛苦,但不可避免。另外,这种劳作带来很多成果,因为"[精神]只有通过如下方式才能获得其真实性,即在绝对的痛苦中找到它自身",[④]也就是说,最大限度地考验自身的否定性。因此,黑格尔放弃城邦典范以及放弃由之引

[①] *PhG*, *W*, 第 3 卷, 页 353(*PhE* B, 页 412; *PhE* H, 页 II/42; *PhE* J/L, 页 432; *PhE* L, 页 323)。

[②] *PhG*, *W*, 第 3 卷, 页 343(*PhE* B, 页 403; *PhE* H, 页 II/31; *PhE* J/L, 页 442; *PhE* L, 页 315)。

[③] *PhG*, *W*, 第 3 卷, 页 14(*PhE* B, 页 60; *PhE* H, 页 I/7 – 8; *PhE* J/L, 页 70; *PhE* L, 页 29)。

[④] *PhG*, *W*, 第 3 卷, 页 36(*PhE* B, 页 80; *PhE* H, 页 1/29; *PhE* J/L, 页 94; *PhE* L, 页 48)。

出的伦理构想,其思辨理由如下:城邦与精神的概念不符,黑格尔在《精神现象学》中尤其发展了精神的概念。但是,直到黑格尔通过《逻辑学》及《哲学科学百科全书》充分表达其哲学时,上述理由才可被回溯性地确定。用更简便的话说,上述放弃有三个理由。

首先,主观自主原则使城邦实体性伦理的脆弱性展现出来,主观自主原则为基督教所宣扬,不过已被苏格拉底所表现。① 苏格拉底扰乱城邦稳定,一个基督徒扰乱罗马帝国的稳定,这些完全只是因为他们承认其他的目的,纵使他们没有否认城邦与罗马帝国所宣布的目的(苏格拉底是模范士兵)。即便对主观自由的某些表达具有争议(如关于世界的道德的看法,或优美灵魂的形象,后者自满于其"孤独的神圣服侍"),主观自由不能再被忽视或抑制,以致对现代人而言,主观自由就是"在欧洲人意义上说"的自由。②

第二个放弃城邦(polis)典范的理由:黑格尔批判法国革命,诚然不是针对其原则(此原则是政治现代性本身的原则,即"客观"自由),而是针对对客观自由的单方面肯定所蕴含的背离。事实上,绝对自由的理想显现为一种统一的伦理共同体理想的现实化,因此显现为崇高整体的典范的现实化。但此显现发生在现代性条件之中(对个人自由[privacy]这一不可让渡的权利的承认是现代性的一个本质特征),现代个体不能再毫无保留地相信崇高整体的典范,[223]在古代较为质朴的确信的世界中,此典范可被革命性地现实化,但这种现实化对现代个体而言显得更令人生畏。

第三个原因:多亏了盎格鲁-萨克森作家,需求体系(市场经济或在哈耶克的意义上来讲的"扩展的秩序")的逻辑的解释使黑格尔深信,城邦模型的相对物即家(oikos)的封闭模型的过时(此过时

---

① 参看 *RPh*,第 124 节附释和第 138 节附释,*W*,第 7 卷,页 233 和 259;*PPD*,页 221 和 234。

② *Enzykl*,第 503 节说明,*W*,第 10 卷,页 312;*Encycl* 3,页 293。

老实说已不是什么新鲜事：它可被追溯至"世界—经济"[économies - mondes]①的构建）。耶拿时期的文本阐释了如下两方面之间的不和谐，一方面是需求体系的逻辑，即被机械化及分化了的劳动的分工逻辑与商品交换逻辑，另一方面是一种确信，即确信共同福利的建构仅仅是政治性的；自此之后，涉及的事情是为经济管理的抽象普遍性赋予一种地位，尽管（政治的）具体普遍物的至上地位要被维持。1805年黑格尔提出"同一个体"既是"资产者"又是"公民"，②借此他要求为伦理的非直接政治性的维度赋予一种地位，从而提出一种伦理的分化概念。在《精神现象学》第六章，黑格尔详述了关于精神的历史性及辩证性的观念，伦理的分化概念作为客观精神学说的重要部分，来源于对精神的历史性及辩证性的观念的进一步研究。伦理的分化概念也允许人们以系统的方式将必然引起黑格尔放弃城邦典范的理由联系起来，这些理由在耶拿作品中已存在，但未被协调起来。

在成熟时期的作品中，黑格尔详述了伦理的新概念，此概念蕴含如下这点，即片面的主观性与片面的客观性之间的分离为客观精神领域打上深刻烙印，此领域并非在宗教及绝对知识的更高领域中发现真正的和解资源，正如在《精神现象学》中那样，而是在它自身中发现真正的和解资源。这里涉及的问题不是将客观精神构造成一个封闭在自身那里的世界，精神概念本身排除此可能性；这里涉及的问题毋宁说是，揭示内在性地超越如下对立的可能条件，即作为有限精神本性的对立。在《精神现象学》中，自我确定的精神来

---

① 参看 F. Braudel,《物质文明，经济与资本主义，十五至十七世纪》(*Civilisation matérielle, économie et capitalisme, XVe - XVIIIe siècle*)，第三卷：《世界时代》(*Le temps du monde*)，Paris，1979，页12及其后。同样参看《资本主义的动力》(*Le dynamique du capitalisme*)，Paris，1985，页84-89。

② *GW*，第8卷，页261页；*Esprit* 2，页92。参看前面第四章。

到其发展过程的终点处,即被历史性地实现为世界,它不拥有如下"外化力量",即精神作为"优美的灵魂"①将关于自身的知识外化出去,因此其自我意识与其意识的真正和解[224]处于其领域之外。相反,在《哲学科学百科全书》及《法哲学原理》中,伦理的职责在于客观地扬弃主观性与客观性之间的分裂,此分裂影响客观精神,甚至影响一般的有限精神。事实上,伦理是一种为个别主体所体验的客观性,个别主体的身份在他们与此客观整体的活生生的关系中被建构起来;反之亦然,客观整体只有凭借个别主体的行动并借助其内在意向态度才存在。② 由此,伦理事实上与就其整体来说的客观精神相重合,尽管,就概念而言,伦理包含的客观与主观的两个维度仍然显得相分离。事实上,法与道德不是客观精神的部分,不是相分离的成分,而是其环节:只有在伦理的具体统一中被联系起来,法与道德才具有坚实的存在,这就解释了黑格尔为什么将它们定义为抽象的环节。此外,从体系的观点来看,一个发展过程的第三个环节永远不是前两个环节的叠加(即便此叠加被理解为超越),而是现实的整体,事实上是原初的整体,其中法与道德因一种理想的分解的操作而产生。当然,法与道德不是理智的存在之物! 但它们是抽象的,因为其概念的完成以外在于它们自身原则的环节为前提:法的实行不仅是司法的实行,道德目的实现的前提是承认规范具有伦理秩序的客观性,此处的规范是主体声称他给予自身的规范。因此,如果人们按这两个抽象环节理解客观精神,那它具有片面性。此片面性在于"客观精神部分地直接在现实中,因此在外在东西中、在事物(Chose)中拥有其自由,部分地在作为抽象的普遍物的善

---

① *PhG*,*W*,第 3 卷,页 491 页(*PhE* B,页 555;*PhE* H,页 II/197;*PhE* J/L,页 577;*PhE* L,页 440)。

② 参看 *Enzykl*,第 514 – 515 节,*W*,第 10 卷,页 318 – 319;*Encycl* 3,页 299 – 300。

(Bien)中拥有其自由"。① 由于伦理同时具有主观的与客观的特征,它克服了这种片面的分离。但这并不意味,法律规范性的固有特征(法律上的人与物的关系,法律上的人使自身成为物的所有者)与道德规范性的固有特征(在行动中,主体与规范的关系)在伦理中消失了。相反,在伦理中,它们获得其现实性的保障。②

伦理与抽象法及道德相反,它克服了存在(Sein)与应当(Sollen)之间的分裂:善的现实性存在于世界中,[225]主体的行动设立并改变此世界。善与其客观的实现过程具有相同本质,此实现发生在主体的具体行动中,此主体承认预先给定、但不是超验的前景,他将伦理—政治的"活生生的善",而不再将道德的抽象的善,选择为实践规范。因此,原则上来说,通过不再将客观性构建为理想性的展望前景,而是构建成主体行动的内在性预设,伦理消解了道德的诸多矛盾;"定在的世界",它自身是自我客观化的自由的作品,同时也是"自我意识的本性"。③ 诚然,此伦理解决办法要求放弃特殊主观性的极端自主的虚幻要求,但它并没有用伦理的客观主义或伦理的自然主义代替这一虚幻要求,正好像规范是在主体面前被陈列出来的事物那样。如果伦理是"客观精神的完成"以及是"主观精神与客观精神本身的真理",④那这是因为在伦理中,主观性,完全正如客观性,得到一种尽管有局限的但不可让渡的权利。⑤ 这就解释了在此领域中意向态度(Gesinnung)的重要性,即个体与客观普遍性之间的关系的重要性,个体发现客观普遍性已经存在,但个体

---

① 参看 *Enzykl*,第 513 节,*W*,第 10 卷,页 318;*Encycl 3*,页 299。
② 关于法,参看 *RPh*,第 208 和 217 节,*W*,第 7 卷,页 360 和 370(*PPD*,页 298 和 306 页)。关于道德,参看 *RPh*,第 207 和 242 节,*W*,第 7 卷,页 359 和 388(*PPD*,页 298 和 322)。
③ 出处同上。
④ *Enzykl*,第 513 节,*W*,第 10 卷,页 317;*Encycl 3*,页 299。
⑤ 参看后面第四部分。

要通过其行动不断使它现实化,并且此处个体与客观普遍性之间的关系被主观地体验到并同时在规定的行为(习俗,风尚)中客观化:

> 伦理性的东西是主观的意向态度,但是是自在地存在的法的意向态度[……]法和道德的自我意识在它们自身中都表明返回于作为其成果的理念。①

因此,对于伦理所实施的每一种客观普遍性来说,都存在特定的主观态度:黑格尔为这些态度赋予一个普遍的称谓,即德性(Tugend)或正直(Rechtschaffenheit)。② 伦理德性在家庭中采纳爱的形态;③在市民社会中采纳与等级结合起来的荣誉(Standesehre)的形态,其具体表现在同业工会精神中;④最后,在国家中采纳政治意向态度的形态,[226]它是人们所称的爱国主义的真正意义。⑤ 从道德意识的错误的绝对化中解救出来,个体的主观意向态度是伦理领域不可缺少的部分,尽管组织的客观性,或毋宁说家庭、社会及政治制度的客观性在其中起到决定作用;事实上,这些制度从个体的主观意

---

① *RPh*,第 141 节附释,*W*,第 7 卷,页 287;*PPD*,页 249。[译注]中译参考《法哲学原理》,页 162。

② *RPh*,第 150 节和附释,以及第 252 节,*W*,第 7 卷,页 298 – 299 和页 394;*PPD*,页 255 和 329。同样参看 *Enzykl*,第 527 节,*W*,第 10 卷,页 323;*Encycl* 3,页 304。

③ *RPh*,第 158 节,*W*,第 7 卷,页 307,*PPD*,页 260;参看 M. Foessel,《普遍与亲密》(L'universel et l'intime),载于《法的思想家黑格尔》(*Hegel penseur du droit*),Paris,2004,页 165 – 178。

④ *RPh*,第 207 节,第 253 节附释和第 289 节附释,*W*,第 7 卷,页 359、395 和 458 – 459;*PPD*,页 297、330 和 388。

⑤ *RPh*,第 267 – 268 节,*W*,第 7 卷,页 412 – 413;*PPD*,页 349 – 350。参看后面第十一章。

向态度中取得其力量,这些意向态度确保"特殊物在普遍物中的扎根"。①

市民社会,对主观与客观的调解问题的客观回应

黑格尔的伦理构想应满足两个要求(不过初看起来,这两个要求相互矛盾)。首先,此构想非常强调精神的客观成分。伦理是一个"现存世界",②一个"实体";③因此,其客观性区别于法的客观性,法仅仅陈述自由人格的抽象的或形式的条件。伦理(自此与现代性理念相协调的理念)显现为一种世界,在某种程度上来说,个体行动很难影响此世界,此世界独立于个体表象:正如一个拟自然。第二,伦理的这一拟自然性不过使得个体可以肯定其主观性,而这一目的不会通向虚无,正如在道德言说的堕落情况中发生的那样,黑格尔强烈谴责这些堕落。伦理使特殊主观性完全成为自身,虽然此主观性知道,在其对自身肯定的行动本身之中,它受制于其自由的客观化的及普遍化的形象。因此,伦理自由只有在这种情况下才是一种具体客观的自由:首先借助主观个体的行动,其次是当个体"生活[在伦理客观性中],正如生活在一个[与他]无区别的场所中"并在其中发现"自信心"。④

直至耶拿时期,"崇高伦理"的范式对应个体与政治整体之间的直接同一,与此相对,虽然此同一依然必要,但它在最后的问题中假定一整套既是主观又是客观的中介方式。事实上,近代伦理

---

① RPh,第 289 节附释,W,第 7 卷,页 458 – 459;PPD,页 388 – 389。
② RPh,第 142 节,W,第 7 卷,页 292;PPD,页 251。
③ RPh,第 144 和 152 节,W,第 7 卷,页 293 和 303;PPD,页 251 和 257。
④ RPh,第 147 节,W,第 7 卷,页 295;PPD,页 253。

的特征在于[227]政治生活在近代伦理中不再显而易见。从耶拿时期的黑格尔的观点来看,应将资产者的特殊利益从公民的普遍使命中分离出来,应将"所有权及法的制度"与"普遍的私人生活"①隔离开,所有权及法的制度在一定界限内产生普遍性的私人生活,此界限不允许所有权及法具有独立有效性。相反,《法哲学原理》将特殊利益及从其偶然交往中产生的体系构建为中介,此中介将个体性与国家普遍物连接起来。自此,市民社会是杰出的"调解地带"。②

在耶拿时期及在纽伦堡时期的作品中,甚至也在第一版《哲学科学百科全书》中,缺少如下观念,即将特殊主观性与"伦理实体"连接起来的中介不仅仅是政治中介,甚至在本质上不是政治中介。对此人们可在《逻辑学》的一个段落中找到证明。在介绍绝对机械性的推论结构时,黑格尔提及一个例子,是从不久以后被称为客观精神的东西那里借来的:

> 所以政府,市民个人和个别人的需要或外在的生活,是三项,每一项都是其他两项的中项。政府是绝对的中心,个别人那一端在其中与个别人的外在长在结合了;个别人也同样是中项,他们使那个普遍的个人活动起来成为外在的存在,把他们的习俗的本质迁移到现实性那一端里去。第三种推论是形式的、貌似的推论,即个别人通过他们的需要和外在的存在而与这个普遍的绝对个性相连结;这一推论,作为单纯主观的推论,过渡到其他推论中去,并且在那些推论中

---

① *Naturrecht*, W,第 2 卷,页 492, *DN*,页 66。
② *RPh* Ilting 3,页 567。

具有它的真理。①

在此文本中,政府被赋予一种调解个体与其需求的任务,自1817—1818年的课程起,黑格尔认为,更确切说需求体系的机制及劳动分工执行了此任务;并且在此文本中,人们应在宽泛意义上理解政府这一术语,而不应在"管理权力"的狭隘意义上理解它,在耶拿时期的著作中(《伦理体系》的"普遍政府"及"绝对政府"),此术语就具有宽泛意义。《逻辑学》的这段话是对《伦理体系》的一种模糊回忆吗?在《伦理体系》中,需求体系、司法体系及管束体系——后来市民社会划分的明显预示,市民社会后来划分为需求体系、司法及警察——在[228]"普遍政府"的标题下聚集起来。总之,《逻辑学》的这一段落显得是在维持伦理的政治性构想,此构想是耶拿时期文本的伦理构想,在1805年《精神哲学》中,适合每一等级的意向态度学说也表达了此构想。借助需求,个体与普遍物得到调解,黑格尔将此调解刻画为仅仅是"形式的"推论(此推论在其他两个推论中具有其"真理")。这种刻画表现了黑格尔——还在1816年——并未将需求体系,或更为一般地说,并未将市民社会视为"调解地带",调解地带仍然是政治性的。

在《科学哲学百科全书》中,这同一例子经历了一系列富有启示性的修改。在第一版中,它消失了;这可以为文本的简略所解释,但它同样也对应如下事实,即这一例子所阐明的伦理构想自此陷入危机之中(这一陷入危机中的构想可回溯到耶拿时期的作品)。第二及第三版《哲学科学百科全书》重新诉诸绝对机械性的一种伦理—政治的阐释,但其表达方式改变了:

---

① *WdL* 3, *W*, 第6卷, 页425页; *SL* 3, 页234。[译注]中译参考《逻辑学》(下卷), 杨一之译, 北京, 商务印书馆, 1982, 页410。

有如太阳系那样,又如在实践的范围内的国家也是具有三个推论的体系:(1)个别的人(个人)通过他的特殊性(如物质的和精神的需要等等的进一步发展,就产生市民社会)与普遍体(社会、法律、权利、政府)相结合。(2)意志或个人的行动是起中介作用的东西,它使得社会、法律等方面的种种需要得到满足,并使得社会和法律等得到满足和实现。(3)但普遍体(国家、政府、法律)乃是一个实体性的中项,在这个中项内,个人和他的需要的满足享有并获得充分的实现、中介和维持。①

上述这段引文依赖伦理的新结构,在此期间《法哲学原理》详细阐释了此结构。至于谈到客观精神学说的结构及意义,有三点要被强调。首先,个人与普遍物之间的和解(即个人与国家或与政治社会的和解)自此以后为市民社会所保障,甚至为它含有的东西所保障,初看起来,它含有的东西不是什么精神性的东西,而更多的是束缚人的东西,即需求体系。市民社会是"多边依赖的体系",②事实上,如果此体系是特殊物与普遍物之间的分化,从而[229]是"伦理丧失"③的地方,那它同样也是其真正和解的条件。第二,个别的人与普遍物的和解首先纯然是客观的,因为借助"看不见的手"对个体行动的管理,此和解才发生。因此,和解不被此体系的参与者觉察为一种解放,而毋宁说是一种"必然性,即特殊物提升至普遍性形式的必然性"。④ 正如第三个推论所强调的那样,真正的伦理和解假

---

① *Enzykl*,第 198 节附释,*W*,第 8 卷,页 356;*Encycl* 1,页 438。[译注]中译参考《小逻辑》,页 383,略有改动。
② *RPh*,第 183 节,*W*,第 7 卷,页 340;*PPD*,页 280。
③ *RPh*,第 181 节,*W*,第 7 卷,页 338;*PPD*,页 278。
④ *RPh*,第 186 节,*W*,第 7 卷,页 343;*PPD*,页 282。

定一种调解,此调解不仅仅是客观的,它同时是主观的与客观的,它即为国家的调解,国家是(主观)自由的(客观)制度性的形象。第三,在第二个推论中,个体意志调解普遍物(国家)与需求及社会利益的特殊性,此推论证实了(《法哲学原理》论"道德"部分的开头以一种初看起来让人吃惊的方式指出了这一点),在客观精神结构中,主观意志是"[自由的]的实存方面",或可以说是"自由概念的现实方面"。① 但只有当调解的客观机构(社会及政治的机构)的必要性与可靠性建立起来时,上述评论才完全具有其意义,将道德主观性包含在客观精神理论中的做法才能得到完全辩护。

两个平行文本(即 1816 年的文本与 1827—1830 年的文本)的对照显示了伦理学说(如果不是说客观精神整个学说的话)在此期间所经历的修改规模。在《逻辑学》中,绝对机械性的第三个推论被规定为"现象的推论",②在此推论中,黑格尔通过需求或毋宁说通过市民社会中需求的客观协调将个体与普遍物联系起来。在第二版及第三版《哲学科学百科全书》中,同一推论自此以后首先被陈述出来,它使人理解整体结构,因为此结构被打上了调解的烙印:

> 三一式中的每一规定,由于中介作用而和别的两极端结合在一起,同时也就自己和自己结合起来,并产生自己,而这种自我产生即是自我保存。③

[230]因此,黑格尔将市民社会概念导入客观精神学说,这一做

---

① *RPh*,第 106 节和附释,*W*,第 7 卷,页 204;*PPD*,页 208。
② *WdL* 3,*W*,第 6 卷,页 425;*SL* 3,页 234。
③ *Enzykl*,第 198 节说明,*W*,第 8 卷,页 356;*Encycl* 1,页 438。[译注]中文翻译参考《小逻辑》,页 383 – 384,略有改动。

法不仅得到了经验的验证,似乎也具有体系上的原因,即为中介赋予坚实存在(这些中介可以克服在结构方面影响此领域的诸多张力),因此为和解的前景天赋予具体内容,黑格尔按此处的和解前景编排伦理的主题。不过,一些问题仍然悬而未决,特别是如下两个问题。(1)主观性与客观性之间的客观调解能够以一种满意的方式处理好在这两个维度之间可能存在的张力吗?此处可能存在的张力尤其表现为法的观点与道德的观点之间的潜在矛盾。(2)此调解能够解决伦理的先前构想所悬置起来的诸多问题吗?尤其是被转归于主观自主的地位的问题。

客观精神的残缺:作为症状的贱民

伦理是"作为活的善的自由的理念"。① 此表达提及道德的词汇,并在某种意义上转变了它,它提醒人们,在制度中被客观化了的伦理规范只有借助具体的主体行动才具有现实性,此处的主体按这些规范引导其行动计划;② 但此表达也表明行动只是遵从"被给予"的规范,行动者不能自由处理这些规范。就此方面,对道德观点的矛盾的伦理性解决可能并不具有最终结论性的特征。包括在伦理领域内,客观性的重要意义与主观性的重要意义之间的差异包含一种平衡中断的可能性。通过借助一个不是黑格尔的词汇,人们可以说,只有在被体验的世界就趋势而言已符合制度运转的要求时,伦

---

① *RPh*,第 142 节,*W*,第 7 卷,页 292;*PPD*,页 251。
② 关于黑格尔的行动理论,特别参看 F. Fischbach,《存在与行动》(*L'être et l'acte*),Paris,2002,页 57 - 88,以及《黑格尔的行为理论与行动的存在论》(Théorie de l'action et ontologie de l'activité chez Hegel),载于 J. - Fr. Kervégan 和 G. Marmasse(主编),《法的思想家黑格尔》(*Hegel penseur du droit*),Paris,2004,页 97 - 112。

理才能声称解决了制度与被体验的世界之间的张力,甚至可以说是矛盾。① 诚然,按黑格尔的看法,应排除如下假定,即客观精神的主观维度与客观维度之间存在着一种整体的不一致。[231]实现于伦理—政治领域内的一种主体间性的存在假定客观制度的条件支撑着承认过程。在此意义上,我们可以阐释《哲学科学百科全书》中的一个评注,此评注的对象即为暴力的原始的,而非奠基性的特征:

> 争取承认的战斗和屈从于主人,是作为各个国家的开始的人们共同生活中产生出来的**现象**。在这种现象中作为基础的**暴力**,并不因此就是**法**的基础,而只是沉没于欲望和个性中的自我意识的状态向普遍的自我意识的状态过渡中的必要的和合理的环节。上述暴力是各个国家的外在的或显现着的开始,而不是它们的实体性的原则。②

当然,制度与被体验的世界这两个维度之间的一致,或用更为传统的词汇来说,法律与风俗之间的和谐,事实上不能一直实现;但不管怎么说,伦理的主题以此为前景。然而,和解一直是现实的和解,这一点——我们知道伦理及客观精神概念的坚实存在依赖这一点——由什么东西来担保呢?我的论题是客观精神领域不能提供此担保,在此领域中,制度与主观意向态度之间的一致,法律与风俗之间的一致,客观物与主观物之间的一致,一直都不稳定。

上述这点在市民社会中变得显然,在市民社会中,市场机械式

---

① 这些概念借自 J. Habermas,参看《交往行为理论》(*Théorie de l' agir communicationnel*),第 2 卷,Paris,1987,页 125 及其后。

② Enzykl,第 433 节说明,W,第 10 卷,页 223;Encycl 3,页 231。[译注]中译参考《精神哲学》,页 230。

的调解与司法、警察及同业公会的制度性调解应客观产生并维持上面提及的诸多一致。通过引入一整套客观调解个体与普遍物的方式,市民社会应矫正影响先前的伦理的(政治性)构想的失衡;然而,市民社会本身是一个发展领域,它可能病态发展。《法哲学原理》一个著名段落指明了这一点①:在市民社会中,伦理的伦理特征的消失可能源于没有被社会化或被非社会化的一派人的形成,其物质生活处境阻止这一派人拥有主观意向态度,符合社会体系及其再生产要求的生活需要主观意向态度。按黑格尔的看法,在这些生活条件中排在首位的是等级荣誉(Standesehre),"附属于等级的荣誉",[232]就是说对如下隶属关系的意识,即属于一个在制度上被承认的社会团体。② 这正是在"贱民"那里缺失的东西,不幸致使贱民阶层成员"丧失对法、正直及荣誉的情感"。③ 大众的不幸,大批贫苦人的形成,不仅使形成市民社会的其他阶层身处险境,而且使伦理理念本身及此理念在客观精神中开启的和解前景遭受危险。黑格尔非常认真地对待此现象,并清醒地检视此现象在市民社会中引入的尖锐矛盾(此处的市民社会确切说是最发达、最现代的市民社会,处在蓬勃发展的工业革命中的大英帝国)。结论很清楚:

> 这里就显露出来,尽管财富过剩,市民社会总是**不够富足的**,这就是说,它所占有而属于它所有的财产,如果用来防止过分贫困和贱民的产生,总是不够的。④

---

① 参看 RPh,第 241－245 节,W,第 7 卷,页 387－391;PPD,页 321－324。
② RPh,第 253 节和附释,W,第 7 卷,页 395－396;PPD,页 329－330。
③ RPh,第 244 节,W,第 7 卷,页 389;PPD,页 323。
④ RPh,第 245 节,W,第 7 卷,页 390;PPD,页 324。[译注]中译参考《法哲学原理》,页 245。

在《法哲学原理》及柏林时期的其他文本中,黑格尔对此主题发表了焦心的评语,这些评语具有何种地位呢?这些评语涉及形势评论?或它们表明眼下的这一现象是处在最新发展中的市民社会的必然结果?另外,是否有可能在市民社会——正如黑格尔将其运转重新构建的那种市民社会——的框架内为这一扰乱提供补救办法?对此问题将存在非常不同的回答:或者人们将这一社会病症视为局势性的,在此情况下,此社会病症专属英国工业革命特殊的历史、政治及社会形势;或者人们将此社会病症视为内在于市民社会本身的病症,这使黑格尔的分析与马克思后来的论题变得更接近。无论在哪种情况下,解决此困境应该准确评估黑格尔为社会生活的制度化形式所赋予的角色,此处社会生活的制度化形式即为同业公会。市民社会分化为被融合的因素与不被融合的因素,这一现象蕴含爆炸的危险,同业公会能抑制住此危险吗?对此,黑格尔的回答即便不是迟疑不决的,也是复杂的。

从一个方面来说,他好像认为贱民——不久之后人们称之为流氓无产者(Lumpenproletariat)——的存在是市民社会发展的必然结果。市民社会的一个不可忽略的部分避开了公共权力(用黑格尔的话说,[233]就是警察)的协同影响,波兰尼(K. Polanyi)所谓的制度化了的社会组织①("同业公会")的自我保护策略也遗忘了市民社会的这一部分。事实上,"借助其需求而形成的人的联系的普遍化"同时——并且是矛盾地——在一个方面产生"财富积累",在另一个方面产生"依赖和困困"。② 诚然,不可混淆黑格尔所说的贱民与工业无产者:在讲义中使用的例子并不是当时还在形成中的英国工人阶级,而是那不勒斯社会底层中最为贫穷的人(Lazzaroni napol-

---

① 参看 K. Polanyi,《巨大的转变》(*La grande transformation*),Paris,1983,特别参看第十一章。
② *RPh*,第243节,*W*,第7卷,页389;*PPD*,页322。

itains），①人们不能将后者的存在视为工业资本主义的新产品！然而，仅仅在涉及"被排斥的人"这一阶层及面对这一阶层的"富人"阶层时，黑格尔才提及"阶级"（Klasse），并不再谈及"等级"（Stand），好像这一现象的新颖之处召唤着一个新的词汇。工业革命是黑格尔意义上的市民社会的构成的本质方面，此革命将曾是含糊不明具有异国情调的好奇物转变为社会近代化的结构性结果。

然而黑格尔的伦理概念处在和解性的前景中，他从未质疑此前景的切要性及现实性。通过阐明将市民社会推进到"它自身之外"的"辩证法"，黑格尔使用可能预示马克思及列宁的术语分析影响市民社会的根本矛盾，对此矛盾，市民社会只有借助将其输出自身的方式才能对抗它，借助一种无限定的扩张，此扩张本身产生了诸多新矛盾。②但就在这之后，黑格尔将同业公会制度描述为一种手段，借此手段，"伦理性的东西作为内在的东西回到市民社会中"。③这一点致使黑格尔——与历史显而易见的运动相逆——不仅去颂扬此制度的维持，而且也赞颂其发展。因为对黑格尔来说，同业公会不是旧时代的行业协会（Zunft），此协会蜷缩在其特权那里，同业公会是社会职业团体的制度化的近代形式，社会职业团体构成"产业等级"④。产业自由的口号包含劳动及社会生活的放松管制，对此放松管制而言，同业公会是必然的平衡力量。因此，在柏林时期的一个课程中，黑格尔宣告：

> [234]具有同一利益旨趣的团体，同业公会，是一个重要的点，在当今世界的宪法中被关涉。同业公会反对自身，具有抽

---

① 参看 *RPh* Ilting 4，页 609。
② *RPh*，第 246-249 节，*W*，第 7 卷，页 391-393；*PPD*，页 325-327。
③ *RPh*，第 249 节，*W*，第 7 卷，页 393；*PPD*，页 327。
④ *RPh*，第 204 节，*W*，第 7 卷，页 357；*PPD*，页 295。

象的平等原则,在当下知性教化中,利害关系都围绕着这一冲突点。同业公会与产业自由问题紧密相连。当今任务是构建同业公会,[不过]人们对此不愿意下决心;需求存在着,但人们担心会违抗抽象有效的基本法则而行动。①

可被追溯至十九世纪二十年代的一个说明很好地指明了相反方是什么:

> 我们这个时代,产业自由所意味的东西与从前一个城市、市镇、行业协会的司法自由所意味的东西相反。产业自由曾是某个行业所具有的特权。现在,行业自由相当于一个行业不具有任何法,人们可以从事它,或多或少地不具有任何条件及规矩。②

然而,社会生活的制度化(即便成功的制度化)及社会生活在政治—国家普遍物中的扎根都不足以解释,在客观精神好像被夺去其合理性的情况下和解前景的存在,也就是说,当客观精神的管理机制不再起作用时和解前景的存在;涉及大众不幸这一现象时(如果此现象并非单纯为一时局势所引起),客观精神的管理机制就不再起作用。最后,从黑格尔哲学观点本身来看,制度与被体验的世界之间的一致,伦理的客观成分与主观成分之间的一致,不能仅仅为客观精神的资源所保证,因为,"概念与现实的不

---

① *RPh* Ilting 4,页 619。[译注]中译据德文译出。
② *W*,第 11 卷,页 567,参看《黑格尔,施米特:在思辨与实证之间的政治学》(*Hegel. Carl Schmitt. Le politique entre spéculation et positivité*),Paris,第二版,2005,页 256 及其后(《一种现代制度?》[Une institution moderne?])。

符"①依然深刻影响作为有限精神的客观精神,正如影响主观精神那样。有限精神的诸形态,即便是最高形态,即便是地上的神,也只是"其解放的阶段"。② 因此,它们特定的协调一致很不稳定,并依赖绝对精神的保证,绝对精神是精神自由的无限的及鲜活的形式。但是,如果情况真是如此,那人们就有理由自问,黑格尔在《法哲学原理》及《哲学科学百科全书》中阐明伦理概念时(自他弃绝"古希腊的怀旧"之后,这一概念就是他自己的概念),他是否为此概念赋予一种和解主观性与客观性的力量,此力量要大于体系的布局就合法性及事实而言能向这一概念所承认的力量。就此方面而言,突出[235]市民社会的诸多结构上的不平衡便是一种值得关注发人深思的做法。恰恰在伦理的这一层级上,客观的伦理调解的不稳定性显现出来(伦理的这一层级诚然对伦理来说是一个异化的环节,但它反过来应该为政治普遍性提供一种客观基础,在近代之前的背景中,政治普遍性缺乏此基础)。只有借助国家(它是普遍物的有意识的组织),和解才展现其完整意义。但是,只因为国家——至少近代国家——扎根于市民社会及其制度中(它们是"国家的牢固基础[……]及公共自由的支柱"③),所以只有国家才能通过激发适当的主观意向态度来确保主观性与客观性之间的和解(国家则反过来从中提取维持自己的养料)。为了理性国家能完成其使命,即能够确保一种客观的和解,应预防社会不可克服的分裂。然而此不测事件不能被绝对排除。黑格尔以多种方式对我们说:国家不能声称可以最终解决一种一再重生的张力,此张力将近代社会与其自身对立起来。或者说,通过将自己转变成"社会性的国家",甚至是"经济性的国家",国家有

---

① *Enzykl*,第 386 节,*W*,第 10 卷,页 34;*Encycl* 3,页 180。
② 出处同上。
③ *RPh*,第 265 节,*W*,第 7 卷,页 412;*PPD*,页 348。

可能放弃其天职,此天职即为产生一种和解的普遍形式,和解的特定的政治形式。由于市民社会的发展产生诸多病症,所以市民社会在伦理中引入一种断层,毫无疑问,国家没有办法填平此断层。因此,应该承认,客观性与主观性之间的伦理性和解的现实性最后以一种元伦理的及元客观的保障为前提(不过,此处的伦理性和解显得很像是整个客观精神构想的导向目标)。因此,这无疑使黑格尔将一种历史哲学引入这一领域,历史哲学的最后裁决机关,世界精神(Weltgeist),尽管具有其客观性,但它本身只是绝对精神的尘世形象。

第三部分　国家与政治

[237]国家理论并非没有理由地构成了黑格尔的客观精神学说中引发最多评论的部分。黑格尔的研究中存在许多涉及面极为广泛、同时又极难处理的主题,自罗森茨威格的《黑格尔与国家》(*Hegel und der Staat*)(1920)一书出版以来,甚至自海姆的《黑格尔及其时代》(*Hegel und seine Zeit*)(1857)一书出版以来,"黑格尔与国家"这一主题便属其中之一。说"黑格尔与国家"这一主题极难处理,是因为不怎么有吸引力的"普鲁士国家哲学家"的形象显得挥之不去,尽管为了修正此形象人们已付出很多努力;就此,人们可毫不夸张地说,不存在什么不曾被某个评论家所支持的阐述,即便它是荒诞的,黑格尔既曾被生动地刻画为希特勒的先驱,又被刻画为列宁或斯大林的先驱,但也被刻画为自由民主的先驱……以下诸多章节的目的既不在于重新揭露这一无稽之谈(不过对此我们用一个引言予以阐述),也不在于为黑格尔的政治哲学提供一种系统阐释,此阐释的任务需要由一部完整作品来完成。① 在这里我们只处理三个确切问题,这三个问题使黑格尔哲学蕴含的对当今思想而言最创

---

① 这样一种阐释的诸多元素在我译的《法哲学原理》的导论中被阐述:《自由的制度》(L'institution de la liberté),载于 *PPD*,页 1—80。

新、最令人振奋的东西变得可理解。① 这三个问题为:黑格尔哲学对现代性的诊断,此诊断借由黑格尔与托克维尔对此话题的无声对话而展现出来(第七章);政治代表制问题,自十八世纪末的诸多革命以来,此问题已成为核心问题,黑格尔的诸多独特想法为代表制问题提供了一种独创的阐明(第八章);对民主的批判,在此批判中,人们可能会发现对如下东西的一种预先分析的诸多要素,即在黑格尔之后人们所称的代议制民主危机(第九章)。

---

① 将黑格尔的政治哲学富有创造性地现实化的一个例子是 A. Honneth 写的一本书,即《忍受不确定性》(*Leiden an Unbestimmtheit*), Stuttgart, 2001。

引言:一个一直存在的无稽之谈:普鲁士国家哲学家

[239]"黑格尔的体系是普鲁士复辟精神的哲学住所",①海姆使此论题在很长时间内成为一个明显事实。由于历史的简化,对理性国家的阐述显得好像是对保守好战的——俾斯麦式的——普鲁士的预先辩护。事情事实上更复杂。诚然,黑格尔来到普鲁士教书,在他眼中,此国家已成为德国的"中心",②不过是与反动的奥地利相对立、处在演变中的德国的"中心"。在精神及生活方式方面,黑格尔都不是一个普鲁士人,③在普鲁士,吸引他的东西是,自1805—1806年以来,这个国家不仅在国力方面强大起来,而且在一个被梅特涅操纵的德国,普鲁士处在进步的顶端。黑格尔赶上了这样一个国家,它奉行一种富有抱负的政策,实行诸多社会及政治改革:奴隶制被废除,初等教育成了义务教育,为了引入产业自由旧的行会特权被限制(出于其他原因,黑格尔后来批判产业自由),市政自我管理的社会制度建立起来。洪堡为科学配备了享有盛名的机构即柏林大学与柏林科学学院,规避了当局过于严密的监护。最后,普鲁士[240]即将建立宪政体制,在黑格尔看来,它是"理性的

---

① R. Haym,《黑格尔及其时代》(*Hegel und seine Zeit*), Berlin, 1857(重版, Hildesheim, Olms, 1962),页359。

② 黑格尔于1821年在写给他的朋友Niethammer的信中说道:"我来这里是为了在一个中心之中,而不是为了在一个外省之中。"(*Corresp* 2,页237)

③ 参看Pöggeler,《黑格尔相遇普鲁士》(*Hegel rencontre la Prusse*),载于《哲学档案》(*Archives de Philosophie*),第51期(1988),页353-383。

永恒的法"①的卓越表达。因此,在复辟之风甚嚣尘上的德国,黑格尔以思辨哲学为之效劳的那个国家是"法国观念"、1789 年的原则的抵御中心。

然而,就在黑格尔来柏林这件事被决定之际,普鲁士——在德意志联邦于 1819 年采纳卡尔斯巴登决议之后——采取了一种明显倒退的发展;②此发展不能使这位新的哲学教授满意(大家都知晓这位哲学教授的自由理念)。在柏林,对"煽动家"的捉拿活动正值高峰,人们将自由主义者、特别是大学生公会的头目称为"煽动家"(此外,其带有反犹主义色彩的立场十分暧昧),到达柏林之后,黑格尔发现自己身处尴尬境遇。他并未公然反对当局的镇压措施;因此,就在他来到柏林没多久,他拒绝参加为其同事维特(De Wette)举办的捐助活动,维特在发表了冒失的言辞之后被解职了。但黑格尔在其教学中试图拯救能够被拯救的东西,并与新政策的某些特定方面保持距离。一个简单的例子:国王一再允诺要为国家配备宪法,当他于 1819 年摒弃此允诺时,黑格尔将立宪君主制定义为"成熟的理性制度"(事实上,1848 年的巨大运动撼动了整个欧洲,自此事件发生后,国王的上述允诺才于 1851 年被兑现)。③ 在这个例子上,人们可看出,反动的普鲁士国家哲学家的形象有多么地歪曲事实(就此,还有许多其他例子)。

黑格尔为《法哲学原理》的一个样本亲笔题词,并将其送于总理大臣哈登贝格(Hardenberg)(此外他快要离职了),他写道,此书的目的在于将哲学构建成"政府诸多善良的直接辅助者"。④ 但是,黑格尔正在与改革时代的最后一位重要大臣交流,此大臣是一个将

---

① *Wurtemberg*,*W*,第 4 卷,页 496;*Pol*,页 244。
② 参看 J‑Fr. Kervégan,《导论》(Présentation),*PPD*,页 3 – 13。
③ *Enzykl*,第 542 节,*W*,第 10 卷,页 339;*Encycl* 3,页 319。
④ *Corresp* 2,页 214。

要与其一起消失的政府的首脑;洪堡,权力与知识的暂时联盟的象征,已被迫辞职。自此以后,哈登贝格、洪堡,或阿尔滕施泰因(Altenstein)——他是黑格尔的保护人——不再受宠于王室,尤其不再受宠于以后的威廉四世的亲信:在那里人们毋宁听到的是被黑格尔无情攻击①的反革命者哈勒(Halle)的声音,[241]复辟空想理论家及不久之后成为外务大臣的安西容(Ancillon)的声音,②或者还有黑格尔的同事及敌人萨维尼(Savigny)的声音,萨维尼是法典编纂的激烈的反对者,对此,黑格尔亲口评论道,一个民族不能编撰法典是"对[一个]民族莫大的侮辱"。③ 即便在其荣耀的顶峰时期,"普鲁士国家哲学家"也从未在普鲁士享有盛誉;黑格尔的一些哲学描绘,一部分已信誉扫地,另外一部分还属于幻想的范畴。难道他并未将——用海姆的话说——"概念的祝福"赐给上述哲学描绘? 在柏林的教师讲台上,黑格尔坚持他的从前的信念,即"时代精神已给出前进的号令"。④

---

① *RPh*,第 258 节附释,*W*,第 7 卷,页 401 及其后;*PPD*,页 336 及其后。

② 在 1820 年 1 月,有人建议黑格尔不要招惹他,"第一是因为他(Ancillon)[与他(Hegel)]处在同一屋檐下,第二是因为他(Ancillon)比[他(Hegel)]更具有影响力,第三是因为他(Ancillon)不值得批判"(*Corresp* 2,页 198)。

③ *RPh*,第 211 节附释,*W*,第 7 卷,页 363;*PPD*,页 302。

④ *Corresp* 2,页 81。

第七章　托克维尔—黑格尔:关于现代性的无声对话

　　[243]即便将托克维尔(Tocqueville)与黑格尔的作品删减到它们含有的可比照的部分,在他们的作品之间建立对照这一做法有意义吗?这一对比将绝不会是不证自明的,如果如下情况模糊地并一般地来说不是事实,即他们两者都关切后革命时代的社会的未来(用黑格尔的语言来说即为处在与市民社会的关系中的近代国家的未来;用托克维尔的语言来说即为民主的社会状态的未来)。首先,在他们个人及思想的传记中并不存在明显的汇合点。显然,黑格尔从未听到某人谈及这位年轻的法国贵族,这位贵族只是随着第一部《论美国的民主》的出版而名声大噪(在黑格尔死后四年,此书出版)。至于托克维尔,他确实提过一次柏林哲学家的名字。① 但其作品不能提供任何根据让人们认为,他可能读过黑格尔。在第二部《论美国的民主》(1840年)的开头,的确存在一个暗示,此暗示的对

---

　　① 1854年他给F. de Corcelle写信道:"您一定知道在德国这五十年来哲学所扮演的角色,尤其是黑格尔学派所扮演的角色。您一定了解,黑格尔是诸多政府的宠儿,因为其学说在其政治性的影响中确立如下这点,即只因为事实发生并值得顺从,所以它们都值得尊重并合法。"(《通信集》[*Correspondance*],第15卷,第2册,Paris,1983,页107-108)。L. Jaume提供了这一参考,他的涉及托克维尔的著作对我而言特别具有启发性:特别参考《被抹杀掉的个体或法国自由主义的悖论》(*L'individu effacé ou le paradoxe du libéralisme français*),Paris,1997。

象即为在哲学中引入泛神论的德国人;①但此暗示极为[244]模糊，使人更有可能联想起泛神论争论（Pantheismusstreit）的参与者，而非黑格尔本人。此外，在《论美国的民主》的整部著作中，没有东西可以证明托克维尔对德国哲学及政治史抱有任何一种兴趣。《旧制度与大革命》一书涉及政治及制度史、而非哲学时，情况有所改变。此外，他将法国启蒙运动哲学与经济学家对政治现实的意识对立起来，针对法国启蒙运动哲学，他批判说："就对政府方面的讨论而言，哲学家几乎还没有从非常宽泛及抽象的观念中走出来。"②针对德国哲学，他应该更有理由想说这句话。这种判断肯定适合黑格尔。然而，就是鉴于将托克维尔与黑格尔对立起来的东西，在他们之间形成了一种无声对话，此对话的关键正是社会及政治现代性的地位本身。

托克维尔反黑格尔？

在很多方面，托克维尔与黑格尔似乎走的是两条相互对立的道路，以至于关于托克维尔，人们可以说他反黑格尔（那些想为自由主义传统平反的人确实做如此理解，此处的自由主义传统反对一切公开或未公开表明的社会主义）。以下是黑格尔与托克维尔相对立的两个例子。

第一个例子涉及对美国的历史性作用的评价。在历史哲学讲义导言将近结尾的地方，黑格尔为美国文明的特殊外貌绘制了一幅图画；此图画在很多方面与人们在《论美国的民主》第一卷中发现

---

① *Démocratie*（2），页37（Vrin 2，页39）。
② *Ancien régime*，页209。

的图画一致,比如论及商业的决定性角色,这一"非常片面的原则"。① 就此,黑格尔承认,美国"共和制度"诚然确保"对财产的普遍保护",并保证形式的法律秩序的存在。② 但是,这是为了补充说"此合法性不具有正直性"③:被国家并应被国家确保的伦理活力在此形式的秩序中不存在。简言之,美国仍然不是一个"真正的国家"④,涉及的至多是一个在发展中的市民社会,之所以是这样,恰恰是因为在美国不存在(或仍不存在)[245]诸社会等级或诸社会身份所表达的区别,换言之,因为在美国,占统治地位的是托克维尔所称的民主的社会状态。黑格尔补充说:

> 北美不应被视为一个已经成形的成熟国家,但可被视为一个正在发展中的国家,并且,它还并未足够先进以致可以具有对君主制的需求。⑤

嘲笑此判断将不是件困难的事。不管怎么说,此判断与黑格尔多次重复的一个论题一致,按此论题的说法,立宪君主制——它与父权君主制及封建君主制相区别——是最适合近代世界的政治处方。⑥ 不过人们可以询问后来美国的总统权力的发展是否部分验证了黑

---

① *VG*,页 208;*RH*,页 240。
② *VG*,页 206;*RH*,页 238。
③ *VG*,页 206;*RH*,页 238:"diese Rechtlichkeit ist ohne Rechtschaffenheit."[此合法性不具有正直性。]
④ *VG*,页 207;*RH*,页 239。
⑤ *VG*,页 207;*RH*,页 240。
⑥ 参看 *Enzykl*,第 542 节,*W*,第 10 卷,页 339(*Encycl* 3,页 319),以及 *VG*,页 147(*RH*,页 174)。《法哲学原理》明确了三种君主制的区别(古代君主制或父权君主制,封建君主制,立宪君主制):*RPh*,第 273 节附释,*W*,第 7 卷,页 439;*PPD*,页 369 – 370。

格尔的判断(托克维尔认为此权力隶属于立法者并始终受到立法者的威胁……)。不过,根本上说,这点不是很重要。因为,对黑格尔而言,"美国是未来的国家"①;同样对托克维尔而言,此国家,正如俄国,"为一种神意的秘密计划所召唤,它将终有一天手握半个世界的命运"。② 但是,黑格尔与托克维尔从这一诊断中得出的结论完全不同。对托克维尔而言,美国是有趣的国家,那是因为它预示社会的可能未来:"在美国,我看到了比美国更多的东西;我在那里寻找着一幅民主本身的图景。"③相反,黑格尔用简洁的判断结束了他对美国的描述:"作为未来国家,它在这里不使我们产生兴趣。哲学不关心预言。"④诚然,托克维尔是研究政治的社会学家以及提供劝诫并富有激情的历史学家,其理论姿态不同于哲学家的理论姿态,哲学家关心的是"将理性认识为在当下十字架中的玫瑰"⑤并仅在当下寻求"永恒的东西"。⑥ 但是恰恰这种根本导向的区别具有教育意义,并且它可能使所有的比较变得徒劳。

[246]第二个例子具有更一般的意义,此例子涉及两位作者对民主的未来所下的判断。⑦ 托克维尔将"民主革命"思考为将现代性"生产出来的事件",⑧并且一开始就宣称他的书"源于只对民主在世界中已临近的降临的持续关注,民主不可抵挡,并具有普遍性"。⑨ 相反,黑格尔认为,因为民主的原则在于力求一种(政治)德

---

① *VG*,页209;*RH*,页242。
② *Démocratie*(1),页431(Vrin 1,页314)。
③ *Démocratie*(1),页12(Vrin 1,页14)。
④ *VG*,页210;*RH*,页242。
⑤ *RPh*,*W*,第7卷,页26;*PPD*,页106。
⑥ *VG*,页210;*RH*,页242。
⑦ 关于黑格尔,参看后面第十一章。
⑧ *Démocratie*(1),页1(Vrin 1,页3)。
⑨ *Démocratie*(1),第12版的序文(1848),页XLIII。

性的统治,此统治表现为与"特殊性力量的解放"①不相容,"特殊性力量的解放"是现代性的一种独特的表达方式,就此,民主从根本上说不合时宜。这就解释了为什么说,面对特殊性力量,所有企图将民主原则现实化的做法——如法国革命——都被迫动用专制暴力,目的是使特殊性力量缩减到悄然无息的地步,然而此做法是徒劳的。不过,不难指出,这两位作者的民主构想可在很大程度上解释他们对民主所下判断的区别。黑格尔局限于民主的传统概念(可以说民主的希腊概念),并且默默地将与此概念相联系的对共同生活的单纯政治性的定义设定为前提,拒绝将私人领域与公共领域分类(现代性实行此分类)。而托克维尔则引入一种对民主的新定义,他将民主定义为身份平等的社会状态;因此,他主张一种对民主的非政治性的概念(此处的政治性是在其传统意义上而言的政治性),此概念不同于黑格尔的分析仍然具有的对民主的理解。尽管存在区别,但在对当下的独有特点的分析中黑格尔与托克维尔相遇,这完全有可能发生。

关于"民主专制"的两种观点

首先让我们提一下如下这个无关紧要但发人深思的方面,即托克维尔与黑格尔保留传统的关于政府形式的类型学说,并对君主制、贵族制及民主制作出区别,与此同时,按照亚里士多德或波里比阿(Polybe)的思路[247],在需要时也顾及它们的变种,让我们想一

---

① *RPh*,第 273 节附释,*W*,第 7 卷,页 438;*PPD*,页 369。

下黑格尔论及暴民统治,①或托克维尔不断反思把玩贵族制或民主制的诸多好的或坏的形式。② 但这些做法是为了使上述类型学说的意义旋即相对化,并为了强调上述类型学说与政治及社会的现代性形势不相符。

让我们首先读一下黑格尔的如下文字:

> 古代把国家制度区分为**君主制**、**贵族制**和**民主制**,这种区分是以尚未分割的实体性的统一为其基础的。这种统一还没有达到它的内部划分(一个在自身中发展了的机体),从而也没有达到深度和具体合理性。③

按照这段引文的看法,立宪君主制既不是传统君主制的一个变种,也不是第四种制度类型;它概括了诸多单方面的要素并将其相对化,即将诸多传统制度相对化,立宪君主制是整合它们的统一体,因为其内在组织公平对待民主制的观点(议会代表制)、贵族制的观点(政府管理)以及关于国家权力的特有的君主制的观点。借此方式,政治哲学的传统问题,即最好制度的问题,④变得过时。老实说,此问题在如下情况下变得更过时,即政体可被主观选择这一想

---

① *RPh*,第 278 节附释,*W*,第 7 卷,页 443;*PPD*,页 375。ochlocratie[暴民统治]这个词在 Polybe 那里出现(第 2 卷,第 38 章,第 6 节),用来指称民主的堕落形式,亚里士多德为此形式保留了民主这一称呼,将它与正真的政制(politeia)相区别。

② 比如在如下著名句子中:"世界的命运将随着如下情况而不同,即我们拥有民主的自由,或拥有民主的暴政。"(*Démocratie*(1),页 XLIV)。

③ *RPh*,第 273 节附释,*W*,第 7 卷,页 436;*PPD*,页 367。[译注]中译参考《法哲学原理》,页 287。

④ 参看 L. Strauss,《什么是政治哲学?》(*Qu'est-ce que la philosophie politique?*),Paris,1992,页 38–39。与以下著作比较:*VG*,页 140,*RH*,页 167。

法是虚幻的(希罗多德[Hérodote]虚构了[在波斯发生的!]关于制度的争论,此争论就表现了政体可成为主观选择的对象这一想法①),黑格尔强调说:"每个民族都有适合它的制度与属于它的制度。"②更确切地说,有理由认为政体的更迭是客观自由的历史的发展过程,此过程借助相继的及片面的形式展现出来。这就解释了如下说法:

> 就国家制度的现实形式而言,历史不能教诲我们。最后的制度原则,我们的时代原则,[248]并不包含在以前的历史民族的制度中。③

就托克维尔这边而言,他几乎没有滞留在关于政体的类型学说上。在《论美国的民主》中,关于此话题,人们仅仅找到了一些散乱的评论。比如说,与黑格尔完全相对立(至少与黑格尔的文本字面意义相对立),托克维尔声称,应区分古代的民主政体与近代的民主政体。关于前者,他指出,"与我们的民主政体完全不同的要素构成了这些所谓的民主政体,这些所谓的民主政体只是与我们的民主政体同名而已";④但对此,他并未说出更多的东西。通过与其他段落的核实对照,我们发现,托克维尔将古代拥护奴隶制并热衷战争的民主政体视为一种伪装起来的贵族统治。在《论美国的民主》第一部书的一个段落中,托克维尔详细论述陪审团制度,在其中他重新采纳了孟德斯鸠在《论法的精神》的开端处阐释的独创的类型学说,托克维尔将贵族制与民主制构建成共和制这个属的两个种,并

---

① Hérodote,《历史》(*Histoires*),第3卷,第80节。
② *RPh*,第274节附释,*W*,第7卷,页440;*PPD*,页371。
③ *VG*,页143;*RH*,页171。
④ *Démocratie*(2),页230(Vrin 2,页187)。

将这两者与君主制对立起来。① 但人们确实觉察到,对其意图而言,这里根本不涉及什么本质性的东西。相反,关键的是,他在贵族社会与民主社会之间构建出的越来越清楚的对立。托克维尔系统性地比较它们的特性,②并观察到单人做主的政府既能嫁接到贵族社会中(旧制度的君主制的情况),又能嫁接到民主社会中(拿破仑帝国的情况,甚至七月王朝的情况),托克维尔的比较与观察都清楚地表明,政体的分类对他而言也是一个既不合时宜,也不切要的问题。特别在第二卷中,对他而言重要的是,全面观察在贵族社会与民主社会之间出现的鸿沟并从中提取一切结论;这就是要确定出将贵族式的激情与民主式的激情区分开来的东西,确定出将贵族制的人与民主制的人对立起来的东西。在这方面,康德通过如下主张已为托克维尔(及黑格尔)开辟了道路,即人们自私自利地寻求[249]个人愿望的满足,此寻求支配近代社会,在近代社会的形势下,执政方式(Regierungsart)的问题比政体(Regierungsform)的问题更重要,执政方式要么是自由的(用康德的话说共和的),要么是专制的。③

然而,民主不仅是一种"社会状态",也是一种政治体制。在这方面,是什么东西刻画了其特征?什么是执政的民主政体的固有特征?其确切的政治性定义是什么?对这些问题的回答就是人民主权,此答案几乎可以说庸俗。然而不应误解此概念的意义;这意味着应打破某些刻板的想法并消除由这些想法产生的诸多歧义。当人民主权的教条"摆脱了人们在别处小心地在它周围构筑起的虚构"④之后(此处的别处尤指法国),它从根本上说意指,政治权力对

---

① *Démocratie*(1),页284(Vrin 1,页212–213)。参看孟德斯鸠,《法的精神》(*Esprit des Lois*),第1卷,第2章第1节和第2节,页131–136。

② 参看*Démocratie*(1),第二部分,特别参看页242–243(Vrin 1,页181–182),以及*Démocratie*(2),第四部分,页293及其后(Vrin 2,页237及其后)。

③ Kant,*Frieden*,科学院版,第8卷,页352–353;*Paix*,页95–97。

④ *Démocratie*(1),页56(Vrin 1,页47)。

社会或被统治者而言绝不是什么超验的东西;它只意味着"社会对自身的平缓影响"。① 换言之,"无论代表机制以及权力间的有机平衡有多么的精细复杂(按联邦党人给出的标准解释,就代表机制以及权力间的有机平衡而言,美国宪法是个典范),最后多数人的意见在民主制中被接受(对于多数人的意见,托克维尔评论说它是"平静的统治"②),也就是说,在民主制中,"人民的意见、推测、利益,甚至是激情不能碰到持久的障碍"。③ 简言之,超越制度性的虚构,人民主权意味着"正是多数人以人民的名义统治"。在托克维尔看来,由此产生了人民主权具有的、因此民主本身具有的双重性,如果不说是一种令人不安的特征的话。《论美国的民主》的第二卷不厌其烦地一再提及如下问题,即影响个人判断及情感的多数人的权力始终面临成为专制权力的危险。正如联邦党人所猜到的那样,"庞大而具有监护性的、绝对的、细致的、合规律的、有远见且温和的权力"④所施行的"民主暴政",⑤是威胁近代民主的主要危险。

[250]黑格尔被宣称是民主的公开敌人,他与托克维尔同样对人民主权持保留意见,这就不足为怪了。但更让人吃惊的是,他的民主批判意味深长地与那位法国自由主义者的话相符。人们只能在如下条件下批判人民主权,即承认在近代政治布局中此原则具有某种不可抗拒的东西。选举权,这一"人民主权的特有作为",好像是个体——就他们叠加地构建成"人民"而言——具有的"参与公共事务、积极投身于国家及政府的最重要事务中"⑥这一不可让渡的权利的象征(此外,通常而言,选举权只是此象征)。正因此,选

---

① *Démocratie*(1),页 412(Vrin 1,页 301)。
② *Démocratie*(1),页 413(Vrin 1,页 301)。
③ *Démocratie*(1),页 177(Vrin 1,页 135)。
④ *Démocratie*(2),页 324(Vrin 2,页 265)。
⑤ *Démocratie*(1),页 XLIV。
⑥ *Reformbill*,*W*,第 11 卷,页 112;*Pol*,页 381。

第七章　托克维尔—黑格尔:关于现代性的无声对话　　309

举权出现在近代政治学"基本教理书"《人与公民的权利宣言》的显要位置上。①

人们以此为基础可判断出,就人民主权问题,黑格尔与托克维尔在哪些方面既接近又疏远。就如下方面而言,他们彼此接近(这是主要方面),即他们承认后革命世界具有一些特定特征(我们在后面应再次提及它们),这些特征使人民主权变得不可避免,或至少说,使人民主权的某些特定形式变得不可避免。这一教条的倡导是对合法性的所有超验原则(神、王朝)的磨灭的响应,它表达了政治权力内在于社会。在此意义上,对黑格尔而言,也对托克维尔而言,民主——以一种弱的方式被理解的民主——是近代社会的命运。但是,涉及理解此新原则的方式,他们显然分道扬镳了。

带着担心,托克维尔支持新的民主构想,此构想的"新"是针对十八世纪的作家(如孟德斯鸠或卢梭)仍然还在表达的关于民主的构想而言的。托克维尔支持的新的民主构想具体为美国制度所体现,这些美国制度即为制约与平衡(checks and balances),行政分权,自殖民开始政治生活扎根于成熟的地区自治的实践。用《联邦党人文集》的话说就是,在美国涉及的是共和政府,它"完全建立在代表制原则之上",完全不同于古典民主,在古典民主中,"人民集会并统治自身"。② 即便人们在人民主权原则之上增添一种有力的代表制的矫正措施,《联邦党人文集》的优秀读者,托克维尔,还是尖锐地意识到人民主权原则包含[251]压迫少数人的危险。③ 但是,因为在社会民主化之外不存在其他选项(我们将看到为什么是这样),所以人们只能致力于遏制此危险,即"寻找新的补救办法对付新的恶"。托克维尔将这些新的对付民主暴政的良方总结如下:

---

① *Wurtemberg*, *W*, 第 4 卷, 页 492; *Pol*, 页 240。
② *Fédéraliste*, 第 14 篇, 页 100 – 101。
③ 参看 *Fédéraliste*, 第 10 篇, 页 71 – 72。

为社会权力制定广泛、但固定可见的限制;给予个人特定权利,并保证他们可以无可争议地享有这些权利;为个体保留继续属于他的少许的自主性、力量及独创性;将个体提升到与社会相等同的地位,并支持面对社会的他。①

如果黑格尔与托克维尔意见一致,认为自法国革命之后,社会地位的不平等已不合时宜,那他拒绝将还未被称之为代议民主制的东西视为对近代世界问题的恰当回应,拒绝首先将其视为对社会两极化与阶级矛盾的尖锐化问题的回应。关于政治秩序的民主看法以构建自身并抽象平等的个体构建出社会(此虚构承袭于自然法学理论,并被政治经济学现实化)为基础。事实上,黑格尔与托克维尔之间的关系既亲近,又疏远,因为从对现代性的一个相似诊断出发,他们对现代性含有的挑战提出了相反的回应。但确切来说此论断是什么?就何种程度上来说他们的诊断具有共同性?

对自由的崇拜,对平等的激情?

初看起来,托克维尔与黑格尔就如下问题提出了完全对立的看法,即在近代世界中自由的价值与平等的价值各自所起的作用问题,以及利于实现它们的制度与规范所起的作用问题。争论具有重要性,它不仅涉及这两位作者对人权问题及1789年的《宣言》的文本的看法,而且也涉及他们对近代社会的根本性分析、对其重大发展趋势的评价以及对其未来的推测。

[252]我们先前已提及《哲学科学百科全书》中的一个评注,此评注详细分析了简单范畴之间的复杂关系,在其中黑格尔说道:"人

---

① *Démocratie*(2),页334(Vrin 2,页277)。

们通常将应该形成宪法的根本规定及最后目的与结果总结到这些简单范畴中。"①这明显指涉 1789 年的《宣言》的前言。首先论及平等,黑格尔认为,"人生而平等"这个表述笨拙地改写了此原则(相反,人就天性而言是不平等的,在此方面纠正直接的自然性正属于法、社会及国家的事),平等原则毋宁说具有一种社会意义,而非政治意义。如果人们以一种前后一致的方式运用它,那"平等原则[……]拒斥所有差别且不让任何种类的国家状态存在"。② 事实上,所有政治秩序都在统治者与被统治者之间引入一种功能性的上下等级关系,因此引入了一种不平等,即便此不平等并不包含如下两部分人之间的任何法定差别,即一部分人"生来"统治他人,另一部分人"生来"服从他人,这也是托克维尔所说的许多贵族社会的情况。因此,与一种广泛流传的假象相反,平等原则不具有一种政治意义,它具有法律及社会意义:说人是平等的(仅仅在近代社会中人们才能这样说),就是在宣称他们作为个人在法律面前平等;这只是在主张一个"一般的*法律状态*"③的存在。个人在法律面前平等的规范性原则意味着摆脱前近代社会对人格的获得所设定的限制,④此原则只有在如下情况下才具有意义,即在其他情况下,个人是不平等的,否则就不会涉及一种规范,而只是一种平庸的事实陈述了,在此处,黑格尔的话变得深刻起来。然而,个人确实不平等:

---

① *Enzykl*,第 539 节说明,*W*,第 10 卷,页 332;*Encycl* 3,页 313。
② *Enzykl*,第 539 节说明,*W*,第 10 卷,页 332;*Encycl* 3,页 313 – 314。[译注]中译据德文译出。
③ *Enzykl*,第 539 节说明,*W*,第 10 卷,页 333;*Encycl* 3,页 314。
④ 尽管涉及一种回顾性的概括(Kaser,《罗马私法》(*Das römische Privatrecht*),第 1 卷, München,1955,页 234),但是,为了具有人格,人们可想到罗马法中规定的身份的三重条件:自由身份(status libertatis,享有人身自由),市民身份(status civitatis,具有城市权),家庭身份(status familiae,成为一家之长)。参看 *PPD*,第 36 节,页 147,译者注 1。

就自然方面而言,他们不平等,这是由于他们的身心构造;就社会方面而言,他们同样也不平等,这是鉴于他们在市民社会的活动领域内所占据的地位。换言之,如果事实[253]一上来就与法相符,那还存在何种规范性生产的需求呢?诚然,这一点在表面上有悖于人权宣言的普遍法则:

> 考虑到具体物,公民,除了人格之外,在法律面前平等,这只是就他们**在法律之外**一般也是平等的而言的。①

然而因此将黑格尔列入反平等的反革命之列,这是不审慎的做法。简言之,他的现实主义不允许他缩减在应当层面与存在层面之间的距离,不允许他混淆法律规范性与具体的事实性。

至于自由,黑格尔致力于将此概念从对自由采取主观主义及个体主义的解释中解放出来,此解释在近代思想中占主导地位,它与如下混淆相关,即混淆自由与不受任何束缚的自由。《法哲学原理》的导言指出,不受任何束缚的自由只能构成充分发展的自由概念的一个从属环节。② 这种对自由的理解在哲学方面令人不满,在政治方面令人生疑。与此理解相对立,黑格尔提出一种"客观自由",它"只有在近代国家中才能发展到这个高度"。③ 然而,确切说来,法律统治构成并保证此客观自由(政治自由,即承认个体具有参与公共事务的能力,只是客观自由的一个维度)。事实上,"所有真正的法律都是一种自由,因为它包含客观精神的一个理性规定,因

---

① *Enzykl*,第 539 节说明,*W*,第 10 卷,页 333;*Encycl* 3,页 314。
② *RPh*,第 14 – 17 节,*W*,第 7 卷,页 65 – 68;*PPD*,页 128 – 131。
③ *Enzykl*,第 539 节说明,*W*,第 10 卷,页 335;*Encycl* 3,页 316。关于这个客观自由的概念,也参看 *RPh*,第 258 节附释,*W*,第 7 卷,页 399;*PPD*,334 页。

此包含自由的一个内容"。① 在此意义上,政治义务不应被视为对个体原初具有的自由的限制,相反,人们应对它作如下理解,即它在制度方面促进巩固个体对自由的渴望,并从而克服单纯主观的自由的片面性,单纯主观的自由"拘于自然性、心愿及任意之中",因此,它与"理性的自由"②相矛盾。

从这些考量中,黑格尔推断出如下这个初看起来与《论美国的民主》的论题全面对立的判断:

> 人们说近代民族只能享有平等,或比起自由,更能享有平等[……]相反,人们应该说,恰恰是近代国家的高度发展及完善[254]产生了个体在现实中的最高的具体的不平等,而借助法律的更深刻的合理性及法制状态的巩固,实现了更大的及更有根基的自由,并能够允许及容忍这种自由。③

因此,近代国家——后革命时期的国家——确保自由对平等的胜利。然而,上述这段话本质上是要消除一种混淆,此混淆影响着关于自由及平等的"流行概念"。因为按黑格尔的看法,被正确理解的自由是法律秩序(法权状态)产生并保障的客观自由,它是平等本身,或毋宁说是其条件:没有政治性的自由,没有确保法制(rule of the law)的宪政国家,就不可能存在公民的真正的法律平等及社会平等,而只能存在一种种姓分层或等级分层的社会。换言之,公民平等——它是从如下刻板障碍中解放出来的社会的特有性质,即旧制度在不同等级、地区及职业之间设立的障碍——是一种政治自由

---

① *Enzykl*,第 539 节说明,*W*,第 10 卷,页 333;*Encycl 3*,页 315。
② *Enzykl*,第 539 节说明,*W*,第 10 卷,页 335;*Encycl 3*,页 316。
③ *Enzykl*,第 539 节说明,*W*,第 10 卷,页 334;*Encycl 3*,页 315。[译注]中译据德文译出。

的结果(此处的政治自由是以一种客观方式被理解的自由,并且它不能仅被理解为一种实践积极的公民角色的个体权利)。被正确理解的自由就是被正确理解的平等:个体应绝对地在法律方面平等,因为恰恰就个体在政治方面(统治者—被统治者)及在社会方面(富人—穷人)不平等而言,个体应在法律方面绝对平等,而这只有在政治秩序是自由的载体时才有实现的可能。

托克维尔似乎采取了与黑格尔的分析相对立的观点,因为他主张身份平等,这个"天意的事实",①是民主的特有特征,或更确切地说是近代社会民主的社会状态的特有特征(此主张甚至是《论美国的民主》的主线)。然而,由平等引发的"对平等的激情"②产生了对个人及政治的自由的向往,与此同时却也阻碍了这种向往,为此,"与崇拜自由相比,民主的民族更热烈、更持久地崇拜平等"。③ 公民平等的深化以及由此引起的平均化趋势可能会向完全平等与绝对自由相结合的"理想"发展。但它们也可导向政治自由的消失(显然这正是托克维尔认为最可能发生的事)。[255]假定平等是民主社会的"母体思想"或"首要激情"④(我们知道,此处民主社会这一表达是指一种社会"状态",而非政体),那么人们就可以了解,"自由带来的弊端"⑤的影响要比极端平等的影响更直接,这些弊端可能导致自由的牺牲。从平等到奴役的道路不是很长,并且管理的集中化——这是近代社会重大的发展趋势之一——将以一种给人留下

---

① *Démocratie*(1),页4(Vrin 1,页7)。

② 参看 *Démocratie*(1),页204(Vrin 1,页152):"民主制度唤醒并迎合对平等的激情,不过从未能够完全满足它。"

③ *Démocratie*(2),页101(Vrin 2,页93),章节题目。在同一页,托克维尔提醒说:"身份平等激发产生的第一个且最强烈的激情,是对同样的平等的崇拜。"

④ *Démocratie*(2),页102(Vrin 2,页94)。

⑤ *Démocratie*(2),页103(Vrin 2,页95)。

深刻印象的方式铺平这条道路。① "民主暴政"的威胁显示出了自己的轮廓("民主暴政"是"民主的自由"②的令人生畏的替代选项)。所有这些都指明,托克维尔非常认真地对待这个威胁:

> 至于我,当我考虑到许多欧洲国家已然达到的状态时,以及当我考虑到此状态是其他国家发展的目的时,我不由自主地认为,不久之后,在它们之中只存在民主自由的空间或恺撒专制的空间。③

然而,人们不能单纯认为平等与自由是非此即彼的两个选项,正如(不妥当地)依仗托克维尔的某些学派所做的那样。《旧制度与大革命》结尾处的一个段落以辩证的话语分析了推动近代法国历史发展的两个"主要激情",即平等与自由。诚然,对平等的崇拜,或毋宁说"对不平等的强烈的、不可遏制的仇恨","更为深沉并源自更久远的时代"。但是,它也引起并维持对于自由的激情,此激情更脆弱,因为"它是较为新近的东西,并且相比较而言没有什么根基"。④ 法国革命,至少在其开始时,为此交互作用提供了一个令人吃惊的例子,因为在革命中,对平等的激情强有力地促进自由制度的产生(这些制度在此处即指立宪君主制的制度)。托克维尔评论说,正是在那时,"法国人为其事业及为自身感到十分骄傲,以至于他们可以认为,他们可以在自由中实现平等",并且"在民主制度中[256]实现自由"。⑤

---

① *Démocratie*(1),页 97(Vrin 1,页 79)。"我确信……社会状态是民主的民族最容易遭受如下危险,即掉落在行政集权的压迫之下。"
② *Démocratie*(1),第十二版的序文(1848 年)页 XLIV。
③ *Démocratie*(1),页 329(Vrin 1,页 244)。
④ *Ancien régime*,第 3 编,第 8 章,页 247。
⑤ *Ancien régime*,第 3 编,第 8 章,页 247。

但对平等的激情确实会"首先占据人们内心深处,并总是占据人们内心深处"。① 这就解释了为什么说即便此激情可帮助政治自由的发展,但它也完全能摧毁它,并且这经常发生。法国大革命的发展进程便是一个例证,托克维尔用了黑格尔不会否认的话分析了这一点。在革命进展中自由向专制的翻转——拿破仑一世皇帝的专制自然紧随在自由的专制之后——表现得更容易,尤其在大革命从旧制度那里继承行政集中制的情况下,拿破仑非凡地完善了行政集中制,此集中制"为专制提供独有的便利"。② 因此,在几十年内,对平等的民主式的激情促进了政治自由的惊人发展,同时也为行政集中制及行政专制构建温床,行政集中制及行政专制必然威胁政治自由。然而,对于所有近代国家而言,对上述威胁,除了自由本身之外,不存在任何其他补救办法:

> 为了克服平等可能产生的弊端,只存在一种有效的补救办法,即政治自由。③

显然,在后革命世界中,与其说涉及的问题是在平等与自由之间做出选择(此外,托克维尔注意到,平等的敌人并不因此就是政治自由的党徒),还不如说涉及对如下关系的一种准确构想,即将平等与自由统一起来的紧张关系。

在黑格尔与托克维尔的对立之外,我们看到这两位思想家都谈及在近代社会及国家中自由与平等的关系,他们的言论回应了如下这一共同忧虑,即美国与法国革命为一个新世纪打下烙印,在这两次革命之后,政治形象可能成为何种样子? 在一个被打上平等印记(权利

---

① *Ancien régime*,第 3 编,第 8 章,页 248。
② *Ancien régime*,第 3 编,第 8 章,页 248。
③ *Démocratie*(2),页 112(Vrin 2,页 103)。

平等,身份平等,愿望的平等)的世界中,什么样的制度形式可确保政治自由的维系及发展？托克维尔[257]是理性民主派,①是行政集权的敌人,黑格尔是自由君主制及官僚国家的拥护者,在两者之间,问题的交汇比零星的见解分歧更具决定性意义。根本上说,问题的交汇与他们对近代社会本性采取的相近的研究方式相关。

市民社会与政治民主

人们经常指出托克维尔的民主概念的多义特征。② 然而,在《论美国的民主》的第一卷以及③尤其在第二卷中,分析的关键环节是,不将民主定义为政体或权力的使用方式,而将其定义为社会状态(在《论美国的民主》的第二卷中,此定义一直被假定为前提)。身份平等是民主的社会状态的特征,它是"能产生其他结果的事实",即它产生了"在我们中进行的巨大的民主革命"。④ 换言之,它致使"在民主的社会状态中种姓地位不再存在,社会等级也不再存在,并且在其中就文化及财产方面而言,所有公民几乎都平等"。⑤

---

① *Démocratie*(1),页329(Vrin 1,页244)。"难道不应将民主制度及习俗的渐进发展视为如下方法？即不是最好的、但为了成为自由人我们唯一拥有的方法。难道人们不打算将民主政府——同时不爱民主政府——当做如下补救办法来使用？即对当前社会弊病而言最适用且人们能够使用的最正派的补救办法。"

② 参看 H. Laski,导论,载于 *Démocratie*(1),页 XXIX 及其后。P. Manent,《托克维尔与民主的性质》(*Tocqueville et la nature de la démocratie*),Paris,1993,尤其页18。

③ 参看 *Démocratie*(1),页45 及其后(Vrin 1,页37 及其后):"就本质上说,盎格鲁—美利坚的社会状态的突出点是民主。"

④ *Démocratie*(1),页1(Vrin 1,页4)。他也谈及了"独有的及主要的事实"[*Démocratie*(2),页102;Vrin 2,页94]。

⑤ *Démocratie*(2),页288,注脚(Vrin 2,页232)。

不再用政治术语,而是用社会术语对民主所下的这一定义是托克维尔的主要的理论创新。此定义解释了贵族社会与民主社会的区分对传统的政体分类学说的代替,此区分首先因如下事实而引人关注,即在贵族社会与民主社会之间不存在第三种可能的社会。贵族社会与民主社会的区分是《论美国的民主》的第二卷的主干,第二卷详述如下两方面之间的扰人的对比,一方面是(非平均主义的)贵族社会的特性,另一方面是(平均主义的)民主社会的特性。

如下论题使对民主的这一社会性定义变得必然(与黑格尔的比较使如下论题变得更有意思):

> [258]随着时间的推移,政治性的社会必定会成为市民社会的表达及复制品;正是在此意义上人们能够说,在一个民族中,市民立法最具政治性。①

从政治词汇史的角度看,值得注意的是,在 1835—1840 年,托克维尔好像理所当然地采用了在大约 1817 年首先由黑格尔明确做出的市民社会与政治性的社会之间的区别。市民社会概念经历深刻变革,在几年中,此概念在欧洲范围内成为家喻户晓甚至必不可少的概念。② 托克维尔的作品想通过如下方式分析这一事实,即指出民主的社会状态多大程度上改变了关于政治的传统描述。

但是,如果说当他动用国家与市民社会的区别时,他似乎在靠近黑格尔,那在他使用这一司空见惯的思想的过程中,他绝没有显

---

① *Démocratie*(2),页 201,注脚(Vrin 2,页 165)。也参看第 1 卷第 1 部分第 3 章的重要的副标题,"盎格鲁—美利坚社会状态的政治结果"[*Démocratie*(1),页 52 页;Vrin 1,页 44]。

② 也参看 C. Colliot - Thélène,《国家与市民社会》(État et société civile),载于《政治哲学词典》(*Dictionnaire de Philosophie politique*),Paris,1996,页 225 -230。

示出自己是个黑格尔主义者;毋宁说他与施泰因相近,或与马克思相近(这一点首先会让人吃惊)。在黑格尔那里,市民社会与国家的区别为如下这点所伴随,即他清楚地将市民社会隶属于国家之下。对黑格尔而言,非常重要的是保留政治权利,并且不仅要避免国家与市民社会的混淆,而且尤其要避免,在市民社会中起支配作用的表象与管理模式对国家的控制(在此方面,黑格尔依然是一个古典作家)。然而,这正是托克维尔在做出社会状态(多方面地)决定政治形态这一判断时所要做的事:

> 正如美国人,就身份而言我们迟早将达到几乎完全平等的状态,这一点对我来说似乎没有什么疑问。我并不由此得出结论说,有一天,我们将必然被迫从一个相似的社会状态中提取美国人提取的政治结论。我不相信美国人已找到民主能够借之展现自身的唯一的统治形式;但是,在两个国家中产生法律及习俗的原因相同,这一点就足以使我们具有巨大的兴趣,去认识产生法律及习俗的相同原因在这两个国家中生产的东西。①

[259]因此,如果黑格尔主张在规范方面政治对社会的优先性,那么托克维尔则主张"社会状态"的至高地位;"统治形式"无疑不是社会状态的单纯反映,不是其"结果",但它不能持久地与此状态相对立,因为社会状态是"产生法律及习俗的原因"。朝着民主的社会状态的发展冲动不可抗拒,如果这一点属实,那么应该自问,此现象对政治领域将具有何种不可抗拒的后果。

无论将黑格尔与托克维尔两人对立起来的东西的范围有多宽广,他们都用比较相近的术语定义市民社会。在托克维尔那里,身份平等即指没有人因其出生或社会等级而与某个职业相联系,它是

---

① *Démocratie*(1),页 11(Vrin 1,页 14)。

产生民主的社会状态的独特事实,或用黑格尔的话说,它是产生近代市民社会的独特事实。在黑格尔那里,毫无疑问,并非平等首先刻画了市民社会的特征;市民社会源自诸多个别的社会参与者的互动,不同的具有普遍化作用的控制措施(市场、法)组织了这一互动,在伦理中,市民社会毋宁说代表了"区分的阶段",①因为个人利益在那里屈从于普遍物,而非自由地与其相汇。但事实上,市民社会的如下存在方式直接蕴含"对平等的要求",②即每个人的需要及行动都在需要体系中相互交错,从而促进大家的福利;这一社会的"法律制度"③以社会参与者法律上的严格同等为前提。诚然,身份与权利的这种平等不能避免经济及社会的过分的不平等,它甚至引起这些不平等的强化。提到"特殊性的客观法"时,黑格尔强调:

> [它]不仅没有在市民社会中废除自然设定的人类的不平等(自然是不平等的要素),而且相反,[它]从精神中产生这种不平等,[并且]将它提升为技能、财富,乃至理智及道德教育的不平等。④

托克维尔的说法与此类似:身份平等绝非与强烈而持久的不平等不兼容,尤其在经济方面;"公众舆论"传达并颂扬身份平等,此平等成了"一种虚构的平等"。⑤ 因此,平等——包括在[260]其可能具有的幻

---

① *RPh*,第 181 节,*W*,第 7 卷,页 338;*PPD*,页 277。
② *RPh*,第 193 节,*W*,第 7 卷,页 350;*PPD*,页 288。
③ *RPh*,第 157 节,*W*,第 7 卷,页 306;*PPD*,页 259。
④ *RPh*,第 200 节附释,*W*,第 7 卷,页 354;*PPD*,页 292。[译注]中译参考德文译出。
⑤ *Démocratie*(2),页 189(Vrin 2,页 157)。参看 Ph. Raynaud 的评注,《托克维尔》(Tocqueville),载于《政治哲学词典》(*Dictionnaire de Philosophie politique*),Paris,1996,页 695。

觉物中被考察的平等——确实是(黑格尔意义上的)市民社会的固有特征或(托克维尔意义上的)民主的社会状态的固有特征。

然而,身份平等导致个体及社会结构本身的流动性。黑格尔将市民社会的人(资产者)与没有任何修饰语的人等同起来。① 资产者与其政治公民式的固有存在相分离,黑格尔惊人地将此资产者与自在的人等同起来,黑格尔为什么这样做呢?此做法与如下这点有关,即政治领域内的固定不变的地位为个体授予法定属性,市民社会通过剥夺所有这些属性从而真正创造出一般的人;因此,上述黑格尔的做法为人权的抽象论说赋予具体基础。不过,(民主的社会状态的)这种将法定属性抽象化的做法具有诸多后果,其中之一便是个人在此社会状态中——先不顾其他一切东西——有选择自己职业的自由;超出个人能力之外的因素(出生等)远未严格决定社会地位,社会地位"对主观意识而言,是其意志的作品",②此意志是偶然的、变动的意志。因此,就市民社会撇开政治束缚及上下等级关系而言,其本性蕴含在所有意义上来说的流动性。

就此,当黑格尔引入他的代表社会利益的代表制学说时(在其中民主性非常少),他提及"市民社会的流动的一面"。③ 此观念可与托克维尔在《论美国的民主》的第二卷中就民主社会的"流动性"及"激荡"的论述相比较:

> 在民主、启蒙及自由的世纪中,人不具有任何将人分离,或扣留在其位置之上的东西;他们以一种罕见的速度升迁或堕落。所有阶级不断相互照面,因为他们彼此挨得很近。他们相互交流,并且整天混合在一起,相互仿效又互相嫉妒;这为百姓

---

① *RPh*,第 190 节附释,*W*,第 7 卷,页 348;*PPD*,页 287。
② *RPh*,第 206 节,*W*,第 7 卷,页 358;*PPD*,页 296。
③ *RPh*,第 308 节,*W*,第 7 卷,页 476;*PPD*,页 405。参看后面第八章。

启发了大量想法、观念,开启许多欲望,如果社会等级是固定的,且社会不具流动性,那人们将不具有这些东西。①

因此,尽管存在研究重点的差别(此差别与黑格尔和托克维尔[261]分别所处的特殊的民族史及思想史相关联,一个很好的例子就是同业公会问题),黑格尔的"市民社会"与托克维尔的"民主的社会状态"描述着相近的事实,即便它们从不同角度出发被理解(在黑格尔那里是经济—法律的视角,在托克维尔那里是政治—意识形态的视角)。但是,他们的分析尤其突显了惊人的趋同的关切。两人致力于考量社会自主化过程对政治—国家方面产生的后果(清楚的是,他们的倾向及采取的解决办法远非相同)。对他们而言,重要的是思考社会自主化过程,因为它为现代性赋予其特有面目,令人着迷且令人担忧的面目。在此语境下,两种思维方法的共同点是如下追问(在很多方面,它仍然是我们的追问):传统上被理解的政治,即指挥与服从关系的制度化形式,已不再决定或单独决定人们共同生活的方式,在这样一种社会中,政治处于何种状况?

---

① *Démocratie*(2),页45(Vrin 2,页46)。

第八章 一种代表制理论

导言：主权与代表制

[263]在一个公开反对黑格尔的句子中,施米特写道:"国家概念被提升到普遍的规范概念的层次,此做法(……)不久可能以国家—形式的时代的到来而收场。"[1]不管怎么说,"欧洲的国家—形式的时代"始于宣告政治支配其他人类生活领域(此处政治的特有的现代形式是一种抽象实体,国家)。国家逐渐摆脱宗教领域,在宗教改革之后,宗教世界的深刻裂痕要求国家在某种程度上中立化;国家也脱离艰辛劳动的世界及技术—经济交往的世界,即人们后来称之是市民社会的领域,以及脱离传统上封闭的家庭领域(此领域本身也将遭受深刻变革)。此外,政治不仅摆脱这些领域,它还将其法律强加在这些领域之上。虽然主权与代表制的概念具有不同出处及地位,但它们是近代国家思想的最基本的两个方面(近代国家思想肇始于十六世纪,国家本身也在此时开始形成);主权与代表制学说的最初代表是马基雅维利与博丹,他们属于很不相同的流派。借助[264]主权与代表制这两个概念,近代政治哲学探索着思考国家时代的到来。

---

[1] C. Schmitt,《宪法权文集》(*Verfassungsrechtliche Aufsätze*), Berlin, 1958, 页376。也参看《政治的概念》(*La notion de politique*), Paris, 1972, 页53-54。

主权概念是一个典型的近代概念：主权被设想为国家的所有物，不是一个国家领导人或一群国家领导人的所有物，主权是去人格化及理性化过程的一个具有代表性的方面，按照韦伯的看法，这一方面明确了政治的近代形象。① 根据博丹对主权的著名定义，主权是"一个共和国的绝对永久的权力"。② 此定义表明，即便对博丹本人而言，君主几乎理所应当地持有并执行此权力，但主权人格自此按其功能被思考；与主权的抽象本质相比，主权人格变得次要了。就此方面，合适的做法是强调教会为国家的出现铺平了道路：事实上，人格与功能之间在教规学上的区分使如下定义成为可能，即对近代国家取得的权力采取非人格化的定义。总之，在"国家—形式"以一种无可争议的形式施行统治的整个时期内，主权作为其本质性的谓词显现出来，并且极为正常的是，自十九世纪以来，那些想批判"国家神话"③的人都致力于揭露此概念的形而上学的特征。

与主权概念相反，代表制这个概念最初并非一个政治概念：它来源于神学，更确切说来源于教会学。事实上，此问题具有的超凡的政治意义在如下争论过程中显现出来，即在教会内部使

---

① 参看 M. Weber,《经济与社会》(*Economie et société*), Paris, 1971, 页 58-59。关于"法律—理性的统治"，参看 C. Colliot-Thélène 的评注,《国家的去魅化》(*Le désenchantement de l'État*), Paris, 1992, 页 224 及其后。

② Bodin, République, 第 1 卷, 第 1 章, 第 8 节, 页 179 页。因为博丹的主权学说奠定了如下这点，即国家对于实在法的垄断化，所以 O. Beaud 强调此学说的新颖特征,《国家的权力》(*La puissance de l'État*), Paris, 1994, 页 29-196；特别参看页 50-52。

③ 参看 E. Cassirer,《国家神话》(*Le mythe de l'État*), Paris, 1993。

主教会议代表的拥护者与罗马教皇代表的拥护者对立起来的争论。① 但正是近代主权国家理论才使代表制这个概念得到最具创造力的应用。不管其政府类型或政体如何，一个国家都会实施[265]代表制形式。无论决议及决策是集体作为，还是唯有一人被授权以全体的名义讲话，国家都是政治共同体的代表，人民的代表。不过这并非意指国家是他们的委托人或职员，否则它便只是一个预先存在的意志、一个政府的单纯执行工具（此处政府一词是在其近代严格的意义上而言）。借助其制度性的存在及行动，国家代表或象征共同体的统一体、共同的意志。

初看起来如下两方面的连接让人足够惊讶：一方面是主权，它与人们可适当称之是专制主义的东西的发展相联系；另一方面是代表制，无论是在主教会议至上主义(conciliarisme)那里或在专制主义的早期敌人那里，代表制都与权力的集中化及垄断相对立；主权主题与代表制主题的连接意味着它们都被深深地改造过。阅读《利维坦》，人们就会觉察此情况。为了解决其先前的政治哲学的某些困难，霍布斯在《利维坦》中发展出一种基于授权概念的主权的政治代表制理论。按照霍布斯的看法，主权者代表人民。但这并非意指人民对自身拥有一种权力，人民将此权力托付出去：这是在假定，人民自然而然地就如此这般地存在，通过自身人民就是一种能够意愿的主体。但在此情况下，主权学说想要回应的从一种异质的多样中构建政治统一体问题将不复存在，并且主权者或将成为一种虚构

---

① 关于代表制这个近代概念的前史，参看 H. Hofmann，《代表制：关于词的历史及概念史的研究》(*Repräsentation. Studien zur Wort – und Begriffsgeschichte*)，Berlin，1990(2)，特别参看第 5 章[身份代表制(Repraesentatio Identitatis)]，页 191 及其后，及第 6 章开头，其内容是关于库萨的尼古拉(Nicolas de Cues)所写的《论天主教的和谐》(*De Concordantia Catholica*)，页 286 及其后。也参看 G. Duso，《政治代表制：概念的起源及危机》(*la rappresentanza politica. Genesi e crisi del concetto*)，Milan，2003，第 1、2 章。

物,或将成为一种废物。事实上,主权者在如下特殊意义上执行代表行为,即它使主体存在,它构建出它使其在场的那个主体,正如在言语行为中,意义并非在其表达之前存在。因此,我们应原原本本地看待《论公民》(De Cive)的如下表达:"在一个君主国中[……]国王就是我所称的人民。"① 此表达意指,在逻辑或在时间上说,被代表的人并不预先存在,不过他看到其存在、身份被一种行为构建,在此行为中,被代表的人获得了一个代表。这就是授权理论所阐述的东西。霍布斯通过借助作家与演员之间的区分,阐明了主权建构的机制,由此他得出结论说,"[除了在代表的形式中],我们不能在其他形式中设想大众中存在的统一体"。② 事实上,区分分裂的大众与统一的人民的东西是一种操作,它正如戏剧的幻觉让人看到的那样,借助演员之口让作家说话(没有人能亲自看到并听到他),由此,将其建构[266]为被表演出来的文本的作家或被代表的作家。换言之,"正是实行代表行为的人的统一性,而非被代表的人的统一性,使人格成为一个人格"。③ 这就是代表制主权的矛盾本质或神奇本质。

这种关于代表制主权的理论不必然包含对君主制的偏爱。在卢梭那里人们也能找到这种理论,在那里这种理论为一种完全不同的目的服务。《社会契约论》第三卷第一章动用代表制主权的政治概念,目的是刻画君主(政府,行政机关)与主权者(积极的政治体)及人民(同样的但消极的政治体,臣民)的关系。卢梭说,"为了达到臣民与主权者之间的一致目的,应当在他们之间建立一种中间体",④即积极整体与消极整体之间、主权者与人民之间的一种中介。因此,自一个人类群体拥有一种政治性的存在以后,自他们为

---

① Hobbes,《论公民》(Le Citoyen),第 12 章,第 8 节,页 223。
② Hobbes, Léviathan,第 16 章,页 166。
③ 出处同上。
④ 参看 Rousseau, Contrat,第 3 卷,第 1 章,OC,第 3 卷,页 396。

自身赋予共同意志以后,代表就指涉此群体与自身维持的一种关系。这个问题不能被还原为在国家机构中"诸多代表"的在场问题(此处的诸多代表代表人民,社会团体或个体,他们被选出或不被选出)。在国家机构中诸代表的在场问题只是一般的政治代表问题的一个方面,此方面错误地被孤立起来并被特殊对待。

然而,当关于代表制的一种新观念产生时,或毋宁说当此观念引起普遍重视时(因为在辉格党人的宪政主义中,尤其在柏克[1]那里,此观念已存在),主权与代表制之间的关系值美国与法国大革命之际改变了其意义。此改变首先见于美国国父那里。这些国父发展出一种关于共和国的新构想,此共和国按一种"法律帝国而非人的帝国"[2]的理想被设计,此构想为代表制的观念赋予了一种内容,我们可在法律帝国的理想中认出此内容。《联邦党人文集》的作者在1787年确立美国的宪法学说,他们认为共和国政府"完全建立在代表制原则之上";[267]显然,对他们而言,代表制政体既与霍布斯的主权者——代理人的专制主义毫无关系,也与一种"人民集会起来并统治自身"的政体毫无关系。[3] 代表制概念的变革在西耶士那里同样十分清楚。人们非常多地、可能过多地强调如下创新,即区分制定宪法的权力与(诸多)被宪法创立的权力。然而,就本质而言,此区别延伸了《社会契约论》在主权与政府之间做出的区别。再一次忠实于霍布斯,卢梭解释说,主权

---

[1] 在给 Bristol 的选民致辞(1774 年)中,柏克(Burke)阐述了"自由委任"学说,并且反对如下观念,即代表可以是一种委托:"议会不是由带有不同的及敌对的利益的使者构成的大会[……]相反,议会是整个民族的决议大会,整个民族具有唯一利益,即整体利益。"(《柏克著作集》(*The Works of Edmund Burke*),第三卷,Londres,1803,页 20。)

[2] John Adams,《关于政府的思考》(Thoughts on Government),载于《亚当斯著作集》(*The Works of John Adams*),第 4 卷,Boston,1951,页 194。

[3] *Fédéraliste*,第 14 篇,页 100 – 101。

不能通过授权被委托或建构,因为"主权者只是一种集体性的存在,它只能被自身代表";①诚然,它可拥有官员或专员(这恰恰就是政府的身份②),但它不能拥有这样一些代理人,他们可能是完全权力(plenitudo potestatis)的承载者。西耶士恰恰破坏了这一主权学说的核心原则,他声称,如果他所称的特别代理人(即那些执行制宪权的人)被合法任命,那他们就"取代民族本身",并且"对他们而言,有意愿就足够了,他们的意愿正如在自然状态中个人的意愿"。③ 这完全将关于代表制主权的学说颠倒过来:一个民族将其至高权力委托给一群代理人,此委托并不意味对民族的最高权力的任何削弱,也不意味将其引入歧途。相反,唯有通过代表的中介,分散的民族意志才能表达出来并成为真正至高的东西。因此,"代表大会的目的或目标不能与如下东西不同,即倘若能在相同地方聚会并商谈的情况下民族为自身规定的东西"。④ 人民主权不可让渡,这是卢梭的论题;但人民自身不能执行此主权,在建构人民的行动中人民应被代表,这是西耶士的理论贡献。

这一关于主权代表制的理论构成一种问题的基础,此问题被称为关于权力的共和党人问题(尽管西耶士本人对这个词没有什么好感)。十九世纪的政治史充分证明,这一问题可涵盖诸多很不相同的政治选择。概言之,在其中我们可区分[268]两个变种,一个是自由主义的变种(在柏克及美国国父之后,贡斯当与托克维尔是此变种的发言人),另一个是民主主义的变种(此变种在法国大革命之后被极端抑制,在 1848 年左右,它又重振雄风,但自

---

① Rousseau,*Contrat*,第 2 卷,第 1 章,*OC*,第 3 卷,页 368。
② 参看 Rousseau,*Contrat*,第 3 卷,第 1 章,页 396;第 3 卷,第 15 章,页 430;第 3 卷,第 17 章,页 433 – 434。
③ Sieyès,《什么是第三等级?》(*Qu'est-ce que le Tiers État ?*),Genève,1970,页 185。
④ Sieyès,《什么是第三等级?》,页 204。

那以后不得不与一种新潮流即社会主义相妥协)。尽管它们有明显矛盾,尤其在选举权的范围及方式方面,但是,当涉及人民主权与政治代表制之间的关系时,两种变种都依赖一种共同信念,它们的分歧在于强调不同方面,一个强调人民主权(民主主义的立场),一个强调政治代表制(自由主义的立场)。黑格尔的代表制理论处于此分歧产生的前阶段。它试图克服近代国家理论触碰到的两难选择,此选择的选项即为代表制主权(霍布斯、卢梭)与主权代表制(西耶士、美国国父)。

一种代表制的政治

黑格尔并未系统处理主权与代表制之间的关系。然而,他的政治哲学——严格意义上说即为从内部研究国家的理论——以这两个概念的特定联系为基础,此外还包含对它们的改造:主权被视为国家的专有属性,同时它不同于君主、人民及"国民"代表制;[1]代表制的任务是确保国家与市民社会间的调解。但是,当人们处理这样一些问题时,人们不能局限于描述黑格尔政治哲学原则的作品——《法哲学原理》与《哲学科学百科全书》的客观精神学说,也要考虑某种程度上阐明了一种代表制的政治的著作。

在黑格尔哲学达到其真正原创性之前(正如人们所知,此原创性自 1802 年开始形成),论德国法制的作品(1798—1800)毫不宽容地批判了关于代表制的前近代式的构想,此构想是"观念国家"(Gedankenstaat)[2]的基础,德意志民族罗马帝国即为此处的

---

[1] 这就是黑格尔称之是主权的"观念论"的东西(*RPh*,第 278 节附释,*W*,第 7 卷,页 443;*PPD*,页 374)。

[2] *Constitution*,*W*,第 1 卷,页 507;*Pol*,页 73。

"观念国家"(德意志民族罗马帝国是帝国的最后官方称谓)。但黑格尔在此过时的观念与政治自由主义发展的观念之间建立了一种有教益的联系。[269]紧随法国大革命,德国自由主义者事实上要求"代表制宪法"(Repräsentativ – Verfassung),此要求与适合旧制度,尤其适合帝国的"等级制宪法"(ständische Verfassung)相对立。至于黑格尔,他强调,这两种在实践上相互对立的制度性选择拥有一个共同的理论基础。在他眼中(至少在那个时间段),无论出于何种目的被实行,代表制原则表现了将宪法根植在封建体系中这一情况(封建体系意味着将公法还原为私法):

> 随着资产者等级(Stand)的形成,封建制度得到了完善,代表制如此紧密地与此制度的本质相联系,以至于将代表制视为新近时代的发明这一想法变得荒谬愚蠢。①

整个德国近代史表明,落入诸"邦"之手的代表制是反抗帝国权力的武器(在诸"邦"中,势力极大的几个邦已成为真正的主权国家),并且代表制加剧了对帝国的政治统一性的侵蚀。在此著作中,黑格尔对马基雅维利大加赞美,不过在赞美过程中,黑格尔提醒说,"自由只有在拥有国家法律约束的民族中才可能实现"。②然而,当黑格尔将帝国的拟—国家的政治无能归因于封建制度,从而归因于代表制的一种特定体系时,他同时通过如下主张表现出对1789年的原则的永不背弃的拥护,即主张代表制度确保"公共意志在最重要的、涉及普遍物的事务中的共同参与(Mitwirkung)",无此制度,"人们不能设想任何一种自由",因此,

---

① *Constitution*,*W*,第1卷,页536;*Pol*,页101。关于将公法还原为私法的做法,参看 *Pol*,页28 – 30。

② *Constitution*,*W*,第1卷,页555;*Pol*,页118。

此制度"在今天构成人类健全理性的一部分"。①

我们看到关于代表制的两种矛盾的观念,它们共存于青年黑格尔的手稿中。此外它们对应两个不同的德文词:代表(Repräsentation)是政治共同体与其自身的构成性关系,它与代办(Vertretung)或代理(Stellvertretung)不同,后者是特殊利益的代理人的任命。后来,黑格尔明确依仗此区分。在《法哲学原理》第303节的附释中,他批判"原子式的观点",[270]按此观点,执行立法权属个人事务,此执行或通过个人亲自完成,或通过代理人(Stellvertreter)的中介完成。② 相反,第311节的附释使用代表(Repräsentation)这个用语,目的是为一种议会组织辩护,此议会建立在社会利益的代表之上:黑格尔明确指出,在此情况下,"代表行为不再具有如下意义,即某人代替了另一个人"。③ 在青年时期的手稿中,情况比较模糊;在那里黑格尔对照代表制的两种模型,这两种模型在政治及理论方面相互对立。关于代表制的"封建的"——更确切说,等级的(ständisch)——观念仿制代理的模型,并且它从私法那里借用此模型,它使代表(即皇帝)从属于被代表者(即选帝侯或在帝国疆域内身处要职的达官贵人):选帝侯妥协条约是关于代表制的"封建"观念的表达,通过此条约,被代表者提出归附这个或那个竞选皇帝头衔的竞选者的条件。④ 简言之,因为帝国建立在一种关于代表制的构想之上,此构想将国家的特有属性即主权仅还原为没有意义的词,所以帝国使人"想到一堆堆成金字塔形的圆石"。⑤ 但是,为了反对上述代表制模型,《德国法制》同样也诉诸一

---

① Constitution, W,第1卷,页572;Pol,页134。
② RPh,第303节附释,W,第7卷,页473;PPD,页402。
③ RPh,第311节附释,W,第7卷,页480;PPD,页409。
④ 参看后面第九章,页299。[译按]这里指原书页码。
⑤ Constitution, W,第1卷,页504;Pol,页72。

种新的代表制模型,此模型是塑造公共意志的媒介。此模型确切地说具有革命性,因此,青年黑格尔接受此模型,这一模型在1791年的宪法中被阐明,①并在西耶士的作品中得到辩护。然而,黑格尔的手稿并未完成,就此情况人们能设想,约1800年时,黑格尔还未拥有概念工具,来克服关于代表制的两种看法之间的矛盾。

《评1815年和1816年符腾堡王国邦等级议会的讨论》一文用整个篇幅处理代表制问题,尤其要处理,在一个未经历革命的国度中从传统体制向"国民代表制"的后革命体制的过渡中遇到的困难。此文本对如下议会的辩论展开了一种细致的且表明作者立场的分析,[271]即在法国占领结束之后符腾堡国王弗里德里希二世召开的议会,议会召开的目的是使人们认可一部具有自由主义想法的宪法(根据领导层的想法,此宪法应与路易十八为法国人"授予"的《大宪章》的典范一致);关于代表制与主权之间的关联问题,黑格尔的这一文本包含着重要评语。让我们回想一下在此作品中的论证理由(在此作品中,黑格尔显示了政治专栏作家的才能)。国王通过进一步对自由主义想法让步(对此,不应忘记的是,顺应法国人的胜利,这些自由主义想法常常已经渗透德国),试图使上层分子接受一顶他欠拿破仑的皇冠,符腾堡诸等级借助一切手段反对国王的提议,他们采取了一种典型的反动态度。符腾堡诸等级想反对国王的提议并重建"好的旧的法"(das alte gute Recht),即重建一种特权社会的法律及政治组织,他们自认为是1789年的普遍等级,但是,黑格尔毫不留情地评论道,"他们演着颠倒的戏剧"。② 从塔列朗(Talleyrand)那里借用一句话,黑格尔补充说,"人们对符腾堡等级议会所说的东西,正是人们对返乡的法国流亡贵族所说的东西,

---

① "所有权力都只来源于国民,国民只有通过委派的方式才能行使这些权力。法国宪法是代表制宪法:代表是立法机构与国王。"(第3编,第2条款)
② Wurtemberg, W,第4卷,页507;Pol,页256。

即他们什么也没忘,什么也没学"。

黑格尔的文章将"传统的代表制"与"真正的国民代表制"这两种截然不同的代表制类型对立起来①(论帝国法制的作品并未这么做)。代表制的确切使命是成为"君主与人民之间的中介机关"②(《法哲学原理》将重新探讨此主题)。然而等级态度,特别是黑格尔所称的守旧贵族统治的代表的态度阻碍了此职能的实行。这就解释了为什么说,因为当被推定出来的人民代表不接受一种宪法时,人们不能先验地为人民赋予宪法,所以人们应当希望,等级会议至少是"自我教化"③的场合,可真正政治性地培育为代表提供通达普遍物的可能性的政治(此处的代表依仗诸利益的特殊性,他们是这些利益的代理人):"向普遍物的提升构成一种新的等级议会的政治性教育的形式的方面。"④[272]但是,如果黑格尔猛烈批判传统的代表制的党徒,那他并不就此加入代表制宪法的拥护者的阵营,粗略地说,即加入自由主义者的阵营或被假定为这样的人的阵营。⑤ 相反,黑格尔的这篇文章具体批判"法兰西抽象思维"⑥(黑

---

① *Wurtemberg*,*W*,第4卷,页588;*Pol*,页334。

② *Wurtemberg*,*W*,第4卷,页533;*Pol*,页282。参看*RPh*,第302节附释,*W*,第7卷,页472;*PPD*,页401。

③ *Wurtemberg*,*W*,第4卷,页582;*Pol*,页329。参看 C. Jamme:《等级对自身的教育》(Die Erziehung der Stände durch sich selbst),载于 H. – C. Lucas 和 O. Pöggeler(主编),《在欧洲宪法史语境中的黑格尔法哲学》(*Hegels Rechtsphilosohie im Zusammenhang der europäischen Verfassungsgeschichte*),Stuttgart,1986,页149 – 173。

④ *Wurtemberg*,*W*,第4卷,页591;*Pol*,页337。

⑤ 由于十九世纪德国经济及政治的特殊性,德国的自由主义结合了进步的特征与落后的特征(L. Gall,《自由主义与市民社会》[Liberalismus und bürgerliche Gesellschaft],载于《历史杂志》(*Historische Zeitschrift*),220 – 222,1975,页350 及其后)。黑格尔分析的诸立场是对这方面的阐明。

⑥ *Wurtemberg*,*W*,第4卷,页483;*Pol*,页231。

格尔在《法哲学原理》中深化了此批判)。此批判的最后根据在于黑格尔对市民社会的构想及他对市民社会与国家之间的关系的构想。1817 年的这篇文章草拟出后来黑格尔对代表制的中介的分析,其内容即为代表制的真正使命在于建构一个民族,就政治方面而言,此民族在其大众的直接存在中是无定形的。换言之,正如同一时期黑格尔在海德堡的授课中指出的那样(此课的内容是《法哲学原理》的初样),没有代表制在它之中引入的"连接",民族就缺乏一种理性(这种理性为民族赋予一个国家及政治的意义),这个民族就是"一群乌合之众"。①

黑格尔的最后一篇政治文章《论英国改革法案》的主题涉及如下两者之间的联系,一方面是代表制体系,另一方面是在国家中社会及政治的平衡;在 1831 年 4 月至 5 月期间,此文发表于《普鲁士国家汇报》,但由于文章最后的三分之一部分被查禁,所以文章被删减了,查禁的部分被认为太过苛评大不列颠。② 通过分析大不列颠的形势,这篇文章考察了辉格党人首相格雷(Grey)勋爵向议会提出的法案(Bill);此法案于 1832 年被采纳(因此,在黑格尔死后),并通过如下方式深刻改变了英国的政治生活,即取消有名无实的选区(rotten borough),并且考虑到人口及社会的演变,在普遍选举缺乏的情况下引入一种更均衡的人口代表制。在此处被黑格尔采纳的观点有时被刻画为反动观点;自海姆以来,这甚至在黑格尔哲学的

---

① *RPh* Pöggeler,第 148 节,页 223;*LDN*,页 249。
② 此出版物的历史背景及理论背景在如下著作中被分析,C. Jamme 和 E. Weisser - Lohmann(主编),《政治与社会:论黑格尔的〈论英国改革法案〉的意图》(Politik und Geschichte. Zu den Intentionen von Hegels Reforrnbill - Schrift) (《黑格尔研究》[*Hegel – Studien*],副刊,第 35 期),Bonn,1995。也参看 W. Jaeschke,《黑格尔在柏林的最后一年》(Hegel's Last Year in Berlin),载于 L. Stepelevich 和 D. Lamb(主编),《黑格尔的行动哲学》(*Hegel's Philosophy of Action*),Atlantic Highlands,1983,页 31 – 48。

自由主义反对者那里成为定见。[273]对英国改革,黑格尔本人表示,它不可或缺,且常识及公正要求这种改革,不过,难道他最终没有反对这种改革吗?但是,如果人们从一种政治代表制的理论观点出发考察这些事情,那么它们将显得复杂了。黑格尔反对大不列颠准备实行的代表制体系,这是出于政治社会学的原因,如果人们愿意这样说的话。他拒绝从严格意义上说的技术观点或政治—道德观点考量代表制及其诸形态,他在代表制与大不列颠的法律、社会及政治的结构之间的关系中考量代表制(用波兰尼[Karl Polanyi]的说法,当时的大不列颠受到"大变革"的剧烈影响)。黑格尔并未用十分严厉的话抨击"英国宪法的缺陷及荒诞"。① 由于经常阅读报纸,黑格尔很久以来就熟谙英国形势,②英国形势使得改革变得必不可少,特别是对代表制体系的改革。但黑格尔认为,通过将议会大门向新的社会阶层敞开(此外这并不涉及无产阶级,毋宁说这涉及极端化了的、边沁式的小资产者,他们持有民主的要求),被计划的关于选举权的改革将使形势恶化,然而社会结构就此而言并未改变,仍然保持为极不平等,一种前后矛盾的过时的公民权也并未改变。黑格尔的诊断是:英国法案不是一种(政治性的)改革,它可能促进一种(社会及政治的)革命,因为这个原因,所以对它的采纳不适当。③

关于代表制的个人主义构想出自1789年的诸原则,此构想好像在引导格雷勋爵的法案,黑格尔的文章用一种代表诸社会利益的代表制反对关于代表制的自由主义构想。人们应促进代表"国民的

---

① *Reformbill*,*W*,第 11 卷,页 84;*Pol*,页 356。

② 参看 Michael. Petry,《黑格尔与晨志》(Hegel and the Morning Chronicle),载于《黑格尔研究》(*Hegel - Studien*),第 11 期,1976,页 11 - 80。以及 N. Waszek,《黑格尔的爱丁堡杂志的摘要》(Hegels Exzerpte aus der Edinburgh Revue),《黑格尔研究》(*Hegel - Studien*),第 20 期,1985,页 79 - 112。

③ 参看 *Reformbill*,*W*,第 11 卷,页 128;*Pol*,页 395。

伟大利益"①的代表制,因为唯有此代表制使得"政治生活"构筑在其"现实基础"②之上,构筑在市民社会中有组织的利益竞争之上。承认事实比以抽象原则的名义否定事实要好,正如比以个体投票权的名义否定事实要好。无论人们愿不愿意,在多元性及冲突性中的市民社会是统一过程的前提,此统一过程以政治为土壤,并且市民社会在制度方面应被[274]承认为它所是的样子,如果没有这一点,我们"几乎将[政治生活]建造在空气之中"。③ 因此,1831年的文章的意图显得并非完全守旧。在那里黑格尔显示出他长期以来所是的样子,如果说不是他一直以来所是的样子的话,就是说他在文中表现得像个专横的自由主义者、自上而起的改革的拥护者,此处的改革正如在改革时期(1806—1819)的普鲁士中开明大臣(施泰因、哈登贝格、洪堡)所实行的改革。④ 法国革命的最初纲领包含如下成分,即(1)所有人都享有的一种平等的及有保障的权利,此权利的对象是一定的基本财产;(2)一种从等级及特权的刻板中解放出来的市民社会;(3)自由强大的国家。正如上述开明大臣,黑格尔想要的东西,正是法国革命的最初纲领的实现,但是……没有革命。这将借助一种适当的代表制的政治,此政治与英国自由主义的冒险政治完全不同。接下来我们需要明确这种政治的理论基础。

---

① *Reformbill*,*W*,第11卷,页105;*Pol*,页375。
② *Reformbill*,*W*,第11卷,页107;*Pol*,页377。
③ *RPh*,第303节附释,*W*,第7卷,页474;*PPD*,页403。
④ 关于这一时期,参看R. Koselleck,《在改革与革命之间的普鲁士》(*Preussen zwischen Reform und Revolution*),Stuttgart,1967。此著作强调黑格尔的观点与普鲁士改革者观点之间的趋同。

代表不同利益的代表制

　　自十八世纪以来代表制一词获得了一种意义,它意指"人民代理人"的一次或多次集会,为什么在国家中应存在这种代表制?换言之,什么使霍布斯的如下解决方案变得不足?即从主权者自身的统一性中创造出被代表的人民的统一性。市民社会与国家之间的分离引发了变革,对上述问题的答复与这些变革有关,社会—经济领域与政治领域分离是近代伦理的特殊表现形式,自此分离发生之后,为了避免此分离成为一种有害竞争,适当的做法是发明一些规章程序,这些规章程序可积极整合愈来愈强地分裂为诸多特殊且相互对抗的利益的社会领域。① 在这些规章程序中,在专门意义上而言的代表制扮演着决定性角色,用黑格尔的话说,借助代表制,"私人阶层"获得了一种"政治性的意义及有效作为"。② 换言之,代表制确保社会领域如其所是地在国家机构中存在(社会领域如其所是地存在即指它分裂为不同的甚至相互对立的利益),[275]代表制同时重申政治普遍物对社会特殊性的支配权力(此处的政治普遍物只有当它不和与它相对立的东西相隔离时,它才是具体的普遍物)。然而对社会多元性的整合,只有在顾及或毋宁说以市民社会的诸多实际部分为基础(这些部分通过诸行业工会被制度化)的条件下才能成功。由于以上原因,黑格尔惊人地选择了代表诸多社会利益的代表制,而非基于个人自由选举之上的代表制(基于个人自由选举之上的代表制与关于市民

---

　　① 参看 R. Smend,《宪法与宪法权》(Verfassung und Verfassungsrecht),载于《国家法论文集》(*Staatsrechtliche Abhandlungen*),Berlin,1968,页154。
　　② *RPh*,第303节,*W*,第7卷,页473;*PPD*,页402。

社会的原子式的看法相一致,与其现实不符①)。于是人们明白,在法国大革命与工业及资本革命之后的世界中,代表制是必然的(在此处人们能测定出,在哪些方面黑格尔援引的理由与自由主义的观点以及与民主主义的观点相区分)。在法国大革命与工业及资本革命之后的世界中,政治领域与经济领域之间的分离,以及横贯经济领域的张力,这些都要求一种机构的存在,此机构能确保制度性地整合社会多元性(并且此整合不被托付给市场的自发调节),从本质上说,即需要议会代表制的存在,面对人民的不可逾越的多元性,此制度允许人民"与精神的活泼的在场紧挨着"。②

由此可以解释,为何黑格尔偏向选择一种代表诸多社会利益的政治性的代表制。此选择与他对权力组织结构的一种特殊构想相关:对黑格尔而言,国家行为被分配在不同权力之间,这些权力是其有机体的诸多相互作用的环节,因此不能以独立的方式存在及行动,与之相对,一种流行的构想主张权力分立,它建议诸权力以独立的方式存在及行动。王权这一世袭君主权是做最后决定的机构,它通过"我愿意"结束审议过程,这个"我愿意"是"所有行为及现实的起点"。③ 在国家中,行政权是特殊性环节,它扮演审议与行政双重

---

① *RPh*,第 308 节,*W*,第 7 卷,页 476;*PPD*,页 405。
② *Wurtemberg*,*W*,第 4 卷,页 516;*Pol*,页 265。
③ *RPh*,第 279 节附释,*W*,第 7 卷,页 445;*PPD*,页 376。就此方面,参看 B. Bourgeois,《黑格尔的君主》(Le prince hégélien),载于《黑格尔研究》(*Études hégéliennes*),Paris,1992,页 207 - 238;Cl. Cesa,《决定与命运:君主权》(Entscheidung und Schicksal: fürstliche Gewalt),载于 D. Henrich 和 R. P. Horstmann(主编):《黑格尔的法哲学:法的形式理论及其逻辑》(*Hegels Philosophie des Rechts. Die Theorie der Rechtsformen und ihre Logik*),Stuttgart,1982,页 185 - 205;D. Souche – Dagues,《君主权》(Le pouvoir princier). 载于《黑格尔的逻辑学与政治学》(*Logique et politique hégéliennes*),Paris,1983,页 73 - 125。

角色。政府由有能力的公务员构成,它对国家活动应该所处的具体环境拥有一种确切认识,尤其肩负经济与社会的管理及调节的任务,[276]即"警察的任务"。由于这些特点,政府是在君主与立法权之间的一个中介机构,正如通过管理具体状况,它也促进巩固社会领域与政治领域之间从未稳定下来的关系。最后,立法机构的目的是为伦理—政治共同体颁布普遍规范、法律。因此,它定义了如下两方面东西之间的关系(不过只是在普遍性层面上),一方面是个体及社会群体,另一方面是国家。① 我们看到:国家的诸权力按其职能被区别开来,而非按照负责操持它们的人或机构。这就解释了为什么说,除了议会,君主与政府也参与立法工作。② 这种参与不局限于立法创议权(立法创议权有效促进立法工作,并且这与君主及政府的专业能力和国家意识相称)。在此处,黑格尔显示了他与他拒绝权力分立的做法的一致性,然而有个条件(此条件不可忽视),即只就立法权方面,黑格尔清楚谈及了三权之间的相互渗透(此相互渗透可能应该也涉及其他两种权力)。显然,在此处,人们会被诱惑着去怀疑如下意图,即黑格尔想尽可能地限制人民代理人在国家中的影响。但此阐释假定黑格尔坚持一种关于人民代理人任务的常见看法,而这远非是事实。无论怎么样,法定代表只是立法权的诸环节中的一个环节。

先于其他东西,黑格尔首先强调代表机构的中介角色;我们将在后面回到这个主题上来。但是,黑格尔为此具体阐述了一种新颖的两院制体系的基础。③ 一般而言,按照传统术语来说,代表

---

① 参看 *RPh*,第 299 节,*W*,第 7 卷,页 466;*PPD*,页 396。
② 参看 *RPh*,第 300 节,*W*,第 7 卷,页 468;*PPD*,页 397。
③ 参看 J.-P. Deranty 的分析,《黑格尔的议会》(*Le parlement hégélien*),载于 J.-Fr. Kervégan 和 G. Marmasse(主编),《法的思想家黑格尔》(*Hegel penseur du droit*),Paris,2004,页 245-261。

议会就是"等级",因为代表议会调解如下两方面:一方面是政治性的国家(der Staat),诸等级构成它的一个部分;另一方面是人民,人民自身在社会这个层面上被划分为不同社会等级,政治性的代表制应反映市民社会的诸现实的表达,并依靠市民社会的诸部分:

> 私人等级在立法权的等级要素中获得**政治意义和政治效能**。所以,这种私人等级既不是简单的不可分解的集合体,也不是分裂为许多原子的群体,[277]而只能是**它现在这个样子**,就是说,它分为[……]只有这样,存在于国家内部的**特殊物**才在这方面和普遍物真正地联系起来。①

因此,近代社会中源于劳动技术分工的社会分化可组建政治性的代表制。多亏了代表机构,国家为它确保市民社会与自身的政治性的调解这个任务赋予了一种具体形态。保留"等级"这个词汇的原初原因正在于此(1820年,"等级"这个词完全被废弃不用),黑格尔依恋这个词,因为等级(die Stände)这个词既指涉社会职业团体又指涉议会,后者行使立法权,或至少说参与它的行使。

两院制反映城乡间的对立、农村世界与资本主义的工业及商业世界间的对立、前近代世界与近代世界间的对立:事实上,它们是国家的两个"伦理性的"根。② 在市民社会中,土地所有者等级形成一个准自然的要素,此要素在上院中得到政治性的表达(此处的上院

---

① *RPh*,第303节,*W*,第7卷,页473;*PPD*,页402。[译注]中译参考《法哲学原理》,页322。

② 参看 *RPh*,第255节和256节附释,*W*,第7卷,页396-397;*PPD*,页331-332。

可比拟于英国的上议院或法国大革命时期的贵族院①)。然而要注意的是,上院成员被任命,不是因为土地所有者属于贵族阶层,而是由于他们的经济及社会的角色。第二个议院由"市民社会的流动方面"②的代表人(Vertreter)组成,它指城市世界的社会群体的代表人。更确切地说,此议院出自合作社(Genossenschaften)、市镇及同业公会,它们是市民社会的"特殊的圈子"。③ 黑格尔认为,这些不同团体"拥有平等的被代表的权利"。④ 与社会的"特别需要"及"特殊利益"⑤的代表问题相比,[278]人的问题及选举代表的方式问题变得次要了。多亏了这种代表制,普遍物(国家)在它之中接受了处在多样性中的特殊社会环节。然而,议员不是某特殊利益的简单的代理人,并且也不应该如此行事。这就解释了为什么说,黑格尔拒绝雅各宾派的绝对委任学说,按照此学说,绝对委任允许选民监控当选者,黑格尔与自由主义的自由委任的学说相亲近,比如柏克就支持此学说:

> 既然选派议员是为了要议员们商讨和决定普遍事务,所以选派议员的意义是:由于信任,这些能比选派者更好地理解普遍事务的个人才被推选出来;并且他们不会为某一个自治团体或同业公会的特殊利益而反对普遍利益,而会在实质上维护这种普遍利益。因此,他们对选举人的关系不是受一定指令约束

---

① 参看 *RPh*,第 304－307 节,*W*,第 7 卷,页 474－476;*PPD*,页 403－405。
② *RPh*,第 308 节,*W*,第 7 卷,页 476;*PPD*,页 405。
③ *RPh*,第 308 节附释,*W*,第 7 卷,页 477;*PPD*,页 406。有趣的是注意黑格尔的词汇与 Gierke 的合作社权(Genossenschaftsrecht)理论之间的相近性,不过 Gierke 的理论往往呈现为一种反黑格尔的对抗;比如至少 Gurvitch 通常将它描述成这样。参看《社会性的法的理念》(*L'idée du droit social*),Paris,1931。
④ *RPh*,第 311 节附释,*W*,第 7 卷,页 480;*PPD*,页 409。
⑤ *RPh*,第 311 节,*W*,第 7 卷,页 480;*PPD*,页 408。

的代理人的关系,这些议员的会议按其规定来说应该是有生气的,议员们可以在这里互通情况,彼此说服,并共同商讨问题。①

尽管议员出自特殊群体,并且他为特殊群体确保一种政治性的存在,但议员首先是普遍物的代理人。社会领域的必需的政治性的代表不能成为院外游说活动(lobbying)的制度性担保。

黑格尔的国家为议会,特别是为"下"院赋予了调解政府与人民、国家与市民社会的角色。但人们应在其真理中理解此调解。它既是分化的甚至碎片化的社会达致其政治性存在的方式,也是对不断受到利益冲突侵蚀的市民社会进行政治化及再政治化的手段(此处的利益冲突横贯市民社会)。换言之,如果一般来说的国家是市民社会与自身的调解,是为市民社会赋予伦理同一性的机构,那么君主人格所象征的国家同一性与分裂的社会大众的接合应通过代表制这种特殊手段(议会及其诸院)来实现。与自由主义者声称的东西相反,议会的任务不只是使市民社会的看法在国家中被听到,且最后将国家屈从于市民社会,议会的使命也包括,尤其包括将国家的观点渗透[279]到社会中,对委托者实行一种政治教育(议会争辩的公开性是此教育的保障):

> 等级制度的使命并不在于,它自在地使国家事务的讨论和决定做得顶好,[……]其实,它的特殊使命在于,通过它参加对普遍事务的了解、讨论和决定,其不参与国家行政的市民社会成员的形式的自由这一环节就达到了它的权利。所以,等级

---

① *RPh*,第309节,*W*,第7卷,页478;*PPD*,页407。[译注]中译参考《法哲学原理》,页327。

会议议事记录的公布,首先使普遍事务的知识普及。①

正如论符腾堡等级的文章所指出的那样,借助市民社会利益的代表者,议会争辩首先成为市民社会政治性的"自我教育"的手段;代表是政治领域的工作。

一种代表制的哲学

按照黑格尔的看法,并非个人性的选举,也不是按等级的投票,而是职业等级(Berufstände)的社会职业代表制构成介于如下两种观点之间的第三条道路——改良主义的道路,即一种观点是民主主义的革命观点(不幸的是,法国或英国的自由主义者采纳此观点),另一种是反动的观点,持此观点的人想恢复一种其社会基础已土崩瓦解的旧制度。黑格尔不考虑对政治性的代表制的通常辩护,他为此代表制谋得一种在哲学方面闻所未闻的根基,此根基即为在理性国家中(诚然所有国家都不配称作理性国家),代表机构具有一种"中介功能"。② 这种中介甚至是多样性的,它发生在君主与其臣民之间,发生在国家与市民社会之间,也发生在人民与人民自身之间。对很多人而言,很有必要用人民权力限制君主权力,此必要性为引入代表机制作了辩护;因此,一位伟大的普鲁士改革大臣在1806年写道:"因为在国家中国家元首与人民代表不分享最高权力,所以国

---

① *RPh*,第314节,*W*,第7卷,页482;*PPD*,页411。[译注]中译参考《法哲学原理》,页330。

② *RPh*,第302节附释,*W*,第7卷,页472;*PPD*,页401。

家不具有宪法。"①[280]然而,此论点的前提是,人民知道自己要什么,并且应该拥有诉说它的手段(这里姑且不提此论点意在在将主权分配给人民与将主权分配给君主之间建立一种很不牢靠的妥协)。黑格尔反对这一前提。但黑格尔并非高度重视人民的善变性这一经典论据(此论据是属于经验层面的论据)。如果人民不知道想要什么东西,那是因为它不直接是它所是的东西,即一个民族,而非一群乌合之众。代表制为"无定形的大众"②赋予躯体、思想及声音,它使人民可达至政治性的存在,克服其矛盾的多样性,克服其特殊性(此特殊性蜷缩在自身那里)。同理,如果如下情况属实,即正如黑勒(Hermann Heller)所说的那样,主权是作为统一体的人民统治作为多元体的人民,③那么政治性的代表制作为主权的决定性条件显现出来,并且人们知道,比起人民主权,黑格尔更偏向于说国家主权。④

人民并非自然而然地就存在,它被政治性地建构。此建构以代表制这一中介为前提。为了成为应该所是的东西,即成为政治统一体,而不仅仅是一群(Haufen)被设想为自然存在的个人或团体,人民需要代表制的中介(让我们想一想关于国家的传统定义,此定义将国家视为家庭的联合,人们在纽伦堡的讲课中还能发现此定义⑤)。正如黑格尔所设想的那样,代表制的深刻意义不在于一个主体被另一个主体代表,并且为了另一个主体被代表(这是

---

① Freiherr vom Stein,《书信集,备忘录及笔记》(*Briefwechsel, Denkschriften und Aufzeichnungen*),Berlin,1937,页76。
② *RPh*,第279节附释,*W*,第7卷,页447;*PPD*,页378。
③ H. Heller,《主权》(*Die Souveränität*)(1928),《全集》,第2卷,Leiden,1971,页97。
④ 参看*RPh*,第278节,*W*,第7卷,页442;*PPD*,页374。
⑤ 参看*Propädeutik*,*W*,第4卷,页62;*Propédeutique*,页217:"家庭构成自然的社会,通过自我扩展,此社会发展为由国家构成的普遍性社会。"

对代表制的通常辩护),而在于它允许人民这个主体达到其自身那里,成为一种政治共同体。代表制是身份认同的中介;它符合如下事实,即在一个社会中,一个共同体(用黑格尔的词汇说,一个"民族")或并置的诸共同体不能从自身中形成一种政治性的整体、一个国家。代表制不被理解为个人或群体的(现实的或假定的)权力的委托,而被理解为中介,[281]此代表制建构出政治性的身份认同。① 比起借助个人选举的抽象机制,借助制度性地实行社会利益的代表将更好地在政治方面建构人民。②

因此,代表制中介的理念构成黑格尔的国家理论。代表制确保如下三方面东西之间的动态关系:第一是作为诸多个体的整体的人民("大众"),第二是作为社会利益多样性及文化多样性的人民("民族"),第三是政治性的人民(国家)。当人民自我构建为国家时,即当人民置身于代表制之中时,它就不再是一群个体或原子,不再是"诸多私人的集合"③(此处的私人停留在"一种任意的或非有机的状态中"④)。"置身于代表制之中"这一表达具有一种意义,此意义超越为自身配备议员这一简单事实,它指涉一种行为,作为原初的及持久的行为,此行为不断构建自身,它指涉政治统一体的不断创造。宪法不仅定义权力组织(宪法文本):一个民族,正如一个个体,总是具有一种组织结构,甚至具有"适合自身的组织结构"。⑤

---

① 关于这个主题,参看 G. Duso,《黑格尔的代表制概念与近代政治统一性问题》(*Der Begriff der Repräsentation bei Hegel und das moderne Problem der politischen Einheit*),Baden Baden,1990,页 36 及其后,以及 J. - Fr. Kervégan,《黑格尔,施米特:在思辨与实证之间的政治学》(*Hegel. Carl Schmitt. Le politique entre spéculation et positivité*),Paris,第二版,2005,页 294 及其后。

② 参看 *Reformbill*,*W*,第 11 卷,页 110 - 114;*Pol*,页 380 - 383。

③ *Enzykl*,第 544 节说明,*W*,第 10 卷,页 341;*Encycl 3*,页 321 - 322。

④ *RPh*,第 279 节附释,*W*,第 7 卷,页 447 页;*PPD*,页 379。

⑤ *RPh*,第 274 节附释,*W*,第 7 卷,页 440;*PPD*,页 371。

说一个民族的身份认同唯独只能具有政治的性质或国家的性质,这可能夸张了,民族的身份认同的经济维度、社会维度及文化维度也很重要。但集体身份认同的构建必然蕴含着国家制度的支持。某个共同体的定义首要是政治性的。这就解释了为什么说,黑格尔逆统治其时代的潮流而动,拒绝为国家赋予一种民族的基础,更不用说为其赋予种族的基础。民族只是"人民的自然原则";① 为了获得一种政治性的意义,它以一种建构活动为前提,此建构活动的参与者只可能是人民自身,正是在这方面,黑格尔听取了西耶士及法国制宪者的忠告。

黑格尔早期的一部著作以卢梭的方式揭露如下两点:第一,人们用资产者的观点代替公民的观点(资产者关注其特殊利益,而公民关注普遍物生活);第二,"团体精神"损害国家。② 与之相反,成熟时期的作品则明确表示,[282]普遍物的教化、公民精神应依赖团体精神,依赖有组织的及被代表的社会利益。③ 这一点证实了前一章节的成果,即黑格尔的政治学的关键之处,是发现不管怎样,市民社会都是现代性的核心问题。市民社会是其痉挛(革命)及其令人不安的疾病症状(大众苦难)的根源;但市民社会——在这个词的所有意义上来说——也是其财富及可能的充分发展之所。如果在后革命世界中,国家主权以代表制的中介为前提,那么,这是因为唯有此中介保障了自此之后社会特殊性在政治普遍物中合法的复兴,此复兴为政治普遍物的存在做出了决定性的贡献。然而公民习俗(ethos)能够且应该扬弃制度性地组织起来的社会特殊性(这一点永远地将黑格尔与政治及经济的自由主义区别开来)。这是民主的前提,这将引导黑格尔与民主较量一番。

---

① *VG*,页 180;*RH*,页 211。
② *W*,第 1 卷,页 57;*Berne*,页 44。
③ 参看 *RPh* Pöggeler,第 132 节,页 186;*LDN*,页 215。

第九章 超越民主

[283]事情很清楚：黑格尔不是民主主义者。这导致对其政治哲学的总体否定的评价。此外，他的所作所为不遗余力地加剧了这一否定性评价。其最后出版的作品难道不是用来批判一种即便不是民主的至少也纯然是公平的选举改革吗？事实上，事情并非那么简单，人们不能在黑格尔身上看到一种简单的敌人的形象，此敌人反对"开放社会"以及与之自然相配的政体，即民主。① 黑格尔的态度要比人们通常所说的更复杂，正如他对法国大革命的分析所显示的那样。黑格尔揭露法国大革命的大恐怖，并且进一步揭露其参与者的政治原则的空想；他公开表示支持改革，反对革命。② 但他进一步拒绝1815年之后在欧洲肆虐的反动，他嘲笑这样一些人，他们"好像在过去的这二十五年中一直在沉睡，过去的这二十五年是普遍历史具有的最绚烂的二十五年，它们对我们而言最具教育意义，因为我们的世界及观念属于它们"。③ 无论法国大革命的进展多么令人遗憾，它毕竟开启了一个新时代：自那以后，没有什么东西能够再像以前那样，人们应当庆贺这个"辉煌的日出"。④ 怪异的言辞出

---

① 参看 K. Popper,《开放社会及其敌人》(*La société ouverte et ses ennemis*),第2卷:《黑格尔与马克思》(*Hegel et Marx*),Paris,1979,页18-55。一个带有细微差别的论题如下，"黑格尔的历史决定论等同于近代极权主义哲学"(页55)。

② 参看 *Reformbill*,W,第11卷,页128;*Pol*,页395。

③ *Wurtemberg*,W,第4卷,页507;*Pol*,页256。

④ *Geschichte*,W,第12卷,页529;*Histoire*,页340。

自一个[284]笃信不疑的君主政体拥护者之口。但是,毕竟黑格尔关于法国大革命及民主的观点不具有什么哲学意义,正如黑格尔关于法国大革命及民主的观点所效仿或反对的成见那样;重要的东西在其他地方。人们应准确思考他对民主的批判,这恰恰是因为在今天,由于缺少公开反对者,民主理想已衰竭,并且显得不再能为一些软弱的政治提供令人满意的合法性原则。黑格尔拒绝民主,为此拒绝行为奠基的考虑或许可厘清民主形式所遭遇到的难解问题(这些民主形式不为黑格尔所认识,也不为他所希望,它们的发展导致民主的概念变得模糊了)。

民主的概念:从亚里士多德到黑格尔

让我们从亚里士多德的定义出发,黑格尔的话心照不宣地指涉了这个定义,此定义即为民主实现了统治者与被统治者的同一,或者说,当人们论及统治与服从的能力时,它至少保证所有人的平等。因此,民主政体最符合对公民资格的如下定义,即将其定义为"很好地指挥与服从的能力"。[1] 此定义从原则上说适合所有的公正制度,这点属实;[2]不过无可争议的是,此定义最适用于政制(politeia),法制政府,因此最适用于民主政体的公正形式。然而此定义不能穷尽我们对此术语的用法。因为民主在我们今天已成为一个规范性概念,它适用于所有社会情景(在黑格尔的时代,情况并非如此):因此我们谈及民主的讨论,文化或大学的民主化……这些短语的用意可被称赞,但它们混淆了对关于指挥与服从的问题的理解,

---

[1] Aristote,《政治学》(*Politiques*),第3卷,第1章,1275 b 5–6。引用的关于公民资格的定义载于第3卷,第4章,1277 a 27。

[2] 参看 Aristote,《政治学》(*Politiques*),第3卷,第13章,1283 b 40。

此问题是严格意义上说的政治性问题,亚里士多德在其著作的第一卷中强调此问题的特殊性。至于绝大部分那些关于民主的通常定义(多数人的统治、自由与平等的统治、人民主权、公共舆论的统治……),它们只是增添了此概念的不准确性。因此,我们将只限于一种抽象的或名义上的定义(黑格尔[285]重新采纳此定义),此定义即为当"所有人,人民,是决策的最高权威时",①民主存在。

如果黑格尔见证了在复辟欧洲中民主要求的增长(这些要求部分地被自由主义者接过手来),那么他并未目睹1848年民主原则的伟大复苏。如果姑且不论革命的法国的情况,那么黑格尔仅仅论及的同时代的例子是美国与瑞士。此外,近代世界中民主政治的罕见使他坚持认为,民主政体是一种缺乏"理性形式"②的政治形式;正如传统的贵族制及君主制,它只能在一个"不发达的情景"中存在,并且"面对发展起来的理念,不可能再涉及民主政体了"③……但当人们谈及民主时,涉及什么东西呢?尽管同名异义,民主的近代构想所处的思想境遇与亚里士多德的民主构想所处的思想境域相同吗?事实上,重要的是区分两种民主观念,这两种观念就本质而言可能相互对立。古典民主政体是这样一种政体,由于一种顽固的回溯的幻想,对我们而言,它与一般的希腊城邦相混淆,并且在法国大革命时,它原可经历一种惹人注目的重生(第二个幻想);卢梭是这方面的最后一位理论家。此类型的民主制蕴含生活的政治部分对其私人领域的有力支配。近代民主政体在其精神及形式上有着很大不同。十九世纪民主主义的热望与对以自由主义为肇端的国家的怀疑相联系(人们不仅仅引导这种国家反对专制主义的残余)。十九世纪民主主义的热望也与唤醒一种对古代民主政体而言陌生

---

① *RPh* Ilting 4,页656。
② *RPh*,第308节附释,*W*,第7卷,页477;*PPD*,页406。
③ *RPh*,第279节附释,*W*,第7卷,页447;*PPD*,页378。

的民族意识相联系。因此,在如下两方面之间存在一种距离——如果说不是一种对立的话,一方面是对民主的已成主流的看法,另一方面是十八世纪末人们仍然用这个词所意指的东西。

黑格尔的政治语言植根于十八世纪的惯例,他清楚地谈及古典民主政体。对他而言,正如对孟德斯鸠而言,民主政体呈现希腊典范的特征,黑格尔提醒说,民主政体依赖意向态度(Gesinnung),依赖公民的政治德性,这一点"在社会更发展的状态下与在特殊性力量被发展及解放的状态下"①确实构成了问题。[286]就此方面,我们或许可以说我们在谈及纯粹民主,因为,当下民主这个词的现代词义似乎独占了这个词的如下用法,即不加任何补语地运用这个词。事实上,当人们用民主这个术语不指称代表—议会制政体,而指称其他东西时,人们自那时起应为民主定性,比如人们谈及直接民主,或相反,谈及专制民主,正如人们最近谈及人民民主(奇怪的词义选用!)。但这些定义缓和了民主理念的激进性。在其传统词义上说,民主政府不是一个温和的政府。为了让人信服,检验如下情况带来的某些特定后果就足够了,即所有人执行领导权,用西塞罗的话说,即为作为"大众集合"的民众(demos)具有领导权②(前提是,这种对政治性的人民的定义当然会或多或少地排除一大部分居民人口)。我抓取这些后果中的四个后果,对我而言,它们显得与黑格尔在民主一词之下所理解及批判的东西相一致。

首先,如果大家都指挥,那么大家全都服从,并且整个地服从,

---

① *RPh*,第 273 节附释,*W*,第 7 卷,页 438;*PPD*,页 369。

② 人民(populus)是"大众的集合,法律协约将大众联合起来,并且共同的实利联合他们"(《论共和国》[*De Republica*],第 1 卷,第 39 章)。在霍布斯、斯宾诺莎、卢梭及康德那里,人民与大众的区别也存在着。此区别在如下观念中起到重要作用,即人民构成近代政治哲学的主题。关于术语 demos (及 populus)的意义的多重性,参看词条"人民"(Peuple),载于《政治哲学词典》(*Dictionnaire de philosophie politique*),Paris,1996,页 461 – 462。

至少在公民中间是如此。民主具有平均主义的性质,并且同时具有歧视性:

> [民主政体的拥护者]的看法是,正义就是平等,但这不是对所有人而言,而[仅仅]在平等的人中间是如此。①

当现代读者发现,这一对民主的平均主义的定义完全与奴隶制的存在相适合时,他的困惑显示,我们的看法与这样一种对民主的严格的政治性的构想相离甚远。

第二,民主是整合性的,如果不是集权性的话(正如人们同常所说的那样②):事实上,民主将非政治领域缩减为最小领域;在希腊城邦语境中,涉及家(oikos),即广义上的家庭结构,除了亲族关系外,它还包括奴隶,因此,它是[287]生产的基本活动之所。此外,亚里士多德用《政治学》的第一卷区分如下两方面:一方面是确切意义上说的政治性的指挥与服从的关系,它总是发生在相似性的基础之上(平等人之间的平等);另一方面是家庭中的关系(男人—女人,父母—孩子,主人—奴隶),这些关系都建立在一种自然的不平等之上。亚里士多德强调"政治"权力与一家之长的"专制"权力的区分:

> 主人权力与政治[权力]不是一回事,并且在它们之间的所有其他权力不具等同性,如某些人所断言的那样。③

---

① Aristote,《政治学》(*Politiques*),第 3 卷,第 9 章,1280 a 12-13。
② 比如参看 J. L. Talmon,《极权民主制的起源》(*Les origines de la démocratie totalitaire*),Paris,1966。
③ Aristote,《政治学》,第 1 卷,第 7 章,1255 b 16-18。

人们理解,由于经济入侵公共领域,古代民主政体失去了稳定性(经济"正常而言"属于家[oikos]的自足职能,公共领域应纯然是政治性的)。因此,亚里士多德将如下行为排除在财物获得的合法方式的领域之外,即狭义上说的以财富本身为目的的财富获取行为(la chrématistique),它们即指某些生产与交换的谋利形式。①

第三,民主尽可能缩减政治生活中的代表制的部分;它甚至趋向于取消它。国家并不是城邦的代表,它是共同意志的普遍化的表达,并且共同体,即公共意志的主体与客体,才是至高无上的。正如亚里士多德所说,城邦是公民。无论实行"直接"民主的困难是什么,"直接"民主是民主的真正形式,在其中,每个人都应对他所以为的普遍利益各抒己见,并且参与到主权行为中。② 黑格尔写道,在民主政体中"每个人都应各自参与到国家普遍事务的商议及决策活动中"。③ 当然,和卢梭一样,人们应区分如下两方面:一方面是确切意义上说的主权行为,"当整个民族对整个民族实行决定时",主权行为才发生,并且此行为以法律形式汇集"意志的普遍性与对象的普遍性";④[288]另一方面是狭义上说的政府行为,行政行为,它们源自"行政权力","行政权力"作为"在臣民与主权者之间建立起来的中介机构,旨在他们之间的相

---

① 参看 Aristote,《政治学》,第 1 卷,第 9 章,1257 b。以财富本身为目的的财富获取行为(la chrématistique)既指一般的获取技艺,也同时指涉其投机性的保存。就此方面请参阅 P. Pellegrin,《货币与以财富本身为目的的财富获取行为》(Monnaie et chrématistique),《哲学杂志》(*Revue philosophique*),第 4 期,1982,页 631 – 644。

② Rousseau, Contrat,第 4 卷,第 1 章,CO,第 3 卷,页 437。"直接"民主对应"世界上最幸福的民族"形象,在此民族中,"几群农民在一颗橡树下"管理"国家事务"。

③ *RPh*,第 308 节附释,*W*,第 7 卷,页 477 页;*PPD*,页 406。

④ Rousseau, Contrat,第 2 卷,第 6 章,CO,第 3 卷,页 379。

互联系"。① 在《法哲学原理》中,黑格尔正是在涵摄关系的如下古典意义之上谈及了政府,即将特殊物涵摄在政治普遍物(法律)之下。相反,在《哲学科学百科全书》中,一般而言的政府指涉"一般而言的国家及其宪法的持续生产",②行政机关只是"特殊的政府权力"。③

第四,民主与权力分立绝对不相容。人民意志是统一的意志,因为它使政治共同体的统一性现实化。除非将主权者构建为"幻想物,并且它由许多嵌入物构成",④否则,应承认主权者只能用一个声音说话;因此,人民的统一意志拥有一种不可分割的权力。权力均衡或平衡的观念与民主原则相矛盾。此外,《联邦党人文集》借此提出一种反"纯粹民主"的论据,即共和政府"完全建立在代表制原则之上",从本性上说,它与民主不同,在民主政体中,"人民集会起来并统治自身"。⑤ 因此,正如卢梭所说⑥,在民主政体中不仅仅政府是最高公共意志的一个单纯官员或特派员(这是政府在无论什么情况下都是的东西),而且审判权本身就其原则而言是主权的一个政治属性(它以"人民的名义被执行")。

不合时宜的民主

比起其他政体,民主政体更多地包含扩展政治领域并集约化在此领域中发展着的诸生活形式。它要求动员人民及公民,人们在雅

---

① Rousseau, *Contrat*,第3卷,第1章,*CO*,第3卷,页395-396。
② *Enzykl*,第541节,*W*,第10卷,页336;*Encycl*,页317。
③ *Enzykl*,第543节,*W*,第10卷,页340;*Encycl*,页320。
④ Rousseau, *Contrat*,第2卷,第2章,*CO*,第3卷,页369。
⑤ *Fédéraliste*,第14篇,页100-101。
⑥ Rousseau, *Contrat*,第3卷,第1章,*CO*,第3卷,页396。

典及法国大革命爆发时都可观察到这一点。然而,此趋势与如下两方面东西很难协调一致,一方面是近代世界的自由观念,此观念与希腊人的自由(ἐλευϑερία)的含义完全不同,另一方面是近代世界为自由赋予的价值。亚里士多德写到,自由是"民主的终结"。①
[289] 与屈从于经济必需品及"专制"暴力的奴隶相对立,自由的人享有充分权利(sui juris),由此能够如他打算的那样生活。② 人们不应在这一用语之上投射近代人的自由任性的观念。自由生活首先意味着如人所愿地支配不属于公共空间的生活部分,这意味着不是奴隶。但自由也包含,尤其包含一种政治内容,此内容即为在由平等的人构成的共同体中,轮流做统治者与被统治者,因此,能够做行政官员并参与到人民最高权力的行使之中。③ 相反,近代的自由观念包含一种很强的反国家的内涵。自由是个体的一个谓语,本质上说它在一个非政治的语境中得以实现。说得草率些,关于自由的近代看法完全是自由主义式的,它与与政治(国家)领域相脱离的社会空间的存在和谐一致,因此它为产业自由及其分化的逻辑提供人类学、法律及道德的基础。然而,从民主的角度看,自由"建立在平等之上"。④ 诚然,民主的平等具有一种严格的政治意义,它绝不意味社会性的或经济性的平等:公民平等不是财富平等。但它假定富裕(或贫穷)可能导致的政治影响可被抵消。这就解释了为什么

---

① Aristote,《修辞学》(Rhétorique),第1卷,第8章,1366 a。
② 参看Aristote,《政治学》,第6卷,第2章,1317 a 40及其后,以及第5卷,第9章,1310 a 25 – 33。也参看修昔底德,《伯罗奔尼撒战争史》(Guerre du Péloponnèse),第2卷,第37章,以及柏拉图,《理想国》(République),第8卷,557 b和562 b – c。
③ 参看Aristote,《政治学》,第2卷,第2章,1261 a 30 – 1262 b 6,以及第6卷,第2章,1317 b 2。
④ 参看Aristote,《政治学》,第6卷,第2章,1317 b 16。根据西塞罗的观点,"不存在不具有平等性质的自由"(《论共和国》,第1卷,第47章)。

说,民主的拥护者认为公民平等与过分的社会分化不兼容;事实上,民主制度很难容忍经济活动及私人领域的扩张,对此古典雅典就是一个例子。

人们明白,黑格尔思考社会与政治相分离这一现象,他认为民主对近代世界而言是陌生的,比起贵族制及古代君主制(家长式君主制或封建君主制)更是如此。然而,对黑格尔而言,在后革命的语境中,传统的统治形式的分类学说以及作为此学说的基础的问题显得已过时。就此一种更优越的新政体的出现是一个标志,此新政体即为立宪君主制(它在一切方面与君主制的古典形式相区别①)。[290]但是,正是对现代性的深层结构的分析,确立了民主不适合现代性;民主是一种理念并且是一种不合时宜的现实。事实上,民主不仅要求个人的个体性及其目的屈从于实体(此实体可以说支撑了个体性),而且还要为此实体做出牺牲,此实体即为城邦,它的组织,它的习俗(ethos)。一种民主政治的公民的英雄主义的根基,是人们承认政治实践对其他生活方面所具有的优先性。孟德斯鸠已强调,德性(άρετή)是民主的原则。② 显然,这里不涉及道德的德性,而是尤指政治方面的德性或卓越性,此德性或卓越性在于个体对普遍物的完全接受,在于主观意向态度与传统、风尚及习俗的融合(传统、风尚及习俗构建共同体及其记忆)。古代公民身份符合这种民主要求,即使在古代采取及保留民主政体的城邦为数不多。对雅典或斯巴达的公民而言,自由并不意味成为他的人格及意见的支配人,并不意味随心所欲地支配其财

---

① 参看 *RPh*,第 273 节附释,*W*,第 7 卷,页 435 – 436(*PPD*,页 366 – 367),以及 *VG*,页 147(*RH*,页 174)。立宪君主制是"真正的君主制"(*Enzykl*,第 544 节说明,*W*,第 10 卷,页 341;*Encycl* 3,页 321)。

② Montesquieu,《论法的精神》(*Esprit des Lois*),第 3 章,第 3 节,第 1 卷,页 144 – 146。参看 *RPh*,第 273 节附释,*W*,第 7 卷,页 437 – 438;*PPD*,页 369 – 370。

产,如近代人认为的那样;自由意味着成为一个具有好的法律的正义城邦的公民。① 民主的德性在于对共同体的命运负责。黑格尔青年时期的作品颂扬此伦理,法国大革命重新正式提出此论题。我们知道,在黑格尔于耶拿逗留期间,他意识到城邦伦理不适合个体的(社会的及政治的)生活的现代形势。② 什么可以解释城邦(polis)诸价值根据民主范式所构建的伦理典范的崩塌呢? 希腊公民的生活模式对我们而言已变得陌生,这一点可解释上述崩塌。有三个因素促成此崩塌。

与古代民主的精神世界的首次决裂归因于基督教,基督教将主体自主设定为基本价值:

> [291] [……] 主观自由的法,是划分古代和近代的转折点和中心点。这种法就他的无限性说表达于基督教中,并成为新世界形式的普遍而现实的原则。③

"新教意识"结合宗教维度与伦理维度,④它圆满地将主观意识构建为自主规范的裁决机构,此构建具有重要的政治影响。它使奴隶制

---

① *RPh*,第 153 节附释,*W*,第 7 卷,页 303;*PPD*,页 258。这句话源自色诺芬(Xénophon)(《回忆录》[*Mémorables*],第 1 卷,第 1 章,第 3 节),他将这句话归于苏格拉底。这句话或源自拉尔修(Diogène Laërce)(第 8 卷,第 16 章),他将这句话归于毕达哥拉斯学说的信徒色诺斐乐(Xénophile le Pythagoricien)。请比较 *PhG*,*W*,第 3 卷,页 266(*PhE* B,页 325;*PhE* H,页 I/292;*PhE* J/L,页 342;*PhE* L,页 250)。

② 参看前面第四章。

③ *RPh*,第 124 节附释,*W*,第 7 卷,页 233;*PPD*,页 221。[译注]中译参考《法哲学原理》,页 126 – 127。

④ *Enzykl*,第 552 节说明,*W*,第 10 卷,365;*Encycl* 3,页 341。在这里,人们发现关于新教伦理的一种韦伯式分析的预先版本,此处的新教伦理偏向于路德宗的一面,而非加尔文宗的一面……

变得让人不可忍受,并且通过它谴责古代世界的社会组织与政治组织。它也为资产者对所有权的支配铺平了道路:

> 人的自由由于基督教的传播开始开花,并在人类诚然是一小部分之间成为普遍原则以来,迄今已有 1500 年。但是所有权的自由在这里和那里被承认为原则,可以说还是昨天的事。①

简言之,主观的(个人的)自由的(基督教)原则逐渐在事物的客观秩序中具体体现出来,直至显现为法的核心;顺便说一句,这说明在黑格尔的客观精神哲学中,道德主观性在抽象法与伦理之间占据一个位置。② 我们可提及客观精神的深层结构的这一重新安排所带来的两个结果。首先,虽然社会契约理论错认了政治约束的真正本性,但是甚至当这些理论为专制主义辩护时,它们还是表达出对如下近代要求的顾及,即个体加入一个集体,此行为要被个体同意。基督教倡导主观性的第二个后果是,它使如下拥护失效,即个人毫无保留地拥护共同体价值及古希腊城邦民众(demos)的绝对意志。"主观意志的法"③因此是对希腊政治理想的谴责(不过人们在希腊哲学中发现主观意志的法的开端)。

[292]第二个让我们对民主产生陌生感的理由是,自启蒙运动以来产生了对公共领域的重新定义。④ 其选举之所不再是古希腊

---

① *RPh*,第 62 节附释,*W*,第 7 卷,页 133;*PPD*,页 169。[译注]中译参考《法哲学原理》,页 70。

② 参看后面第十章。

③ *RPh*,第 107 节,*W*,第 7 卷,页 205;*PPD*,页 209。

④ 参看 J. Habermas,《公共空间》(*L' espace public*)(著作德文原名是 *Strukturwandel der Öffentlichkeit*[《公共领域的结构转型》]),Paris,1978,特别参看第 3 章和第 4 章。相对应的主题参看 R. Koselleck,《批判的统治》(*Le règne de la critique*)(著作德文原名是 *Kritik und Krise*[《批判与危机》]),Paris,1979。

城邦的公民大会(ecclesia),古希腊城邦广场(agora)上的公民集会,而毋宁说是公共舆论,这一"确切说无伤大雅的复仇"(它也会是"恶劣的及怀恨的")。① 公共领域不再与政治领域相混淆,更不会与国家职能及机构的体系相混淆。在近代社会中,公共舆论具有一种明显政治性的特征。在代表制度之后,黑格尔研究了公共舆论,借助代表制度,公共舆论确保如下两方面之间的调解,一方面是"自在自为的普遍物",另一方面是"它的对立物",即"多数人的意见",不过这种"多数人的意见"就构成方面而言具有特殊性,即便它是绝大多数人的意见。② 公共舆论不是在其同一性中被理解的人民(populus)的看法,而是一种通常来说没有什么根据的判断,但此判断总是具有批判性,因此是必要的,它是在多元性的市民社会中对政治制度所下的判断。因此,公共舆论是"自己与自己的矛盾",③就此方面而言,它"既值得尊重,又应受轻视"。④ 无论愿不愿意,统治者都应考虑它,因为公共舆论表达了分裂的共同体对其身份认同、需要及愿望所做的表象,甚至表达了"正义的永恒实体性原则",⑤即便是以一种模糊的方式;反对公共舆论,人们便不能持久统治,即使公共舆论的表达采取一种偏见的形式,或换句话来说,采取一种意识形态的形式(当然事实总是如此)。但是,鉴于公共舆论的摇摆不定及其常见的肤浅性,统治者应轻视它。个人利益渗透公共舆论,应在并且只能在政治方面被联合起来的共同体的离心的发展趋势也渗透公共舆论,鉴于这两种渗透,统治者也应轻视公共舆论。人们应不顾公共舆论,或直接反对它,以做出许多政治性的

---

① *RPh*,第 319 节附释,*W*,第 7 卷,页 489;*PPD*,页 417。
② *RPh*,第 316 节,*W*,第 7 卷,页 483;*PPD*,页 412。
③ *RPh*,第 316 节,*W*,第 7 卷,页 483;*PPD*,页 412。
④ *RPh*,第 318 节,*W*,第 7 卷,页 485;*PPD*,页 414。
⑤ *RPh*,第 317 节,*W*,第 7 卷,页 483;*PPD*,页 412。

决定,因为"一个民族时常被其自身欺骗"。① 这类话不仅可归因于对民主的强烈厌恶(人们认为黑格尔强烈厌恶民主),也因为卢梭几乎说了同样的话:

[293]公意总是公正的,总是以公共益处为目的;但这并不必然导致人民决议总是具有同样的公正性。②

因此,公共舆论可与所有的人的意志相比较,当所有的人的意志与公共意志相分离时,它"关注私人利益,并且只是诸特殊意志的总和"。③ 无论怎么说,它的存在是统治者应当顾及的事实。有好的法律已不能再满足我们,冒着受骗的危险,我们应将法律置于集体判断的考验之下。

第三个使民主变得不合时宜的理由是一种去政治化的领域即市民社会的形成,此领域之所以是去政治化的,是因为它能接受一种组织及一些调节措施,此组织及调节措施就某部分而言独立于国家的监护,这第三个使民主变得不合时宜的理由可能是决定性的。在前资本的社会中,经济运转、社会关系、家庭或人际间的联系成为象征性的或法定的法典编纂的对象(此法典编纂具有直接政治性的特点)。事实并非是它们隶属于行政机关的法定权限(此处的行政机关正如近代国家所拥有的行政机关那样),而是在前资本的社会中,所有我们所谓的社会性问题都是彻头彻尾的政治性问题,正如战争、主持公道或征收赋税;反之亦然,人们后来所称的国家独揽了这些活动。因此,在封建国家或等级国家(Ständestaat)中,在政治的

---

① *RPh*,第 317 节附释,*W*,第 7 卷,页 485;*PPD*,页 414。
② Rousseau,*Contrat*,第 2 卷,第 3 章,*OC*,第 3 卷,页 371。也参看 *Contrat*,第 4 卷,第 1 章,和第 4 卷,第 2 章,*OC*,第 3 卷,页 437–439。
③ 出处同上。

东西与非政治的东西之间不存在清晰的界限(等级国家是一种后封建国家,神圣罗马帝国的复杂组织为此国家提供惊人的存活期)。行会或自由城市的法规具有政治性,正如封建臣属关系,农奴身份或教会司法权。特权(lex privata,特殊法规)的概念是此社会联系的政治化表达,此表达逐渐变得让人不可理解,尤其变得让人不能接受:个人被束缚于一种"社会身份"之上,被束缚在这样一些法定的谓语之上,这些谓语在很大程度上说与个人的活动及职业不相关(正如往昔的情况那样),这难道不与如下两方面东西相矛盾?即一方面是个人自由的原则,另一方面是社会的竞争及流动性的迫切需要。现代性的特征是,社会的章程、职能及状况的区分日益深化,黑格尔试图分析这一转变,尽管他在形式上还保持使用古代词汇。比如说,他认为,[294]个人对这样或那样的"等级"的归属隶属于"主观意见"或"特别意愿"的范围;最终来说,它是"其意志的产物"。① 诚然,此处并不涉及使负责普遍物的国家屈从于个体与社会群体的自私自利、相互矛盾的目的(此处的社会群体是"局部联盟",它们的建构必然"有损于大的联盟"②)。国家,"面对私法、私人福祉、家庭及市民社会等领域",仍然是"在它们之上的力量"。③但对它而言,应顾及正在增长中的市民社会的区分化,我们知道,此区分化为一种代表诸社会利益的政治性的代表制做辩护。④ 此外,政治活动原属于国家这一机构(国家要求独揽此活动),将政治活动构建为社会的一种特殊职能的近代构想与民主的前提相矛盾。

让我们做进一步的研究。如果人们认为,近代世界以无国家参

---

① *RPh*,第 206 节,*W*,第 7 卷,页 358;*PPD*,页 296。
② Rousseau,*Contrat*,第 2 卷,第 3 章,*OC*,第 3 卷,页 371。
③ *RPh*,第 261 节,*W*,第 7 卷,页 407;*PPD*,页 345。
④ 参看前面第八章。

与的社会的"贸易"(*catallactique*)①进展为目的(telos),那么国家应节制自己对社会发展过程的介入,并且满足于确保社会运转的外在的(特别是法律的)条件。个人自由,尤其个人占有财产及从业自由,要求国家放弃对社会领域的侵犯,对社会领域而言,国家仅仅被并置在它的旁边;国家的传统权能的使用阻碍经济发展,并且它是社会性的不公正的因素(如果社会性的不公正这一说法具有某种意义的话)。一个自我—组织的社会要求人们将政治从其王座上赶下来,如果为了确保某些最低限度的职能国家应继续存在下去,那么人们应去除它的魔力及神秘。显然,黑格尔并不赞同这一自由主义的甚至自由意志主义的方针。他甚至严厉拒斥它,因为它将国家构建为市民社会的一个平庸的延长部分,"为消除急难而成立的组织",②一个迫不得已的组织,而非自由的组织。对黑格尔而言,自由主义者的守夜人的国家,诺齐克(Robert. Nozick)③意义上的最小或极小的国家,[295]是"需要及知性的国家",④它如同市民社会(自由主义者的守夜人的国家自满于为市民社会服务);换言之,需要及知性的国家只是一个非国家。然而,正如自由主义者,黑格尔觉察到,市民社会对国家而言越来越具有独立自主性,这使得真正意义上的民主变得不可能,因为真正意义上的民主以个人愿望与政治共同体的目的的同一为前提;因此它与近

---

① 参看 Hayek,《法,立法与自由》(*Droit, législation et liberté*),第 2 卷:《社会正义的幻想》(*Le mirage de la justice sociale*),第 1 卷,Paris,页 129 及其后。他也谈及扩展秩序,并将其与诸多"组织"(如国家)区分开来。(《致命的自负》[*La présomption fatale*],Paris,1993,页 53)。

② *RPh*,第 270 节附释,*W*,第 7 卷,页 424;*PPD*,页 359。

③ 参看 R. Nozick,《无政府主义,国家与乌托邦》(*Anarchie, État et utopie*),Paris,1988,页 45。与极端的自由意志主义者如 M. Rothbard 的立场相比(对他而言,国家无异于一群匪徒),哈耶克与诺齐克的立场则显得较为温和:参看《自由的伦理》(*L'éthique de liberté*),Paris,1991,页 211 及其后。

④ *RPh*,第 183 节,*W*,第 7 卷,页 340;*PPD*,页 280。

代市民社会不相容,近代市民社会是利益及意愿的离散的强大因素。近代国家不可能再成为"尚未分离的实体性的统一体"①(此统一体即指民主城邦)。国家作为"分为各种特殊集团的整体",②通过承认社会具有相对独立性并依赖社会组织,③成为一种对不断区分化、不断自行分解的社会不断重建的政治过程;国家是"联合本身"④(此处的联合是在"联合"这一词的动态意义上而言)。因此,黑格尔同意自由主义者的观点,他认为近代个体在成为国家公民之前,是"市民社会的儿子"。⑤ 但是,与他们相对立,他认为,这个个体的特殊的社会属性培育一种政治"使命感",一种天职(Beruf),它引导个体超越这些社会属性。社会领域注定受到如下两方面东西的影响,一方面是利益的特殊性,另一方面是诸多欢乐的或悲伤的激情的竞争,政治普遍物则是社会领域的真理,自由主义者不愿意看到这一点。但是,政治普遍物在社会区分化过程中找到一个补充性的存在根据,即谴责纯粹民主理想的东西。

民主原则的现实化的伟大尝试发生于近代历史中,此尝试即为法国大革命。黑格尔并未否认民主原则,毫无疑问,正是在民主原则中,他汲取了他赞同希腊政治典范的理由,正如对许多其他人那样,革命的法国对他来说好像标志着希腊政治典范的复兴。⑥ 但事

---

① *RPh*,第 273 节附释,*W*,第 7 卷,页 436;*PPD*,页 367。
② *RPh*,第 308 节附释,*W*,第 7 卷,页 477;*PPD*,页 406。
③ 参看 *RPh*,第 255 节,*W*,第 7 卷,页 396;*PPD*,页 331:"在家庭之后,同业公会构成国家的第二个伦理性的根,它建立在市民社会之中。"
④ *RPh*,第 258 节附释,*W*,第 7 卷,页 399;*PPD*,页 334。
⑤ *RPh*,第 238 节,*W*,第 7 卷,页 386;*PPD*,页 320。
⑥ 关于黑格尔与革命之间的关系,尤其参看 D. Losurdo,《黑格尔与自由主义者》(*Hegel et les libéraux*), Paris,1992,特别参看第 5 章;J. Ritter,《黑格尔与法国大革命》(*Hegel et la Révolution française*), Paris, 1970; E. Weil,《黑格尔与革命的概念》(Hegel et le concept de revolution),载于《哲学档案》(*Archives de Philosophie*),1976 年第 1 期,页 3 – 19。

实上,事情很复杂。在黑格尔的文本中,[296]对他的时代的这一重要事件存在一种双重解读:法国大革命具有一种导向,此导向既是自由主义的又是民主主义的,黑格尔最终认为,正是自由的导向构建了革命的最具持久影响的遗产。大革命的民主主义导向尤其显现在其极端发展阶段。1793年雅各宾派的宪法是真正民主的宪法:难道它没有组织全体公民参与主要政治决策吗?在战争引发的非常状态的后期,这部宪法原应生效,但热月党人的反抗使人们废除了这部宪法。《论英国改革法案》的文章提及了这部宪法,这部宪法的第56条条文到第60条条文规定,所有法律草案至少要被公民议会默许。① 因此,甚至在大恐怖的残暴中,革命政府仍然是一种德性的民主专制:

> 罗伯斯庇尔将德性原则确立为最高的东西,关于这个人,人们可以说,他把德性看得很重。时下德性与恐怖在统治。②

但是,大革命也是市民社会及其活力对专制政治制度与等级社会的反抗(如果人们愿意,此处的市民社会的活力也可被称为它的资产者的力量)。因为,在此反抗中遗存某些东西,比起革命的风暴,它们更长久地影响后世,所以,法国大革命可能尤其是市民社会及其活力对专制政治制度与等级社会的反抗。在此意义上说,不为其直接参与者所知,法国大革命与其说具有政治意义,还不如说具有社会意义,其导向与其说是民主主义的,还不如说是自由主义的。总之,其

---

① *Reformbill*,*W*,第11卷,页113;*Pol*,页382。参看 J. Godechot(编辑),《自1789年之后的法国宪法》(*Les constitutions de la France depuis* 1789),Paris,1979,页87。就此方面,1793年被采纳的山岳派的法律文本与孔多塞(Condorcet)的吉伦特派的法案相比,包含更少的民主成分,后者尤其规定,公民初等会议应常设。

② *Geschichte*,*W*,第12卷,页533;*Histoire*,页342。

最持久影响后世的成果是宣告人权(人权陈述了自由的个人主义原则),以及废除特权、扫除所有旧制度的社会为反对产业自由所构建的障碍。黑格尔关于这一方面的言论要先于马克思的言论,马克思将"所谓的人权"描述为"自私自利的,与其同胞及共同体相分离的人"①的权利,总而言之,描述为资产阶级的权利,而非公民的权利。

因此,雅各宾派尝试恢复城邦(polis)的民主词汇及习俗,此尝试注定要失败,对此至少有两个原因。[297]首先,此尝试倚仗的抽象原则与现实政治行动之间存在差别。自由、平等及博爱不能构建一种政治。换言之,"原则的人",脱离实际的理论家,事实上(ipso facto)不是"国家的人","在实际生活中"引入原则需要"国家的人"的"知识、阅历及事务经验"。② 对黑格尔而言,不可能存在人权的政治,因为人权首先涉及社会生活,对马克思而言,事实同样如此。第二个原因(它可能从属于第一个原因):罗伯斯庇尔(Robespierre)、马拉(Marat)或圣约斯特(Saint‐Just)具体体现了革命的民主主义倾向,此倾向暴露了革命者对现代性的社会形势及文化形势的无知,尤其暴露了对在现代性中致力于解放私人领域并缩减政治的东西的无知。这就解释了为什么说直接民主的梦想很快转变为雅各宾派的政治专政,并产生了其自身的毁灭条件。从某些方面来说,1795—1799 年的都督府及拿破仑帝国是市民社会对民主政治的一种报复,民主政治威胁到市民社会的自主发展,尽管它也将市民社会从旧制度的束缚中解救出来。根本上说,复辟"这场持续了 15 年的闹剧",③什么都没改变。

---

① Marx,《论犹太人问题》(*La question juive*),Paris,1968,页39。这种对人权的批判一直以黑格尔做出的在国家与市民(资产者)社会之间的区分为基础。参看 J.‐Fr. Kervégan,《人权》(Les droits de l'homme),载于《哲学概念》(*Notions de Philosophie*),第 2 卷,Paris,1995,页 683 及其后。

② *Reformbill*,*W*,第 11 卷,页 122;Pol,页 390。

③ *Geschichte*,*W* 12,页 534;*Histoire*,页 343。

然而，如果黑格尔认为民主不合时宜，那么他对普遍选举的批判以及对人民主权观念的批判则很好地显示了，对他而言，涉及的问题不仅仅是一个从历史方面来说的清晰问题（普遍选举是即将到来的代议制民主的一个主要制度，而人民主权观念是代议制民主所依赖的概念依据）。在偏向于立宪君主制的选择之外（此选择使我们想到，一种哲学不能将自身投射到它的时代之外），黑格尔那里还存在批判近代民主的诸要素，从中我们或许可以吸取教益。

普遍选举

黑格尔对普遍选举与选举程序曾做出过判断，人们过于频繁地将他的这一判断从其语境中隔离出来。事实上，政治性的代表制问题与从中引出的主权行使理论解释了为什么黑格尔拒绝普遍选举与选举程序。应立即明确这点：对"选举的民主模式"[1]的批判事实上并非涉及[298]古典民主（此民主与其说是实行选举，还不如说是实行凭运气的抽签[2]），而是涉及人们后来所称的代议制民主；在代议制民主中公民将其意志授权于议会，黑格尔质疑这一思想。选举程序采纳的不同形式包含两个互斥的前提，即每个人应通过实行他的选举权而参与到政治生活中，但是同时，被理解为公民整体的人民应在这样一种国家中被代表，这种国家就像一种陌生世界那样存在着。就此应注意如下这点，即与其说黑格尔拒绝普遍选举（此外，十九世纪前半叶，自由主义的资产阶级也拒绝普遍选举），倒不

---

[1] *Enzykl*，第 544 节说明，*W*，第 10 卷，页 343；*Encycl* 3，页 323。
[2] 参看 Aristote，《政治学》，第 4 卷，第 9 章，1294 b 8－9："行政官员的职位通过运气被授予出去，这被视为民主；行政官员的职位通过选举产生，这被视为寡头政治。"

如说他拒绝个体性的投票。黑格尔批判"民主的无序（*Unförmlichkeit*）",①此无序"将人民消解为一群乌合之众"②,消解为大众。黑格尔的这一批判也被用来反对如下两方面：一方面是纳税选举制或有文化程度限制的选举制（它对西耶士而言很珍贵）,这类选举制将投票权隶属于一种"外在条件";③另一方面是普遍选举制。因此,黑格尔既谴责民主的平均主义,又谴责纳税方可投票的寡头政治,因为它们共有一种错误信念,根据这种信念,公众意志唯独通过个体偏好的堆积才能形成。④ 运用一种惊人的表述,黑格尔指出,这样一种构想将剥夺政治生活的"牢固的[社会性的]基础",使它几乎矗立在"空气之中"。⑤

黑格尔对选举程序的评判非常苛刻,有三个明确的理由。第一个理由是,个体性的投票通过如下方式使选民相信他在政治上近乎无能,即"削弱他对自身重要性的看法并削弱他运用此权利的兴趣"。⑥ 这具有双重效果。从一个方面来说,他被诱使不去参与"普遍性生活"并撤回到他的私人生活中,在私人生活中他意识到自己是积极的并且是有能力的。从另一个方面来说,个体性的投票有利于积极的少数派,事实上可能导致国家被一个有组织的党派操纵：

> [299]在法国革命起初的一些阶段里,在选举集会上,雅各宾派的热情和态度使得镇静而正直的公民觉得,运用他们的选

---

① *Wurtemberg*,*W*,第 4 卷,页 485;*Pol*,页 233。
② *Wurtemberg*,*W*,第 4 卷,页 482;*Pol*,页 229。
③ *RPh*,第 310 节附释,*W*,第 7 卷,页 479;*PPD*,页 408。
④ 对这样一类分析的可能性与限度的检验,参见 E. Picavet,《理性选择与公共生活》(*Choix rationnel et vie publique*),Paris,1996,页 14 及其后。
⑤ *RPh*,第 303 节附释,*W*,第 7 卷,页 474;*PPD*,页 403。
⑥ *Reformbill*,*W*,第 11 卷,页 115;*Pol*,页 383。也参看 *RPh*,第 311 节附释,W,第 7 卷,页 481;PPD,页 410。

举权变成一件让人提不起兴趣的事,甚至对他们而言变成一件对他们构成危险的事了,并且这一党派独霸了这一领域。①

在类似情况下,以实现普遍物为目标的政治使命本身被损害,正如卢梭在谴责"阴谋诡计"②时所指出的那样。

第二,德意志民族罗马帝国(Römisches Reich deutscher Nation)这一政治畸形物的崩溃引起了黑格尔对选举制度的批判(德意志民族罗马帝国这一名号是神圣罗马帝国的最后称呼)。甚至在拿破仑于1806年签署正式灭亡文件之前,神圣罗马帝国已完全不存在。如果黑格尔于1800年尖刻地评定说"德国不再是一个国家",③那么根据之一就是其选举帝国(Wahlreich)的身份。其分裂的经历解释了选举帝国是"最差的制度"。④ 事实上,它将国家隶属于牟取私利并相互竞争的选举人的特殊意志之下,并且因为如下这点肯定会被引向毁灭,即政治组织转变为利益联盟,此利益联盟受选帝侯的妥协条约保护。选帝侯的妥协条约自查尔斯五世选举之后一直存在,借助这些妥协条约,帝国的选帝侯通过变卖其投票为自己谋得一个日益扩大的特权领域。⑤ 黑格尔强调,此制度既危害国家的政

---

① *Reformbill*,*W*,第11卷,页114-115;*Pol*,页383。也参看 *RPh*,Ilting 4,页717。[译注]译文参考德文原文和中译译出,中译参考《黑格尔政治著作选》,薛华译,中国法制出版社,2008,页248。

② Rousseau,*Contrat*,第2卷,第3章,*OC*,第3卷,页371。

③ *Constitution*,*W*,第1卷,页461;*Pol*,页31。

④ *RPh*,第281节附释,*W*,第7卷,页453;*PPD*,页383。

⑤ 关于妥协条约,参看 Klaus Malettke,《对于十七世纪法国"地域优越性"与帝国大公的"统治权"的理解》(La perception de la " supériorité territoriale" et de la "souveraineté" des princes d'Empire en France au xvii e siècle),载于 J.-Fr. Kervégan 和 H. Mohnhaupt(主编),《德法两国的法与哲学的相互影响及接受》(*Wechselseitige Beeinflussungen und Rezeptionen von Recht und Philosophie in Deutschland und Frankreich*),Francfort,2000,页69-89。

治统一性,又危害对私法程序而言政治领域具有的自主性:"德国宪法不是一门奠基在原则之上的科学,而是公共法的汇编,人们根据私法的方法获得这些极为不同的公共法。"①法国大革命与拿破仑帝国突出这一历史背景的过时的特征,此历史背景特别阐明了为什么黑格尔拥护世袭立宪君主制。

[300]最后,黑格尔认为,"国家成员"身份(公民身份)是一个"抽象规定",②而市民社会成员的身份(资产者的身份)却不是一个抽象规定。这一主张初看起来令人惊讶,因为它好像要将政治构建为一个比社会更抽象的要素,而对伦理的整个分析却相反地将国家构建为抽象的社会特殊性的竞争性世界的普遍具体的真理、"真正的根据"。③ 但是《逻辑学》可促使消除这个表面上的困难。在逻辑学的发展进程中,结果既被中介,同样它也是绝对地直接存在的东西,以至逻辑学的发展进程超越其表面上的开端与终结,它对自身而言就是开端与终点。④ 在伦理—政治领域内情况也是如此。市民社会是否定性的及特殊性的中介,国家的普遍同一性以此中介为前提,就此意义上说,国家源于市民社会;为此,政治的公民身份以特殊的社会性的归属为依靠,如果政治的公民身份与此归属相分离,那么它将依然是一种抽象的身份。反之亦然,国家是"市民社会"的"真正根据",市民社会只被认为是伦理—政治整体区分化的一种历史进程的产物。因此,我们在与一种交错配列法打交道:国家,具体普遍物的裁决机构,它是市民社会的逻辑根据(市民社会是

---

① *Constitution*, *W*, 第 1 卷, 页 468; *Pol*, 页 37 – 38。也参看 *Constitution*, *W*, 第 1 卷, 页 454 – 455 (*Pol*, 页 28 页):"由于它的原初的法律根据,德国宪法实际上具有私法的性质。"

② *RPh*, 第 308 节附释, *W*, 第 7 卷, 页 477; *PPD*, 页 406。

③ *RPh*, 第 256 节附释, *W*, 第 7 卷, 页 397 – 398; *PPD*, 页 332。

④ 参看 *WdL* 3, *W*, 第 6 卷, 页 561 – 571; *SL* 3, 页 380 – 391。

"理念的实在性的抽象环节"①),但是社会生活构建了公民的政治生活的现实基础。

然而,人们不应认为黑格尔将公民身份构建为社会身份的一种单纯后果。相反,在黑格尔看来,本质性的是向每个个体承认他们具有同样的政治生活(义务与权利源于这种生活),即便被如此设定出来的平等依然是抽象的。这就是近代国家与古代民主之间的全部区别。古代民主制具有奴隶;然而,"奴隶没有义务,因为他们没有权利,并且反之亦然"。② 但是黑格尔也与越来越占优势的"一人,一票"的原则划清界限。对黑格尔而言,公民身份的内容并不在于将社会的不平等置于一边,也就是说不承认社会不平等,它应以一种特定方式承认这种不平等,从而实现对它的扬弃。根据这种观点,我并非以抽象个人的身份,以法律原子的身份,以私人身份,而具有一种政治生活,相反,我具有一种政治生活,这是根据我的[301]社会地位,这是由于具体且特殊的扎根(占有一个等级就是这种扎根)。在近代世界中,个体既没有不顾他的社会规定而成为公民,也没有由于他的社会规定而成为公民,而是凭借这种社会规定成为公民:

> 具体的国家是分为各种特殊集团的整体;国家的成员是这种等级的成员;只有在他的这种客观规定性之中,他才能在国家中受到重视。他的普遍性的规定一般来说包含着双重的因素,国家的成员是私人,而作为能思想的人,他又是普遍物的意识和意志。但是这种意识和意志只有在充满了特殊性(而这种特殊性就是特殊的等级及其规定)的时候,才不是空虚的,而是

---

① *RPh*,第184节,*W*,第7卷,页340;*PPD*,页280。
② *RPh*,第261节附释,*W*,第7卷,页409;*PPD*,页346。

充实的和真正有生气的。①

因此,政治与社会既不能相互混淆,也不能相互分离;它们是互为前提并交互产生对方的两个环节。从一个方面来说,我的社会生活培育我的政治生活:正是作为市民社会的"诸特殊集团"中的一个集团的成员,我才能进入现实的政治生活中去。从另一个方面来说,政治普遍物是社会特殊性的条件,是促进"外在国家"继续存在的根据。国家制度保障政治同一性,此同一性防止总是可能发生的社会竞争向内战的渐变。因此,虽然黑格尔对个体性选举的批判直接针对古典民主,但它也动摇了自由主义政治哲学的一个根基。

人民与大众:主权在何方?

国家是自由的理性条件。缺少强大的国家,市民社会的单纯好斗的逻辑可能会引起一切人反对一切人的战争。② 因此,当国家强迫个体放弃他对其自由可能具有的粗略表象时,并且当国家——正如卢梭所说——强迫个体成为自由的个体时,③国家对抽象意志实行了一种强制。因此,个体同时是公民(Staatsbürger)与[302]臣民(Untertan)。人民的概念的两个词义对应国家与个体的这种双重关系,关于主权的两种理论尤其对应这种关系。事实上,当人们说主

---

① *RPh*,第 308 节附释,*W*,第 7 卷,页 477;*PPD*,页 406。[译注]中译参考《法哲学原理》,页 326,略有改动。

② 参看前面第六章。

③ 参看 Rousseau,*Contrat*,第 1 卷,第 7 章,*OC*,第 3 卷,页 364。

权属于人民或国民时,人们是在宣称谁的主权呢? 西塞罗与霍布斯①特别在人民(populus)与大众(multitudo)之间做出了区分,黑格尔借助此区分将如下两方面对立起来:一方面是政治性的人民,按其统一性被理解的"组织起来的人民"(das Volk);另一方面是"私人的集合",个体与群体的集合(人们想象个体与群体凭借其自身存在),黑格尔将这种集合称为乌合之众(vulgus),如果这种集合能如其所是地存在,那么它将表现出"一种没有形式的、野蛮的、盲目的威力,正如激荡的大海的威力"。② 然而人民(populus)的同一性不是一种自然而然的东西;通过政治中介,特别是借助代表制机制,人民同一性不断被生产出来并再生产出来。因此,像人民主权这样一种概念或许只有在人们摆脱了关于人民的一种"没有教养的表象"之时才有意义,此表象将人民刻画为在某种程度上直面政治制度的"无定形的大众"③(在黑格尔时代的政治讨论中,像人民主权这样一种概念是被明确指涉的表达,黑格尔对这种表达的使用持有很强的保留意见)。黑格尔说,无定形的大众"不知道想要的东西是什么";④其理由是,没有一种理性意志能从一种特殊群体中产生出来,即便这一群体是多数派。黑格尔指出,这一对人民的"非有机"的看法尤其等同于关于贱民的看法。有教益的做法是,将敌视国家的情感归于有理由认为国家敌视他们的一群人。

甚至应该区分将人民视为大众这一非政治性构想的两种变体。

---

① 参看 Cicéron,《论共和国》(*De Republica*),第1卷,第39章:人民不是"以随便什么方式聚集起来的人的集合体"。按照霍布斯的看法,大众是这样一种集合体,人们不能为它赋予"任何行动以及任何法"(《论公民》,第12章,第8节),与大众相对立,人民是"某种具有统一性的东西,它具有一种意志,并且可以被赋予一种行动"(出处同上)。
② *Enzykl*,第544节说明,*W*,第10卷,页341;*Encycl*,页322。
③ *RPh*,第279节附释,*W*,第7卷,页447;*PPD*,页378。
④ *RPh*,第301节附释,*W*,第7卷,页469;*PPD*,页399。

第一个版本：人民可被视为直面执政者的一大群人。这是对人民主权原则的庸俗的民主主义解释。然而，这样一群未被组织起来的人不能具有一种统一的政治意志。卢梭理解这点，他将其主权理论奠基在如下两方面之间的区分之上：一方面是分散的大众，它不能具有意志；另一方面是"公共的自我"，它与政治体共同产生。① 但是，[303]为了分析一方对另一方的过渡，他相信能够维持社会契约的假想。这就等于说将国家预先设定为一种事实（此外，这一点可能是黑格尔倾向于向国家所承认的东西，但基于其他前提）。第二个版本：人民是个体的聚集体，这些个体每人都有一个筹划或一个自己的意志。此处我们在处理关于人民的看法的一种自由主义的版本，在此版本中，人民意志是由个体组成的多数人的意志。黑格尔拒绝民主主义者关于人民的构想，但他更清楚地拒绝关于人民的自由主义的构想：首先，此构想建立在假定个体意志具有独立性这一不准确的公设之上；其次，它使政治联系本身、"联合本身"②变得不可设想。自由主义的个人主义含有一种导向，此导向不仅反国家，而且还深刻地反政治，所以，这种自由主义赞同市民社会的观点（此处的市民社会与其政治基础保持分离）。自由主义的个人主义相信能打败专制主义，它摧毁了主权观念本身，并摧毁了国家的观念。此外，一个前后一致的自由主义者——如贡斯当——明确承认：

> 主权只以一种有限的及相对的方式存在。个体独立性与存在开始的地方，就是主权裁判权终止的地方。③

---

① Rousseau, *Contrat*, 第1卷，第6章, *OC*, 第3卷，页361。
② *RPh*, 第258节附释, *W*, 第7卷，页399; *PPD*, 页334。
③ Constant,《适用于所有政府的政治原理》(Principes de politique applicables à tous les gouvernements), 载于《论现代人的自由》(*De la liberté chez les Modernes*), Paris, 1980, 页271。

所以,简单地认为黑格尔拒绝人民主权,这或许把问题简单化了;比较恰当的说法是,他拒绝如下走样的阐释,即民主主义者与自由主义者对称性地为人民主权所赋予的阐释。关于选举权,难道黑格尔不是写道:

> 参与公共事务,参与国家与政府的最崇高的重要事务,这种人民的参与权存在于选举权之中,并且它的行使是一种高尚义务[……]按法国人的方式,此权利及其行使构成人民主权的行为,甚至构成人民主权的唯一行为。①

值得注意的是,《论英国改革法案》一文比以往更多地批判"法国的抽象思维",②并否认人们能够将[304]立法与宪法建立在人与公民的权利之上,③这篇文章同样也庄严宣告人民主权的原则(在这篇文章中,人们看到黑格尔含糊言论的痕迹,或者看到他的清晰性的证明)。但是正是作为人民(populus)(此人民借助代表制的中介被联合起来),因此作为国家,人民才是主权者:

> [……]如果只是一般地谈整体,那也可以说国内的主权是属于人民的,这同我们前面(第277、278节)所说的国家拥有主权完全一样。④

黑格尔将具有主权的人民与国家同一起来,此同一与将主权刻画为

---

① *Reformbill*, W, 第11卷, 页112; *Pol*, 页381。[译注]中译据德文译出。
② 尤其参考 *Reformbill*, W, 第11卷, 页117–118和122; *Pol*, 页385–386和390。第一节批判了西耶士关于宪法的某些观点。
③ *Reformbill*, W, 第11卷, 页127; *Pol*, 页394
④ *RPh*, 第279节附释, W, 第7卷, 页446; *PPD*, 页378。[译注]中译参考《法哲学原理》, 页297–298。

国家的"理想性的普遍思维"相联系,①此定义初看起来如谜一般。但语境能够解释这句话。理想性对应如下事实,即国家的不同权力"在国家的统一中,即在它们的简单自我中"具有它们的原则,它们"最后的根源"。② 这意味着主权的任何分割都是不可能的,卢梭与霍布斯早已说明了这一点。国家主权具有理想性,因为国家本身就是一种理想物:它是全体的生命,是一种多样性的流动的同一性,是"联合本身"。因此,人们理解了对人民主权学说两个变体的驳斥的原则。这两个变体将人民(populus)还原为乌合之众(vulgus)或还原为大众(multitudo)。然而,更合适的做法是将这些术语思考为两个极端(同一与分散的极端),在这两个极端之间展开着政治的建构过程。根据这种观点来看,主权所具有的基础再也不是对它而言的他物:国家是主权者,因为它是它自身权力的唯一基础。我们立刻设想到如下反对意见,即这个表述使所有专制合法化!但是专制与国家这种很实在的"理念"之间不存在任何共同之处,因为专制不统一什么东西。相反,主权,同一与分散的统一,意味着国家权力的区分化。如果人们将宪法(Verfassung)理解为如下区分化,即国家必然地自动区分化为不同的但非独立的权力,那么主权观念将与合宪性的观念合在一起:

> 主权正是在法权的,立宪的状态下,构成特殊的领域和职能的理想性环节。主权恰恰表示:每一个这样的领域在自己的目的和行动方式方面,都不是独立自主的和只管自己的东西,[305]而是受整体的目的(这种目的通常都被笼统地称为国家

---

① *RPh*,第279节,*W*,第7卷,页444;*PPD*,页376。
② *RPh*,第278节,*W*,第7卷,页442;*PPD*,页374。[译注]中译参考《法哲学原理》,页294。

的福利)规定和支配的东西。①

国家,人民,主权,宪法:这么多不同的表达,每个都具有一个特别的音程,每个都具有这样一种观念,根据这种观念,政治是构建一个共同体的同一性的无尽过程。但应该补充的是,主权需要体现在一种存在之中,此存在是具体的,在物质与主观方面具有个体性:"只有作为一个人、君主时,国家的人格才具有现实性。"②甚至在民主政体中,一个个体应该清楚地显现出来,并且承担起实现共同意志的责任;否则,为了绝佳时机的选择(le choix dukairos),人们应当信赖盲目的命运或不同形式的预言。

自由主义与民主主义

如果民主制对后革命时代的世界而言是陌生的,正如黑格尔所说的那样(他不是唯一这样说的人),那么人们就会问,为什么这个概念在后来的政治词汇中获得了如此重要的规范性含义(此处的政治词汇仍然是我们的政治词汇)。哪个社会制度,哪个政治潮流不依仗民主制的名声呢?为了清除这个悖论,我们应考虑两个情况(此外,这两个情况并非不相关联)。第一,民主制的概念经历了一场深刻变革,以至于它实际上成了"代议制政府"的同义词。在卢梭,康德或黑格尔那里,这个概念按公元前五世纪至前四世纪雅典城邦的(理想化的)模型被构建,因此,此概念与代表制的新问题不能调和。与此相对,将近十八世纪末,发生了潘

---

① *RPh*,第 278 节附释,*W*,第 7 卷,页 443–444;*PPD*,页 375。[译注]中译参考《法哲学原理》,页 295。

② *RPh*,第 279 节附释,*W*,第 7 卷,页 445;*PPD*,页 377。

恩(Thomas Paine)所称的"嫁接",人们将代表制嫁接到民主制之上,这一嫁接完全改变了民主制。① 第二,人们发现,直至1848年,政治上的自由主义极为怀疑地审视民主制,与此相对,自十九世纪中期以来,政治上的自由主义逐步与民主制相和解;民主制概念的意义的内容[306]被彻底改变,此事实自有其理由。② 在上述两个情况中,(普遍的或有限的)个人选举的主题显然是导致上述趋同现象的有力因素。

黑格尔认为,"哲学是[……]被把握在思想中的它的那个时代";③因此,其政治哲学应处在后革命时期在自由主义与民主主义之间发生的激烈争论之中。然而,其政治哲学的目的是显示政治秩序的自由主义版本与民主主义版本之间存在的某些根本区别,即使在约1820—1830年间,这两种版本并非总是被清楚地意识到。诚然,黑格尔对民主制的批判直接针对古代民主制(在此民主制中,正如卢梭所说,人民同时是主权者与官员)。但此批判也能适用于代议制民主的新观念(此观念出自美国革命与法国革命)。因此,黑格尔的话语转回攻击自由主义的政治哲学(不过,黑格尔赞同它的政治选择)。所以,所有事情好像是这样发展的,即一派人主张回到旧秩序那里,另一派人主张以民主的方式使1789年的原则激进化,自由主义者同时反对这两派人,虽然黑格尔为自由主义者的反对论

---

① Paine,《人权》(*Les droits de l' homme*),Paris,1987,页209。1777年,未来的《联邦党人文集》(*Fédéraliste*)的一个作者已谈及"代议制民主"。(A. Hamilton,《文集》(*Papers*),第1卷,1961,页255)。

② 康德阐明了原初的自由主义对民主制所含有的成见,因为他认为民主总是专制的,并认为它与"共和宪法"不相容(参看 *Frieden*,科学院版,第8卷,页352–353;*Paix*,页97)。1848年,Guizot还在民主共和国的要求中听到了"社会战争的古老喊声的回音"(《论在法国的民主》[*De la démocratie en France*],Paris,1849,页2和页16)。

③ *RPh*,*W*,第7卷,页26;*PPD*,页106。

据做出了他的贡献,但他通过如下方式破坏了自由主义政治论说的根基本身,即展示自由主义政治论说的默认的前提(就此,《论英国改革法案》一文具有代表性)。

黑格尔绝没有混淆自由主义的法权国家与民主制;他很清楚,法国大革命时期的大恐怖同化了民主制,政治性的自由主义的形成既反抗这种民主制,也反抗复辟的君主制。但是,黑格尔批判将国家与市民社会混淆起来的观点,此观点仅仅将国家的目标设为"保证与保护所有权及个人自由",即"单个人本身的利益",[1]黑格尔的这一批判间接促进了人们对所谓的代议制民主的反思。我已经指出是什么东西使《法哲学原理》的国家与自由主义的国家区别开来。自由主义的国家是市民社会的一个外在机构,其存在之必要性只与如下东西有关,即经济与社会发展进程的自我调节的边际条件及其可能发生的不良运作。[307]对自由主义者而言,国家是一种必然的恶,它肯定不是自由的客观化。对个体及其交往而言,国家是一种持久的威胁,而不是他们的生存条件。这就解释了为什么说,自由主义的民主制首先致力于借助防范措施来反对国家势力。有两个要素促成这一点,第一个要素是不可让渡的、基本的人权的问题(它已成为很强的意识形态),第二个要素是权力分立的制度学说。[2] 人权确定了法律意义上的人与社会主体享有的不会消失的独立领域,以及资产者享有的不会消失的独立领域;因此,在构建及重建人类生活的非政治性维度的过程中,人权得到了保障。至于权力分立,它完全不同于在理性国家的宪法中权力的必然的区分

---

[1] *RPh*,第258节附释,*W*,第7卷,页399;*PPD*,页334。
[2] 参看 Carl Schmitt,《宪法学说》(*Théorie de la Constitution*),Paris,1993,页265:"因此基本权与权力分立构成了现代宪法"或"资产阶级法权国家"的"自由主义成分的本质内容"。

化。权利分立的意图会导致"国家的毁灭"①(此意图显然受到一种观念的约束,此观念将国家视为对基本权利的威胁)。非常幸运的是,这种关于事物的看法是一种诱惑物:当国家的诸权力之间发生冲突时,它们中的一个将为自身之便迅捷地重新构建起它们的统一。

韦伯清楚地注意到,"在我们处理大众组织的地方,民主制概念的意义被改变到如此程度,以致试图在这样一个常见名词的背后寻找某种不变的东西的做法是荒谬的"。② 当下的民主国家肯定与古典民主制相距甚远(由于其原则,古典民主制不能允许对人的政府的限制与削弱)。相反,当下的民主国家与黑格尔呈现的自由国家(或非国家)倒有些类似(自由国家或非国家与理性国家的思辨主题相对)。民主国家将限制政治领域这一自由主义原则占为己有。因此,在民主国家中,权力的真正的主体或许不是民众(demos),尽管在其中人们还是依仗人民主权原则。正是在此处,黑格尔对民主主义与自由主义的双重批判才显得富有成果(并且清楚的是,对黑格尔而言,民主主义与自由主义涉及两种十分不同的东西)。

黑格尔指责民主制,拒绝普遍选举,他从同业公会的角度阐释议会代表制,这三个方面混杂在被人们非常苛刻地评论的黑格尔政治学的诸方面之中。[308]他的反对者看得很清楚,这三个不同的方面形成了体系,但他们普遍地没有理解为什么形成了体系。某些法国革命的参与者已能够设想建立一种全面的民主制,黑格尔认为此民主制是虚幻的,他做此判断的原因首先是出于理论上的考虑。根本上说,严格的民主制的方案对他而言显得与社会领域同政治领

---

① 参看 *RPh*,第 272 节附释,*W*,第 7 卷,页 433 – 434;*PPD*,页 364 – 366。
② M. Weber,《经济与社会》(*Wirtschaft und Gesellschaft*),Tübingen,1980,页 548。

域的分化相冲突(此分化是近代社会的显著特征),尤其自产业自由的经济发展以来,上述冲突显得更明显(产业自由的经济的使命在于超出地域上封闭的国家范围)。但这番话及其诸多有争议的方面将变得不可理解,如果人们将国家与社会设定为两个对手(这样的话,涉及的问题充其量是调和国家的观点与社会的观点)。相反,此处涉及的问题是从中介的角度思考国家与社会这两个领域之间的联系。将社会领域构建为一个组织,此组织并非直接地具有政治性,这是黑格尔的创新处,其政治理论以此创新为重心。黑格尔的政治理论因此提供了一个现代性的悖论让我们去沉思,这个悖论就是,从制度上来说的政治领域以社会领域的流动性为根基,与此同时,社会领域为了抵挡住横贯它的诸矛盾,必须以它所中介的东西的中介作为前提。毫无疑问,在这里存在着完全扬弃政治领域的不可能性。

第四部分　客观精神中的主观性的诸形象：规范性与诸制度

[309]客观精神学说也探讨主观性问题。这只在如下情况下显得矛盾，即人们不知道——在康德与后康德主义者之后——黑格尔对此概念所做的改动。对黑格尔而言，主观性与客观性不可分割，并且应被视为一个原初的"主—客观性"的环节（这是《逻辑学》中概念学说的话），这一"主—客观性"是黑格尔所称的理念的特性。① 此定义明显影响了在主观精神学说中被阐明的有限主观性理论。不过上述定义也影响客观精神，总之客观精神不能从主观精神中分离出来，两者共同构成"有限精神"领域；② 这就解释了为什么说"主观精神与客观精神的区分不能被视为一种严格的区分"。③ 因此主观性并非不在客观精神中存在，这没什么好惊讶的。前者甚至一直

---

① 参看 *Enzykl*，第 214 节，*W*，第 8 卷，页 370；*Encycl* 第 1 卷，页 447："理念可以被理解为[……]是主体—客体，[……]因为理念包含有知性的一切关系在内，但是包含这些关系于它们的无限的回复和自身同一之中。"我们知道此表达借自谢林（参看 *W*，第 20 卷，页 430；*HP* 第七卷，页 2053）。[译注]引文翻译参考《小逻辑》中译本，1996，页 400。
② *Enzykl*，第 386 节，*W*，第 10 卷，页 34；*Encycl* 第 3 卷，页 180。
③ *Enzykl*，第 387 节附释，*W*，第 10 卷，页 39；*Encycl* 第 3 卷，页 401。

都在后者中,以延展并丰富主观精神形态的形式存在于后者之中:在此,通过援引主体的客观形象的例子(即法律意义上的人,他处于他与占有物的建构性关系之中),黑格尔批注道:

> [310]我们看到一种认识到自己是自由的主观的东西,同时它也认识到这种自由的外在存在;这就解释了为什么说精神在此达到了自为存在,[并且]其客观性获致了它的权利。①

因此我们可以认为,与客观精神的每一层次相对应,都存在一种特别的主观性形态(它们即为法律人格、道德意识、家庭之爱、市民社会成员的"资产者"意识、公民的政治主观性),这种形态每次都被嵌入在一种与客观性相关的关系中,客观性本身就是精神性的(非"自然的")。

但是,正是因为主观性(重新)出现在客观精神中,所以主观性从精神世界的客观性中汲取营养。我的假设如下,在精神世界中,承载与孕育主观意识的东西是其制度性的建构。换言之,正是作为制度或诸多制度的体系——在一种仍待明确的意义上说——客观精神产生了刚刚被提及的主观性的诸多特别形态。客观精神如何做到这一点的呢?通过产生诸多规范性的结构,客观精神的诸多制度"生产"主观性;此说法明显修改了关于黑格尔的如下约定俗成的形象,即黑格尔是康德规范主义的凶狠敌人。在黑格尔的客观精神学说中,确实存在一种关于规范性的独创理论,并且存在一种此理论所要求的主观性形态的构想,这两点是黑格尔客观精神学说的引人注目的特征。我们尝试通过如下步骤证实上述假设,即首先重新考量黑格尔对康德道德哲学的批判以及重新考量其积极的部分,即关于道德(Moralittät)的学说(第十章)。接着,我们致力于研究黑

---

① *Enzykl*,第385节附释,*W*,第10卷,页34;*Encycl* 第3卷,页399。

格尔的政治主观性的构想,它是政治制度理论必不可少的补充部分(第十一章)。最后,我们将指出,在主体、规范与制度之间的复杂关系如何促使人们思考我们应称之是伦理生活的东西(第十二章),此处我们为"伦理生活"赋予一种精确严格的意义。

引言:强的制度主义,弱的制度主义

[311]人们应当如何理解"制度主义"?我们从施米特为"制度主义"所赋予的特征描绘谈起(此外他偏好"秩序的具体思想"这个命名),不过这种描绘是否中肯,这仍待进一步审查。施米特为"制度主义"给出一种特征描绘,目的之一是将其与"决断主义"(décisionnisme)区别开来(施米特起初依靠后者),目的之二是将其与"规范主义"区别开来(施米特一直拒绝后者):

> 所有法律思想或按照一些规则,或按照一些决断(décisions),或按照一些秩序与组织运行[……]有三种思维类型,它们或以规则与**法律**为导向,或以一种**决断**为导向,或以一种具体的**秩序**及一种**组织**为导向,此三种思维按照授予[……]这三种特定的法律概念的等级相互区分开来。①

我不想评判这一分类是否恰当,人们可以很有理由地认为它简化了事实;我仅仅向施米特借取这一制度主义的定义。如果规范主义——凯尔森的法的纯粹理论阐明了它——假设"所有的秩序基于一种规范",如果决断主义认为"所有的秩序基于一种决断",②此决断不能被还原成一种完全理性的基础,那么具体秩序的思想"展现

---

① C. Schmitt,《三种法学思想类型》(*Les trois types pensée juridique*),Paris,1995,页67-68。

② C. Schmitt,《政治神学》(*Théologie politique*),Paris,1988,页20。

在[312]超—个人的制度与组织中"。① 具体秩序的思想使规范与决断隶属于一种秩序(一种制度或诸制度的综合体),此秩序奠定规范与决断的一致性,并赋予它们活力与持续时间:根据这种观点,制度等同于法的秩序本身,制度就像是法的秩序的客观显现及其"具体实在的统一"。② 正如法国伟大的制度主义思潮的代表人奥里乌(Hauriou)所说,制度被理解为一种"母理念"的实现,它"拥有一种客观存在",一种"固有的与自主的生命"。③ 借此它显示出"理念的客观本性":④通过形成一种"客观的灵魂"⑤(此灵魂折射在每个个体中),制度仿佛"被具身化在围绕着我们的事物中"。可以这么说,制度是一个被构造成事物的理念,一种拟自然,这种自然向个人提供其行动的显而易见的框架:遵照斯门特(Rudolf Smend)的术语,⑥这个"诸多无可争议的观念的整体"确保将个人"整合"在一个超个人的整体中,超个人的整体是一种"生命的整体",就是说,它同时是活的与真实的。

---

① C. Schmitt,《政治神学》(*Théologie politique*),页 13(第二版前言,1933)。

② Romano,《法律秩序》(*L'ordre juridique*),Paris,1975,页 7 和页 29 – 31。

③ M. Hauriou,《社会秩序,正义与法》(L'ordre social, la justice et le droit),载于《法的来源:权力,秩序,自由》(*Aux sources du droit : le pouvoir, l'ordre, la liberté*),Caen,1986,页 76。

④ M. Hauriou,《制度与创建的理论》(La théorie de l'institution et de la foundation),载于《法的来源》(*Aux sources du droit*),出处同上,页 101。

⑤ Hauriou,出处同上,页 108。

⑥ 施米特的同时代人,斯门特是一种"整合理论"的发起人,他偏爱规定这样一种过程,这种过程确保将个体整合进一个统一的整体中,以至于"被获得的整体要多于被联合起来的部分的总和"(Smend,《整合》[Integration],载于《国家法论文集》[*Staatsrechtliche Abhandlungen*],Berlin,1968,页 482)。和奥里乌以及罗马若(Romano)一样,斯门特是法律制度主义的伟大代表人物,法律制度主义在两次世界大战之间发展起来,反对实证主义及其规范主义的变种(凯尔森)。

我们觉察到:被创造成事物的理念,在奥里乌,罗马若或斯门特意义上说的制度,在施米特意义上说的具体秩序,它们具有共同特征,此特征不可否定地使它们与黑格尔所谓的客观精神相类似,即与如下这样一种客观精神相类似,按照黑格尔为其给出的定义,客观精神采取"现实的形式,此现实就像一个应被精神生产并已被它生产出来的世界,在此世界中,自由作为必然性存在"。① 因此,不会让人吃惊的是,当这些法学家阐释他们的学说时,他们都自然而然地参考了黑格尔的客观精神,或参考了它的诸多被假想的性质,正如当他们描述"理性的狡计"时那样(诸多制度性的整合过程运用了"理性的狡计"②)。因此,现在的问题[313]是去认知黑格尔的客观精神学说是否可被定性为制度主义,如果可以的话,在哪种意义上它可被如此定性。

在亨利希(Dieter Henrich)对1819—1820年的课程笔记所做的导论中,他支持如下观点,即客观精神学说是一种强的制度主义。我引述如下:

> 在"法哲学"中,黑格尔主张的学说可被定义为一种"制度主义"。为了能够说人们与一种制度主义打交道,对此最起码

---

① Enzykl,第385节,W,第10卷,页32;Encycl 第3卷,页180。
② 参看 R. Smend,《整合论》("Integrationslehre"),载于《国家法论文集》(Staatsrechtliche Abhandlungen),页476:"借助一种非事先谋划好的法制,借助一种'理性的狡计',整合的过程发生了。"施米特解释说,传统的议会制实行"理念或制度的狡计",此狡计将特殊利益的代表提升至普遍利益的意识(《宪法的看护人》[Der Hüter der Verfassung],Berlin,1985,页88)。施米特也强调说,(斯门特的)"整合的[制度主义]理论"在黑格尔的思想中有其根源,施泰因(Lorenz. von Stein)凭借其在国家"宪法"与国家"秩序"之间所做出的区别起到了连接黑格尔与斯门特的作用(《宪法学说》[Théorie de Constitution],Paris,1993,页135)。

的条件是人们接受如下观点,即一种法的理论以自主的意志原则为依据,也应该承认生活秩序——在此秩序中,那些原则能够被首要地实现出来——的可能性所依赖的特定条件,这些条件种类独特且具有特别起源。但是黑格尔的理论是一种**强的**制度主义:它教导我们,个人的意志自由只能在秩序之中实现出来,作为客观的秩序,秩序本身具有理性意志的形式,因此将个人意志整个囊括在自身之中,并将此意志归摄在它的诸多条件之下,即便这不是一种天赋权利的放弃。黑格尔所谓的"主观的"个人意志整个地被制度的秩序所包围,并且只有在这些制度可被辩护的情况下,个人的意志才可被辩护。①

假定这一强的制度主义包含当代意识很难接受的结果,特别是在伦理及政治方面(这一主义意味着将个人、其选择以及其行为单方面地隶属于其生活的制度性条件),在接下来的文章中,亨利希思考如下问题,即在维持黑格尔体系分类的一般框架的情况下,以及在为客观精神主题赋予一种切要性的情况下,是否可能为上述强的制度主义提供一种修正。② 对此问题亨利希小心地回答说"是":用一种温和的制度主义代替强的制度主义应该是可能的,[314]这种温和

---

① D. Henrich,《实现中的理性》(Vernunft in Verwirklichung),载于 RPh Henrich,页 31。

② 因此亨利希的方法呈现出与德贡布(V. Descombes)的方法相近的地方,后者从分析性的提问开始着手,为黑格尔的制度主义的某些特定前提做辩护(客观精神的概念总结了这些前提)。参看《存在着一种客观精神吗?》(Y a-t-il un esprit objectif?),《哲学研究》(Les Études philosophiques),7—9月,1999,页 347 - 367;《为什么精神科学不是自然科学?》(Pourquoi les sciences morales ne sont - elles pas des sciences naturelles?)载于 G. Laforest 和 P. de Lara (主编),《泰勒与近代身份的解读》(Charles Taylor et l'interprétation de l'identité moderne),Paris,1988,页 53 - 77;《意义的建构》(Les institutions du sens),Paris,1996,参见此书相关各处。

的制度主义为个人权利赋予更多空间,不过有一个条件,即比黑格尔更多地且更好地强调客观精神与主观精神以及与绝对精神之间的联系。①

我质疑上述分析所依赖的观察,因而希望修改其结论。对"世界的法"的承认会为"主观意志的法"②强加一种限制吗(强的制度主义)?或者说此承认毋宁是"主观意志的法"的现实性条件(弱的制度主义)?按照我的看法,黑格尔的法哲学不具有强的制度主义的特性,正如亨利希所定义的那样,而这意味着:上述哲学不必然地意味着要将主观意志单方面地隶属于沉淀在制度中的客观意志,尽管它排除了一种优先地位的颠倒(这是不可争辩的),此优先地位属于伦理的客观制度。为了核实这一点,恰当的做法是,研究客观精神学说将主观性的构想变革为何物(黑格尔在主观精神的构想中详述了主观性的构想),或至少说修改为何物,此处的变革或修改通过如下两种方式完成,首先制定出一种关于道德的主观性理论(此理论摆脱康德主义,尽管它接受康德主义的基本意图),其次制定出这样一种主观性理论,此理论使主体、规范与制度之间的复杂的交互影响得以发挥作用。

---

① D. Henrich,《实现中的理性》(Vernunft in Verwirklichung),载于 RPh Henrich,页 33。
② RPh,第 33 节,W,第 7 卷,页 87; PPD,页 142。

第十章　道德的真理

[315]德国观念论的导向性观念是理性自主(此处是在理性自主这一词的强的意义上说,康德在《实践理性批判》中为此词赋予了这一强的意义):理性,且仅仅是理性,(在某些特定条件下)它自身能产生其对象,由此能够完全没有被动性(接受性),能够是纯粹的能动性(自主性)。黑格尔认为,这一观念"往后可被视为哲学的普遍原则",同时已成为"时代的成见之一"。① 如有分歧,那分歧是针对理性自主原则的适用领域。在康德看来,此原则的意义与效用范围只在道德方面。尽管纯粹理性在其理论与实践的运用中是一个统一的理性,②但是自主原则显示为这一理性仅仅在实践—规范方面的运用的奠基者,不是理论—认知方面运用的奠基者;此外,这一理性的根本兴趣最终是实践的。③ 费希特通过如下方式可观地扩充了理性的自主原则,即将此原则扩展到主体活动的所有领域,他将这些领域都构想为实践领域(这里是在"实践"这个词的革新的意义上说)。理性是实践的,因为它是纯粹自主活动,因为"决定其行动与是实践的,这完全是一回事"。④ [316]此外他完全有意识地改造了康德的实践概念,如下引文意味着这一改造:

---

① *Enzykl*,第 60 节说明,第 8 卷,页 146;*Encycl* 第 1 卷,页 323。
② "无论出于理论意图,还是出于实践意图,总是同一个理性在按照先验原则做判断。"(*KpV*,科学院版,第 5 卷,页 121;*CRprat*,页 245)
③ 参看 *KpV*,科学院版,第 5 卷,页 121,*CRprat*,页 246 :"所有的兴趣最终都是实践的。"
④ *Fichte*,*Sittenlehre*,第 4 卷,页 57;*Système de l' éthique*,页 59。

理性是实践的,这是一个熟悉的命题;我已允诺展示康德的这一断言与我们的断言之间的联系。康德的断言首先意味着:除了其他方面之外,理性还是实践的,时而是如此,时而在某些特定情况下不是如此。与之相反,我们明确表示理性仅仅是实践,并且完完全全是实践的东西是理性。①

至于黑格尔,通过致力于将理论兴趣与实践兴趣和解在思辨理性的统一体中,他为理性自主这一主题赋予了一种最大的效力范围。理性在于认识,在于意愿,这两者不可分割地联系在一起,它被引向真与善,这就是黑格尔所称的绝对理念的意义本身:事实上"思辨的或绝对的"理念是"理论理念与实践理念的统一体",②这不是在它是它们的回顾式的合题这个意义上说,而是在如下意义上说,即认识与意愿的有限活动秘密地预设"客观世界"与"概念主观性"③的主—客观的统一体(此处认识与意愿的活动在主体与客体的二元性的维度中被理解)。

康德与黑格尔论实践哲学的原则:邻近与差别

正是在狭义上的(我们说,康德意义上的)实践领域中,理性自主的观念论原则的坚实性被最后确定。④ 首先,恰当的做法是明确

---

① Fichte,《伦理学体系》(*System der Sittenlehre*)(1812),《著作集》,第 11 卷,页 37。

② *Enzykl*,第 235 节,*W*,第 8 卷,页 387 – 388;*Encycl* 1,页 459。

③ *WdL* 3,*W*,第 6 卷,页 548;*SL* 3,页 365。

④ 关于实践环节在德国观念论中的意义与作用,参看 M. Bienenstock 和 M. Crampe‑Casnabet(主编),《在何种程度上说哲学是实践的？费希特,黑格尔》(*Dans quelle mesure la philosophie est – elle pratique? Fichte, Hegel*),Lyon,2000。

我们使用的词汇,因为,在康德与黑格尔——限于这两位哲学家——之间存在区别,这些区别可能引起严重混淆。黑格尔强调他的如下革新,即他区别道德与伦理:

> 道德与伦理通常被视为同义词,在这里我将它们理解为本质上不同的两种东西。有时表象也似乎将它们区分开;康德语言[317]的惯用用法更偏爱道德这个表达,正如这一哲学的实践原则完全仅限于这一概念[;]这些原则甚至使伦理的观点成为不可能,并达到如下地步,即明确取消伦理并加以凌辱(原文如此)。但是即便道德与伦理按其词源学是近义词,这也不影响用曾是不同的词指涉不同的概念这一做法。①

我会在后面再次论及此处针对康德道德哲学的判断(即它使"伦理的观点成为不可能");就实质而言,与人们的通常观点相对照,我认为此判断具有的片面性更少。但是应当指出,康德自身绝没有混淆道德与伦理,至少在其最后的实践哲学中没有混淆。《论永久和平》在形式上区分"作为法权学说的道德"与"作为伦理的道德"。② 通过重新诠释《实践理性批判》做出的区别,《道德形而上学》将合法性建构成"法律立法"的特殊特征,而道德则是伦理立法的独特特征。③ 因此概要地说,人们可以承认,在黑格尔那里伦理是具体的整体,在此整体中法与道德这两个抽象环节相互区别,与此相对,在康德那里道德(Moral)是属,伦理学(Sittenlehre)与法学(Rechtsle-

---

① *RPh*,第33节,*W*,第7卷,页88;*PPD*,页143。[译注]中译参考《法哲学原理》,页42,略有改动。
② Kant,*Frieden*,科学院版,第6卷,页385–386; *Paix*,页165–167。
③ Kant,*MdS*,导论,科学院版,第6卷,页219;*MM* R,导言,页169 (*MM* Ph I,页93)。

hre)是它的种。当人们在比较他们的立场时,人们显然应当考虑这种词汇上的区分,尽管要承认,区分不只以上所述。

当涉及道德或伦理领域(我们说的实践领域)的概念化处理时,我们将从如下自相矛盾的观察出发,即正是在此领域中,黑格尔显得最接近康德,有时这不为黑格尔自己所知;同时也正是在此领域中,他最冷酷无情地与康德战斗着。让我们快速提及一下这个问题的两个对立的部分。

1. 邻近。德国观念论拒绝建构一种"质料伦理学",此伦理学试图规定道德主体应为自己提出的目的。因此,德国观念论圆满地完成了与关于目的论秩序的传统构想(为了服从此秩序,涉及的只是去发现它)的现代式决裂。通过增添一种理性的自我规定的理念,并且同时省去所有的质料要素,上述决裂得以完成。康德的发现[318]在于:纯粹理性,并且唯有它,是因自身而是实践的,① 这就是说,道德问题不涉及理性追求的对象或目的,而涉及理性为了追求对象或目的所采取的形式,此处即指自我规定的形式。所有技术上的或审慎的规定都被禁止,或至少说与自律原则相比被贬降到第二位,"纯粹实践理性的基本法则"("你要如此行动,以致你的意志准则可同时总是作为普遍立法的原则而有效"②)以及绝对命令的(衍生的)其他表达阐明了自律原则。总之,审慎的建议与技巧规则只是在弱的意义上说的实践规定:它们实际上是在自由行动领域中被应用的理论命题(这些命题因此从属于"关于自然的理论认识"③),而不是规范的理性律令(此处的规范旨在管束行动本身)。因此,行动目的的规定,即实践理性对象的规定,即便不是次要的,

---

① Kant,KpV,科学院版,第 5 卷,页 31;CRprat,页 128。
② Kant,KpV,科学院版,第 5 卷,页 30;CRprat,页 126。
③ Kant,KU 的第一个导言,科学院版,第 20 卷,页 199–200;CJ 的第一个导言,Paris,1968,页 18–19。

至少与实践的规范性的奠基性行动相比也是第二位的(人们在对义务的意识中、对规范性的理念本身的敬畏中认识到此处的奠基性行动)。因此在《第二批判》中分析论部分的规划被颠倒过来:首先涉及原则,然后涉及概念。① 真正的实践问题,规范观点的唯一切要的问题,是关于最后规定意志去意愿的东西(它或是纯粹理性,或是不同的反常利益),而不关乎行动目的。由此导致两个结果,第一个结果是拒绝幸福主义的所有形态,换言之,拒绝对道德的一种质料性的定义;第二个结果是在后来的文本中可被觉察的如下趋势,即将意志与实践理性完完全全等同起来,与此同时强调理性意志与单纯的自由任性之间的区别:

> 因此意志是一种意欲的能力,此能力不是在其与行动的关系中被考量,正如任性那样,而毋宁说它是在其与如下东西的关系中被考量,即规定任性去行动的东西;可以这么说,意志不具有任何本义上说的规定的原则,[319]但是就它能够规定任性而言,它是实践理性本身。②

黑格尔一贯批判实践理性的形式主义,此批判有时使人们认为,他背离康德的道路;按照某些人的看法,道德与伦理之间的区分可能意味着向幸福原则的回归,以及向伦理的目的论式的或至少实体式的构想的回归。无论怎么样,在本义上的道德的方面来说,这并非事实,因为道德涉及行动主体与规范(善)的关系以及

---

① 参看 Kant,KpV,科学院版,第 5 卷,页 89 及其后("分析论的批判性的阐明"[Kritische Beleuchtung der Analytik]);CRprat,页 202 及其后。
② Kant,MdS,导言,科学院,第 6 卷,页 213;MM R,导言页 162(MM Ph 1,页 87)。也参见 Religion,科学学院,第 6 卷,页 3 - 4;《单纯理性限度内的宗教》(La Religion dans les limites de la simple raison),第一版序言,Paris,2000,页 67 - 68。

与现实世界的关系(此处的世界也有权利要维护)。黑格尔批判目的论的传统的(外在的)构想,他同时强调康德的内在目的论的主题,①这些明显意味着,符合逻辑地说,在实践哲学中决不会重新引入《逻辑学》所拒绝的如下目的论(比起康德学说,《逻辑学》更彻底地拒绝它),即人们按其传统的专门范式并根据幼稚的存在论的观点所理解的目的论(斯宾诺莎的《伦理学》第一部分的附录揭露此目的论)。因此,在道德领域,黑格尔接受康德对幸福原则或福利(das Wohl)原则的辩驳,同时他也补充说,决不会牺牲掉探寻自身幸福的权利(此外,此权利在其自身中并不含什么不法的东西)。②当然这种探寻具有一种场所,不过是一种从属的场所,在其中,道德与伦理都不能获得充分展现。如果市民社会致力于寻求特殊福利(此寻求的某个部分是虚幻的,因为它是矛盾的),那么这正是因为特殊性与抽象性是其原则;如果特殊福利应被承认为伦理展现的一个环节,③那它就不能为伦理提供原则。正如在康德那里,理性自律,"希求自由意志的自由意志",④是法律、道德及伦理的唯一规范性基础。

[320]2.差别。正是在实践哲学领域中,黑格尔最坚定猛烈地反对康德。术语方面的改造表现了这一点,此改造已被指出,即黑格尔将伦理的地位提升至法与道德的抽象规范的具体真理。不过这一移位与这些概念的意义本身的转变相关联。在康德那里,法与伦理之间的区别只有以道德独有的形式性原则为基础才有意义。

---

① "凭借内在目的论的概念,康德复活了一般的理念,特别是生命的理念。"(*Enzykl*,第 204 节说明,*W*,第 8 卷,页 360;*Encycl* 1,页 442。)也参考 *WdL* 3,*W*,第 6 卷,页 440 及其后;*SL* 3,页 251 及其后。

② *RPh*,第 126 节和附释,*W*,第 7 卷,页 236–237;*PPD*,页 223。

③ 关于作为"外在国家"的目的的"特殊福利",参看 *RPH*,第 183 节和第 230 节,*W*,第 7 卷,页 340 和 382;*PPD*,页 280 与 315–316。

④ *RPh*,第 27 节,*W*,第 7 卷,页 79;*PPD*,页 137。

事实上,应区分以下两方面,一方面是行动与规范之间的外在一致性(合法性),另一方面是将依附在规范上的义务构建成行动的动机(道德)。因此,伦理学,义务的目的的学说,其立法只能内在于主体,此学说应与法相区别,法是外在义务的学说。不过这两者都以实践理性的自我规定为基础,这意味着伦理规范与法律规范,作为规范,同样都是"自由的法",是绝对律令。① 黑格尔深刻改造在他看来揭示一种概念性缺陷的术语。对他而言,伦理是法与道德"这两个抽象环节的统一与真理";② 在一个具体整体中,伦理使法的客观抽象与道德的主观抽象和解(此处的具体整体本身分化为不同层级,这些层级对应不同制度形态)。因此伦理在如下意义上成为基础性的东西,即它为两个领域赋予一种理性的现实性(在这两个领域中,道德的与法的抽象规范性的形式主义占统治地位)。但这显然对应于术语意义的彻底改变(此改变与客观精神的一般问题相符)。在黑格尔那里,伦理不再指示一种规范性领域或一种规范性,而指示制度领域,在此领域中,(法律与道德的)规范性对主体而言成为现实(此处的主体只是由于如下原因才拥有具体主观性,即他们将其行为或行动计划载入到不可自由处分的制度框架内,此框架对他们而言就像第二自然③)。因此,术语的移位是重组实践哲学领域的标志与结果。[321]它们也意味着对康德以纯粹实践理性的自我规定的原则为基础构建伦理学的评价。

---

① Kant,*MdS*,导言,科学学院版,第 6 卷,页 214 和页 218 – 221;*MM* R,页 163 和页 168 – 172 (*MM* Ph1,页 88 和页 92 – 95)。然而合法性与道德之间的区别不与法与伦理之间的区别相吻合。参见"反思 6764"(Réflexion 6764),科学学院版,第 19 卷,页 154:"合法性或是法律的合法性,或是伦理的合法性。"

② *RPh*,第 33 节,*W*,第 7 卷,页 87;*PPD*,页 142。

③ 参见 *RPh*,第 4 节和第 151 节,*W*,第 7 卷,页 46 和页 301;*PPD*,页 120 和页 257。

康德的道德学说的三个缺点

如果人们想以综合的方式呈现黑格尔对康德的道德规范性理论的批判，那么人们可以认为，黑格尔向康德提出了三重指责：形式主义损害实践哲学的定义；由于实践哲学在应当与存在之间建立对立，它注定具有非现实性；实践哲学显示了知性哲学特有的二元论。这三重缺陷使康德的道德哲学注定只能成为关于有限性的一种有限思维。

1. 将一种形式主义归于康德的道德哲学，此做法可以以某些文本的文字作为根据。纯粹实践理性的"分析论"确认说：

> 因为质料性的原则完全不适合构建最高道德法则[……]，所以形式性的实践原则是唯一可能的原则，它适合提供绝对律令，即提供实践法则（这些法则将某些行为构建成义务），并且一般而言，它适合充当道德的原则。按照形式性的实践原则，借助我们的准则而可能的普遍立法的唯一形式应构建意志规定的直接的最高根据。①

康德认为，唯有义务论的观点能够建构一种理性伦理学，根据义务论的观点，被要求的形式主义依赖如下证明，即证明将毋庸置疑的

---

① *KpV*，科学院版，第5卷，页41；*CRprat*，页141。同样参见 *MdS*，德性论（Tugendlehre），前言，科学院版，第6卷，页376-377（*MM* R, Vertu，页213，*MM* Ph 2，页45），以及 Gemeinspruch，科学院版，第8卷，页282（*Théorie el pratique*，页20，注）："当我将自由意志的质料消除时，与自由意志的形式相关的法则是唯一一留存下来的东西。"

伦理规范建立在随便什么质料性的原则之上这是不可能的。① 因为,所有从义务内容出发的对义务的定义,即对义务所规定的目的的定义,都蕴含着自由意志的一种他律。与自律原则相一致,规范性的理性基础要求,普遍性的形式("法则的形式")是意志规定的最后基础(如果不是唯一基础的话)。在康德看来,实践理性的形式主义是对幸福主义批判的结果[322](所有质料性的伦理学,作为最后一着,都会回到幸福主义那里),与此同时,实践理性的形式主义也是如下定义的后果,即将理性定义为普遍物在特殊物中实现的能力,定义为"原则的能力"。②

黑格尔太多地分担了一种担忧,即担忧道德规范性的纯然理性的基础,以至于不能将自己限制于反形式主义论证的通常形式之中(裴谷义[Péguy]的十分合适的、太合适的俏皮话总结了反形式主义论证:康德的主体拥有干净的手,但他两手空空)。因此黑格尔认真对待实践理性义务论的形式主义所要回应的要求:

> 康德否认了理论理性的自由自决的能力,而彰明显著地在实践理性中去予以保证。康德哲学的这一方面特别赢得许多人盛大的赞许,诚然不无理由。要想正确地估量康德在这方面的贡献,首先必须明了盛行于康德当时的实践哲学,确切地说,道德哲学的情形。那时的道德哲学,一般讲来,是一种快乐主义(eudaemonismus)。[……]对于这本身缺乏坚实据点为一切情欲和任性大开方便之门的快乐主义,康德提出实践理性去加

---

① 参见 KpV,科学院版,第 5 卷,页 21 - 22;CRprat,页 112 - 114(定理 1 和定理 2)。

② Kant,KrV,科学院版,第 3 卷,B356;CRP,页 1017:"我们已将知性定义为规则的能力;我们在这里通过如下方式将理性与知性区别开来,即将理性称为原则的能力。"

以反对,并指出一个人人都应该遵守的有普遍性的意志原则的需要。①

因此,黑格尔承认,康德的道德规范性构想的形式主义蕴含一种进展(如果它被很好地理解的话),即它不断表达了观念论的基本原则,即理性自主,并不断表示"对意志而言,唯一存在的目的是意志从自身那里得到的目的,它的自由的目的"。② 就黑格尔方面来看,这一康德的看法就是他如下这句话想要表达的东西,即"自由精神的[……]绝对目的即为它的自由对它而言就是对象"。③

正是出于一种不同的理由,黑格尔否认康德的形式主义;此理由与他的思辨理性的概念直接相关。事实上,这个"坏的"形式主义是理论哲学的遗产。摒弃理性理念的建构性的使用以利于这些理念的单纯规范性的使用,这为理论理性赋予如下单纯功能,即梳理知性产生的知识:[323]理性"不创造(关于对象的)概念,而只是整理它们"。④ 这一限制必定使思辨理性产生抽象普遍物(先验理念),这些普遍物与特殊材料及真正的认识工具(知性产生的或许是纯粹的对象的概念)相脱离;此外康德自己将理性的理念看作想象的焦点(focus imaginarius)。⑤ 然而,对黑格尔而言,真实的、具体的及思辨的普遍性是在其自身分化过程中构建自身的普遍性。真实的理性就在知性有限行动的内部运作着;正是为了强调这一紧密联系,黑格尔提及了"理性及其知性的超过千年的劳作",⑥并赋予

---

① Enzykl,第 54 节附释,W.,第 8 卷,页 138 - 139;Encycl 1,页 506 - 507。[译注]中译参考《小逻辑》,页 143。

② GdP, W,第 20 卷,页 367;HP 7,页 1880。

③ RPh,第 27 节,W,第 7 卷,页 79;PPD,页 137。

④ Kant,KrV,科学院版,第 3 卷,B 671;CRP,页 1247。

⑤ Kant,KrV,科学院版,第 3 卷,B 672;CRP,页 1248。

⑥ RPh,序言,W,第 7 卷,页 19;PPD,页 98。

知性一种"绝对力量",此力量在于分析性的工作,它的"分裂活动"将分析性的工作施加在"人们十分熟知"的表象上。[1] 因为忽视上述方面,并且因为康德的实践理性也不质疑《第一批判》所确立的知性与理性之间的区分,所以康德的实践理性"没有超越形式主义,形式主义应是理论理性中最后的东西"。因为同样的原因,康德的实践理性将知性保持在孤立状态中,由此终将不能实际扬弃"知性的抽象同一性"。[2]

黑格尔区分道德主观性的形式主义的两个方面,这两个方面与形式的概念可能具有的两种意义(消极的意义与积极的意义)相关。[3] 通过利用黑格尔做出的上述区分,为了方便起见人们可以说,康德理性的形式主义既具有积极的意义,又具有消极的意义。问题是,在以下两方面之间存在间隙,一方面是此形式主义的积极意义(此形式主义阐明理性的自我规定的能力,阐明理性是纯粹的自发性),另一方面是其消极的意义(它将普遍物简化为抽象的非矛盾的东西,简化为同一性原则,对此,《逻辑学》指出同一性原则恰好蕴含它声称要摒弃的矛盾)。然而,人们也可主张说第一个意义导致第二个意义。因为[324]正是理性无条件的自律的要求导致理性在形式主义方面的误入歧途(由于缺乏思辨地适合于实现自律要求的工具,所以导致了这种结果)。《法哲学原理》"道德"部分的

---

[1] *PhG*, *W*, 第3卷, 页35 (*PhE* B, 页80; *PhE* H, 页 I/29; *PhE* J/L, 页93; *PhE* L, 页48)。序言也以强调的方式颂扬了知性的理解性(Verständlichkeit):参看 *PhG*, *W*, 第3卷, 页20 (*PhE* B, 页65; *PhE* H. 页 I/14; *PhE* J/L, 页77; *PhE* L, 页35)。

[2] *Enzykl*, 第54节附释, *W*, 第8卷, 页138; *Encycl* 1, 页317。在对存款的著名例子的分析的最后,《精神现象学》已得出结论:"并不是因为我觉得某种东西是不矛盾的,所以它是正当的。"(*PhG*, *W*, 第3卷, 页322)[译按]引文应出自第54节正文,作者引用有误。

[3] 参看 *RPh*, 第108节, *W*, 第7卷, 页206; *PPD*, 页209。

附释强调了康德形式主义的这一双重性:

> 着重指出纯粹的不受制约的意志的自我规定,并把它作为义务的根源,这诚然很重要,意志的认识——多亏通过康德哲学——只是通过它的无限自主的思想,才获得巩固的根据和出发点(参阅第133节),这诚然也很真确,但是固执单纯的道德观点而不使之向伦理的概念过渡,就会把这种收获贬低为**空虚的形式主义**,把道德科学贬低为关于**为义务而尽义务**的修辞或演讲。从这种观点出发,就不可能有什么内在的义务学说;固然,我们也可从**外面**采入某种材料,借以达到特殊的义务,但是,从义务的那种规定,作为是**缺乏矛盾的**、形式上自我一致的(这无非是肯定下来的)抽象无规定性来说,不可能过渡到特殊义务的规定的;即使在考察行为的这种内容时,这项原则也不含有标准,借以决定该内容是不是义务。相反地,一切不法的和不道德的行为,倒可用这种方法而得到辩解。①

此分析可能显得简短。尽管如此,依然属实的是,道德的形式法则,作为区别主观准则的原则,旨在禁止我不能希求的东西,此外,也禁止我不能没有矛盾而设想的东西。

然而,对形式主义的批判只有在黑格尔对《判断力批判》的解读的启示下才呈现其全部意义(在他看来,此文本蕴含康德哲学最为丰富的思辨潜力)。在此文本中,康德发展了内在目的论学说,按照黑格尔的看法,此学说原本可以将实践哲学重新构建在其他基础之上。借此学说,康德原本能摈弃其伦理学所坚持的关于善的形式性概念,因此可躲开应当与(坏的)形式主义的陷阱。

---

① *RPh*,第135节附释,*W*,第7卷,页252—253;*PPD*,页230。[译注]中译参考《法哲学原理》,页137。

凭借内在目的论的概念,康德复活了一般的理念,特别是生命的理念。他承认意志的形式性的要素具有绝对性,以普遍性的形式出现的自我规定具有绝对性,在此情况下,他将实践理性从外在目的论中解放出来;但是[325]内容没有被确定下来,并且质料限制带有目的的行为,这就解释了为什么说,它只实现了形式性的善,换言之,它只实现了**手段**。①

康德爽直地断言说直观知性的假设不包含任何矛盾。② 事实上,此假设可将康德伦理学重构为它本应该是的样子,并且不带有此伦理学为自己强加的诸多限制。这样一种直观知性(对于黑格尔而言,它是思辨理性的等同物)有能力现实地并且"综合地"从普遍物中产生特殊物,因此有能力从自律的形式原则中推演出具体的伦理规范,这一点不是在康德伦理学中的实际情况,在康德伦理学中,"公共理性"或"最普通的知性"给予规范内容,实践理性检验规范内容的普遍性。因此,如果康德认真对待上述假设的话,那么他本应该具有扬弃其实践哲学的"坏的"形式主义的办法,同时不会重新回到蕴含他律的伦理原则上来。

2. 黑格尔的第二个批判涉及道德原则的非现实性。对于至高的善的实现,纯粹实践理性的对象与目的,公设的学说只提供无限定的应当的前景。我们知道黑格尔在《精神现象学》中分析了关于世界的道德的看法的诸多虚伪(Verstellungen),在规定道德行为的最后目的

---

① *Enzykl* 1817,第 155 节说明,*GW*,第 13 卷,页 95;*Encycl* 1/1817 年,第 156 节说明,页 264。预备概念顺便概述了如下东西,即康德伦理学借助目的论这个主题而原可能或原应该所是的东西。(*Enzykl*,第 59 节)

② 参看 Kant,*KU*,第 77 节,科学院版,第 5 卷,页 405 – 408;*CJ*,页 220 – 222。

(Endzweck)时实践理性碰到的诸多（无法估量的）矛盾。① 按照康德的看法，实践理性的公设学说应答了激励实践行动的实现的要求；康德借此学说渐进地克服以下两方面之间的不调和，一方面是意志应为自己规定的目的（在世界中至高的善的实现），另一方面是诸多"外在条件"，"与这些动机相一致，这些条件可能产生一种作为自在目的（作为道德的最后目的）的对象"。② 如果关于至高的善与公设的学说应与道德原则（纯粹实践理性的基本法则）的规定相分离，那么这一学说阐明了以下两方面之间的对比，一方面是理性理念在实践方面的建构性价值，[326]另一方面是这些理念在理论方面仅仅是调节性的应用。因此关于至高的善与公设的学说是一种扬弃行为的必然性的表达，即"扬弃知识，为信仰保留地盘"③（此必然性源于对理性的诸多能力的批判）。在此意义上，应当（Sollen）的主题不在于标记出存在的一种不可逾越的分裂，此分裂是对存在按照一种抽象的理性要求而应该成为的东西而言的（这就是黑格尔的诠释）；相反，应当的主题是有倾向性的现实性的原则，此原则源于行为的理性需要，它为行为确保一种总是开放的视角。应当作为行为的无限定开放的前景而存在，康德显然清醒地意识到应当这一问题可能引起的反对。不过，在他看来，唯有它可以调和理性意志的自律与思辨理性的批判的成果。《第三批判》的一个段落阐释了这一信念：

如果应将道德法则表象为命令（并且应将与这些法则相符的行为表象为义务），如果理性不是通过一种存在（事件）表达

---

① 参看 *PhG*, *W*, 第 3 卷, 页 453 及其后,（*PhE* B, 页 518 及其后；*PhE* H, 页 II/156 及其后；*PhE* J/L, 页 538 及其后；*PhE* L, 页 565 及其后）。

② Kant, *Gemeinspruch*, 科学院版, 第 8 卷, 页 280（注）；*Théorie et pratique*, 页 17（注）。

③ Kant, *KRV*, 科学院版, 第 3 卷., B XXX；*CRP*, 页 748（翻译有改动）。

此必然性,而是通过应当,那这仅仅是源于我们的实践能力的主观构造:这一点可能不会发生,如果按理性的因果性不带感性地来思考理性,[……]因此将理性思考为理智世界中的原因,此世界与道德的法绝对一致,并在其中,应当(Sollen)与行为(Tun)之间不存在差别。①

在黑格尔眼中,对于道德行为的实践领域与前景——此前景被视为必要的前景——的这样一种规定包含一种双重缺陷。首先,从逻辑学的观点看,这种规定不知道如下思辨的规定,即将无限规定为在有限本身之中以一种内在性的方式运行着的过程。正如《逻辑学》所确定的那样,应当的主题意味着对真的无限实行一种有限化的处理,这种运作类似于数学家的运作,由于不知道在自己实践中的现实真理,他将无限想象为一种在有限之外的东西:

一般来说,有限性的概念,以及同时由此而来的对有限性的超越,无限性,始于应当。应当包含着[……]被表现为向无限进展的东西本身。②

第二,从实践的角度看,公设的学说——此学说将幸福与道德之间的相符推向一种无限定的前景——[327]在以下两方面之间设立一种不可逾越的差异:一方面是普遍—理性的意志,其道德法则表达了毋庸置疑的自我规定的能力;另一方面是反常地被决定的主体的特殊—经验的意志;对后者而言,其行为的现实条件必然处在其行为之外。实践理性要求至高的善的实现,灵魂的不朽,世界的一个圣神管理者的存在;但是它同时也假定这些条件不被实现,因

---

① Kant,*KU*,第76节,科学院版,第5卷,页403-404;*CJ*,页218。
② *WdL* 1(2),*W*,第5卷,页145;*SL* 1,页105。

为这一实现会剥夺道德目的对经验性的人的主体而言所含有的意义。① 因此在以下两方面之间存在矛盾，一方面是在道德上被规定的行为的客观内容，另一方面是此行为对行为主体而言所具有的意义；或者也可以说是普遍性与特殊性之间的矛盾，正如自由与自然之间的矛盾。康德的观点将道德主体隐没在一种无法克服的矛盾中，因为其行动预设两难困境，同时，不为他所知的是，其行动就是对此困境的实践上的解决：

行为就把当初被当成不能实现的只是一种公设、一个彼岸的那种东西，直接实现出来。意识于是通过它的所作所为表明，它并没有认真地对待它的公设，因为这样一来行为的意义毋宁在于使不会当前呈现的东西当前呈现。②

《法哲学原理》的道德学说从对道德看法的模棱两可的澄清中提取积极教益。如果道德的看法不应屈从于其诸多矛盾，那么道德意识将不再总是在其自身之内或在其自身之外，它应该具有现实性的内在原则。但是，为了定义这一现实化的规则，应当超出本义上说的道德主观性的范围。实践理性的真正现实性处在行动的具体客观化的空间内，黑格尔为此空间赋予了一个名称，即伦理，因此，黑格尔对此词的用法与康德对此词的用法没有什么关系。根本上说，康德实践哲学的诸多困难表明，道德主观性不可被认为是自足

---

① 面对此分析，人们可以注意到，目的论在如下两方面东西之间构成了一种桥梁，即一方面是实践理性的问题，此问题以理性行为为中心，另一方面是反思性的判断问题，此问题针对"偶然本身的合法则性"（*KU* 的第一个导言，科学院版，第 20 卷，页 217；*CJ* 的第一个的导言，页 40）。

② *PhG*, *W*, 第 3 卷，页 454（*PhE* B，页 520，*PhE* H，页 II/158；*PhE* J/L，页 540；*PhE* L 页 409 – 410）。同样参看 *Enzykl* 第 60 节。［译注］中译参考《精神现象学》（下），页 137。

的,因为它不能凭借自身实现它必然追求的东西。如果实践理性注定要有此矛盾,[328]那这归根结底是与一种结构上的缺陷有关,与"一般来说的主观性的片面性"①有关。对应当的两难困境的解决并不意味着放弃道德主观性的期望,更不用说放弃合理性本身;这一解决在于主观理性、真正的"知性的理性"的客观化,以及在于道德的伦理性的提升(此处伦理一词是在黑格尔的意义上说的伦理!)。

3. 对实践哲学的第三个批判事实上超出了道德—实践问题范围,并且通向对康德体系的总体评价:它涉及这一哲学的二元论。正是此二元论带来了关于世界的道德看法的诸多矛盾。

> 在所有二元论的体系中,尤其在康德体系中,可借助如下不一致来认识构成此体系特点的根本缺陷,即联合在前一刻被宣称是可以凭借自身而存在的东西,因此联合被宣称是不能被联合的东西。②

二元论(即物自体与现象之间的二元论、无限与有限之间的二元论、知性与理性之间的二元论、自由与必然之间的二元论、主观实践理性与其客观前景之间的二元论)使康德的哲学事业必然不断违背其所持有的根本要求,即理性的彻底自主的要求(此自主摆脱所有被给定的条件)。存在与应当的二元性受一种思维结构的影响而形成,此思维结构自身呼吁着要超越这种二元性(康德将此二元性归因于主体的人类学上的构造,归因于主体中自发性与接受性的组合)。正因为康德二元论的结果是"永远被设定的矛盾本身",③所

---

① *Enzykl*,第234节, *W*,第8卷,页386; *Encycl* 1,页459。
② *Enzykl*,第60节说明, *W*,第8卷,页143; *Encycl* 1,页321。
③ *Enzykl*,第60节, *W*,第8卷,页143; *Encycl* 1,页320。

以此二元论不为它所知地将自身引向思辨理性,引向真正的自主。如果因为停留于抽象区别,知性成了不断再生的矛盾之所,那么康德哲学就是"完成了的知性哲学"。① 但是,我们知道,黑格尔对知性的评价远非是片面否定的评价,难道它未被赋予"最惊人及最巨大的力量,或毋宁说绝对力量"②吗?在某种意义上说,知性与思辨理性的关系最紧密,前者构成了后者的虽然是抽象的、但却是决定性的环节。由此,[329]黑格尔对康德伦理学的总体评价的性质变得清楚起来:为了满足这一伦理学准确表达出来的要求(理性自主),应该用一种同时是主观的又是客观的理性替换康德坚持的主观理性,这种同时是主观的又是客观的理性通过揭示其现实性的诸多客观条件展现主观理性所持有的真理。

道德观点的丰产性与局限

道德研究描绘道德主体与其行动(进而与这些行动所处的世界)所维系的复杂关系,以及描绘其与其行动应该要符合的规范所维系的复杂关系。对黑格尔而言,涉及的事情绝不是仅仅为了利于伦理而完全否认"主观道德"的所有价值。黑格尔对道德的分析充斥着批判性的论述,这一点是事实;尤其第 140 节的附释——《法哲学原理》最长的附释——无情地谴责了"将自己声称为绝对物的主观性"③的暧昧形象或堕落形象,这些形象以在道德方面狡猾的钻牛角尖为掩护。《精神现象学》的一个有名段落严厉批评"关于世

---

① *GdP*,*W*,第 20 卷,页 385;*HP7*,页 1894。

② *PhG*,*W*,第 3 卷,页 36(*PhE* B,页 80;*PhE* H,页 1/29;*PhE* J/L,页 93;*PhE* L,页 48)。

③ *RPh*,第 140 节,*W*,第 7 卷,页 265;*PPD*,页 236。

界的道德的看法",①这一点也是事实。但是不应忘记,在谴责优美的灵魂及其"孤独的神的服务"②的积习之后,上述批判导致恶的宽恕的极为正面的形象③(在其中精神的整个长途游历被回顾了);正是这一形象确保了在其历史或其世界中的精神——在精神的世界中,人们不费周折地认出客观精神的现象学的对应物——向宗教与绝对知识的转变(在黑格尔的完善的体系结构中,宗教与绝对知识属于绝对精神领域)。这就解释了为什么说,自其耶拿初期的作品开始,黑格尔持久谴责道德主观主义,此谴责不应让人低估道德对黑格尔而言所具有的积极意义(这里的道德是在其界限之内被理解的道德,并且它被提醒注意客观性[世界的法]的要求)。在客观精神的结构中,道德的任务好像是要确保以下两方面之间的联系,一方面是客观精神的抽象示意图(法),[330]另一方面是其具体形态(伦理—政治制度)。为什么客观精神与自身之间的调解任务落在了道德主观性身上呢?

正如对于康德那样,对于黑格尔来说,道德原则是主观意志的理性自主:

> 意志的自我规定[……]是概念的环节,而主观性不仅仅是意志定在的方面,并且是意志的特有规定(第104节)。被规定为主观的、自为地自由的意志,最初是作为概念而存在的,为了成为理念,于是使本身达到定在。所以,道德的观点,从它的形态上看就是*主观意志的法*。按照这种法,意志承认某种东

---

① 参见 *PhG*, *W*, 第3卷, 页442 及其后(*PhE* B, 页508; *PhE* H, 页II/144; *PhE* J/L 页527; *PhE* L, 页400)。

② 参见 *PhG*, *W*, 第3卷, 页481(*PhE* B, 页545; *PhE* H, 页II/187; *PhE* J/L 页566; *PhE* L, 页432)。

③ 参见 *PhG*, *W*, 第3卷, 页491 及其后(*PhE* B, 页548; *PhE* H, 页II/197; *PhE* J/L 页578; *PhE* L, 页441)。

西,并且是某种东西,但仅以某种东西是意志自己的东西,而且意志在其中作为主观的东西而对自身存在者为限。①

此定义提出了一个先决问题:为什么对"主观意志的法"的研究要以客观精神理论为背景?考虑到如下情况,这个问题更会被提出,即在主观精神中,实践精神具有一些使其与道德主观性明显联系起来的特点:首先,正如道德主观性,实践精神给予自己规范并局限在此规范的应当的特有结构之中,正是因此,它被牵连到一种客观化的无限定的发展进程之中,借助此进程超越其内在限制。那黑格尔为什么将(意志的)实践精神的研究与它的"法"(即道德)的研究区分开来呢?因为,确切来说,道德将意志的主观性与还未通过行动得以实现的规范联系起来,此道德表达了法,也就是说,表达了自由主观性这一内在原则的客观显现。在意志原则与作为法的这一原则的显现之间有必要做出区别,此区别解释了为什么黑格尔将道德包括在客观精神领域之内,或包括在自由的定在的、客观化的法之内(此处的法是广义上说的法)。

然而,人们不应认为黑格尔将道德与其原则一截为二,用康德的术语也就是说,将德性义务(Tugendpflichten)与实践主体的理性自主一截为二。因为实践精神——它通过意志行动、冲动、欲望及选择感受到自身是精神——事实上只是道德规范的客观化体系的抽象支撑物(用凯尔森的话说就是归咎点);因此,客观精神学说构建了关于如下东西的"理性体系",即对主观精神本身而言仍然还是一种[331]"未被确定的要求"的东西。② 简言之,主观自主原则是一种客观原则,是在黑格尔意义上说的"法":

---

① *RPh*,第107节,*W*,第7卷,页205;*PPD*,页208–209。[译注]中译参考《法哲学原理》,页111。

② *RPh*,第19节,*W*,第7卷,页70;*PPD*,页131。

因此，对于什么是好的、合理的倾向及其隶属关系的研究，就转变为对于精神在它作为客观精神发展时所产生的那些关系的陈述；在这样一种发展中自我决定的内容就失去了偶然性和任意性。因此，关于冲动、倾向和热情的真正内含的讨论，本质上就是关于法的、道德的和伦理的种种职责的学说。①

反过来，将道德包括进客观精神学说，这一做法为抽象的客观规定，尤其为严格意义上说的(stricto sensu)法的规定赋予了一种现实影响力，因为严格意义上说的法的规定，由于其形式上的普遍性，需要一种具体现实化的原则，而道德规范所引导的主观意识恰恰为它们提供了这一原则。由此产生了如下令人惊讶的主张（如果我们想到黑格尔对关于世界的道德的看法所做的责难，即责难它的抽象性与形式主义），即道德是"自由概念的实在的一面"，并且意志的主观性是"实存的方面"，唯有凭借它，"自由，或自在的意志，才可能是现实的"。② 这意味着什么呢？

道德主观性在客观精神的结构中具有一种功能，此功能对应在概念的逻辑学中客观性的功能，即提供一种中介，借此中介最初是形式的与抽象的概念重新处在现实世界中（对于通常的表象而言，此世界与概念不相干）。这种表面看来自相矛盾的和解并不具有任何任意的东西，正如在客观精神学说中，法的概念应被实现为理念，同样在《逻辑学》中，"形式的概念"被转移到客观性中，从其"内在性"中走出来并过渡"到定在之中"，③以至于两者的处在发展进程

---

① *Enzykl*，第474节说明，*W*，第10卷，页297；*Encycl* 3，页273。［译注］中译参考《精神哲学》，页306。
② *RPh*，第106节和说明，*W*，第7卷，页204；*PPD*，页208。
③ *WdL* 3，*W*，第6卷，页271；*SL* 3，页63。

中的同一性在其思辨的真理中可以显现出来,也就是说理念可以显现出来。从这一结构上的相似中(事实上它是一种交错配列法,因为主观性扮演了一个归给客观性的角色,反之亦然)人们应抓取如下这点,即在客观精神中道德的存在及其功能与一种事实相关,此事实即为主观性对客观精神而言是现实的操作者(道德是主观性的自然语言)。道德规范性在其自身之中是抽象的规范性,没有此规范性为客观精神所建构的中介,[332]人们在概念方面不能逾越法与伦理之间的距离,同样也不能逾越法与道德本身之间的距离,无疑在实践方面人们也不能逾越它们。

不过事实上并不是主观性本身,而是行动构成了道德分析的主题。行动可以归结于一个主体,黑格尔以此为角度研究行动,并且也在它与构建行为的规范之间的关系及它与它所处的人类世界之间的关系中研究它。因此,黑格尔关于道德的言论获得了一种积极的成分。与人们的想象相比,黑格尔关于道德的言论更接近康德关于道德的言论。有限的、抽象的道德主体的看法无疑不断更新着存在的东西与应该存在的东西之间的差别。但是它将主体构建为一种行动的存在,因为为了尝试填补理性颁布的规范与世界的状态之间的差距,主体应该行动。行动(Handlung)被定义为"作为主观的或作为道德的意志的外在表现",①因此,它是黑格尔道德理论的重心。这一命名并不适用于任何一种个人的行为或动作(Tat):行动意味着一种主观性的投射,此主观性按规范或规范性的设置引导自身。② 因此,行动处在如下三种东西的交点之上:第一是具体的个

---

① *RPh*,第 113 节,*W*,第 7 卷,页 211;*PPD*,页 212。
② 关于行动主题在后康德德国哲学中的意义,参看 F. Fischbach《存在与行为:关于行为的近代存在论根基的研究》(*l'être et l' acte. Enquête sur les fondements de l'ontologie moderne de l'agtr*),Paris,2002,关于黑格尔,参看页 57 - 58。

人主观性,第二是被个人承认为其行动的最高目的的普遍规范的(抽象的)客观性,第三是以事实与直接性的方式存在的世界的(具体的)客观性(世界将其他主观个体性牵涉到行动的结构中)。行动运载着主体的道德目的,它是关于世界的道德的看法所要整合的不同成分的接触点。

因此,应理解《法哲学原理》如下令人吃惊的表述,即"主体之所是的东西,就是其一连串的行动"。① 如果道德主体被嵌入在客观精神的发展进程之内,那这并不是在其主观性或内在性的方面而言(这一方面确切来说使对具有教导人心作用的道德实施绝对化的做法无拘无束地发展起来,黑格尔检举此绝对化),而是就如下这点而言,即道德主体被整个地投入其行动之中,并在其行动中整个地在场。在此情况下,我们理解为什么道德主观性被刻画为客观自由的"实存的方面"或"实在的环节";②事实上,唯有主观性的这一维度为自由赋予了一种现实的、可被感受到的丰厚性。换言之,客观自由——它[333]以伦理的形式体现——要求处于行动中的道德主观性具有实在的自主。因此,应当的形式不应被理解为一种单纯不足的标记(应当影响主观性与其行动的关系,并影响主观性与指导其行动的规范的关系),应当的形式也表达一种必然性,即主体必然要行动,因此必然与其他主体及抵抗他的世界相照面。③ 正是借助良心(Gewissen)与善(道德分析的第三阶段)的辩证法,主观的行动筹划的实在具体的维度才完全表达出来。事实上,与故意(Vorsatz)及意图(Absicht)相区别,良心直接明确地与世界相冲突,并构成了

---

① *RPh*,第 124 节,*W*,第 7 卷,页 233;*PPD*,页 221。
② *RPh*,第 106 节,*W*,第 7 卷,页 204;*PPD*,页 208。
③ 关于这个主题参见 O. Marquard,《黑格尔与义务》(Hegel et le devoir),载于《与历史哲学的纷争》(*Des difficultés avec la philosophie de l'histoire*),Paris,2002,页 29-48。

对主观性的如下能力的决定性考验,即在实践方面,在行动中,超越其构成性的限定,这些限定即为它的有限性、内在性、非现实性。这就解释了为什么说:

> 良心表示着主观自我意识绝对有权知道在自身中和根据它自身什么是权利和义务,并且除了它这样地认识到是善的以外,对其余一切概不承认,同时它肯定,它这样地认识和希求的东西才真正是权利和义务。①

如果行动处在道德分析的中心,那么这是因为黑格尔关心如下两点,一来是澄清道德目的的现实性条件,二来是显示其在自由客观化及具体化的过程中所扮演的角色。此客观化的完善表达,伦理,以主观性对普遍物的要求负责为前提(此处的普遍物即为法律规范,社会或政治生活的条件)。个体通过道德主观性的语言体验并思考他与其自由的客观制度条件之间的实践关系。此语言无疑引起了关于伦理的真正合理性的某种含混,但是以下两方面的现实化要经历此过程,一方面是法的抽象命令,另一方面是理性自由的社会及政治的要求。因为,无论法律具有何种价值,"法律不会行动,仅仅是现实的人在行动"。② 主体的行动——它符合主体应该为自己规定的目的——为客观精神赋予一种实践的现实性,并且也为其诸多组织赋予一种真实价值。因此,主观性是一种[334]"无限的形式",③唯有借此形式,伦理实体才显现为具体的东西。所以,伦理的客观组织绝没有使在道德行动中表达出来的原则失效;

---

① *RPh*,第 137 节附释,*W*,第 7 卷,页 255;*PPD*,页 232。[译注]中译参考《法哲学原理》,页 140。
② *RPh*,第 140 节附释,*W*,第 7 卷,页 275;*PPD*,页 243。
③ *RPh*,第 144 节,*W*,第 7 卷,页 293;*PPD*,页 252。

相反,在概念上说,它以此原则为前提。但是,反过来说,伦理—政治制度的客观性将道德主观性的形式性目的引向其实现的现实条件。①

道德的观点构建了一种主观性,此主观性事实上借助它承认是其行动的那些行动与它为自身所规定的目的而变得客观有效;这一点为如下黑格尔的行为作了辩护,即他将道德的观点包括进客观精神之中。道德的观点甚至是以一种不可避免的方式被写进客观精神之中,至少在近代世界中情况是这样的,近代世界借助基督教承认"主观自由的法"的价值。② 诚然,在伦理的不同层面上,对于"客观性的法"的考量致使将道德的观点相对化,或毋宁说排除了不合理地将道德的观点绝对化的做法。但是道德的观点的权利绝没有被剥夺,并且在此意义上说,道德,正如抽象法,不可被逾越:所有合理行动都以主观性对理性规范及实在的人类世界的非强制性的拥护为前提。但是只遵循道德要求,主观性将不能实现其自身,并且它继续暴露于主观性幻想的威胁之下,对于大写的我的浪漫主义的颂扬使这些幻想成了妇孺皆知的东西。这就解释了为什么说,道德主观性,"形式的良心",只有在走出其自身,将自身构建为伦理主观性或"真正的良心"时,才能实现自身。黑格尔对它做了如下定义:

> 真正的良心是希求自在自为地善的东西的意向态度,所以它具有固定的原则,而这些原则对它说来是自为的客观规定和

---

① 参看 J. Ritter 的经典讲解:《道德与伦理:黑格尔对康德伦理学的研究》(Moralität und Sittlichkeit. Hegels Auseinandersetzung mit der Kantschen Ethik)载于《形而上学与政治学:对亚里士多德与黑格尔的研究》(*Metaphysik und Politik. Studien zu A ristoteles und Hegel*),Francfort,1969。

② *RPh*,第 124 节附释,*W*,第 7 卷,页 233;*PPD*,页 221。

义务。跟它的这种内容即真理有别,良心只不过是意志活动的**形式方面**,意志作为**这种**意志,并无任何特殊内容。但是这些原则和义务的客观体系,以及主观认识和这一体系的结合,只有在以后伦理观点上才会出现。①

无疑,正是在这里,黑格尔将自己与康德真正区分开:从行动的视角被分析的道德的观点包含一种界限,甚至包含一种"全面的矛盾"。② 行动以存在(如其所是的世界)与应当(如它[335]应该成为的那个样子的世界,此世界只是世界在现实中所是的东西的概念)之间的不一致为前提;道德的观点借助规范所引导的行动,力图缩减这种不一致。这个"行动的三段论"③的悖论(它包含三个项:行动者、规范、世界)是,行动者渴望(这是其"意志")实现一种目的(使世界符合规范或概念),并同时假定此目的(善)未被达到,如果没有此假定,构成实践行动者的整个存在的意志本身将会消失,如果世界就是它应该所是的样子,那改变它的意志就不会存在……但是此悖论以及与其联系在一起的行动的规范性结构就在意志的现实化中得到了解决。行动是道德意识所不能摆脱的矛盾的实践性的解决方式。由此,行动意味着对道德的扬弃以及向伦理的过渡。让我们研究一下这是如何发生的。

主体,行为规范(善)以及如其所是的世界(行为应处在此世界之内),这三个要素首先显得不相调和,并且每个要素都要求它的"法",将此三种要素联系起来会产生道德的观点。

---

① *RPh*,第 137 节,*W*,第 7 卷,页 254;*PPD*,页 232。[译注]中译参考《法哲学原理》,页 139,略有改动。

② *Enzykl*,第 511 节,*W*,第 10 卷,页 316;*Encycl 3*,页 297。

③ *WdL 3*,*W*,第 6 卷,页 545;*SL 3*,页 363。

意志从外部定在出发在自身中反思着,于是被规定为与普遍物对立的**主观单一性**。这一普遍物,一方面作为内在的东西,就是善,另一方面作为外在的东西,就是**现存世界**;而理念的这两个方面只能互为中介,这是在它的分裂中或在它的特殊实存中的理念;这里我们就有了**主观意志的法**,以与世界法及理念的法(虽然仅仅自在地存在的理念)相对待。①

行动应同时尊重这三个法,这将产生道德的矛盾。为了竭力将其目的即符合善的规范的世界实现于一个世界中(此世界不应以它可能应该所是的样子而存在,但是它并非完全没有以它应该所是的样子而存在),主体应假定其目的具有实在性。因此,应在如下两方面东西之间建立调解,一方面是自主的主体,另一方面是主体遭遇到的两个世界,即善的规范的世界与实在的世界。正如康德所说,行动应趋向于实现在自然与道德之间的和谐;然而,只有在假定此和谐没有被实现——没有这一点,行动将是无用的——甚至假定它是不可实现的情况下,行动才能希望实现此和谐。出于同样理由,主体不能期望其行动的特别目的与[336]最终目的(即善)之间实现和解;在此情况下,行动,进而道德本身,同样将变成失效的东西。为了行动(主体为了实现其自由,为了自由不隶属于一种纯粹应然的东西,应当行动),主体应一方面公设普遍规范的有效性(主体根据普遍规范引导自身),也就是说将善的现实性公设为最后要被实现的目的,另一方面公设此实现的未完成的特征,这可能会使其行动丧失意义。换言之,主体应当表现为自由的主体,尽管他屈从于实在世界与道德规范(实在世界与道德规范都同样独立于他的意志,并且它们可能不相兼容)。

---

① *RPh*,第33节,*W*,第7卷,页87;*PPD*,页142。[译注]中译参考《法哲学原理》,页41。

事实上，行动的三段论的诸多悖谬，就是《逻辑学》对外在目的论的分析所揭示的悖谬。与内在目的论相区别，外在目的论假定目的与手段的互相外在性。此外在性意味着目的的内容的有限特征，以至于其实现本身只产生一种为了另一个目的的手段，如此等等："外在目的论实际上只发展到手段这一步，而没有发展到客观目的这一步。"①因此，这一目的论，因为它是外在的，所以它被牵涉到一种坏的无限性中。对实践的三段论而言，情况也是如此。道德主体对行动的最后目的（善）具有不恰当的表象，此表象使最后目的——尽管它具有"内在普遍性"——遭受"有限性的命运"：②为了行动确实具有一种道德的品格，最后目的应该被实现出来，但是为了此目的保有其绝对的特性，它又不应被实现出来。因此，行动的最后目的与主观意志的一贯特殊的内容之间的失衡使前者成为一个像幽灵一样的东西，并使后者成为一种矛盾的东西，而且行动本身变为某种无用的及不确定的东西。因此，黑格尔的如下做法并非没有理由，即他在《法哲学原理》中用一个很长的附释结束道德的研究，并借此附释描述不同种道德意识的堕落：虚伪、或然论、坏的意识等等。事实上，由于其前提（即旨在实现有限物的有限目的），道德意识被引诱去放弃所有行动，目的是躲避行动可能会使其面临的矛盾。

然而，分析不止于此。正如在论及外在目的论时那样，黑格尔确定，道德观点的矛盾不在于其原则，而在于主体对其行动及目的所做的描述。在对外在目的论的分析中，矛盾的出路在于承认，如果人们永远只能实现手段，而非一种最后目的，那么行动并不因此就不充满意义。[337]确切来说错误可能在于认为，比起目的，被认为是用来为目的服务的手段应受到更少关注；然而，"比起外在目的

---

① *WdL* 3, *W*, 第6卷, 页458; *SL* 3, 页267。
② *WdL* 3, *W*, 第6卷, 页544; *SL* 3, 页361。

论的有限目的来说,手段是某种更高的东西"。① 同理,不为主体所知,"现实的具体行动"②包含着针对主体的观点致使他碰到的诸多矛盾的思辨的解决办法。善总是超越个体的筹划,因此,这些筹划可能既不具有价值也不具有重要性,这是对道德目的实现的绝对特征的错误描述,此描述使道德目的不可被实行。正如在谈论目的论时那样,黑格尔指出,上述描述是真正的障碍;因为为了尝试实现最后目的(它总是道德行动的最后目的),人们应假定此目的借助主体行动不断被实现着。总之,应放弃如下偏见,即认为在现存世界与规范之间,在存在与应当之间存在一种极端的不一致。通过将现实世界承认为善的实现之所(此实现无疑永远没有完成,但是总是已经在进行着),主体为其行动赋予了充实的意义;不过因此他也放弃如下想法,即将其行动视为绝对的起点,完全的自行规定,不受一切前提束缚。因此,道德的真理并不在于对道德的"超越"(因为,道德作为主体对其行动的看法,不可被超越),而在于承认,道德以一整套客观关系为前提(行动应当以此关系为依靠):

> 客观世界自在自为地就是理念,正如理念永远将自身设定为目的,并同时通过行动产生其现实。③

人们不应在这个对"世界的法"的提醒中看到对如下要求的一种保守的或屈从的反应,即康德与费希特哲学所表达的行动的道德性要求。黑格尔将这个被记入到理性自主原则中的要求完全纳入到他的哲学思想之中;但是他认为,只有在放弃形式主义的看法的条件下(这些看法注定使道德计划失败),理性自主原则才可被尊重。道德

---

① *WdL* 3, *W*,第 6 卷,页 453;*SL* 3,页 263。
② *RPh*,第 140 节,*W*,第 7 卷,页 265;*PPD*,页 236。
③ *Enzykl*,第 235 节,*W*,第 8 卷,页 387; *Encycl* 1,页 459。

总是已经以伦理世界(即人的行动的客观化形态)为前提,并只能依赖行动已为其计划赋予的现实化(此现实化显然是部分的现实化)。

从道德到伦理

[338]对黑格尔而言,康德哲学是局限于"仅仅是道德的观点"并"不向伦理概念过渡"的哲学的完善形式。① 因此,伦理学说显得好像是对道德观点的内在局限性的一种回应。向伦理的移动影响了道德本身的结构。一种长期占统治地位的解释将黑格尔的伦理学说构建为对道德观点的无条件的拒斥。于是黑格尔成了强权国家(Machtstaat)的理论家的先驱,一个讲求实际的政治家(Realpolitiker),他以国家权力的名义,总之凭借现实暴力,驳回所有道德要求。就实质而言,这就是黑勒(Heller)的解读及迈内克(Meinecke)在《国家理性的历史》(*Histoire de la raison d'État*)中的解读。珀格勒(O. Pöggeler)通过如下方式大致公正地处理了这些非难,即强调它们反映了一种担心,此担心事实上与1918年战败的德国形势相关联。② 然而,某些文本显得对这种观点有利,比如说《法哲学原理》第337节的附释。康德主张"不事先对道德致意,真正的政治便不能前行一步",③对此黑格尔反驳道:

> 伦理性的实体,即国家,直接在具体的而不是抽象的实存中获得它的定在,即它的权利。它的行动和行径的原则,只能

---

① *RPh*,第135节附释,*W*,第7卷,页252;*PPD*,页230。
② O. Pöggeler,《黑格尔与马基雅维利》(Hegel et Machiavel),载于《黑格尔研究》(*Études hégéliennes*),Paris,Vrin,1985,页118。
③ Kant,*Frieden*,科学院版,第8卷,页380;*Paix*,页154。

是这种具体实存,而不是被看作道德戒律的许多普遍思想中的任何一种思想。①

以类似的方式,黑格尔拒斥将政治隶属在一种关于正义的抽象观念之下,如下这句格言包含这种观念,即"公道必须实行,哪怕世界毁灭"(fiat justitia, pereat mundus),康德称颂这句格言的意义,尽管他承认这句格言"有点夸张"。② 但是黑格尔没有拒绝道德规范;他仅仅否认道德规范可以为政治提供一种令人满意的原则。政府不是一个"普遍神意",[339]而是一种"特殊智慧",③因为它总是追求某个特定的共同体的利益。因此,政治不可能直率地倚仗道德的普遍—抽象的规范。所以政治具有一种伦理性的地位,这并不意味它厚颜无耻地轻视所有道德。总之,正如政治(经验性的伦理手段),道德的观点,也就是说主观理性的规范自主的要求,受到如下混淆的干扰之苦,即喜欢说教的(在庸俗的意义上说的马基雅维利主义的)政治家的观点所表达的混淆。因此,黑格尔拒斥的是作为政治伦理的误入歧途的道德主义,而非拒斥作为主观性的规范期望的客观化形式的道德。不是道德,而是道德主义"以关于道德、国家本质及国家与道德观点之间的关系的看法的肤浅性为基础"。④

因此,道德与伦理之间的区分意味着使道德观点相对化,或对其划定界限,但肯定不意味着拒绝它。否则人们将既不会理解为什么客观精神学说包含一种道德主观性的理论,也不会理解道德主观

---

① *RPh*,第 337 节附释,*W*,第 7 卷,页 501 – 502;*PPD*,页 429。对于康德来说,将政治从属于道德,事实上是对法的一种顺从,对"作为法权学说的道德"的顺从。[译注]中译参考《法哲学原理》,页 349 – 350。

② Kant,*Frieden*,科学院版,第 8 卷,页 378;*Paix*,页 151。与黑格尔比较:*RPh*,第 130 节,*W*,第 7 卷,页 243(*PPD*,页 226)。

③ *RPh*,第 337 节,*W*,第 7 卷,页 501;*PPD*,页 428。

④ *RPh*,第 337 节附释,*W*,第 7 卷,页 502;*PPD*,页 429。

性理论是法的抽象客观性与伦理的具体客观性之间的中介。"关于世界的道德看法"完全以一种特别的方式促进了精神的客观化。通过将自身客观化,精神摆脱了其狭隘及虚妄的主观性,它选用了"世界的形象"。① 但是道德是理性意志在自身之内的反思机构,它使法律规范体系的形式的、抽象的客观性的现实化变得可能,此现实化是伦理性的,并且本质上说是政治性的。

然而,将两种观点区分开是合适的。就历史方面来说,伦理,即在制度形态中客观化了的自由,是道德的条件。对"主观自由的法"的行使——这种法"在古代与近代时期的区别中构成了转折点及中心点"②——是以一种适当的政治社会组织为前提,因为在伦理的自然状态中(这是康德的术语,不过此处这一术语具有的意义与康德为其赋予的意义不同)不可能实现道德。如果基督教陈述了道德自主的原则,那么唯有一种"新的世界的形式"的出现[340]才将此原则构建成一种"现实的普遍原则"。③ 因此,正是凭借近代国家,道德才不再成为一种主观性的抽象要求,因为近代国家有足够的力量"让主观性原则臻于完善,直至成为独立的个人特殊性的极端",同时也将此原则引回"实体性的统一体之中"。④ 相反,就逻辑方面来说,道德是伦理的前提,因为客观精神在主观性中的反映是一种中介,借此中介,客观性可能具有的引起敌意的东西被克服。主观性为客观精神的形式性结构赋予生命,因此使其伦理性的实现变得可能。诚然,伦理是对道德的扬弃;但是这种具有辩证性的换班是一种超越与否定,同样也是一种保留与证实。伦理通过将主观

---

① *PhG*, *W*, 第 3 卷, 页 326(*PhE* B, 页 386, *PhE* H, 页 II/12; *PhE* J/L, 页 405; *PhE* L 页 301)。
② *RPh*, 第 124 节附释, *W*, 第 7 卷, 页 233; *PPD*, 页 221。
③ 出处同上。
④ *RPh*, 第 260 节, *W*, 第 7 卷, 页 407; *PPD*, 页 344。

道德要求从其空想中解放出来而实现了它;但是它同样也将道德作为其概念性的前提而保留下来。换言之,黑格尔的伦理学说不是对理性实践自主问题的一种否定,而是其实现与扩展。正如对于康德,对于黑格尔来说,伦理—政治组织形态的客观性及合理性与个体主观性所具有的如下可能性相联系,即亲自产生其行动规范的可能性或同意这些规范的可能性;当伦理—政治的组织形态是此可能性的实现条件时,这些组织形态才以此可能性为前提。

关于伦理与道德之间的这种复杂关系存在着一个值得注意的术语上的迹象:在道德分析的最后,黑格尔在两种道德意识之间做出了区别。形式性的道德意识被封闭在自身之中,受如下东西之害,即其自主的主观性原则与其承认的规范(即善)的客观性特征之间的不协调:因此就产生了它与此规范所维持的关系的一种特有形式,即应当(Sollen)。不能克服确定性与真理之间的差异(此差异影响意识与有限精神的所有形态),道德意识被引诱去超越康德所定义的理性形式主义,并在具有道德意图或具有道德情感的主观主义中寻求避难。因此,在《精神现象学》中,善与主观道德意识的辩证法以优美的灵魂为发展结果(优美的灵魂决定为其确定性授予所有真理的砝码,因为在它那里缺少"异化的力量,将自己构建成事物与忍受存在的力量"①):[341]在黑格尔眼中,这种主观主义的顶峰是康德道德哲学的一种可能的发展结果。与此相反,被黑格尔命名为真正的道德意识的东西是一种"希求自在自为的善的东西的意向态度"。② 换言之,道德主观性只能通过身处政治与社会的客观制度网中来满足自己的要求。没有这种对伦理—政治客观性的考虑,主观性几乎可以说将转向虚无,并因屈服于道德主义的危险诱

---

① *PhG*, *W*, 第 3 卷, 页 483 (*PhE* B, 页 547, *PhE* H, 页 II/189; *PhE* J/L, 页 569; *PhE* L 页 434)。

② *RPh*, 第 137 节, *W*, 第 7 卷, 页 254; *PPD*, 页 232。

惑而冒离开真正的道德领域之险。

但是,就伦理这方面来说,它不能被还原为客观的制度与调节,或是将其组织起来的诸多组织。伦理确保主观性的目的即其法的实现,与此同时它也将被它相对化的这种主观性整合进来:"伦理性的东西是主观意向态度,但是是自在的法的意向态度。"①伦理是伦理生活,因为它既是主观的又是客观的。② 主观性在伦理中的积极在场显示于黑格尔所称的伦理意向态度③之中,或用更为古典的术语来说显示于德性之中,此处的德性重新获得其伦理—政治的、而非单纯道德的意义,在亚里士多德那里,德性就具有这种伦理—政治的意义:"在被应用于特殊物的过程中,德性是伦理性的东西。"④主观原则在客观框架内的这种现实化是道德意识的真正完成,是"真正的良心"。这意味着,唯有在伦理制度背景下,主观性才能充分发挥其规范性的作用:

> 主观性构成自由这一概念借以存在的基础(第106节)。在道德的观点上,主观性还是同自由即主观性的概念有区别的,但是在伦理的观点上,它是这一概念的实存,而且适合于概念本身。⑤

此伦理意向态度(或真正的道德意识)获得了两个值得注意的阐明。第一个阐明以市民社会为框架。第二个阐明,政治意向态度,是下一章的讨论对象。在论述市民社会时,黑格尔主张说:

---

① *RPh*,第141节和附释,*W*,第7卷,页287;*PPD*,页249。
② 参看后面第十二章。
③ 参见*RPh*,第207节,*W*,第7卷,页359;*PPD*,页297。
④ *RPh*,第150节附释,*W*,第7卷,页299;*PPD*,页255。
⑤ *RPh*,第152节附释,*W*,第7卷,页303;*PPD*,页258。[译注]中译参考《法哲学原理》,页171–172。

[342]道德具有它独特的地位,这里,个人对自己活动的反思、特殊需要和福利的目的,乃是支配的因素,并且在满足这些东西中的偶然性使偶然的和个别的援助成为一种义务。①

一个初看起来令人吃惊的主张:市民社会难道不是"所有人反对所有人的个人私利的战场"吗?② 但是我们知道,确切来说,此社会与市场的自发秩序不同;它也包含一种伦理性的维度。因此,其组织应该预防或至少限制一种纯粹商业的社会化所产生的影响。这里涉及的不仅是一种模糊的责任,即救助穷人,此救助责任是用来平衡需求体系的冷酷。事实上,伦理意向态度(因此,道德意向态度)固有的社会形式存在于黑格尔所谓的"依附于某个社会等级的荣誉""正直"或者"同业公会精神"之中。③ 这是他的制度主义的诸多方面中的一个方面:黑格尔为制度——这些制度具有多少有点陈旧的称谓,比如同业公会——赋予一种在近代市民社会的运行中起组织建构作用的角色;这恰恰是因为,对黑格尔而言至关重要的是,要抵制经济活动参与者的竞争可能对社会产生的影响,此处经济活动的参与者放任自己,唯有对个人幸福的追求在驱动着他们。因此,作为社会等级(Stand)的制度化了的形式,同业公会起到了伦理调解的作用。借助同业公会,德性——就其内容来说,它首先是不确定的——获得了一种具体内容:享有权利并履行义务(权利与义务属于社会职业的地位,每个人都被确保具有此地位)。因此,在家庭之后,同业公会是"国家的第二个伦理性的根":④它是伦理性的,

---

① *RPh*,第 207 节,*W*,第 7 卷,页 359;*PPD*,页 298。[译注]中译参考《法哲学原理》,页 216。
② *RPh*,第 289 节附释,*W*,第 7 卷,页 458;*PPD*,页 388。
③ *RPh*,第 150 节和附释,*W*,第 207 节、252 节、253 节附释及 289 节附释,*W*,第 7 卷,页 298、359、394、395 和 458;*PPD*,页 255、297、329、330 和 388。
④ *RPh*,第 255 节,*W*,第 7 卷,页 396;*PPD*,页 331。

不仅是社会性的及经济性的,因为同业公会奉行的实践以及它在其成员那里培育的意向态度是对自由要求的被核实了的响应(至于论及主观意识,它以一种部分来说是不恰当的道德语言陈述了此处的自由要求)。因此,以不同形态出现的主观性依然是"伦理的东西的现实性的环节"。①

---

① *RPh*,第141节附释,*W*,第7卷,页286–287;*PPD*,页249。

第十一章　政治主观性的诸多条件

[343]政治意向态度(politische Gesinnung)的概念在《法哲学原理》第267节与第268节中得到阐释。但是关于政治性的人的主观形式的问题——借助"虔诚"("伦理被缩减为一种情感")与"政治德性"("对于被思考的目的的希求")①的主题,黑格尔自"国家"部分的开端起就提及了这个问题——事实上是如下文本的重心,即为理性国家学说起到引入作用的文本,这个本文处理国家,个人与人们可称之是政治主观性维度的东西之间的关系。政治意向态度指主观意识在国家制度中辨认出自身自由的客观化了的形式,因此辨认出自身自由的条件;这一表达指涉这样一种人的自发的信赖态度,这种人知道在政治普遍物中拥有"他的本质,他的目的及他的行动产物",②因此他偏爱它。诚然,市民社会已经为个人提供超越他的利己主义的利益的机会,就是说最后超越他的有限性的机会。不容置疑,存在一种社会化进程的普遍化效果,这归因于近代的生产与交换方式;诸多普遍性的中坚力量——经济与货币的管理(它们允许形成市场、矫正性的司法行为、社会制度)——在社会化进程中的存在使得市民社会可在一个不小的部分上实行自我管理,并且使得个人可以将自己视为一条链子上的链环,[344]就个人物质性的和文化性的存在来说,个

---

① *RPh*,第257节附释,*W*,第7卷,页398;*PPD*,页333。
② *RPh*,第257节,*W*,第7卷,页398;*PPD*,页333。

人依赖这条链子,为了希求自身,个人因此也要希求这条链子。但是,国家"以自由的形态"①实现一种必然性,这种必然性被市民生活以一种仍然是外在的、机械的方式实施,因此,唯有国家有能力引起并且维持个人对他的存在的伦理条件的拥护。所以,在主观意向态度领域本身之内,公民是资产者的真理。

政治主观性

国家的客观制度只是它包含的诸多维度中的一个维度。如果国家是自由的展开了的、区分化了的具体表达,从而是自由的主观性的实体(自由的主观性希求自身并且如其所是的那样自我显现出来),那么人们应该既将国家视为"主观实体性",即看作"政治意向态度",也将它视为"客观实体性",即看作"国家机体"②中符合立宪政体的权力组织安排。这两个相互中介的维度思辨地来说互相依赖且同样重要。因为国家是"伦理理念的现实";③我们知道,在黑格尔意义上的理念是主观概念与客观性的统一,或者毋宁说是使它们产生、使它们相互对立、使它们连接、使它们统一起来的相符化过程。纯然客观性的、物质性的诸规定的整体,正如在流行的意义上而言的制度,不能被视为理念。只有当国家组织被个体意志赋予生命并被个体意志核实时,国家才是理念,才是被社会制度具体化

---

① *RPh*,第266节,*W*,第7卷,页412;*PPD*,页349。
② *RPh*,第267节,*W*,第7卷,页412-413;*PPD*,页349。
③ *RPh*,第257节,*W*,第7卷,页398;*PPD*,页333(着重号为我特意加上)。

了的"必然性"的"理想物"①。正是在此条件下,国家才能确保"联合本身"并使个人"过上一种普遍性的生活";②确切来说,对于普遍物的希求本身区分了公民态度与社会参与者、资产者的态度(对于资产者而言,完全抽象并且外在的普遍性的经济管理与市民法律,它们永远只是达致可能的私人幸福的工具)。仅仅依赖物质性机构的协调与力量的国家[345]必然成为专制国家:法国旧制度的君主国的命运就是如此。反之亦然,一个只依托主观德性的国家既不能够稳定,也不能够成为自由的国家。在黑格尔眼中,民主制度——它"依仗意向态度"——的不可逾越的恶便是如此:人们不能这样行事,好像人民与他们首领的"德性"能够占据如下活动的位置,即"在一个肢体健全的组织中的法律上规定的活动"。③ 法国革命时期的大恐怖是一种德性政治的结果,它突出如下逻辑与历史的必然性,即国家必须在宪法方面(即在制度方面)被客观化,但是它也强调如下自主发展的必然性,即主观特殊性在一个"依法组建起来的"市民社会中的自主发展。在后革命世界中,资产者的特殊的社会存在确保国家的客观组织与公民的主观意向态度之间的调解。但是应该阐明此处意向态度的内容,并且明确它们出现的条件及持续现实化的条件。

政治意向态度被定义为"处在真理中的确信"。④ 正是借助从《精神现象学》那里借来的同样词汇,黑格尔描述了个体以一般方

---

① *RPh*,第267节,*W*,第7卷,页412;*PPD*,页349。关于作为"特殊[领域]中的制度"的社会制度,参见*RPh*,第265节,*W*,第7卷,页412;*PPD*,页348和译者的注解2。

② *RPh*,第258节附释,*W*,第7卷,页399;*PPD*,页334。

③ *RPh*,第273节附释,*W*,第7卷,页437-438;*PPD*,页369。[译注]中译参考《法哲学原理》,页289。

④ *RPh*,第268节,*W*,第7卷,页413;*PPD*,页349。

式与伦理客观性所维持的关系(此处的个体"主观地规定其自由"①)。对确信与真理的概念的使用使我们明白,政治意向态度不是一种单纯主观意见,主观意见建立在这样或那样的关于国家应该是什么样子的看法之上,与之相对,政治意向态度是一种自身拥护,这种拥护处在对普遍物的拥护之中并借助对普遍物拥护:它表达了国家"不是[……]一个对自我而言的他者",并且"在这种意识中我是自由的"。② 政治意向态度不属于知识的范畴,甚至不属于洞见(Einsicht)的范畴。事实上,正是作为按自由的客观条件行事的持久禀性(hexis),政治习俗(Ethos)才拥有一种合理性(个体不知道自己是这一合理性的媒介),此合理性肯定并且核实它的确切意义上而言的伦理内容,它的"德性"。

第二,政治意向态度被阐述为一种"已然成为习惯的意愿"。③ 这一点表明它与风俗或伦理习俗(Sitten)之间的亲缘关系,风俗或伦理习俗是政治机构的真正文化基底。黑格尔用如下引人注目的术语来定义伦理习俗:

> [346]在跟个人现实性的简单同一中,伦理性的东西就表现为这些个人的普遍行为方式,即表现为习俗。[……]习惯,成为取代最初纯粹自然意志的第二自然,它是渗透在习惯定在中的灵魂,是习惯定在的意义和现实。它是像世界一般地活着和现存着的精神,这种精神的实体就这样地初次作为精神而存在④。

---

① *RPh*,第 153 节,*W*,第 7 卷,页 303;*PPD*,页 258。
② *RPh*,第 268 节,*W*,第 7 卷,页 413;*PPD*,页 350。
③ 出处同上。
④ *RPh*,第 151 节,*W*,第 7 卷,页 301;*PPD*,页 257。[译注]中译参考《法哲学原理》,页 170,略有改动。

正是从这种腐殖土那里形成了生活的意愿与共同的生活,同胞身份:一种非经推理、但绝不是非理性的信任的显示,国家不断以此信任为前提并重构它。风俗是制度的土壤,它同时也是其伦理合理性的显示。因此,风俗不断重建共同体与个体之间的活的联系,在黑格尔的词汇中,伦理这个术语指涉这种联系。所以,政治意向态度是伦理德性(Tugend)的一种规定,它被定义为伦理在个体性格中的反映,①或正直(Rechtschaffenheit)在个体性格中的反映。这种伦理德性导致人——不过人"生来"专心于他自私自利的利益——在如下行为中并未觉察到一种障碍或束缚,即遵守他所归属的社会群体的规则并且完成制度的客观体系所要求的义务,相反,他认识到他的"实体性自由"的条件,通过服从这个条件,他朝着"实体性自由"的方向"解放自己"。② 伦理德性产生一种社会的及政治的行为(此行为符合其动机),它是对主体权利(这些权利因处在客观语境中而具有现实性)与义务(当它们陈述主观自由所具有的"实体性的"东西时,它们对主体而言不是某些外在的东西③)之间的一种交互关系的持久意识。因此,从个别意志的方面来说(它自己本身被风俗与习惯教育及构建),伦理德性意味着,为了它的潜在合理性,它的原初自然性要被反思性地牺牲掉,为了它的具体实现的客观条件,它的抽象思维要被反思性地牺牲掉。伦理是"作为世界的活的和现存的精神"。④ 因此其现实性不可分割地既是主观的又是客观的:"伦理性的东西是主观意向态度,但是是自在存在的法的意向态度。"⑤

---

① 参见 RPh,第 150 节,W,第 7 卷,页 298;PPD,页 255。
② RPh,第 149 节,W,第 7 卷,页 298;PPD,页 255。
③ RPh,第 147 节,W,第 7 卷,页 295;PPD,页 253。
④ RPh,第 151 节,W,第 7 卷,页 301;PPD,页 257。
⑤ RPh,第 141 节附释,W,第 7 卷,页 287;PPD,页 249。[译注]据德文原文译出。

[347]伦理的主观成分与客观成分之间的调整(不是它们之间的直接合并,这将必然压制主观自由:在这里我们重新发现民主城邦的教训)是一个过程,这个过程赋予伦理与国家一种理性的恒定存在。关于伦理,当黑格尔说道它是活的善的时候,这不是一种观察,毋宁说它是对落在现代性身上的一种任务的指示,此任务即为在历史—政治客观性的土地上实现自由,包括实现主观个体性的自由(此处的主观个体性是就其自私自利的性质而言的)。从这个观点看,一种新的政治习俗(ethos)的构建,一种公民精神的构建,与自由的制度的创建同样重要(不具备法国革命者的民族主义的爱国主义——且不考虑所有其他方面——为此提供了一个例子);它们两者相互呼应,这是事实。

黑格尔说政治意向态度与"爱国主义"完全等同,① 这番话使人感到吃惊,尤其在人们不记得这番话的希腊与法国的双重语境时。显然,对黑格尔而言,这里事关拒绝一种常见的看法,这种看法将"爱国主义"构建为一种英雄式的牺牲倾向,尽管它要求一种观念,这种观念构成法国大革命政治遗产的一部分,人们知道,复辟憎恶这种观念。② 黑格尔认为,不是在战场上,而是在"通常生活的情景与语境中",③ 真正的爱国主义才显现出来,他将这种爱国主义视为一种对同胞身份的有节制的偏好,一种温和的公民责任感,对这种责任感的持续训练会巩固政治制度体系,并会用适当的观念灌溉这种体系。就此,应做出三点评论。

首先,关于爱国主义的公民式构想使黑格尔在论自然法的

---

① *RPh*,第 268 节,*W*,第 7 卷,页 413;*PPD*,页 349。

② 对德国国家统一的要求(在那时左翼与一个自由主义者的政党提出了这一要求),梅特涅(Metternich)俏皮地回答说:"德国? 这是一个单纯的地理概念!"

③ *RPh*,第 268 节附释,*W*,第 7 卷,页 413;*PPD*,页 350。

文章中关于战争的伦理意义的论述相对化，这些论述十分出名，黑格尔从未否认它们（事实完全相反，因为在这方面，黑格尔从不犹豫去援引自己说过的话），在论自然法的文章中，黑格尔说战争"维持了诸多民族的伦理健康[……]就像风的运动防止了海洋的腐烂，一种持久的平静会使海洋陷入一种腐烂，正如[348]一种持久的和平，更不用说一种永久的和平，会使诸多民族陷于一种腐烂之中"。① 对于这段初看起来好战的话，《法哲学原理》所看重的日常性的爱国主义提供了一个边界清晰的意义范围。"有能力做出特别的牺牲与行动"，这只是"真正的政治意向态度"②的表面一层（没有真正的政治意向态度，这一能力此外不能持续存在）。另外，战争所要求的意向态度，即勇敢（Tapferkeit），是很特殊的意向态度，它是德性，但是是"形式性的德性"，它的运用（"为了战斗牺牲掉他的生命"）不具有"一种精神的性质"，③它不能凭借自身提供一种行动动机。军事的勇敢在自身之中没有意义，只有在为最高政治目的服务时才有意义（维持国家与维护其主权是最高政治目的）。这一德性也是碰巧落在职业士兵这一特殊社会群体那里，它不能与政治德性相混淆，国家在其成员那里期待政治德性，并致力将这种德性植入到他们那里。战争存在着，正如权力，它要求勇敢。但在那

---

① *Naturrecht*,第 2 卷,页 482;*DN*,页 55 - 56。这一段在《法哲学原理》中被黑格尔引用,目的是支持这样的论题:战争是"一个环节,在此环节中特殊物的理想性获得其权利"。参看 *RPh*,第 324 节附释,*W*,第 7 卷,页 492 - 493;*PPD*,页 420。

② *RPh*,第 268 节附释,*W*,第 7 卷,页 413;*PPD*,页 350。

③ *RPh*,第 327 节,*W*,第 7 卷,页 495;*PPD*,页 422 - 423。《伦理体系》将勇敢定义为"对于德性的漠不关心",并且下结论说:"它因此是自在的德性,但是是形式性的德性。"(*SS*,*GW* 第 5 卷,页 329;*Vie éthique*,页 165 - 166)

里，既不存在实质性的东西，也不存在最为困难的东西："人们常常宁可高尚，而不愿公正。"①黑格尔的信念是，人们不能持久地将国家建立在热情与牺牲的精神之上，至少在现代性的语境中。然而，即便黑格尔拒绝启蒙者的和平主义与世界主义，他也拒绝所有民族主义(nationalisme)，正如他对民族(peuple)的严格的政治定义所指示的那样。与后来成为主流的用法相反，黑格尔将民族(nation)视为一种前政治的现实，因此是一种前历史的现实。相反，他将民族(peuple)与国家完全等同起来：

> 在一个民族(peuple)的定在中，实体性的目的是成为一个国家，并且将自己保持为如此；没有国家建构的民族(peuple)（民族[nation]本身）不具有确切来说的历史，正如在其建国之前存在过的民族(peuples)那样，以及正如其他现在还作为野蛮民族(nations)而存在的民族那样。②③

[349]顺便提一下，以上语境拒绝从一种如战争那样的极端情况出发定义政治；这确认了，虽然黑格尔的理性政治学为政治决策的环节赋予一种突出位置（政治决策的必要性最后为君主权力做辩护，

---

① *RPh*，第 268 节附释，*W*，第 7 卷，页 413；*PPD*，页 350。

② *Enzykl*，第 549 节说明，*W*，第 10 卷，页 350；*Encycl* 3，页 329。同样参见 *RPh*，第 331 和 349 节，*W*，第 7 卷，页 498 和 507（*PPD*，页 425 和 435）。*VG*，页 180（*RH*，页 211）。关于德国人，耶拿时期的第二部《精神哲学》写道："他们作为民族(peuple)消失了；他们仅仅曾是民族(nation)。"（*GW* 第 8 卷，259 页；*Esprit* 2，页 90，注 13）

③ [译按]与法语 peuple 相对应的德语是 Volk，与法语 nation 相对应的德语是 Nation，中译本《精神哲学》将 Volk 和 Nation 都翻译为民族（页 357），译者觉得这种翻译方式符合这里的上下文语境，所以在这里沿用这种翻译方式，但是读者需注意，与 Nation 相比，Volk 作为民族的概念所具有的政治性的维度，或者说它与国家之间的紧密关系。

君主权力是"整体的这一绝对地做决断的环节"①),但是这一政治学就其实质来说免受所有决断论的引导。

第二,我们知道,在论历史哲学的讲义中,法国革命的"恐怖的"转变首先归因于罗伯斯庇尔对政治德性的吹捧(尽管这种转变在很大程度上归因于年轻共和国所面临的外在与内在危险):

> 现在德性应该统治,此统治反对所有这样的一些人,这些人由于他们的腐败,他们的旧的利益或由于自由和激情的过度,所以不忠实于德性。德行是一种简单的原则,仅仅区分了两种人,一种人具有[好的]意向态度,另一种人则不具有。但意向态度不能被意向态度认知并评定。因此猜疑统治着;但是德性,自它成了令人可疑的东西起,就已被定了罪[……]罗伯斯庇尔将德性设定为最高原则,人们可以说他对德性看得很重。自那时起德性与恐怖统治着;因为主观德性——它仅仅按意向态度统治——带来最为惊骇的专政。它不带有司法形式地运用其权力,并且它所宣告的罪行也非常简单:死刑。②

这一分析并未质疑意向态度与政治"德性"(整体精神)本身。不过它提醒人们,政治主观性只是这样一种整体(即伦理)的一个构成部分,这种整体既具有主观性,又具有客观性。与这个不可或缺的补充部分相分离(这个补充部分即为自由的政治性的及社会

---

① *RPh*,第279节附释,*W*,第7卷,页444;*PPD*,页376。关于黑格尔的最高决断的构想与被施米特理论化的决断主义之间的区别,参见 J. - Fr. Kervégan,《黑格尔,施米特:在思辨与实证之间的政治学》(*Hegel. Carl Schmitt. Le politique entre spéculation et positivité*),Paris,第二版,2005,页178及其后。

② *Geschichte*,*W*,第12卷,页532–533;参见 *Histoire*,页342。

性的制度,我们说,康德意义上的共和国的制度),政治德性可能成为罪恶,正如在《精神现象学》中"绝对自由或大恐怖"的形象①以及其延伸部分("关于世界的道德看法"与"高尚的灵魂")所展示的那样。这些文本的忠告以及[350]历史哲学讲义中关于法国大革命的分析的忠告是,高尚的政治主观性在其自身那里没有它的尺度,相反,它应该按照一种符合立宪政体的稳定秩序来规整自己(反过来,政治主观性也滋养这一秩序)。"[面向]国家的意向态度最崇高,最神圣";然而这要以如下情况为条件,即人们将此意向态度恰当地理解为:"据此,法律与一般的宪法是稳固的东西,将个体特殊意志服从法律与宪法,这是个体的最高义务。"②因此黑格尔拒绝法国无套裤派(sans-culottisme)的爱国的意志主义,他也拒绝罗伯斯庇尔对强硬德性的狂热崇拜,这是由于它们借助主观性对主体施行暴力。不过黑格尔并未拒绝政治主观性的原则本身,政治主观性是非常近代的权利,这种权利的内容即为不仅做一个臣民(在德文词臣民[Untertan]这个意思上来讲,即顺从主权者的臣民),但也做,尤其做一个公民。

第三,政治意向态度的理论以一种特定方式构成这样一种思想中的亚里士多德哲学要素,这种思想此外以现代性的价值为名质疑希腊政治理想("崇高的整体")。正如亚里士多德,黑格尔拒绝——即便是临时性地——分开伦理与政治:伦理德性(甚至本义上的道德的德性)以城邦生活为实践场所,它们是"应用于特殊物的伦理性的东西"。③ 于是,人们理解了这点,即黑格尔重视亚里士多德对德性的定义:"亚里士多德[……]按其准确意义将

---

① 参看 PhG, W,第 3 卷,页 431 及其后(PhE B,页 497 及其后; PhE H,页 II/130 及其后; PhE J/L,页 515 及其后;PhE L,页 390 及其后)。

② Geschichte, W,第 12 卷,页 531;Histoire,页 341。

③ RPh,第 150 节附释,W,第 7 卷,页 299;PPD,页 256。

特殊德性定义为在太多与太少之间的中间项。"①事实上,黑格尔与亚里士多德将德性与一种持续实践相联系。根据亚里士多德的看法,德性,习惯状态(état habituel, hexis),②是习俗(habitude, ethos)的果实;同样,对黑格尔来说,德性在于遵守他的民族的风俗与法律,因为在风俗与法律中普遍实体"言说着它的普遍语言"。③ 政治主体言说这种语言,并通过将其伦理意向态度现实化使这种语言存活,这种语言可能在具体政治的土壤上实现"理性神话学"的计划吗?对于青年黑格尔、青年[351]谢林及青年荷尔德林而言,理性神话学应在民族与思想家之间起到和解作用。④

然而,人们应该注意,就政治德性问题,在亚里士多德的话与黑格尔的话之间存在一种重要差异;此差异可使我们测定出将近代伦理与城邦(polis)伦理区别开来的东西。在亚里士多德那里,(伦理的或政治的)德性绝不将主观性这样的东西设定为前提(此处主观性被理解为在自愿控制自己行为动机之前的一种内在性);通过一种自我修炼,或通过一种关于自我的技术,德性不能被获得,人们借助如下行为获得德性,即观察有德性的行为,并仿效"审慎的人"或

---

① *RPh*,第 150 节附释,*W*,第 7 卷,页 299 - 300;*PPD*,页 256。参看亚里士多德,《尼各马可伦理学》,1106 b 36 及其后。

② Aristote,《尼各马可伦理学》(*Ethique à Nicomaque*),1106 a 11。关于德性(vertu),习惯状态(hexis)和习俗(ethos),参见《优台谟伦理学》,1220 b 9 - 20 和 1222 b 5 - 14。

③ *PhG*,*W*,第 3 卷,页 266(*PhE* B,页 324,*PhE* H,页 I/292;*PhE* J/L,页 342;*PhE* L 页 250)。参见 *RPh*,第 153 节附释,*W*,第 7 卷,页 303;*PPD*,页 258。

④ "我们需要一种新的神话学,但是这种神话学应该为理念服务,它应该成为一种理性神话学。"(《德国观念论的最古老的体系计划》,*W*,第 1 卷,页 236;*Francfort*,页 97)

"有智慧的人"。① 与亚里士多德相反,近代伦理(Sittlichkeit),正如黑格尔所思考的那样,本质上是使主观性发挥作用,即便伦理主观性与"道德主观性的空洞原则"截然不同,②因为前者按法与风俗的客观普遍性被编排。近代伦理不是这种"没有被规定的主观性,这种主观性不能[……]客观地规定行为",③相反它是在行动中构建自身的主观性:

> 主观性本身是实体的绝对形式和实体的实存的现实性,主体同作为他的对象、目的和力量的实体之间的区别,仅仅是形式上的区别,而且这种区别也就同时直接消失。④

客观精神经过主观性的发展阶段;我们与古希腊城邦(polis)相离甚远,这种城邦——青年黑格尔曾颂扬它——建立在对个体性的省却及对内在性的无知之上。显然,"近代的更高原则"不会被忘掉,就在如下情况下,尤其在如下情况下不会被忘掉,即主观内在性被放回到了它的原来所在之处。

"爱国主义"与社会教化

怎样获得政治习性(hexis)? 政治习性从何而来? 它是如何被

---

① Aristote,《尼各马可伦理学》,1106 b 36 – 1107 a。关于"自我的技术"这一概念,参见 M. Foucault,《肉体享乐的习俗》(*L'usage des plaisirs*),Paris,1984,页 16 – 18。
② *RPh*,第 148 节附释,*W*,第 7 卷,页 297;*PPD*,页 254。
③ *RPh*,第 149 节,*W*,第 7 卷,页 298;*PPD*,页 255。
④ *RPh*,第 152 节,*W*,第 7 卷,页 303;*PPD*,页 257。[译注]中译参考《法哲学原理》,页 171。

植入到[352]个人——所有东西,尤其是他们的具有资产阶级性质的社会生存促使个人偏离普遍物——之中? 诚然,他们的态度被风俗与民族精神(Volksgeist)塑造;但这一已知条件太宽泛,以至于不能分析,是否存在个人对国家制度及其运行方式的坚定支持。首先,"政治制度",即"不同权力"(这些权力构成国家"有机体"①),向政治意向态度传达这一态度的"以一种特殊的方式被规定的内容"。因为权力的组织与执政方式紧密相连,用康德的术语来说,即为它与其运作的"专制的"或"共和的"特征相连,②因此人们可以下结论说,民主制、贵族制与君主制从被统治者那里以及从统治者本身那里要求特定的意向态度或德性;黑格尔承认,这个观念,就其本质来说,借鉴自孟德斯鸠。例如,他写道:

> 但是这里,如同在其他许多地方一样,我们又必须承认孟德斯鸠在他对于这些政府形式的原则所作有名的陈述中表达的深刻见解[……]如所周知,他指出德性是民主制的原则,因为,事实上这种国家制度是建立在意向态度上,即在纯粹实体性的形式上,而自在自为地存在的意志的合理性就是采取这种形式还存在于民主制度中的[……][但是]必须消除这种误解,即德性的意向态度似乎是民主共和国的实体性的形式,因此认为在君主制中这种意向态度可以不必要,或根本不存在;最后,也不得认为德性与在一个肢体健全的组织中的法律上规定的活动是互相对立和各不相容的。③

---

① *RPh*,第 269 节,*W*,第 7 卷,页 414;*PPD*,页 351。
② Kant,*Frieden*,科学院版,第 8 卷,页 352;*Paix*,页 95。关于康德对共和制的定义以及它在黑格尔那里所受到的变动,参见前面第五章。
③ *RPh*,第 273 节附释,*W*,第 7 卷,页 437-438;*PPD*,页 369。参见 Montesquieu,*Esprit des Lois*,第 1 卷,第 3 章,第 3 节,页 144。[译注]中译参考《法哲学原理》,页 289,略有改动。

因此,对于不同政体,存在不同适当的主观意向态度与德性,即便(以古典方式被理解的)民主制以最明显的方式预设并调动公民政治德性,因为在其中,公民直接是国家生活的参与者。但是,所有政体,尤其"发展了的理性制度"(即君主立宪制)从它们这一边都要求一种特定形式的政治意向态度。这阐明了:国家制度自然地生成,[353]每个民族都有适合自身的国家制度①。这一表述的目的不是要为所有已建立的秩序作辩护,但它指明,一种政体只有在如下条件下才能建立起来并因而稳定,即它依赖个体的主观意向态度,并且它知道通过使自己与"民族的普遍精神"保持一致而激起这种主观意向态度。

但是,上述看法仍未解释政治意向态度从何而来,因为,国家,无论其政体如何,更多的是以政治意向态度为前提,而非创建它。在此情况下,就论及伦理的一般结构而言,人们应在另外一个具有重要意义的方向上进行探索:政治意向态度是"在国家中存在的制度的结果,因为正是在国家中,合理性现实地存在,正如借助与制度相符的行动,合理性得到确证"。② 对此人们或许可作如下理解:政治制度实行一种实践性的教育,它们在个体那里创建并维护与其自身运行相适的态度。但是,这一功能主义的阐释——除了它很难让人满意之外——与文本的字面表达不兼容:因为在讨论"国家"的开头部分,涉及的问题还不是那些形成国家的"对自身而言的内在的制度"的政治制度。③ 相反,在这段话之前的一些小节中,④制度这一术语意味伦理的前政治的

---

① *RPh*,第 274 节附释,*W*,第 7 卷,页 440;*PPD*,页 371。"每个民族都具有适合它的和属于它的国家制度。"

② *RPh*,第 268 节,*W*,第 7 卷,页 413;*PPD*,页 350。[译注]据德文原文译出。

③ 这是第 272-320 节的标题,*RPh*,*W*,第 7 卷,页 432;*PPD*,页 364。[译注]范扬、张企泰的中译本将其翻译为"内部国家制度本身",《法哲学原理》,页 283。

④ 参见 *RPh*,第 263-265 节,*W*,第 7 卷,页 410-412;*PPD*,页 347-348。

组织形式,即家庭与市民社会,是国家的"伦理性的根",①尽管国家同时是其"真正的基础"。② 因此,正是家庭共同体与自我—管理的社会共同体,它们能将政治的精神状态注入个体之中,我们已经看到,没有这种精神状态,没有这种德性,国家将被判定为要消亡,或被判定为认不清它所体现的理性自由与客观自由。为产生政治意向态度做出特殊贡献的群体是等级(Stände),虽然个人通过自由选择进入等级,③但个人在其中接受一种特别的意向态度,一种社会德性,"正直"或"隶属于等级的荣誉",④[354]这份荣誉与个人操持的工作相适应,与个人所处的社会背景相匹配。

我们应该记得,在1805年《精神哲学》中,等级的区分不是直接建立在生产与交换的组织的基础之上(建立在需求体系或市场经济的客观结构之上),而是建立在每种社会工作所专有的意向态度的区分之上。⑤ 农民等级是信任的等级,资产者等级是荣誉的等级,商人等级是严厉和智慧的等级,最后,普遍等级是责任(或者说义务)的等级。在《法哲学原理》中,这一关于诸多意向态度的学说消失了,或至少说,不再具有一种奠基性的特征。但是,如果说,自此以后等级的区分特别建立在生产与交换过程的客观特征之上,⑥那么它也意味着一种规定,这种规定涉及适合每个等级的"理论性的与实践性的教化"。⑦ 因此,黑格尔总是排斥这样一种关于等级的

---

① *RPh*,第255节,*W*,第7卷,页396;*PPD*,页331。
② *RPh*,第256节附释,*W*,第7卷,页397;*PPD*,页332。
③ *RPh*,第185节附释,第206和262节,*W*,第7卷,页342、358、410;*PPD*,页281、296、347。
④ *RPh*,第150、207、252节,*W*,第7卷,页298、359、394;*PPD*,页255、297、329。
⑤ 参见 *GW*,第8卷,页266及其后; *Esprit 2*,页97及其后。
⑥ 参见 *RPh*,第203-205节,*W*,第7卷,页355-357;*PPD*,页293-296。
⑦ *RPh*,第201节,*W*,第7卷,页354;*PPD*,页293。

定义,这种定义仅以在生产方式中存在的等级职能为基础:等级(Stand)是一种伦理现实,不是一种经济利益的集团。这就解释了为什么说等级——以及和它在一起的市民社会——是个体形成与发展的真正场所;正是等级为伦理意向态度的概念赋予一种确定详明的内容。因此,正直——它首先被抽象地定义为"个体与义务之间单纯的相适应,此处的义务取决于个体所属的诸多关系"①——被明晰地建构为市民社会的特殊德性,这种德性以依附于等级的荣誉(Standesehre)的形式出现,通过与阶级意识相类比,人们也可将这种荣誉称为等级意识:

> 所以在这种等级制度中,伦理性的意向态度就是正直和等级荣誉,这就是说,出于自己的决定并通过本身的活动、勤劳和技能,使自己成为市民社会中某一个环节的成员,使自己保持这一成员的地位,并且只是通过普遍物的中介来照料自己的生活,以及通过同样的办法使他的意见和别人的意见都得到承认。②

[355]因此,公民政治德性——它被准确地理解为日常的爱国主义——以公民对这样或那样的等级的归属为依靠,以市民社会为依靠,以其制度为依靠:"国家成员是这样的或那样的等级成员。"③政治主观性扎根在社会制度的伦理的存在方式之中,这不应使我们惊讶。市民社会,这个外在国家,是国家的外表,国家的他者,或是国家的现象。然而,正如《逻辑学》所确定的那样,不存在这样一种本质,这种本质与其现象的显现凑成一体,并依然从它那里退缩回

---

① *RPh*,第150节,*W*,第7卷,页298;*PPD*,页255。
② *RPh*,第207节,*W*,第7卷,页359;*PPD*,页297-298。[译注]中译参考《法哲学原理》,页216,略有改动。
③ *RPh*,第308节附释,*W*,第7卷,页477;*PPD*,页406。

来。如此,我们就理解了伦理的理性的政治本质和社会领域的变幻不定的、模糊的多元性之间的关系。顺便说一句,此关系阐明黑格尔关于贱民的言论,贱民的"堕落导致自食其力的正义、正直与荣誉的情感的丧失",①这一关系也解释他的如下明显的忧虑,即看到市民社会产生一大批不幸的、"不适应社会的",注定要贫苦的成员。在此,存在的不仅是一个社会问题,而且还是一个政治问题,如果一种确定的社会地位的缺失以及相关素质和保障的缺失会破坏一种政治意识与一种共同体意识的话。从这个角度看,我们也可以理解,对于黑格尔而言,不是个体意志,而是通过同业公会被制度化的社会等级形成了议会代表制的基础。② 议会集会(按照从前的术语来说"等级")代表"国民的伟大利益",我们知道,它们是在国家与社会之间、普遍物与其特殊性环节之间"起调解作用的机构"。③ 这一功能的占有者,议会集会,为其成员提供一种特许机会,即在集会中发展"国家与政府的意识及意向态度"。④ 议会集会的任务首先在于,市民社会与在市民社会中互有区别的特殊利益的观点,能在政府及行政部门那里被听见。但是,代表通过其职能所获得的国家意识也使代表差不多可以向社会参与者实行一种政治教化工作,此教化工作让社会参与者远离一种幼稚看法,即国家就本性而言敌视他们。因此,代表在公共舆论的塑造与教化中扮演一个重要角色:

> [356]公共舆论初次达到真实的思想并洞悉国家及其事务的情况和概念,从而初次具有能力来对它们作出更合乎理性的

---

① *RPh*,第 244 节,*W*,第 7 卷,页 389;*PPD*,页 323。
② 参见前面第八章。
③ *RPh*,第 302 节,*W*,第 7 卷,页 471;*PPD*,页 400。
④ 出处同上。

判断。此外,它又因而获悉并学会尊重国家当局和官吏的业务、才能、操行和技能。议事记录的公布使这些才能获得巨大的发展机会和高度荣誉的表现场所同时也是对单个人和群众自恃自负的又一种治疗手段,而且还是对他们的一种——可以说是最重要的一种——教育手段。①

政治意向态度,公民德性,有机会在这一双重意见流通中(从下至上与从上至下)得以训练;它导致在个体中,尤其在被引向去执行公共职务的那群人中,培养了"官方意识与国家意识"。②

不过,当黑格尔在《法哲学原理》第 268 节论及"在国家中存在的制度",市民社会的制度时,更为直接地涉及同业公会,而不是社会等级,社会等级是半制度化了的现实,如果我们能这样说的话。同业公会是严格意义上说的制度,③体现在两个方面:一方面同业公会是法定组织,在市民社会中被建构;另一方面,差不多可以这样说,同业公会通过以一种仍然是地方性的及局部的方式执行其职能而使国家延伸到社会领域,此职能促进并体现人民的身份认同。依黑格尔的看法,这点为行政权力调控它们的运行做辩护。④ 但同业公会不仅是国家控制市民社会的手段,一种社会控制手段,虽然它们也能担任这一角色。正是从同业公会本身那里,确切说作为制

---

① *RPh*,第 315 节,*W*,第 7 卷,页 482;*PPD*,页 411 - 412。[译注]中译参考《法哲学原理》,页 331。

② *RPh*,第 310 节,*W*,第 7 卷,页 479;*PPD*,页 408。

③ 参见 *RPh*,第 253 节附释,*W*,第 7 卷,页 395;*PPD*,页 330:"同业公会制度。"

④ 参见 *RPh*,第 252 和 288 节,*W*,第 7 卷,页 394 和 458;*PPD*,页 328 ("在公共权力的控制之下")和第 387 页("这些集团必须服从国家的更高利益")。黑格尔也辩护说,在指派它们的负责人时,国家应该介入(出处同上),这至少给它们留下了一种有限的自主⋯⋯

度,同业公会引出在市民社会中的普遍性维度(此处的市民社会显得必定要并排陈列出诸多特殊利益,甚至使其相互冲突):尤其借助它所实行的管理权力,同业公会具备一种"普遍性目的[……],这种目的完全是具体的"。① 因此,它是政治国家的社会性的预示。[357]近代个体已"成为市民社会的儿子",②如果这点属实,那么正是在对这个"第二家庭"③的归属中(同业公会制度对个体而言便是第二家庭),这份亲子关系才有机会被表达。同业公会是对社会特殊性的第一个社会性的扬弃,它们是"在特殊[领域]中的制度"④的本质性的机构,正如市民社会是外在国家那样。它们预示政治制度的合理普遍性,它们是"国家的牢固基础,同样也是个体对于国家的信任及意向态度的稳固基础"。⑤

由此,政治意向态度的社会性起源得到了解释。借助参与同业公会生活,并借助实践同业公会生活所产生的社会性德性,以普遍物为目的的使命感产生并发展了:被制度化了的职业荣誉反复教导一种能力,即能够实现一种"更为普遍的生活方式"⑥的能力。同业公会精神具体展现在规定的实践之中,它建构一种普遍物的教化,这种教化在公民的国家生活的参与中被真正运用。同业公会精神同样也保证政治观点在社会状况及冲突的管理中占据优势地位。与政治代表制的机制联合在一起,这种社会教化保障共同体的伦理—政治的身份认同,或至少说,为此保障做出贡献。

---

① *RPh*,第 251 节,*W*,第 7 卷,页 394;*PPD*,页 328。
② *RPh*,第 238 节,*W*,第 7 卷,页 386;*PPD*,页 320。
③ *RPh*,第 252 节,*W*,第 7 卷,页 394;*PPD*,页 329。
④ *RPh*,第 265 节,*W*,第 7 卷,页 412;*PPD*,页 348。
⑤ 出处同上。
⑥ *RPh*,第 253 节附释,*W*,第 7 卷,页 396;*PPD*,页 330。

因特殊领域的合法性而产生的同业公会精神,本身潜在地转变为国家精神[……]这就是市民爱国心的秘密之所在[……]正是在同业公会精神之中——因为它直接地含有特殊物在普遍物中的扎根——国家才具有在意向态度中所拥有的底蕴和力量。①

在这一点上,被视为社会性制度的教会是同业公会,正如职业协会,②教会参与到普遍物的教化的制订中(此教化是制度化了的市民生活对政治的特有贡献)。撇开其学说,对于任何一个教会的归属可能甚至是[358]一种伦理—政治义务:国家可以"要求其所有成员成为一个教会团体的一员"。③ 以上这点是不错的,只要教会至少最终不将国家视为对真实伦理而言的一种外在机制(真实伦理于是具有宗教本质的特点),不将其视为只为教会自身所揭示的目的服务的单纯手段。这个例子很好地说明,政治主观性在社会生活的制度性组织中的扎根不应被视为一种隶属,即将国家隶属于市民社会之下(教会只是社会生活的制度性组织中的一个组织,尽管它不仅只是如此)。相反,社会制度依赖政治制度,后者是理性的整体,它保证社会制度的伦理特征;正是这个原因,社会制度服从政治制度的控制。因此,在伦理中因果链条因如下情况显得可以来回倒转,即我们或者在其主观性的维度中审视它,或者按照其客观结构审视它。

---

① *RPh*,第 289 节附释,*W*,第 7 卷,页 458 – 459;*PPD*,页 388 – 389。[译注]中译参考《法哲学原理》,页 309,有改动。

② *RPh*,第 270 节附释,*W*,第 7 卷,页 422;*PPD*,页 358:"由个人组成的宗教团体被提升为一种教区,一种同业公会"。

③ *RPh*,第 270 节附释,*W*,第 7 卷,页 420;*PPD*,页 356。

政治主观性与道德意识

然而,一个问题出现了:为什么不是国家自己在其公民中形成公民德性,并为其自身使自身受到爱戴,这种爱戴使得个体被说服将其私人目的服从于普遍物?按照正如在客观秩序中的主体的观点来看,为什么应存在一种政治的社会性调解,正如同存在一种社会的政治性调解?为了理解这一点,合适的做法是,简短地重新审视黑格尔的道德研究。确定的是,黑格尔对道德观点的态度远非片面的否定。[①] 但有必要重新考虑黑格尔何以将一种道德的主观性理论包含在一种客观精神学说之中。事实上,这种理论与政治意向态度在社会中的扎根联系紧密。

主体对自由的实现负有责任,这种责任的担负为自由授予一种现实内容。换言之,在一种在规范方面被规定的行动中,客观性的自由要求主体操练自我规定的能力。道德的规范性观点在有效的现实中构建主观性:正是这一点为黑格尔将道德观点包含在客观精神学说之中这一做法提供了辩护。毫无疑问,比起道德,市民社会与国家具有更实在的形态,在它们之中,主观意志的法不可消除,即便可以被相对化。诚然,道德意识的辩证法[359]使道德意识承认,为了希求善,应假定善会以某种方式在人类世界中被实现;所以,在其发展整体中的伦理是道德观点的现实条件。但是道德意识的辩证法并未剥夺道德观点的重要性。所有以现实性与合理性为目的的行动以非强制的主体拥护为前提;同时,只坚持空洞的应然观点,主观性将不能达到其政治性的具体实现。

有了以上讨论,便可以确定道德意识、伦理意向态度与政治意向

---

① 参看前面第十一章。[译按]似应为"第十章"。

态度之间的关系。道德的观点将有限主体构建为一种具体现实,这种现实可以产生在规范方面受到导向的行动。通过自己,个体将自己现实地建构起来,为了他自己并为了其他行动着的主体。但是,如果个体持续固守在此观点之上,他会将其目的判定为始终不现实的目的。如果主观性不沉浸在社会领域的客观性中,它将有转向空虚之危险。在此情况下,仅仅是屈服于道德主义,其实践后果就可能令人害怕。但道德意识始终是一种方式,通过这种方式,个体被现实化,并且个体致力于掌握其行动的前因后果。在近代世界中,恰恰因为个体有成为个体的意愿,而不是诸多客观力量的一种单纯合力,所以他被引导着按照道德方式来体验与现实之间的关系,并首先体验与伦理—政治现实之间的关系。伦理意向态度(诸多社会性德性)与政治意向态度表达主观性的观点在伦理中的持久存在。因此,社会个体性与政治个体性——每种个体性都被一种德性(同业公会荣誉,日常公民精神)勾画出其特征——是道德个体性的实现,社会个体性与政治个体性通过使道德个体性对其客观的延伸部分感兴趣,从而确保道德个体性不受自身伤害。道德被提升到内在于客观精神的调解之列,主观性在伦理组织中活跃地存在(此处的伦理组织即为社会与国家,在其中主观性应该认识到它自己的合理现实性),这两个方面应被视为客观精神学说的康德哲学的要素。如果政治意向态度的理论是客观精神学说中的亚里士多德哲学的要素,那么人们可以将这一思想想象为一种努力,这种努力不是一种调停的努力,而是一种和解的努力,此努力的背景,是义务伦理学与德性伦理学①这两个被视为不可兼容的导向之间的辩证张力。

---

① 参见 A. MacIntyre,《德性之后》(*Après la vertu*),Paris,1997,特别是第 2、9、12 章,以及《何种正义?何种合理性?》(*Quelle justice? Quelle rationnalité?*),Paris,1993,第 7、8 章。

第十二章　主体，规范与制度：一种伦理生活是什么？

[361]客观精神学说为社会制度及政治制度赋予一种主要角色，如果这一点不容置疑，那么这对于如下两方面东西而言具有何种影响呢？即一方面是关于规范性的问题（不管人们有时粗略地说了什么，黑格尔绝没有放弃规范性），另一方面是人们可以想象如下行动的方式，即经验（"有限"）主体的在规范方面被构建起来的行动（此行动处于对经验主体来说或多或少具有约束作用的制度性的网状组织中）。我的假说如下，黑格尔的伦理学说在主观性与制度之间发展出了一种很特殊的关系，借助一种关于规范性的原创构想，这种关系能够规定，对个人而言过一种伦理生活意味着什么。适当的做法是，我们马上确定一下黑格尔使用的词汇。显然，"伦理生活"不应被理解为生物学意义上的生活，后者属于自然哲学，或者"伦理生活"也不应被理解为概念的生活，"逻辑的生活"，《逻辑学》处理后者；然而"伦理生活"以生物学意义上的生活及"逻辑的生活"为前提，并在某种意义上延伸了它们。因为生活——在其最普遍的意义上来说的生活——是"矛盾事物的和解性的联合"，所以它难道不是"思辨的存在"①吗？正如黑格尔在法兰克福宣称的那样，它难道不是"联系与非联系之间的联系"②吗？但是伦理生活（das sittliche Leben）与伦理（die Sittlichkeit）也不被混淆，尽管前者

---

① *Enzykl*，第337节，第9卷，页338；*Encycl* 2，页553。
② *Systemfragment*，第1卷，页422；*Francfort*，页372。

以后者为前提。因为,如果伦理在于[362]"过一种普遍性的生活",①那么仍须知道的是,对于个体而言,服从"习俗与法律"所宣布的"普遍语言"②的规范将如何使他过上一种生活,这种生活诚然是伦理的,但同样也是他的生活。换言之,一个文化及政治共同体通过一种规范性的方式规定信仰与习俗,对信仰与习俗的遵从如何准许、甚至促进个体理解自身并自主地实践?在现代性语境中,没有实践自主,个体将只是生物学意义上的单纯特殊物,也就是说,不是确切意义上说的个体。因此,对伦理生活的谈论——正如黑格尔有时所做的那样(此外,这种做法很罕见③)——假定了一个问题已被解决,这个问题即为在黑格尔的客观精神的强有力的制度背景中建构个体性或主观性。这里要处理的问题正是这个问题。

什么是伦理?

在耶拿时期的著作与成熟时期的著作之间黑格尔的伦理构想发生了本质转变,大家都承认这一点。初期著作发展了伊波利特称之是"自由的英雄式的构想"的东西,此时期著作带有很强的批判色调的痕迹,它们批判近代、资产者社会的两大特征,第一个特征是它蜷缩在

---

① *RPh*,第 258 节附释,*W*,第 7 卷,页 399;*PPD*,页 334。参见 *Naturrecht*,第 2 卷,页 489;*DN*,页 63。

② *PhG*,*W*,第 3 卷,页 266(*PhE* B,页 324;*PhE* H,页 I/292;*PhE* J/L,页 342;*PhE* L 页 250)。

③ 特别参看 *PhG*,*W*,第 3 卷,页 269 和 326(*PhE* B,页 328 和 386;*PhE* H,页 I/296 和 II/12;*PhE* J/L,页 345 和 405;*PhE* L 页 256 和 301)。*Geschichte*,第 12 卷,页 56(*RH*,页 136,参看 *Histoire*,页 41)。

"普遍的私人生活"①中,第二个特征是它的"政治的无能",②初期著作制订了一种真正的、"绝对的"、不是"相对的"伦理的先决条件,这些条件即为"压制"个体性,或至少将个体主张屈从于城邦共同体生活(politeuein)、公民生活的更高规范。相反,后期著作则具有与时代和解的操心的痕迹,它们放弃"希腊人高尚与快乐的自由"③理念,将市民社会与国家、资产者生活与政治生活的区分构建为现代世界的固有特征及其伦理优越性的表现。这些著作不仅[363]不再将"个体性的消失"④构建为伦理条件,而且个体性的主张被呈现为近代性、包括政治近代性的一种肯定性的特征(尽管黑格尔对此还有一定的保留)。就此方面,只要考虑1817年论符腾堡等级的文章对"基本教理书"即法国《人权宣言》所下的如下万分肯定的判断就够了,它首要的是对个人的"天生的及不可让渡的"权利的宣告,正是在此限度上说,它描绘了"国家组织的基础"。⑤ 然而,我觉得在耶拿时期与成熟时期之间的转变,与其说是伦理概念本身,还不如说是其实现条件的设立与对其对行动结构及主观性建构的影响的评估。

就伦理、道德(主体与行为的规范关系,主体以自主的方式为自己设定这些规范)与法(人与物的关系,以及人通过物的中介与其他人的关系)相区别而言,对伦理的最清楚的定义出现在《法哲学原理》第142节中:

> 伦理是自由的理念。它是活的善,这活的善在自我意识中具有它的知识和意志,通过自我意识的行动而达到它的现实

---

① *Narurrecht*,第2卷,页492;*DN*,页66。
② *Narurrecht*,第2卷,页494;*DN*,页68。
③ *GW*,第8卷,页262;*Esprit 2*,页93。
④ *GW*,第8卷,页263;*Esprit 2*,页95。
⑤ *Wurtemberg*, *W*,第4卷,页492;*Pol*,页240。

性;另一方面自我意识在伦理性的存在中具有它的绝对基础和起推动作用的目的。因此,伦理就是成为现存世界和自我意识本性的那种自由的概念。①

从对伦理的这个定义中,我们应该记住什么东西呢？首先,伦理构成道德—实践规范的一种现实化形式:自由的理念在伦理中获得一种现实性(自由的理念凭借自身并不拥有这种现实性),并且道德主观性所指涉的抽象的善成了一种活的善(因为这种善体现在共享的、共同体的实践及观念中)。第二,伦理以客观普遍性(即黑格尔所谓的"伦理存在"的普遍性或者"伦理实体","伦理实体"出现在上面的引文之后)与特殊主观性(个体的"自我意识")之间的互动为基础:前者是后者的"基础",后者是前者现实化的环节。第三,客观精神克服主体与世界之间的分裂,表面上看,这种分裂是先天的分裂。客观精神是通过一种直接给予而强加给我们的世界(它是现存的[vorhanden],以"这就是这样的"的方式存在),[364]但是它也是一个主体间性的世界,在此世界中,每个主体在他与如下两方面东西之间的双重关系中实践性地构建自己,一方面是其他主体(与他们一起,他介入一场关于承认的复杂游戏中),另一方面是一个"被给予之物",它总是已经在那里,然而,它只因其他主体与他而存在。因此,伦理一上来好像就担保了一种客观性与主观性之间的原初关系。但是,在处理这点之前,合适的做法是提醒一下黑格尔的伦理概念的某些本质方面。

人们说,伦理不是与法及道德并置的客观精神的一个"部分";

---

① RPh,第142节,W,第7卷,页292;PPD,页251。[译注]中译参考《法哲学原理》,页164。

事实上,唯有它才真正对应黑格尔的客观精神的定义①。它是一种被特殊主体体验的客观性;这些主体的同一性在他们与客观整体之间的被体验到的关系中得以构建(客观整体只有借助主体的行动并依靠他们的内在意向态度才存在)。因此,伦理与整个客观精神相一致。法与道德,它们不是伦理的特殊层面,而是其抽象环节:它们只有在伦理的具体统一性中被连接起来时,才具有坚实存在。当然,它们不是理智存在物,思维之物(Gedankendinge)。但是,它们是抽象的,因为其概念的实现预设诸多环节,这些环节对它们自己的原则而言是陌生的:法的实现并不仅仅是司法上的问题,道德目的的实现以"规范被赋予一种伦理客观性"(主观性声称,它通过自身将这里的规范授予自己)为前提。因此,按照这两个环节被理解的客观精神依然被一种不满足感侵袭,伦理的使命正是在于克服这种不满足感。但这并不是说,抽象/私法与道德的特有关系已在其中消失。相反,它们在其中获得其现实性的保障。伦理在其自身中统一并重新组织法的客观形式主义与良心的主观形式主义。虽然这种连接克服了它们抽象的对立,但它并未废除它们的区别。伦理首先具有一种客观性世界的特征,此世界的规定性形成一种"必然性的领域",这些规定性是"伦理性的力量,这些力量统治个体生活"。② 然而,个体不仅是此实体的"偶性",因为对个体而言,其行动所处的客观规定性的体系是一个被体验到的世界,只有当这个世界是"认知的对象",③[365]或至少是个体信仰的对象时,这个世界才具有现实性。与自然法则不同,伦理法则只有借助个体对它们所形成的观念才有效:它们的有效性依赖个体对它们的认识,并依赖个体赋予对它们的承认。

---

① 参看前面第六章,页 219。[译按]指原书页码。
② *RPh*,第 145 节,*W*,第 7 卷,页 294;*PPD*,页 252。
③ *RPh*,第 146 节,*W*,第 7 卷,页 294;*PPD*,页 252。

这就解释了为什么说,主体与伦理世界的客观组织所维持的关系具有两面性。从一方面来说,"伦理实体,它的法则与它的权力"对主体而言具有"绝对的、比自然的存在稳定得多的权威与力量";①因此,正如自然法则,它们完全处在个体可影响的范围之外。另一方面,这种客观性的力量不排除如下情况,即如果主体至少不自满于无效果地动用其"德性"来反对"世界潮流",如果他在客观精神中认出构成自己本质的东西(借助这东西,他能够成为一种主体),那么他能在客观性的力量中感到满足。因此,个体与其行动条件及规范之间的关系——当此关系采纳一种道德的应当形式时,它还是外在的关系——通过成为风俗(Sitte)即"普遍的行为方式"而被完全内在化,②伦理习俗是一种实践,它表达主体对建构他们的普遍物的拥护。因此,伦理显示了在客观精神中主观性的决定性作用。因为,只有特殊主观性在客观精神中成为客观法则的有效性的裁决机构(客观法则指导主观性的构建),客观精神才符合其概念,即成为这样"一个世界,[……]在其中,自由作为必然而存在"。③但是特殊主观性只有在与"形式的"良心不同,在它承认客观性、"世界的法"的优先权,并且接受它自己的强烈愿望可被相对化时,才能是客观法则的有效性的裁决机构。

主观性通过拥护规范性内容为此内容赋予现实性。在客观精神中,规范性内容首先并不借助主观性的拥护而被设立:它是主观性的实体,然而,作为实体,它一直是其行为的先决条件。第二自然,④伦理,诚然与外在自然完全不同,因为它是自由,此自由

---

① *RPh*,第146节,*W*,第7卷,页294;*PPD*,页252。
② *RPh*,第151节,*W*,第7卷,页301;*PPD*,页257。
③ *Enzykl*,第385节,*W*,第10卷,页32;*Encycl* 3,页180。
④ 参见*RPh*,第4节,*W*,第7卷,页46(*PPD*,页120),和第151节,*W*,第7卷,页301(*PPD*,页257)。

表现在必然性的形式中,并且它不是必然性的盲目统治。然而,它仍然是一种自然,至少正如它被本能地察觉到的那样:伦理所言说的语言是必然性的语言。因为,如果伦理促使主观个体性自我认识并自我实现,那么,它将不会被本能地领会成这个样子,尤其自如下情况发生后,即主观性[366]已摆脱先前施加在它身上的诸多束缚。对于个人而言,获得一种真正的自由是以一种教化(Bildung)为前提的,它是一种对普遍物的学习,这种学习的代价是一种"艰苦的劳作",①这种劳作在与如下两方面相对立时得以实行:一方面是个体的直接自然性,另一方面是个体自己对其自由所形成的表象。因此,他经常抵制最初对他显得好像是一种外在暴力的自由。所以,在客观精神领域,主观精神与客观精神之间的和解依然经常是(仅仅是)客观方面的和解。这就解释了为什么说,在政治—国家领域中,与被理解为主体权利的权利相比,义务通常显得占上风,尽管思辨地说,它们具有同样分量,在现实上甚至互补。②"伦理意向态度"与"政治意向态度"③不是主体自我规定的一种能力(此处主体的自我规定与主体的理性所构建的理性规范相一致),而是对国家及其法的权威的一种推心置腹的及朴实的拥护。因此,从本质上说,伦理不取决于个体目的及行为的卓越,而是首先依赖如下事实,即个体是"拥有好的法律的国家的公民"。④ 然而,从个体方面来说,伦理自然的这些法律的有效性并不以被动的屈服为前提。恰恰正是因为人不享有"植物的天真",⑤所以,与第一自然不同,第二自然应被主观意识承认并意愿,在这个意义上被培育。在理性国家中,主观自由不放弃其权利。

---

① *RPh*,第 187 节附释,*W*,第 7 卷,页 345;*PPD*,页 284。

② 参见 *RPh*,第 261 节,*W*,第 7 卷,页 407;*PPD*,页 345:"就如下情况而言[个人]对于[国家]具有义务,即他们同时享有权利。"

③ 参见前面第十一章。

④ *RPh*,第 153 节附释,*W*,第 7 卷,页 303;*PPD*,页 258。

⑤ 参见 *Enzykl*,第 248 节说明,*W*,第 9 卷,页 29;*Encycl 2*,页 189。

因此,在权利与义务、国家与主观意识之间应存在一种中介。此中介被伦理领域的底层结构加固,这些底层结构具有共同特征,即它们都是制度。

制度,客观精神的句法结构

名为制度主义的理论的目的是要扬弃在主观主义与客观主义之间二选一的抉择;①黑格尔的伦理学说[367]持有此目的,尽管它显得好像倾向于客观性这一边。正是在这里显示出了这一理论的高度一致性:超越它联合的诸多材料的明显异质性,此学说的目的是要显示个体与集体实践必然地扎根于制度之中。与此相反,法的观点与道德的观点将实践化简为抽象的行动范式(占取模式,权利转移与恢复模式;行为道德上的归罪及这种归罪所使用的规范系统),并且它们仅从它们个别的方面思考实践(法考量法律上的人的行为;道德评价主体的行为)。扎根于制度这一点在论及以下两方面时被考察,一方面是家庭(婚姻、亲子关系、遗产转让),另一方面是经济与社会关系(这些关系在不同个体阶层之间被构造,这些阶层处于市民社会的趋于去政治化的空间中);扎根于制度这一点同样也处在国家理论的核心,就此黑格尔说,法律与制度是"被思考的意志"。② 正是依靠这些制度(婚姻、同业工会、代表制议会……),主体才能服从一种普遍性规章,而没有剥夺感。这就是黑格

---

① 参见前面第四部分的引言,以及 M. Hauriot,《制度与创建理论(关于社会活力论的评论)》(La théorie de l'institution et de la fondation[Essai de vitalisme social]),载于《法的来源:权力,秩序,自由》(Aux sources du droit: le pouvoir, l'ordre, la liberté),Caen,页89–128。

② *RPh*,第 256 节附释,*W*,第 7 卷,页 398;*PPD*,页 332。

尔的制度主义所承受的悖论,他声称要解释它。然后问题是:对一种"世界的法"的承认是否对"主体意志的法"①强加了一种限制?或者说前者是后者现实性的条件? 黑格尔的伦理哲学并不必然地意味着将主观意志隶属于一种客观意志之下,这种客观意志沉积在诸多制度中;但是,确定的是,上述哲学排除与此相反的情况,所有的制度主义为客观组织赋予一种优先性,这种优先性是伦理体系的句法结构对伦理体系的语义学及语用学所具有的优先性(如果人们愿意这样说的话)。

个体沉浸在客观伦理环境中,个体与其同类以及与此环境的复杂关系含有一种有待解释的悖论。一方面,"客观伦理环境",或社会与政治世界,正如一个"必然领域",此领域对如下这些东西具有"一种绝对的权威与力量",②即个体,以及他们对自我、他者与其生活环境所具有的看法;另一方面,这些客观力量"不是某种对主体而言陌生的东西",因为它们保证"个体对其特殊性所享有的权利",③[368]换言之,它们构建他们的个体性本身。黑格尔通过挪用亚里士多德关于第二自然的主题,描绘了伦理世界与主体之间的这种相互构建的关系。这种伦理—政治的自然就是身份建构的运动,个体正如要求他们自己的本性或自由那样要求这种运动。换言之,自由,除了停留为徒劳无用的要求之外,一直被显得好像是它的他者的东西所介导与构建,即,实际上这种东西就是其现实与客观性的条件体系。因此,客观精神是彻头彻尾的精神性的(我们可以说:人的)世界,但它首先显示为被无人称的客观性组成。此外,这一点对应如下意识的本能感受,即将管束其行为的规范与制度的网状系统

---

① 对于这两个表达,参见 *RPh*,第 33 节,*W*,第 7 卷,页 87;*PPD*,页 142。
② *RPh*,第 145 和 146 节,*W*,第 7 卷,页 294-295;*PPD*,页 252。
③ *RPh*,第 147 节,*W*,第 7 卷,页 295(*PPD*,页 253),以及第 154 节,*W*,第 7 卷,页 294(*PPD*,页 258)。

领会为对其自主的束缚,而非其自由的条件的意识。由此产生客观精神的典型悖论:主体在客观精神中找到其身份认同,并凭借客观精神构建自己,但它也暴露于被剥夺与异化的危险(这种危险远非虚幻)。因为除了对制度效力的盲目信任以外(此处的制度是在其静态的与动态的双重意义上而言的制度),没有什么东西能绝对保证人们不受如下危险的威胁,即被如此构建的个体对不能被普遍化的利益的屈从、意识形态对社会与政治制度的负面影响、由此对个人选择的负面影响。意识形态永远只是虚假的普遍性意识,一种特殊形式的自我之在(l'etre – soi)为自身创造这种虚假的普遍性意识。因此,即便采纳黑格尔的前提条件,也应解释沉积在制度中的主体的建构性条件,对此解释附加一种意识形态的批判,以便用来预防或克服意识形态所引起的各种特殊的误入歧途。正是在这点上,批判理论以马克思及弗洛伊德为依托,与黑格尔的公认教义分道扬镳。黑格尔的公认教义的一个实例是右派的新黑格尔主义,它显示了当"理性辩证法在客观方面被反转过来并变得疯狂"时,①黑格尔的公认教义会为最令人不安的衍生东西做担保。

如何解释如下这样一种矛盾的关系呢?全靠这种关系,主观性与客观性、自由与必然、个体性与社会性相互建构并相互加强。为此,我们应引入第三[369]项,此第三项以一种插曲式的方式——但是是决定性的方式——出现在黑格尔的文本中,并且它无疑为制度主义的称谓做辩护(按照我所辩护的阐释,此处的制度主义是一种弱的制度主义)。确切说,此第三项就是制度。因

---

① M. Horkheimer 和 T. W. Adorno,《理性的辩证法》(*La dialectique de la raison*),Paris,1974,页 212。关于"对于法西斯的新黑格尔主义的批判",参见 H. Marcuse,《理性与革命:黑格尔与社会理论的诞生》(*Raison et révolution. Hegel et la naissance de la théorie sociale*),Paris,1968,页 448 及其后。关于一种当前的考察,参看 E. Renault 和 Y. Sintomer(主编),《批判理论处于何种情况?》(*Où en est la théorie critique?*),Paris,2003。

为伦理的(政治的、家庭的及社会的)制度,"在必然性中理性力量"①的表达,可以这么说,它们总是现存之物,所以它们不仅确保个体与客观整体之间的统一,还确保它们共同的生成。借由同一运动(借此运动,正如泰勒[Ch. Taylor]所说,"共享的意义"的生成活动运作起来,或者用卡斯托里亚迪斯[Castoriadis]的术语来说,"社会的想象性的设立活动"运作起来),伦理制度建构起主观性与客观性,个体(此个体具有对自由与自主的所有近代要求)与共同体(此共同体被理解为对话的空间,需要时,也被理解为冲突的空间)。正如奥里乌,黑格尔认为,制度不是人工制品;它们是"地层",是一种显而易见的古老基底。习俗、信仰与实践的交织构成行为领域,它们像依靠一种自然那样依靠在古老基底之上。对于被建构的主体来说,制度是拟事物,它们形成如下世界的动产,即主体在其中移动的世界;它们在那里,正如是永恒的那样,②它们显而易见,因为它们是日常行为的前提条件,它们为日常行为提供一种意义范围,因为它们实行一种"客观理性"。③ 因此,教会、军队、学校、职业的或协会性的组织,以及更为抽象的组织结构如婚姻、市场或语言,这些都是产生意义、真理、规范与个体的制度。然而它们不是事物,因为它们不具有物质性:制度是诸多纯粹的象征关系,它们构建主体的感知、表达与行动。感知、表达与行动只有就如下情

---

① *RPh*,第263节,*W*,第7卷,页410;*PPD*,页347。

② 萨维尼(Savigny)说,法律制度(Rechtsinstitute)"总是已经先于所有被给定的法的关系"。《当今罗马法体系》(*System des heutigen römischen Rechts*),1840,第1卷,第1部分,第2章,第7节。杰出的定义!人们试图将此定义运用于所有制度性形态。

③ V. Descombes,《存在一种客观精神吗?》(Y a-t-il un esprit objectif?),《哲学研究》(*Les Études philosophiques*),7—9月,1999,页364;这个表达已经出现在黑格尔那里:比如参看 *Enzykl*,第467节补充,*W*,第10卷,页287;*Encycl 3*,页563。

况而言才能进入到主体身份中,即主体完成某种仪式,这些仪式标识出主体对制度的从属,同时主体为制度赋予它唯一可以拥有的现实(一种象征性的现实,或主—客观的现实)。我们可以通过研究[370]家庭制度与社会制度所扮演的角色来核实这一点,①家庭制度与社会制度的职能不仅在于构建社会个体性,而且还构建政治个体性。

关于社会制度,黑格尔说,它们形成"在特殊[领域]中的[……]制度"②(当然人们可以将此说法普遍化)。婚姻与同业公会——它们是首先被分析的对象——在何种方面来说是制度呢?它们是如何构建并构建什么呢? 为了理解这一点,应在动态的、不断建构的意义上来理解"制度"这个词。社会制度在为个体所专有的特殊性的领域中建构"个体的信赖与意向态度"。③ 婚姻——在制度中的爱,如果不是制度性的爱的话:黑格尔说"就法律上来说的伦理的爱"④——在如下情况下是一种伦理的关系,即它克服个体的专横,却没有消除爱的倾向的诸多偶然物;制度的力量在于引导主体选择的偶然性,并且并不为了纯粹的法律的形式主义牺牲掉这种偶然性,正如在康德那里那样。因此,婚姻真实地构建了人际关系,此处确切说应是两性结合,这种构建并未牺牲性的冲动,而是将其构建为如下关系的"自然的环节",即本质上说已不再是自然的,而是伦理的或精神的关系;婚姻如此便构建了(女性的与男性的)人格的一种维度,即人格所包含的非法律的或超法律的维度。

至于同业公会(假定在这里完全不涉及中世纪行会[Zünfte],旧

---

① 参看前面第十一章。
② *RPh*,第265节,*W*,第7卷,第412;*PPD*,第348。
③ 出处同上。
④ *RPh*,第161节补充,*W*,第7卷,页310;*PPD* 1975,页200。

制度的同业工会与行会管事会,它们的唯一职能是维持特权,①并为了特殊利益抵制市场的普遍化逻辑),对于个体性本身而言,它们也具有建构功能。关于这个主题的最为清楚的文本是 1817 年论符腾堡等级的文章。这篇文章将以下两方面对立起来:一方面是行会精神(Zunftgeist),即旧式行会的工作精神(这些行会依赖其特权的维护);另一方面是社会特殊性的近代制度化,此制度化通过让个体性成为"某种[371]东西"而真正地建构了(社会的与政治的)个体性,与之相对,当此个体性就其自身而被考察时,它"什么都不是"。② 换言之,社会个体性(人或资产者的看法、选择及行为)以及——间接地——公民的政治个体性,这种"已成为习惯的意志",③并非与身体的个体一起被给予,而是被社会性地建构,这就是说,它们由制度化了的社会生活产生。但是如何做到这点呢?

个体的建构

如果客观精神的制度激起主观意向态度,那么此制度并非在如下意义上决定它们,即意向态度是制度的上层建筑的反映,这就解释了为什么说可以存在某种像伦理生活的东西:黑格尔的主观性的伦理建构理论不是一种在马克思意义上说的意识形态理论,尽管它

---

① 参见 J. ‐ Fr. Kervégan,《黑格尔,施米特:在思辨与实证之间的政治学》(Hegel. Carl Schmitt. Le politique entre spéculation et positivité), Paris,第二版, 2005,页 256 – 261,以及前面第五章,页 196 – 197。

② 黑格尔,Wurtemberg, W, 第 4 卷, 页 482; Pol, 页 230; 对于《什么是第三等级?》(Qu'est – ce que le Tiers – état?)的暗示显得很明显。同样参见 RPh Pöggeler,第 121 节,页 168 – 170(LDN, 页 199 – 201),和第 125 节,页 175(LDN, 页 205 – 206)。

③ RPh,第 268 节,W,第 7 卷,页 413; PPD,页 350。

第十二章 主体,规范与制度:一种伦理生活是什么? 459

可以(或者,按照霍克海默与阿多诺的看法,它应该)被这样一种理论拓展。黑格尔的弱的制度主义想要分析个体性的建构,同时不将个体性构造为引起它的如下制度的单纯踪迹,即家庭的、社会的及政治的客观制度。个体的身份认同以局部的从属为前提,因此以制度为前提(这些制度即为家庭、同业公会,不过也可以是司法管理或者市场),这些制度通过激发共同归属感来助长个体的身份认同:我不仅是"一个资产者",即"虚无",①正如卢梭凶狠地评论的那样。我归属于某种职业,某种宗教的或文化的共同体,某种地域上的团体,借此我(包括在我看来)获得身份认同。

社会与政治生活的近代条件要求自觉的及积极的个体性,此个体性以人们所归属的制度与系统为前提条件,但它永远不会以一种机械性的方式来自于它们:我的社会性的身份认同(我的习俗[ethos])与政治性的身份认同(我的观点与对当下政治及社会问题的介入)不能从我在制度领域内的客观特性中推导出来。这就解释了为什么说,我的独特的个体性扎根于制度中,当我接受这点时,我是"自由的"(包括从[372]关于"自由是什么"这种粗糙观点来看)。自由,首先在这个词的一般意义上来说,是指我在使我个体化的诸多特性中并非(完全)被决定。但是,自由,在这个词的确切的黑格尔的意义上来说,也表示:如果自由是在他者中的在自身身边的存在(或向自我的生成),如果自由由一种"绝对的肯定"构成,这种肯定诞生于"否定性,因为它深化自身,直至最高强度",②那么人们就理解,由于客观精神的培育性的、教化性的——在这个词的引人注

---

① 参见 Rousseau,《爱弥儿》(Emile),第 1 卷,《全集》(OC),第 4 卷,页 25:"这将是众多普通人中的一个人;一个法国人,一个英国人,一个资产者;这将是虚无。"关于在近代国家中公民精神的堕落,同样参见 Contrat,第 1 卷,第 6 章,OC,第 3 卷,页 361 - 362。

② Enzykl,第 87 节说明,W,第 8 卷,页 387;Encycl 1,页 351。

目的意义上而言——浸染影响①（客观精神被制度传播，并沉积在习俗与习惯中），社会及政治主体的现实自由在主体中产生（道德主体的现实自由也是如此）。但是这种浸染影响，用莱布尼兹的话来说，"使某种倾向产生，但不必然招致某物发生"。因此，伦理与政治的自由并不单纯在于承认必然性（就制度对个体观念与意志施加影响而言，制度体现此处的必然性），而有时在于与必然性相碰撞，比如在揭竿而起反对不公正成为个体的荣誉时，正如在法国大革命期间。

让我们审视一下，在客观精神的语境中，如下个体性的不同形象相互联系在一起的方式，即法律上的人，道德主体，社会的人（《法哲学原理》中"作为资产者的 Bürger②③），最后是政治公民。一种线性解读（与之相伴随，对扬弃的一种目的论式的理解）可能使人们认为，这些形象中的每一个形象都超越前一形象，因此前一形象不是被保存下来，而是被取消。相反，我认为，扬弃在这里（并且可能一般地来说④）具有如下意义，即回溯到一种东西那里，这种东西论证一种立场（也就是说，相对地为一种立场作辩护），我不认为扬弃具有前进的意义，即前进到一种东西那里，这种东西驳斥一种立场：正如《逻辑学》所指出的那样，向结果的进展同样也是向根

---

① "正是通过这种教化工作，主观意志才在自身中获得客观性，只有在这种客观性中它才有价值和能力成为理念的现实性。"（RPh，第187节附释，W，第7卷，页345；PPD，页284。）[译注]中译参考《法哲学原理》，页202－203，略有改动。

② RPh，第190节附释，W，第7卷，页348；PPD，页287。

③ [译按]关于 Bürger 的分析，参看前面"第二部分：社会的活力与缺陷"及"第二部分引言：社会考古学"。

④ 参见 WdL 1(2)，W，第5卷，页114："因此，被扬弃的东西（das Aufgehobene）同时也被保留了下来[；]它只是失去了它的直接性，但是因为这个缘故它并非被消灭。"

第十二章　主体,规范与制度:一种伦理生活是什么？　　461

据的回溯,①因为,[373]真正的直接性被先于它的诸多中介中介。《法哲学原理》充分证实了"真理的方法"的这种"进展—回溯"的结构:同样在这里,"结果"(国家)是家庭与市民社会这两个环节的"真正基础",这些环节在"科学的概念的发展进程"中先于这个结果。② 因此,个体性的严格意义上说的政治姿态是逻辑的结果(此处的政治姿态即指公民身份与"政治意向态度",公民身份借"政治意向态度"显现自身),同样也是先前诸多形象(法律上的人、道德主体与资产者)的真正基础。正如"国家,普遍地说,是首项,仅仅在其中家庭发展为市民社会",③人们同样也可以说公民是资产者的"真正基础",并且间接地是法律上的人与道德主体的"真正基础"。这意味着什么呢？ 在社会与政治职能分化的近代环境下,政治主观性或政治习俗(ethos)是这样一种东西的现实性条件(而不是可能性条件),在这种东西中政治主观性扎了根,就是说,政治主观性或政治习俗是个体性的前政治的(即家庭的与社会的)形象的条件:个体性的前政治的形象在自身中保留抽象观念,政治主观性或政治习俗将这些前政治的形象从抽象观念中解救出来,这导致在现代性的政治组织(后革命时期的国家)之外,法律上的人、道德主体及社会的人没有现实性的存在。然而,我们已经看到,"在国家中存在的制度"④产生政治主观性。因此,我们在处理一种循环模式。社会制度(及政治制度)产生公民精神;反过来,公民精神实现及培育主观意向态度(比

---

① 参见 *WdL* 3, *W*,第 6 卷,页 570;*SL* 3,页 389:"以这种方式,在以后的规定中,每前进一步离开不曾规定的开端时,也是后退一步靠近开端,以至于那后退论证开端和前进往下规定开端初看好像是差异的东西,都相互汇合了,并且是同一回事了。"[译注]中译参考《逻辑学》下卷,页 550。
② *RPh*,第 256 节附释,*W*,第 7 卷,页 397–398;*PPD*,页 332。
③ *RPh*,第 256 节附释,*W*,第 7 卷,页 398;*PPD*,页 332。
④ *RPh*,第 268 节,*W*,第 7 卷,页 413;*PPD*,页 350。参看前面第十一章。

如"同业公会精神"①),主观意向态度为局部系统(即家庭与市民社会)的良好运行所需要(家庭与市民社会本身将法与道德的"抽象"规定现实化了)。因此,主观意向态度("整体精神"及"团体精神"②)诚然被制度的运行激起,但前者本身也回溯性地维持后者,使后者的运行成为可能,如有必要,这意味着促进后者转变。

[374]对于以上说法人们可能会反对说,如果伦理的意向态度的成分,换言之,伦理主观性的不同形象,其任务在于巩固制度性的组织(这些组织引发伦理主观性的不同形象的产生),那么对于制度而言的个体的自主部分依旧很受限制。对此反对意见,人们可以提出一种双重的回复。首先,黑格尔(正如康德已经做的那样)拒绝所有对主观自由所下的仅仅是否定性的定义,这一点当记住;在他看来,如下这一点绝非理所当然,即排斥与制度相符的观念与实践的个人,或拒绝它们的个人,按其本性就比这样一种人自由,这种人遵循从其处境中产生出来的义务,并且不受此种义务拘束。③与之相反,黑格尔明确表示:

> 个人主观地规定其自由的权利,只有在个人属于伦理性的现实时,才能得到实现,因为只有在这种客观性中,个人对自己自由的确信才具有真理性,也只有在伦理中个人才实际上占有

---

① 参见 RPh,第 289 节附释,W,第 7 卷,页 459;PPD,页 388–389。

② 参见 RPh Pöggeler,第 132 节附释,页 186;LDN,页 215。参看前面第四章,页 159 及其后。

③ 这一点在很大程度上解释了为什么黑格尔厌恶如下崇拜,即在 Stirner 之前德国浪漫主义(Tieck,Schlegel 兄弟,Novalis,Kleist……)所实行的对"高贵的自我"的崇拜(参看 RPh,第 140 节,W,第 7 卷,页 277 以后[PPD,页 245 以后]),以及黑格尔对 Solger 死后出版的作品的评论(第 11 卷,页 205–274。《浪漫主义的讽刺》[L'ironie romantique],Reid 翻译, Paris,1997)。

他本身的实质和他内在的普遍性。①

黑格尔深信,在诸多规范体系分化的情景中,即在近代伦理情境中,特殊主观性对普遍的客观规范("法律与制度是自在自为的"②)的拥护不会引起任何如下不可救药的牺牲,即牺牲掉"个体对其特殊性的权利"。③按照黑格尔的看法,事实是此权利在伦理的非政治的成分(即家庭与市民社会)中尤为受到尊崇,在那里,(配偶,职业的)自由选择的原则扮演本质性的角色,因为正是在此原则之中存在如下两方面之间的差别,一方面是近代社会,它直到某种程度上都以产业自由的原则为基础,另一方面是旧等级社会,它在一个刻板的上下有别的政治—社会空间中为每个人分配一种不可变的位置("三个等级"形成了"封建主义的幻想"④)。黑格尔总结说:

> [375]如果主观特殊性被维持在客观秩序中并适合于客观秩序,同时其权利也得到承认,那末,它就成为使整个市民社会变得富有生气[……]的一个原则了。如果人们承认在市民社会和国家中一切都由于理性而必然发生,同时也以任性为中介,并且承认这种法,那末人们对于通常所称的自由,也就作出更详密的规定了。⑤

---

① *RPh*,第 153 节,*W*,第 7 卷,页 303;*PPD*,页 258。[译注]中译参考《法哲学原理》,页 172,略有改动。
② *RPh*,第 144 节,*W*,第 7 卷,页 294;*PPD*,页 252。
③ *RPh*,第 154 节,*W*,第 7 卷,页 304;*PPD*,页 258。
④ 参见 G. Duby,《封建主义的三个等级或者幻想》(*Les trois ordres ou l'imaginaire du féodalisme*),Paris,1980。
⑤ *RPh*,第 206 节附释,*W*,第 7 卷,页 358 – 359;*PPD*,页 297。[译注]中译参考《法哲学原理》,页 215 – 216。

回复的第二个环节:在客观精神中主观性不断依照"世界的法"被测评(世界的法体现在伦理—政治制度及与此制度相联系的整体规范中),如果这一点不容置疑,并且如果世界的法以一定的方式抑制主观性这一点属实,那么如下情况也属实,即多亏了"存在着的理性"、①在制度中沉积下来的客观理性的历史性的工作,主观性才得以在有效的现实中构建自身(此处的主观性甚至包括这样一种主观性,这种主观性提出极端要求,并提出极为纵容自己的要求)。主观精神理论将自由的主观性呈现为好像是精神在时间之外所获得的关于自身的知识的终点。自由的主观性事实上处于历史之中,因此几乎可以说,它是客观精神在主观性范畴本身之内的踪迹。正如《哲学科学百科全书》与《法哲学原理》所提醒的那样,思考自身并自由行动的主体——此处的自由包括主体不受世界的束缚,并且此世界所包含的限制也不束缚主体——是历史的一个(相当迟的)产物。

何谓过一种伦理生活?

在本章开头我们就说,不应混淆伦理(Sittlichkeit)与伦理生活(sittliches Leben)。在语文学的考虑之外,我们现在要辨识其哲学上的理由。在伦理中,客观精神的客观成分(制度)扮演着驱动性的角色,诚然,伦理通过生产出几乎可以说是主观性的现实化的模式,来创造伦理生活的诸多条件(这些模式已被区分化,并且处于历史情境之中);但是,当然唯有个体——伦理利于这些个体的构建——才能拥有这样一种生活,即以一种明智而一致的方式亲历(vivre)伦理,好像伦理来源于个体的自主选择。[376]然而,自

---

① *Enzykl*,第6节,*W*,第8卷,页47;*Encycl* 1,页169。《法哲学原理》序言谈及了"作为现存现实的理性"(*RPh*,*W*,第7卷,页26;*PPD*,页106)。

主与规范性的承认及遵守携手并进(此处的规范性并非强加在主体身上,但是它几乎可以说在主体身上发现了其有效性的保障),在这一点上黑格尔也听取了康德的教训。因此,产生了如下问题:黑格尔羞辱一种主观主义①(他的客观精神的制度性构想声称要根除这种主观主义),在不掉入到这种主观主义的陷阱的情况下,什么时候人们才能说个体是主体? 我不能确定这个问题是否能在文本中找到一种明晰清楚的回答(对此问题,人们可以指出,如果人们可以摆脱对于黑格尔哲学的传统解读,无论这些解读是赞成还是反对它,那么这个问题将是很切要的问题)。但是人们可以在文本中找到一系列的要素,如果人们将其搜集起来,那么这些要素会为找到可能所是的答案提供线索。

第一个要素:承认。黑格尔的如下两种做法体现了一种伟大的才干,第一,尤其在耶拿时期的著作中,他将主观性的建构问题与促进主体间的承认(或相反,导致其否定)的过程问题联系起来;第二,他从冲突的原因出发思考上述过程。显然,我想到了(过多地?)在《精神现象学》中"为承认而斗争"的著名分析,对此,人们应当记得,根据这一节的题目本身的提示,此分析的关键之处在于"自我意识的独立与依赖",②也就是说,获得自我之在,获得主观性。死亡的考验,这个"绝对的主人",以及对主人的残忍的、前政治的统治的经验,这些都是"真理"的条件,此真理即为"被承认为一种独立的自我意识"。③ 对此需要补充的是,一种被逼取的承认,正如"主人"认为所取得的那种承认,只能是非本真的并且是靠不住的承认。这就解释

---

① 参看对如下形态的详细分析,即"将自己断言为绝对物的主观性"的不同形态:*RPh*,第 140 节附释,*W*,第 7 卷,页 265 及其后;*PPD*,页 236 及其后。

② *PhG*,*W*,第 3 卷,页 145(*PhE* B,页 201;*PhE* H,页 I/155;*PhE* J/L,页 216;*PhE* L 页 150)。

③ *PhG*,*W*,第 3 卷,页 149(*PhE* B,页 205;*PhE* H,页 I/159;*PhE* J/L,页 221;*PhE* L 页 153)。

了为什么说,为承认的斗争"只能发生在自然状态中":①它处于一种过渡之中,向边界的过渡之中,它先于社会与个体性的符号性建构(这些符号性的建构以对他人人性的承认为最基本条件)。但是这个起始的谜的存在也是为了提醒我们(此处的起始是在其引人注目的意义上而言的起始,在几乎所有耶拿时期的作品中,黑格尔重复运用着这个词),承认,因而共同生活,因而主观性的获得,这些都不是一种被给予的东西,或某种既得的东西,而是一种开放的发展过程的成败关键:[377]"在这种自由中被设立的东西同样也是非承认的可能性,以及非自由的可能性。"②非承认的可能性不仅涉及自然状态所指涉的虚构型的起源;③它也涉及所有社会的病态形式,黑格尔在《法哲学原理》中概括地分析了这些形式,当代政治哲学的一个潮流从一种广义的承认概念出发,正努力使黑格尔的分析适应当下形势的新需要。④

第二个要素:艰辛的劳作。在耶拿时期的著作中(以及法兰克福时期的某些文本中)我们就认识到了此主题的重要性,它证明了黑格尔对古典经济学家(斯密,再晚些的李嘉图)或后来的重商主义者(如斯图亚特)的阅读影响了他。我们也知道,"对政治经济学

① *Enzykl*,第432节补充,*W*,第10卷,页221;*Encycl 3*,页533。
② *SS*,*GW*,第5卷,页305;*Vie éthique*,页138。
③ 参看*Enzykl*,第433节说明,W,第10卷,页223(*Encycl 3*,页231)和 *RPh*,第349节附释,*W*,第7卷,页507(*PPD*,页435-436)。
④ 承认主题的重要性及其创造性在Kojève之后被如下作者强调:L. Siep(《作为实践哲学原则的承认》[*Anerkennung als Prinzip der praktischen Philosophie*],Munich,1979),A. Honneth(《为承认而斗争》[*La lutte pour la reconnaissance*],Paris,2000;《忍受不确定性》[*Leiden an Unbestimmtheit*],Stuttgart,2001),F. Fischbach(《费希特与黑格尔:承认》[*Fichte et Hegel. La reconnaissance*],Paris,1999),并且在一个非直接是黑格尔的语境中,承认主题的重要性及其创造性被E. Renault强调(《社会的藐视:承认的伦理学与政治学》[*Mépris social. Ethique et politique de la reconnaissance*],Bordeaux,2000)。

的接受"(里德尔)为黑格尔的市民社会概念的形成做出了巨大贡献。我将在这里迅速论及劳动在如下主观性的构建中所起的作用,即能够过一种伦理生活的主观性,此处提及的劳动的作用是不太有名的一个方面。诚然,特别是在马克思的影响下,人们经常从黑格尔的分析中提取异化的批判(劳动组织的近代形式包含且必然包含异化):我想到黑格尔在《法哲学原理》中对"消失在其两极中的伦理"①的结构性矛盾的分析。但是这不应让人忘记,对黑格尔而言(对马克思也是如此),劳动产生异化,它同时也是构建主观性及主体间性的决定性因素;用哈贝马斯的话来说,在黑格尔那里,在劳动与交互作用之间存在一种本质联系。② 比如说让我们读一下1803—1804年的《精神哲学》或《伦理体系》,在那里,劳动在民族的层面上被展现为一种"主体的活动",此活动被设立为普遍规则"。③ 因此,劳动是一种普遍化的方法,它是一种工具,其目的是将主体从特殊背景中抽离出来(主体生来被囚禁在特殊背景中),如果这种工具并未[378]以任何一种有意识地为上述目的服务的规划为前提,那么它将变得更有威力。换言之,在近代市民社会语境中,劳动同时是主观性的剥夺的因素与构建的因素;用1802年论自然法的文章的词汇来说,劳动同时是伦理生活的悲剧与喜剧。

第三个要素:规范性。伦理学说是弱的制度主义,这种弱的制度主义绝不排斥如下情况,即伦理包含规范性的结构。强调这一点是合适的,因为一种仍占主流的解读方式与如下观念相违背,即黑格尔对"应当"及"关于世界的道德的看法"的批判丝毫不意味着他

---

① *RPh*,第184节,*W*,第7卷,页340;*PPD*,页280。参看前面第六章。
② 参见 J. Habermas,《劳动与交往》(Travail et interaction),载于《作为意识形态的技术和科学》(*La technique et la science comme idéologie*),Paris,1978,页163及其后。
③ *GW*,第6卷,页320;*Esprit* 1,页102。

拒绝规范性本身(黑格尔尤其在《精神现象学》中详述了"应当"及"关于世界的道德的看法"的批判,①并且在后来的著作中以多种形式重述了它们)。在这里,我将不评注"关于世界的道德的看法"的著名分析。但是我们已经指出,黑格尔批判"未完成的道德",他从《法哲学原理》所谓的"真正的良心"的观点出发进行此批判,"真正的良心"事实上与伦理—政治的主观性②相重合。未完成的道德符合黑格尔在《逻辑学》"存在论"中关于应当及限制所描述的结构,它要求自身的无限化。因此,《逻辑学》的真正的无限性对应道德的伦理性的实现,或在《精神现象学》的范围内来说,《逻辑学》的真正的无限性对应从关于世界的道德的看法到"和解的是"③的转变,多亏这种"和解的是",在恶的承认与宽恕中,两种意识相互承认,从而克服了形式的道德意识的困境与优美灵魂的虚伪。人们至少应注意行为的规范性结构的诸多界限,正如《哲学科学百科全书》用对立推理的方式(a contrario)所强调的那样:"理念[……]并非如此无力,以至于仅仅应当存在。"④但是规范性的基础结构——存在(Sein)与应当(Sollen)之间的矛盾——完全与黑格尔哲学的要求相融合,当然条件是人们以一种动态的、过程的方式理解上述结构。《逻辑学》强调应当的理念所蕴含的矛盾性的原动力:界限严格地规定有限存在[379](只有在它的界限之中某物才是它所是的东

---

① "对其自身具有确定性的精神:道德"(Der seiner selbst gewisse Geist. Die Moralität):*PhG*,*W*,第 3 卷,页 441 以后(*PhE* B,页 507;*PhE* H,页 I/142;*PhE* J/L,页 525 以后;*PhE* L 页 398)。

② *RPh*,第 137 节附释,*W*,第 7 卷,页 256;*PPD*,页 233。参见前面第十章。

③ *PhG*,*W*,第 3 卷,页 494(*PhE* B,页 559;*PhE* H,页 II/200;*PhE* J/L,页 580;*PhE* L 页 443)。

④ *Enzykl*,第 6 节说明,*W*,第 8 卷,页 49;*Encycl* 1,页 170。

西①),与界限相对立,限制(die Schranke)影响存在着的东西,它意味着约束,它同时意味着不得不克服这种约束的要求,因而"在应当中开始了有限性的扬弃,无限性"。② 诚然,这种对于有限的扬弃本身依然是有限的;这就解释了为什么说,它采纳了一种应当的形式或不确定的形式。然而,如果应当(Sollen)不被理解为最后的前景,那么应当问题会产生很多理论产物,因为它以一种适当的方式描述了有限主体与被给予的世界之间的关系(此处的世界与主体相对峙):

> 应当是[……]对限制的超越,但是仅仅是一种本身有限的超越。因此它在有限领域中有其位置和效力,在有限领域中,它面对着被限制的东西,坚持着自在存在,并且面对着虚无的东西,主张这种自在存在[……]义务是一种应当,这种应当被转过来用来反对特殊的意志,自私的欲望及任意的利益;只要意志在其流动性中能够与真的东西相隔离开来,那么真的东西作为一种应当,可以被拿来与意志对峙[……]但是在现实中合理性与法的情况并没有那么悲惨,以至于它们仅仅应当存在。③。

应当的观点的丰产性或规范性的观点的丰产性甚至可以在理念领域中表现出来,然而理念"并非如此无力,以至于仅仅应当存在"。事实上,当逻辑的理念还未与思维的纯粹过程相同一时(正如绝对理念那样),它包含一种目的论式的构造("行动的三段论"

---

① *WdL* 1(1),*GW*,第 11 卷,页 69;*SL* 1,页 97。
② *WdL* 1(2),*W*,第 5 卷,页 121。
③ *WdL* 1(2),*W*,第 5 卷,页 147 - 148。

尤其显示此构造)。① 这种目的论—规范性的结构的扬弃也正是主体自身及其意志的有限性的扬弃。当然,这不是说主体消失了,并与之相伴随,为其实践生活赋予意义的诸多观念也消失了。相反,主体通过如下方式克服其自身的有限性,即向存在的世界承认它所具有的尊严,抽象的规范主义——这里尤指凯尔森,而非康德——仅为关于应当存在的东西的观念保留这种尊严。主体对世界施加合理影响,借助承认世界的合理性(现实性!),主体为此影响赋予意义,并且将自身设定为理性主体。但这只有当他采取规范性的姿态时才有可能,即,没有这种姿态,他不能将自身设定为一种行动的主体。这恰恰正是在客观精神的分析中、在道德与伦理的接合点上出现的东西,[380]这也解释了为什么说,从道德到伦理的过渡包含对《逻辑学》中对善的理念的分析的明显指涉。② 在《逻辑学》中,影响行为的矛盾的解决历经世界的现实性的恢复这一环节,③同样地,在《法哲学原理》中,道德主观性的矛盾——这些矛盾被主观主义的堕落败坏阐明,《法哲学原理》第140节的附释揭露了这些堕落败坏——在对"世界的法"的承认中找到了出路,没有这种承认,"主观意志的法"本身将依然是非现实的法,并与之相伴随,"理念的法"也将依然是非现实的法。④ 然而,如果伦理是已成为世界的自由,并且正是它的制度性的建构使它与法律规范性及道德规范性的抽象领域相区别,那么世界的法的尊崇首要地依赖于伦理制度。

不是被逼取的而是总是要一再地被赢取的承认、一种社会主体

---

① *WdL* 3,*W*,第6卷,页545;*SL* 3,页363。参见前面第一部分的引言与第十章。

② *RPh*,第141节附释,*W*,第7卷,页286;*PPD*,页248。

③ "实现,即自在自为的确定的客观性,[……]是一种被给定的东西,并且真正存在着的东西是不依赖主观设定行为的现存的现实性。"(*WdL* 3,*W*,第6卷,页545;*SL* 3,页362)

④ *RPh*,第33节,*W*,第7卷,页87;*PPD*,页142。

间性的建构(此建构尤其依靠艰辛的劳作)、规范性组织的积极内化(没有这些组织,就不存在有意义的行为):这些(可能)就是使个体过上一种伦理生活的基础的、必要非充分的条件(简单说来,过上一种伦理生活就意味着个体能够成为生活的主体)。上述条件不会被一劳永逸地取得,黑格尔不是第一个也不是最后一个觉察到这一点的人。

结束语　概念的受难[1]

[381]黑格尔有许多名句,其中一句即为:"没有激情,那世界上任何伟大的事情都不能实现。"[2]初次读到这一句子,人们可能会主张(人们有时已这样做了),此断言是对启蒙运动及理性主义的浪漫主义式的反动(理性主义将激情构建成理性的他者,并仅将其构建成这样);于是黑格尔的这一名句被用来反对哲学及近代科学所实行的计划。由此,存在一种庞大的阐释传统,至少在某些特定方面或在其作品的某个部分中,此传统将黑格尔塑造为浪漫主义者,或至少是生命哲学(Lebensphilosophie)的先驱,因此是某种特定形式的非理性主义的先驱;此处提及狄尔泰(Dilthey)对黑格尔的解读,或提及格罗克纳(Glockner)的"泛悲剧主义"与"泛逻辑主义"的对比,就足够了。[3] 当然,对黑格尔而言,事情并非是简单地用激情

---

① [译按]在此篇结束语中,笼统来说,作者在如下两类情况中运用法语 passion 一词。第一类情况是作者在"激情"的意义上使用此词,如他谈及 la passion de la subjectivité(主观性的激情),passions sociales(社会性的激情)。第二类情况是他在"受难"的意义上使用此词,如他谈及 la passion du concept(概念的受难),在此情况中,作者特别指出此表达的基督教背景,即"耶稣受难"。读者在阅读时当留意,汉语"受难"与"激情"这两个词在原文中对应同一法语词 passion。

② *VG*,页 85;*RH*,页 108-109。参看 *Enzykl*,第 474 节说明,*W*,第 10 卷,页 296;*Encycl* 3,页 272。

③ 参看 W. Dilthey,《黑格尔的青年史》(*Die Jugendgeschichte Hegels*),《文集》(*Gesammelte Schriften*),第 4 册,Leipzig,1963;H. Glockner,《黑格尔》(*Hegel*),载于《黑格尔》(*Hegel*),*SW*,第 21 和 22 册。

反对理性;完全相反,他试图在激情的综合征中辨识出一种"真正的合理性"。① 人们应以黑格尔对合知性(Verständigkeit)、知性的形式合理性的批判作为尺度来评价此合理性。但"真正的合理性"与近代哲学主流所要求的理性主义没有什么关系。

[382]黑格尔的计划是促进一种合理性,此合理性高于知性哲学的理性,然而,人们可以以另一种方式理解此计划,尤其是当人们根据"理性的狡计"这一主题来研究它的话(理性的狡计是黑格尔注疏的另一个常见主题)。我们知道,黑格尔在论历史哲学的讲义中发展出理性的狡计这一主题;但人们经常忘记,此主题首先出现在《逻辑学》中,在《逻辑学》中,它获得一种相当不同的阐释。② 借助这个让人熟悉的(太让人熟悉的)主题,我们初看起来接触到的是人们所称的黑格尔的超级理性主义。我的目的不是阐释、更不要说驳斥"黑格尔的理性狡计理论",对我而言,此理论不存在,或至少说,不具有人们有时为其赋予的宽泛意义。我只是顺便指出,对黑格尔的超级理性主义的批判源自一种过时的解释传统,③内在性阅读的支持者强烈反对此批判,或者——如果人们更偏向于这种说法的话——正统阅读的支持者强烈反对此批判。比如,最近人们已指出,对理性狡计的通常解读以内在目的论与外在目的论之间的混淆为基础。④ 然而,我们不能否定,理性的狡计——或者人们为此

---

① *Enzykl*,第 474 节说明,*W*,第 10 卷,页 297;*Encycl* 3,页 273。

② 参看 *VG*,页 105(*RH*,页 129)以及 *WdL* 3,*W*,第 6 卷,页 452-453(*SL* 3,页 262-263)。

③ 就我所知,这个传统可被追溯至兰克(Ranke),兰克在给马克西米连(Maximilien)大公的授课(1854 年)中,将历史上的黑格尔哲学刻画为一种"傀儡理论"。参看《论世界史的时代》(*über die Epochen der Weltgeschichte*),载于《作品与遗著》(*Werk und Nachlass*),第 2 册,Munich-Vienne,1971,页 64。

④ B. Mabille,《黑格尔:偶然性的考验》(*Hegel. L'épreuve de la contingence*),Paris,页 163-170。

思想结构所起的其他名字——在黑格尔哲学内部构建起一个体系性问题。借助理性的狡计,体系拥有解除,或至少说控制世界的非理性的糟粕的方法(无论人们认为这些方法是否合理),世界的非理性的糟粕即为偶然性的显现及激情的产物。但在此情况下,体系面临一系列困难,并且人们可以认为,黑格尔在两种做法之间犹豫着,一种是直爽地将偶然性及特殊性力量解救出来,另一种具有消除偶然性的倾向,或如阿多诺(Adorno)所言,具有将差异屈从于同一的强制之下的倾向,① 对某些人而言,此倾向不可遏制。为了指出解决这些困难的途径,我将研究在思辨哲学体系中,尤其在客观精神领域内诸激情的文本位置及意义,因此重新触碰在前言中提出的黑格尔哲学的形而上学的地位问题。

主观性的激情

[383]在论历史哲学讲义的导言中有一个段落探讨在历史的发展动力中诸激情所扮演的角色,这一段落所处的位置有时让人忘记,黑格尔的激情理论所处的专有位置并非在历史哲学、在客观精神学说的最后片段中,而是在主观精神学说中,更确切地说,在探讨实践精神的那个部分中(这完全是正常的);正是在那个部分的结尾,黑格尔内行地探讨了倾向(或冲动)及激情。② 黑格尔在《法哲学原理》导言中重新提及并细化了关于实践精神的这一分析,在那

---

① 参看 T. H. Adorno,《否定的辩证法》(*Dialectique négative*),Paris,1978,页 100 – 101。
② *Enzykl*,第 473 – 475 节,*W*,第 10 卷,页 295 – 298;*Encycl 3*,页 271 – 274。

里,此分析充当法的概念的哲学演绎的角色①,更确切地说,充当客观精神概念的哲学前提的角色。实践精神理论(或主观意志理论)是客观精神理论的体系性前提,这一点不应被忽视。主观意志(决定去意愿的精神)事实上是"客观意志"②的唯一前提,客观意志可被视为客观精神整个学说的指导性概念,或广义上来说的法的指导性概念,广义上来说的法即为"自由意志的定在"。③

关于黑格尔在主观精神语境中对激情的处理,首先应强调"冲动及倾向的辩证法"④与任性(die Willkür)维持着一种本质性关系。然而,任性,作为还是外在于自身的意志,无疑表达了精神自身的理性的及积极的本性,但以一种变形的及矛盾的方式。它不是"在真理中的意志",而毋宁说是"作为矛盾的意志"。⑤ 这就解释了为什么说,不管激情的语义学及其通常的意义上下文是什么,激情不是精神的被动性的一种单纯表达;它不应被理解为一个他者,此他者想从外部限制在精神中存在的精神性的东西,即限制作为(自主)能动性的自由。[384]一方面是激情,另一方面是精神自由的诚然还片面的及含糊的自我主张,这两方面的叠合解释了,黑格尔总是禁止自己去非难激情,或谴责激情的意志。事实上,"激情既不好,也不坏",⑥以至于在道德层面评价激情并不明智。激情夹带着在任性那里同样存在的矛盾,如同任性,它意味着"一个主体将其精

---

① 参看 *RPh*,第 2 节,*W*,第 7 卷,页 30;*PPD*,页 110。"就其生成来说,法的概念处在法学范围之外,其演绎在这里被预先假定,并应作为给定的东西而被接受下来。"参看前面第一章。

② *RPh*,第 13 节附释,*W*,第 7 卷,页 64;*PPD*,页 128。关于此概念,参看前面第一部分的前言。

③ 参看 *RPh*,第 29 节,*W*,第 7 卷,页 80;*PPD*,页 138。

④ *RPh*,第 17 节,*W*,第 7 卷,页 68;*PPD*,页 130。

⑤ *RPh*,第 15 节附释,*W*,第 7 卷,页 66;*PPD*,页 129。

⑥ *Enzykl*,第 474 节说明,*W*,第 10 卷,页 296;*Encycl 3*,页 272。

神、才智、品格及享受的所有具有生命力的重要东西都放在一个内容中"。① 因此,它促进一种规定的过程,多亏此过程,实践主体(意志)克服其直接的自然定在的抽象性,并通过接受其特殊决定的偶然性及有限特征(如果这些决定不是任意的话),②实践主体达到真正的自由及无限性(即在他者那里如在自身之中)。这就解释了为什么说,激情——不考虑疯狂这个极端形态,在疯狂中,主体迷失在"矛盾的绝对的恶"中③——不是纯粹单纯的主观性混乱。相反,正是仅仅借助激情,主观性才感受到在其偶然性部分与其理性部分之间的失衡,在其自我毁灭的特殊性与其肯定的普遍性之间的失衡;因此,激情与冲动"不是别的东西,正是主体的生命力"。④ 激情是此生命力的表达(此表达可能令人生畏),它有权要求一种真理性。但激情的结构中的这一内在真理性只在如下情况中才成为现实,即主体融入一种客观精神的秩序中,在此秩序中,主体在规范及制度的普遍性安排下遭遇到其他主体,每一主体都应承认规范及制度的普遍性安排的有效性。

仅在精神的主观性领域内,激情的矛盾的解决显得是偶然的。因为激情"在自身之内不具有其分寸",所以"任性的偶然决定"⑤就担负起了在相互矛盾的冲动间做选择的任务,如此为主体谋求一种不稳固的激情的平衡。同样也不存在对以下两方面的令人信服的

---

① *Enzykl*,第 474 节说明,*W*,第 10 卷,页 296;*Encycl* 3,页 272。
② 参看 *RPh*,第 12 节,*W*,第 7 卷,页 63;*PPD*,页 127:"由于意志[……]给予自身特殊性的形式,所以它是做出决定的意志,并且唯有作为做出决定的一般意志,它才是现实的意志。"
③ *Enzykl* 1817,第 321 节说明,*GW*,第 13 卷,页 296;*Encycl* 3/1817,第 322 节说明,页 112。
④ *Enzykl*,第 475 节说明,*W*,第 10 卷,页 298;*Encycl* 3,页 274。
⑤ *RPh*,第 17 节,*W*,第 7 卷,页 68;*PPD*,页 130。也参看 *RPh*,页 18 节,*W*,第 7 卷,页 69;*PPD*,页 131。

即合理的评价,一方面是被孤立起来的激情,另一方面是所有主体的整体的激情结构。人性善论或性恶论的经典问题[385]同样也被相对化,或毋宁说不具有中心地位。特别在论宗教哲学的讲义中,此问题引起了一种具有原创性的分析。人类学的乐观主义与悲观主义之间的论战假定人们必须在它们之间做出选择,在此论战中,黑格尔采取一种初看起来十分谨慎的立场:"两者都同样地符合事实,但本质性的东西是矛盾。"①因此,关于人,宣称他由"弯木"②做成,因而应被弄直,此断言既对又错,也就是说它与一种说法同样片面,此说法似乎产生于对卢梭的名句"人性善;我认为已证明这一点"的(显然是过分简单的)解读。③ 老实说,正是这种二选一的做法本身应受质疑,并且与它联系在一起的如下信念也应受到质疑,即势必要在好的倾向与坏的倾向之间做出选择。事实上,更确切地说,主体的"天性"在于一种矛盾,此矛盾构成激情综合体的核心。因此,具有无限创造力的矛盾的解决只可能存在于对自然性的观点的扬弃中。人无疑"按天性"既是善的又是恶的。但人向主观性的提升恰恰由如下事实构成,即自然性,因此,精神的矛盾性,被消解掉了(人向主观性的提升在《哲学科学百科全书》中覆盖所有主观精神的发展过程,并在《精神现象学》中对应直接的感性意识向理性意识的自我实现的发展)。换言之,主观性的矛盾本性的扬弃具有积极意义,此积极意义即在于辩证性地构建自由,这一构建的完

---

① 《宗教哲学讲演录》(*Vorlesungen über die Philosophie der Religion*),第3册,页224(参看 *Religion*,*W*,第17卷,页251-256)。

② Kant,《关于世界公民视角中的一个普遍历史的理念》(*Idee zu einer allgemeinen Geschichte in weltbürgerlicher Absicht*),科学院版,第8卷,页23;《论历史的小作品》(*Opuscules sur l'histoire*),Piobetta 译,Paris,1990,页78。

③ Rousseau,*Discours*,注9,*OC*,第3卷,页202。卢梭的立场很复杂,这一点为另一主张所表明:"人在这个[自然]状态中既不可能是善,也不可能是恶,并且既不具有罪恶,也不具有德性。"(*Discours*,*OC*,第3卷,页152)

整意义借助良心(Gewissen)与规范性(善/恶对立)的辩证法得以显露。正是此辩证法使"自由的奥秘"或"它所具有的思辨东西"①大白于天下,自由的奥秘即为自由对对立物的统治,或毋宁说对矛盾物的统治。

但仅在主观精神范围内,激情的辩证法找不到合理出路。那是因为激情的人,换言之,实践主体,不拥有任何容许他[386]评价并克制其恶习的内在裁决机构。事实上,冲动及激情的冲突反映了内在于主体的两方面之间的矛盾,一方面是主体自在所是的东西(理性的、自在自为的自由意志),另一方面是他实际所是的东西(被一种矛盾的自然性封闭住的意志)。但主观精神不能凭借自己的办法克服此矛盾。在此情况下,内在于主观精神的矛盾的真正解决就在于,将这种主观性纳入到客观精神的规范性的、制度性的框架内。因此,作为主体的人对自身所具有的理念——差不多可以这么说,多亏了基督教,这种理念才沉淀了下来②——过渡到他们所是的理念,③并且他们不是作为个别主体存在,而是作为一个按法构建起来的伦理—政治共同体的成员存在。激情的主观性的真理是一种矛盾的解决,此矛盾内在于主体,并将主体置于危险中,但同时又引导其行动,因而生活,此矛盾的解决在于:非强制地将主体融入一种客观秩序中,此秩序的组织及规范无疑对个体的任性施加压力,但它们也为一种在主观上可被体验的自由提供诸多体系性条件。由此就有了《哲学科学百科全书》中对客观精神的定义——在必然性范围内表达出来的自由:

---

① *RPh*,第 139 节附释,*W*,第 7 卷,页 261;*PPD*,页 234。
② *RPh*,第 124 节附释,*W*,第 7 卷,页 233(*PPD*,页 221);*Enzykl*,第 482 节说明,*W*,第 10 卷,页 301 - 302(*Encycl* 3,页 279)。
③ *Enzykl*,第 482 节说明,*W*,第 10 卷,页 302;*Encycl* 3,页 279。

自由在塑造成为一个世界的现实时就获得了**必然性**的形式，这必然性的实体性联系是诸自由规定的系统，而其显现着的联系则是作为**权力**的即**公认的存在**，就是说这必然性在意识里赢得威信。①

　　但这样一种对主观精神内在矛盾的伦理—政治性的解决绝不是最终性的。上述客观精神的定义包含的悖论在于，自由在其中采取必然性的形式，此悖论表明，客观的伦理解决办法并未完全解决主观性的矛盾。然而，此定义是客观精神学说应要实现的计划的初稿，客观精神学说应要实现的计划是解决客观自由与主观自由之间的矛盾、制度与被体验的世界之间的矛盾。此解决办法决不能被理解为主观性向社会命令的单纯屈服；否则，所谓的客观自由将在所有方面都可被比拟为东方专制主义，并且主观自由[387]将与康德所谓的"煎肉锅铲的自由"②相关。从主观性的角度看(此主观性只有采取这条道路，它才成为理性的主观性)，它的特有矛盾的解决办法在于对制度性条件的承认，制度性条件为主观性的自由要求赋予坚实存在及现实性，缺乏这些条件，主观性的自由要求将停留为空虚的要求。但当主观精神被客观精神驯服时，它并非不再具有其矛盾。相反，激情的主体的矛盾在客观精神的内部重新出现。有限主观性的矛盾逻辑的顽固性，明显表现在《法哲学原理》第140节附释所分析的诸多积习中(在第140节，当良心不承认其伦理安排时，即当它不从"形式良心"的观点那里自我提升到[伦理—政治的]"真

---

　　① *Enzykl*, 第484节, *W*, 第10卷, 页303; *Encycl 3*, 页282。[译注]中译参看《精神哲学》, 页313。
　　② Kant, *KpV*, 科学院版, 第5卷, 页97; *CRprat*, 页213。

正的良心"的观点时①,它走入歧途)。不过此顽固性超出道德领域。激情辩证法的剩余影响在历史哲学中表现得特别明显,在那里,激情扮演驱动性角色;但在对社会发展过程的分析中,上述影响已经存在。

社会性的激情与历史发展过程

我们已提醒人们,历史哲学讲义中对理性狡计的分析经常被诠释为假象性的黑格尔的超级理性主义的表现,如果不是几乎总是这样被诠释的话;事实上,它似乎意味历史名人、"伟大人物"的激情为一种非人格性的理性服务(他们为它服务,虽然他们不知道这一点,并且他们不知道这一点,他们就能更好地为它服务)。有时人们在历史激情的理论中搜寻黑格尔的概念所具有的潜在专制特点的证据(黑格尔似乎总是确保概念能战胜偶然的特殊性,并且——正如阿多诺所说——将差异的无序状态屈从于虚幻的整体②)。就部分来说,通常针对理性狡计的反对意见表现出一种无知,即对[388]黑格尔的一种独创的理性的无知③(此独创的理性在黑格尔的理论构建中被运用);更确切地说,这些反对意见未曾考虑到,黑格尔的独创的理性构成一种尝试,目的在于克服已被接受的诸多二分法

---

① 参看 *RPh*,第 137 节和附释,*W*,第 7 卷,页 254–256;*PPD*,页 232–233。

② 参看 Adorno,《否定的辩证法》(*Dialectique négative*),Paris,1978,页 235 及其后。

③ 关于这点,参看 F. Fulda,《论黑格尔法哲学的理论类型》(Zum Theorietypus der Hegelschen Rechtsphilosophie)。载于 D. Henrich 和 R.-P. Horstmann(主编),《黑格尔的法哲学:法的形式的理论与其逻辑》(*Hegels Philosophie des Rechts. Die Theorie der Rechtsformen und ihre Logik*),Stuttgart,1982,页 393–427。

(主动性/被动性,主观性/客观性,肯定性/否定性……)并克服"非此即彼"的逻辑,①此逻辑是这些二分法的基础。我将试图通过评述黑格尔在《精神现象学》前言中对概念的动力所提出的诸多有名的论题,来阐明他的独特的理性(人们可以称其为辩证—思辨的理性)。但是,我想先提出一些特定评论,这些评论涉及在客观精神学说中社会性的激情所具有的本性及地位。

以一种令人吃惊的方式,对理性狡计理论的极权特征的批判悄悄传递了一个不怎么受到质疑的论据,此论据即为在如下两方面东西之间存在相近性,一方面是黑格尔的理性狡计理论(真正说来此理论可能谈不上是一种理论,至少不是在理性狡计中发现黑格尔哲学的坚实内核的人所理解的理论),②另一方面是当十八世纪末的英国哲学家在做出如下声称时所求助的论据,即声称人的"激情"与"利益"为他们所不了解的目的服务,并促使制度的形成,"这些制度实际上是众人行动的产物,而非特殊的人的谋划"的结果。③看不见的手的隐喻与黑格尔的理性狡计呈现出一种明显的亲缘关系,正如《国富论》的一个著名段落所证明的那样:

> 诚然,促进公共利益一般不会出现在[个人]意图中,并且一般而言,个人也不知道他促进了多少公共利益[……]他只追求自己的利益。正如在许多其他情况下那样,他在此情况下

---

① *Enzykl*, W, 第 8 卷, 页 19(*Encycl* 1, 页 126, 黑格尔的注)。*Enzykl*, 第 32 节补充, W, 第 8 卷, 页 98 – 99(*Encycl* 1, 页 487)。

② 关于这点,参看 J - Fr. - Kervégan,《黑格尔与黑格尔主义》(*Hegel et l'hégélianisme*), Paris, 2005, 页 22 – 25。

③ A. Ferguson,《论市民社会的历史》(*Essai sur l'histoire de la société civile*), Paris, 1992, 页 221。关于这个著名主题,参看 A. O. Hirschmann,《激情与利益》(*Les passions et les intérêts*), Paris, 2005, 以及 J. G. A. Pocock,《德性,贸易与历史》(*Vertu, commerce et histoire*), Paris, 1998。

被一只看不见的手引导,目的是促进一种与其意图没有任何关系的目的。①

[389]苏格兰启蒙运动代表的其他许多著作发展出一种相似论证。② 这里不是评述他们的地方。我只想强调,在如下两种学说之间不存在一种形式的或结构的简单对称,一种是自爱(self love)学说(自爱以一种非有意的方式促进共同福利),另一种是客观理性的构建学说,此构建借助利己主义的利益及激情的辩证法。我们知道,黑格尔的市民社会理论借助对苏格兰社会哲学的一种独创的及早熟的征用而形成。黑格尔阅读《国富论》及其他作品(他肯定读过斯图亚特的作品,弗格森的作品他大概读过),他在其耶拿时期的作品中已发展出后来人们所称的自发秩序的概念。与近代政治哲学的主流相比,就论及社会的概念而言,黑格尔对苏格兰社会哲学的参考具有诸多重要后果。我们知道,它导致黑格尔去设计一种市民社会的概念,此概念明确与政治共同体或市民社会(societas civilis)、③公民—政治社会的古典概念划清界限,特别在对需求体系的分析中,市民社会概念负责处理一些核心主题,这些主题源于斯密(或苏格兰人)关于市场社会形成的看法。黑格尔在1817—1818年海德堡的讲课中清楚地阐述了这一关于社会的新概念:

---

① A. Smith, *Richesse*,第4篇第2章,页513。斯密也写道:"私人利益与个人激情自然地促使他们将其资金投往一些用途之上,在通常情况下,这些用途对社会而言最有利。"(Smith, *Richesse*,第4篇第7章,页724)

② 特别参看Smith,《道德情操论》(*Théorie des sentiments moraux*), Paris, 1999,参看书中各处; A. Ferguson,《论市民社会的历史》(*Essai sur l'histoire de la société civile*), Paris, 1992,页117。关于此主题,参看Hirschmann,《激情与利益》(*Les passions et les intérêts*), Paris, 2005。

③ 参看前面第二部分引言。

> 市民社会是[……]外在国家或知性国家,因为普遍性不是作为本身而成为自在自为的目的,相反,普遍性是一种手段,其目的是单个[个体]的生存及保护,换言之,[它是一个]需要国家,因为需求满足的保证成了主要目的。①

这一段落也向我们指出,在哪个方面黑格尔的话与他的苏格兰启发者的话相区别。社会性的激情在黑格尔那里既起到积极作用,又起到消极作用,因此它们产生了复杂性;因为这个事实,所以这些激情以及与它们联系在一起的整个市民社会需要一种辩证的分析。从一个方面来说,"资产者的"激情起到一种不可置疑的积极作用,因为它们促进"多边依赖体系"的形成,②尽管它们[390]就其自身而言自私自利,并且只追求私人财富。在此意义上,激情的双重性,自爱与同情(根据斯密的用语)之间的张力,在对主观性本身的建构中起到重要作用,在市民社会的发展动力中也起到同样重要的作用。但是,从另一方面来说,社会参与者的不断增长的相互影响招致利己主义的欲望与相互矛盾的欲望的激增及失控,这可能导致社会调节的严重的不良运转。在此情况下"市民社会[……]呈现失调、不幸及身体与伦理败坏的场景"。③

因此,社会性的激情呈现一幅双重面孔:它对社会具有建构性影响,同时也具有毁灭性影响。从一方面来说,"主观的利己主义翻转过来,为所有其他人的需求的满足做出了贡献"。④ 因此,利己主义的欲望的相互竞争是一种使社会特殊性普遍化的有力因素。但从另一方面来说,普遍物的现实化仍局限在狭小范围内:在市民社

---

① *RPh Pöggeler*,第 89 节,页 112 页;*LDN*,页 150。
② *RPh*,第 183 节,*W*,第 7 卷,页 340;*PPD*,页 280。
③ *RPh*,第 185 节,*W*,第 7 卷,页 341;*PPD*,页 281。
④ *RPh*,第 199 节,*W*,第 7 卷,页 353;*PPD*,页 291。

会中,普遍物始终外在地与需求及激情的特殊性保持一致。普遍性确实存在,但它选定了一个必然性的面孔,而非伦理—政治的自由面孔。因为并未拥有一种内在措施,激情的相互竞争使社会卷入一种无止境的欲望及盈利的逻辑中,此逻辑产生了在社会范围内不可克服的张力及矛盾。无产阶级中受剥削最重的阶层的社会穷困及道德沦丧是市场社会逻辑的难以忍受的结果,但也差不多是必然的结果。①

激情的相互竞争是一种凝聚因素,它具有诸多毁灭性后果,在此竞争的上述两个方面中,哪个方面应最后被视为决定性的方面呢?对此问题,黑格尔的回答可能显得有些犹豫,并且这种不确定性可能成为整个客观精神学说难以承受的重负。这一体系性的困难在前面已被处理,②但我想重提三点。

1. 有一点是确定的,即从黑格尔的观点看,社会利益的竞争——它同样也是一种为了承认的斗争——不能找到令人满意的出路,此处令人满意的出路意味着,仅借助市场机制,上述竞争不会威胁社会体系的自我调节的能力。恰恰正是在这一点上,黑格尔与苏格兰的道德及社会哲学分道扬镳,尽管他将此哲学的基础的公理体系构建为他自己的公理体系。[391]我们可以通过阅读《法哲学原理》的一个段落核实这点,此段落确定,尽管市民社会的财富不断增长,但它不能整治不幸的扩展,并且可被设想的各种解决办法(再分配政策,馈赠的唯意志主义的发展)都产生相反效果。③ 诚然,此判断首先仅触及市民社会的物质性成就。但是,因为需求体系的理论,即经济的下层体系理论,扎根在对我所称的激情的相互竞争的分析中,所以,需求体系引发的诸后果必然影响道德,或更确切说

---

① *RPh*,第 243-244 节,*W*,第 7 卷,页 389;*PPD*,页 322-323。
② 参看前面第六章。
③ *RPh*,第 245 节,*W*,第 7 卷,页 390-391;*PPD*,页 323-324。

影响伦理。工人阶层或工人阶层的一部分人("贱民")的"荒淫""贫困"及"蜕化"①不仅意味着贫穷,也尤其意味着道德的贫乏及伦理的剩余价值的丧失(社会生活通常应包含伦理的剩余价值)。

2. 从社会—经济角度看,存在侵蚀社会根基的矛盾,此矛盾的解决办法一方面在于借助同业公会使社会发展过程制度化(同业公会的任务在于尽可能地控制社会不良现象),另一方面在于政府机构的介入(政府机构,以普遍物的政治意义的传输者的身份,拥有一种实在的、但又是有限的合法权利,此权利的内容即为调节经济发展过程,并处理社会性危机)。因此,比如说,就教育决定"成为社会成员的能力"而言,②国家能够并应该关切每个人的教育。所有这些都为如下事实提供证据,即在近代市场社会中(确切而言它不是一个纯粹的市场社会),"个体已成为市民社会的儿子":③因此,在家(oikos)或部落的有限环境中,他不再能受到更好的培养及教育。所以,市民社会(今天人们说社会)应被视为一种"普遍性的家庭"④(在此术语的完整意义上而言)。然而人们有权提出如下问题,即奉行干预主义的自由主义是否能解决社会性激情的相互竞争与利益冲突以一种急切的方式提出的问题,这些问题不是单纯的经济或社会问题,而根本上说是伦理问题(此处的伦理是在黑格尔意义上说的伦理)。

[392]3. 黑格尔一直表达一种信念,即在后革命世界中,对如下两方面东西的历史性的(政治性的)扬弃已被提上议程,一方面是社会张力,另一方面是自爱与自我沦丧的没有成效的辩证法。黑格

---

① 对于这些表达,参看 *RPh*,第 185 节,*W*,第 7 卷,页 341(*PPD*,页 281,以及第 242 节,*W*,第 7 卷,页 388(*PPD*,页 321)。[译注]这些表达的中译参考《法哲学原理》,页 199。
② *RPh*,第 239 节,*W*,第 7 卷,页 386;*PPD*,页 320。
③ *RPh*,第 238 节,*W*,第 7 卷,页 386;*PPD*,页 320。
④ *RPh*,第 239 节,*W*,第 7 卷,页 386;*PPD*,页 320。

尔的这一信念最后以一种元伦理学的及元客观性的保障为前提,这意味着,黑格尔相信客观理性(被客观化在制度中的理性)拥有和解的力量(此力量在激情冲突发生时表现出来并使冲突的逻辑折服),黑格尔的这种信任不能仅以客观精神的固有资源为基础。事实上,有限精神——主观有限精神与客观有限精神——几乎可以说没有能力与自身完全和解;完全的和解借助启示宗教、然后借助哲学仅仅出现在绝对精神中(此处的哲学是"对真理的自由的、被概念化了的知识",[1]理性国家使这种知识在它之中自由展现自身)。然而这难道意味着,在理念的永恒安眠中,精神与自身(绝对的)现实的和解会导致激情的最终平息? 人们应最终排除这样一种乐观主义的及寂静主义的解决办法,因为它与概念的无限活力不协调。

概念的受难

到这里,我们已确立两点。首先,激情是非理性的运动,在此意义上而言的激情既在主观精神领域又在客观精神领域起到积极作用:激情自相矛盾地创造了秩序。"理性的狡计"这一带有歧义性的表述粗略概括了这一结果。第二,有限(主观与客观)精神学说无法最终克服诸多主观的与客观的(社会性的)激情在自身领域中所引发的张力。疯狂(主体遭罪的极点)及赤贫(社会的极端苦难)在它们自己的发展水平上表现为不可和解的矛盾,并且大概也不能真正被扬弃。为了设想出一种和解的现实可能性,人们应转向绝对精神学说,更为准确说转向黑格尔所谓的思辨,即概念的肯定性的发展活力,[393]此活力与其说消解有限矛盾,还不如说使

---

[1] *RPh*,第 360 节,*W*,第 7 卷,页 512;*PPD*,页 443。

它们表现得更为突出,它"在诸规定的矛盾中理解它们的统一性"。①

真正的肯定性只有借助"扬弃否定的东西"②才能发生,对这一点的思辨性的感受导致我们猜想某种东西的存在,诸如概念的受难、理念的苦难。正是在耶拿逗留的过程中,在与"反思哲学"(特别是与费希特及谢林)的论战中,黑格尔构造出关于思辨概念的受难倾向的观念,如果人们可以如此定义"概念的更高的辩证法"的话(概念的更高的辩证法构成"事实的理性的特有工作"③)。我们可将《精神现象学》解读为对思想的这一受难维度的阐释,没有这一维度,思想将被束缚在有限知性的活动上(无疑,在其范围内,有限知性活动带来无限成果)。事实上,肯定的理性物源自概念的创造性力量,只有借助否定物,借助世界对它的反抗,以及借助(有限)思想本身,肯定的理性物才能产生。

如果人们排除一些论战性的详细论述,那么1807年那部作品的整个前言从根本上说处理同一问题且只处理这一问题,即"否定的严肃、痛苦、忍耐及劳动"④是一种场所,一种在其中应当"停留"的环境,目的是精神的肯定性的及创造性的、思辨性的生命可得见天日,意识或有限主观性的二元性不能测度精神的这种生命力。绝对知识的结构,或按稍后发展出来的术语来说,逻辑学理念的结构及其自动阐明(即将自己自动阐明为绝对精神),这些都为受难,或毋宁说为遭殃,赋予一种决定性角色、一种起到中介作用的否定性角色,唯借此否定性,精神才达到自身那里并可继续停留"在自身之中"(bei sich selbst)。精神即是一种作为实体向主体生成的思想,它不存在,它生

---

① *Enzykl*,第82节,*W*,第8卷,页176;*Encycl* 1,页344。

② *WdL* 3,*W*,第6卷,页565;*SL* 3,页384。

③ *RPh*,第31节附释,*W*,第7卷,页84-85;*PPD*,页140。

④ *PhG*,*W*,第3卷,页24(*PhE* B,页69;*PhE* H,页I/18;*PhE* J/L,页82;*PhE* L 页38)。

成,并只就它与自身相矛盾时、自我否定时,它才生成。因此,精神同样也是歌德的"总是在否定的精神",当然这远非仅仅是在否定的意义上说:

> 活的实体,只当它是建立自身的运动时,或者说,只当它是自身转化与其自己之间的中介时,它才真正是个现实的存在,或换个说法也一样,它这个存在才真正是**主体**。①

[394]关于绝对知识的那个章节明确表达了主观内在性的构建主题,主观内在性在外在化过程中并借此过程被构建:精神委身于外在性,目的是在它之中找到自己。但是,为了考量构建精神的这一辩证张力,人们应放弃一种二元论的模式,此模式将精神内在性与实体的或世界客观性的外在性对立起来:

> 精神已向我们表明,它既不仅是自我意识退回到它的纯粹内在性里,也不是自我意识单纯地沉没到实体和它的无差别性里,而是自我的**这种**运动:自我外在化它自己并自己沉没到它的实体里,同样作为主体,这自我从实体(超拔)出来而深入到自己,并且以实体为对象和内容,而又扬弃对象性和内容的这个差别。②

在异于自身的他在性中将存在构建在自身那里,宗教的语

---

① *PhG*,*W*,第 3 卷,页 23(*PhE* B,页 69;*PhE* H,页 I/17;*PhE* J/L,页 81;*PhE* L 页 38)。[译注]中译参考《精神现象学》(上),贺麟、王玖兴译,北京:商务印书馆,1979,页 11。

② *PhG*,*W*,第 3 卷,页 587-588(*PhE* B,页 658;*PhE* H,页 II/308;*PhE* J/L,页 690;*PhE* L 页 521)。[译注]中译参考《精神现象学》(下),页 271。

言、更确切说基督教的语言为此构建过程提供了最为有力的描述。在《精神现象学》前言及最后一页中,当黑格尔想将思维过程描述为否定性的无限扬弃时,他诉诸基督教的语言。"被理解的历史"被领会为如下两方面之间的和解,一方面是精神,知识的永恒承载者,另一方面是它在时间中的必然的外在化。此历史在作品最后被描述为"绝对精神的受难所(Golgotha)"。① 在前言中有一段落,此段落赞美"思想的活力"(此活力指顺从"否定物的非凡力量"),就在这段话中,我们碰到对基督受难的同样影射。在此语境下,黑格尔——完全意识到这番言辞的神学背景——指出:

> 精神只当它在绝对的支离破碎中能保全其自身时才赢得它的真实性。精神是这样的力量,不是因为它作为肯定的东西对否定的东西根本不加理睬,[……]相反,精神所以是这种力量,乃是因为它敢于面对面地正视否定的东西并停留在那里。[395]精神在否定的东西那里停留,这就是一种魔力,这魔力就把否定的东西转化为存在。②

黑格尔对思想所做的构想具有宗教背景,"概念的受难"这一表达正是试图要阐明这一背景。黑格尔在《信仰与知识》的末尾使用"思辨圣周五"③这一比喻,按其字面意义,此比喻意味哲学是自由在概念环境中的宁静复活,事实上此复活是其真正诞生。当黑格尔通过诉诸此比喻定义"纯粹概念"的如下能力时,即忍受没有神的世界的"无限痛

---

① *PhG*, *W*, 第 3 卷, 页 591(*PhE* B, 页 662; *PhE* H, 页 II/313; *PhE* J/L, 页 695; *PhE* L 页 524)。J. – P. Lefebvre 有很好的理由判断说, Golgotha 这个翻译词比 calvaire 这个翻译词更好。

② *PhG*, *W*, 第 3 卷, 页 36(*PhE* B, 页 80; *PhE* H, 页 I/29; *PhE* J/L, 页 94; *PhE* L 页 48)。[译注]中译参考《精神现象学》(上), 页 21。

③ *Glauben und Wissen*, *W*, 第 2 卷, 页 432; *Foi et savoir*, 页 206。

苦"的能力,他对思想所做的构想的宗教背景表现得最为明显。

在此情况下,产生如下问题:人们应认为某种特定的基督教学是黑格尔对绝对精神及对哲学本身的构想的模板吗?对黑格尔而言,所涉及的问题是凭借其对思辨思想的构想重新将哲学塑造成神学婢女(ancilla theologiae)吗?与许多伟大的阐释者的观点相反,并且不考虑黑格尔将基督教展现为对思辨物的真实描绘的愿望,①我们可以认为,毋宁说是黑格尔对思维过程性的理解,特别是对否定性(即概念劳作的"受难"成分)的作用的理解,决定了他对宗教整体的阐释,尤其决定了他的基督教研究。事实上,涉及的问题是决定黑格尔精神学说的重心在哪里,并借此决定整个体系的重心在哪里,这并非是一个复杂的讨论。《精神现象学》中存在一个主题,此主题涉及"概念的张力"②③所引起的思想的"阻抑"(freinage)④(就思辨命题与知性命题相区别而言,"概念的张力"表现于思辨命题中)。我认为此主题包含绝对知识学说的关键,因此也包含绝对精神学说的关键。思想被提升到诸多相互一致的表象之上,它在否定中的逗留以

---

① 参看 Enzykl,第 571 节,W,第 10 卷,页 377;Encycl 3,页 358 – 359。

② [译按]"概念的张力"对应的法语原文是 tension du concept,法语词 tension 对应的德语原文是 Anstrengung,贺麟与王玖兴将 Anstrengung 译为"思维努力"。参见《精神现象学》(上),页 39。

③ *PhG*,*W*,第 3 卷,页 56(*PhE* B,页 100;*PhE* B,页 104,*PhE* H,页 I/50;*PhE* J/L,页 116;*PhE* L 页 66)。Hyppolite 将 Ansgrengung 翻译为"紧张的努力"(effort tendu),G. Jarczyk 与 P. -J. Labarrière 将其翻译为"强制"(astreinte),J. -P. Lefebvre 将其翻译为"努力,辛劳"(effort, fatigue),B. Bourgeois 将其翻译为"强迫的张力"(tension astreignante)。

④ *PhG*,*W*,第 3 卷,页 60 – 61(*PhE* B,页 104;*PhE* H,页 I/55;*PhE* J/L,页 120 – 121;*PhE* L 页 70)。J. - P. Lefebvre 将其翻译为"阻止"(blocage)。[译按]法语词 freinage 与 blocage 对应的德语原词是 hemmen,贺麟与王玖兴将其译为"阻抑",译者翻译此词时,遵从贺麟与王玖兴的翻译,见《精神现象学》(上),页 42 – 43。

及在矛盾或在失去方向的绝望中的沉浸都是痛苦的考验,多亏了这种考验,概念——它是真正的主体,但是是在生成或发展过程中的主体——向自己证实其现实性,在与自身的永不废止的分离中,它与自身相和解。[396]整个《精神现象学》的发展过程,尤其是从理性的自我意识向精神的历史性世界的过渡,指明和解以接受、不断内化如下东西为前提,即否定,成为他者,或存在与思想向异于自身的东西的生成(Sichanderswerden)(此处的内化并不是一种预先存在的内在化)。理性自动显示为理念,思辨思想以此为发展结果;这就解释了为什么说思辨思想也是一种辩证思想,此思想经历否定,带来丰富成果。但这一关于否定性及其力量的经验只有借助思想才能被辨认出来,其有力根据是它构成思想所具有的最为固有的东西:概念作为"无限的、具有创造力的形式,在自身中包含全部丰富的内容,并同时从自身那里将这些内容释放出去"。① 或许人们可将"概念的受难"解释为哲学的一种神学式的倒退(或提升)。但人们在其中也能看出关于如下这点的证据,即哲学,作为对否定性及其力量的思辨表述,即肯定性的理性表述,它最终摆脱后方世界的不可言说性。

---

① *Enzykl*,第 160 节补充,*W*,第 8 卷,页 307;*Encycl* 1,页 590。

章节来源

构成此书的大部分章节最初被分别出版；希望曾接受这些文本的杂志领导或编辑在这里能发现我的感激之情。不过为了当前的出版，我已整个改写了这些文本，并重新思考它们之间的联系。

开场白:《现实与理性。对黑格尔〈法哲学原理〉的序言的评论》(L'effectif et le rationnel. Observations sur la Préface de *la Philosophie du Droit* de Hegel)，载于《在黑格尔周围。向 B. 布赫杰瓦致敬》(*Autour de Hegel. Hommage à B. Bourgeois*)，F. Dagognet 和 P. Osmo(主编)，Vrin，2000，页 239 – 253。

第一章:《黑格尔的法的概念与现实化》(Concept et realisation du droit chez Hegel)，载于《哲学与神学科学杂志》(*Revue des Sciences philosophiques et théologiques*)，第 80 卷，第 1 期(1996 年 1 月)，页 99 – 112;《黑格尔，国家，法》(Hegel, État, le droit)，载于《法:法国法律理论杂志》(*Droits. Revue française de théorie juridique*)，第 16 期，1992，页 21 – 32。

第二章:《在自然与历史之间:黑格尔》(Le droit entre nature et histoire : Hegel)，载于《在自然与历史之间的法》(*Recht zwischen Natur und Geschichte*)，J. – F. Kervégan 和 H. Mohnhaup(主编)，V. Klostermann，1997，页 223 – 256。

第三章:《契约:按照黑格尔看法的社会的法律条件》(Le contrat: les conditions juridiques du social selon Hegel)，载于《社会自由与契约约束》(*Liberté sociale et lien contractuel/ Gesellschaftliche Freiheit und vertragliche Bindung*)，Kervégan 和 H. Mohnhaupt(主编)，V. Klostermann,1999,页 301 – 322;《黑格尔的契约理论:法,政治,社会》(La théorie hégélienne du contrat: le juridique, le politique, le social),载于《国际日耳曼杂志》(Revue germanique internationale),第 15 期,2000,页 133 – 149。

第二部分引言:《导论》(Présentation)的摘录,载于《从社会到社会学》(De la société à la sociologie) J. – F. Kervégan 和 C. Colliot – Thélène(主编),ENS Editions,2002,页 9 – 29。

第四章:《公民反对资产者:青年黑格尔与对整体精神的探寻》(Le citoyen contre le bourgeois. Le jeune Hegel et la quête de l'esprit du tout),载于《卢梭,革命与青年黑格尔》(Rousseau, die Revolution und der junge Hegel),Klett – Cotta,1991,页 279 – 301。

第五章:《黑格尔与法权国家》(Hegel et l'État de droit),载于《哲学档案》(Archives de Philosophie),第 50 期,1987,页 55 – 94。

第六章:《丧失在它的两极中的伦理生活:黑格尔伦理学说中的分裂与和解》(La vie éthique perdue dans ses extrêmes. Scission et réconciliation dans théorie hégélienne de la Sittlichkeit),载于《神学与哲学的拉瓦尔》(Laval théologique et philosophique),1995 年 6 月,页 371 – 388。

第七章:《托克维尔与黑格尔:关于政治现代性的无声对话》(Tocqueville et Hegel. Un dialogue silencieux sur la modernité politique),载于《法国与德国的法及哲学的相互影响与接受》(Influences et réceptions mutuelles du droit et de la philosophie en France et en Allemagne) J. – F. Kervégan 和 H. Mohnhaupt(主编),V. Klostermann,2001,页 119 – 141。

第八章:《在黑格尔那里的主权与代表制》(Souveraineté et représentation chez Hegel),载于《法国政治观念史杂志》(Revue française d'Histoire des Idées politiques),第 14 期,2001,页 321

-336。

第九章:《从民主制到代表制》(De la démocratie à la représentation),载于《哲学》(Philosophie),第 13 期,1987,页 38 - 67。

第十章:《伦理学的基础问题:康德,黑格尔》(Le problème de la fondation de l'éthique:Kant, Hegel),载于《形而上学与伦理学杂志》(Revue de Métaphysique et de Morale),第 1 期,1990,页 33 - 55。

第十一章:《政治主观性的条件》(Les conditions de la subjectivité politique),载于《哲学研究》(Les Etudes Philosophiques),第 1 期,1988,页 99 - 111。

第十二章:《存在一种伦理生活吗?》(Y a - t - il une vie éthique?),载于《2004 年黑格尔年鉴》(Hegel - Jahrbuch 2004);《世界的法:主体,规范与制度》(Le droit du monde. Sujets, normes et institutions),载于《法的思想家黑格尔》(Hegel penseur du droit),J - F. Kervégan 和 G. Marmasse(主编),CNRS Éditions,2004,页 31 - 46;《个体性的建构与制度:"客观精神"的问题》(Constitution de l'individualité et institutions. Le problème de "l'esprit objectif"),载于《生活,世界,个体化》(Vie, monde, individuation),J. - M. Vaysse(主编),Olms,2003 年,页 77 - 86。

结束语:《概念的受难》(Das Leiden des Begriffs),载于《2002 黑格尔年鉴》(Hegel - Jahrbuch 2002),Akademie - Verlag,2002,第 2 卷,页 30 - 39;《概念的受难》(La passion du concept),载于《黑格尔》(Hegel),M. Caron(主编),Le Cerf,2007,页 117 - 137。

引用作品说明

黑格尔的文本

1. 德语作品全集与著作名缩写

GW:《文集》(*Gesammelte Werke*),受德国研究协会(die deutsche Forschungsgemeinschaft)委托,由莱茵—威斯特法伦科学学会(die Rheinisch - Westfälische Akademie der Wissenschaften)出版,Hambourg,Meiner,已出 19 卷。

SW:《全集》(*Sämtliche Werke*), Jubiläumsausgabe(纪念版),共 20 卷,H. Glockner 主编,Stuttgart, Frommann - Holzboog, 1927—1930。

W:《二十卷版著作集》(*Werke in zwanzig Bänden*), E. Moldenhauer 和 K. M. Michel 主编,Frankfurt, Suhrkamp, 1969—1971,以及 CD 版,Berlin, Talpa Verlag。为了方便起见,除了一些例外之外,我在此书引用这一版本。

2. 特别使用的德语版黑格尔文本以及文本名称缩写

Berliner Schriften:《柏林时期著作集与海德堡时期著作集》(*Berliner Schriften et Heidelberger Schriften*), W. Jaeschke(主编), Hambourg, Meiner, 1997。

Dok:《关于黑格尔发展的文献》(*Dokumente zu Hegels Entwick-*

lung), J. Hoffmeister(主编),重版,Stuttgart, Fromann – Holzhoog,1974。

Enzykl 1817:《哲学科学百科全书》(*Enzyklopädie der philosophischen Wissenschaften*)(1817), W. Bonsiepen 和 K. Grotsch(主编), *GW*,第13卷,2000。

Enzykl:《哲学科学百科全书》(*Enzyklopädie der philosophischen Wissenschaften*)(1827/1830),*W*,第8,9 或 10 卷。

GdP:《哲学史讲演录》(*Vorlesungen über die Geschichte der Philosophie*),*W*,第18 – 20 卷。

Geschichte:《世界史哲学讲演录》(*Vorlesungen über die Philosophie der Weltgeschichte*),*W*,第12 卷。

Jenaer Systementwürfe I(《耶拿草稿集1》),K. Düsing 和 Kimmerle(主编),*GW*,第6 卷,1975。

Jenaer Systementwürfe III(《耶拿草稿集3》)(1805/06), R. P. Horstmann 和 J. H. Trede(主编),GW,第8 卷, 1978。

Naturrecht:《论自然法的科学处理方式》(*über die wissenschaftlichen Behandlungsarten des Naturrechts*),*W*,第2 卷。

PhG:《精神现象学》(*Phänomenologie des Geistes*),*W*,第3 卷。

Philosophie des Rechts(《法哲学》)(1819/20), Ringier 的上课笔记,E. Angehrn, M. Bondeli 和 H. N. Seelmann(主编), Hambourg, Meiner, 2000。

Philosophie des Rechts(《法哲学》)(1821/22), Hoppe(主编), Francfort,Suhrkamp,2005。

Philosophie des Rechts(《法哲学》)(1822/23), K. L. Heyse 的上课笔记,E. Schillbach(主编),Francfort,Suhrkamp,1999。

Propädeutik:《哲学入门》(*Philosophische Propädeutik*),*W*,第4 卷。

Religion:《宗教哲学讲演录》(*Vorlesungen über die Philosophie der Religion*),*W*,第16 – 17 卷。

RPh:《法哲学原理》(*Grundlinien der Philosophie des Rechts*),*W*,第 7 卷。

RPh Henrich:《法哲学》(*Philosophie des Rechts*)(1819),D. Henrich(主编),Francfort,Suhrkamp,1983。

RPh Ilting:《法哲学讲演录》(*Vorlesungen über Rechtsphilosophie*),K. - H. Ilting(主编),Stuttgart,Frommann - Holzhoog,1974,4 卷本。

RPh Ilting 1:《客观精神》(*Der objektive Geist*)(《百科全书》(*Enzyklopädie*),第 1 版,1817);《自然法与国家科学》(*Naturrecht und Staatswissenschaft*),Homeyer 的上课笔记,1818/19。

RPh Ilting 2:《法哲学原理》(*Grundlinien der Philosophie des Rechts*)(1820)。

RPh Ilting 3:《法哲学》(*Philosophie des Rechts*),Hotho 的上课笔记,1822/23。

RPh Ilting 4:《法哲学》(*Philosophie des Rechts*),Griesheim 的上课笔记,1824/25;《客观精神》(*Der objektive Geist*)(《百科全书》(*Enzyklopädie*),第 2 版,1827);《法哲学》(*Philosophie des Rechts*),D. F. Strauss 的上课笔记,1831。

RPh Pöggeler:《自然法与国家科学讲演录》(*Vorlesungen über Naturrecht und Staatswissenschaft*)(Heidelberg 1817/18),带有《讲演录 1818/19》(*Vorlesung 1818/19*)的补录,P. Wannenmann 的上课笔记,C. Becker 等(编辑),Hambourg,Meiner,1983。

Schriften und Entwürfe(《作品集与草稿集》)(1817—1825),F. Hogemann 和 C. Jamme(主编),*GW*,第 15 卷,1990。

SS:《伦理体系》(*System der Sittlichkeit*)(1802/03),H. D. Brandt(主编),*GW*,第 5 卷。

VG:《世界史哲学讲演录》(*Vorlesungen über die Philosophie der Weltgeschichte*),第 1 卷:《历史中的理性》(*Die Vernunft in der Ge-*

schichte),J. Hoffmeister(主编),Hambourg,Meiner,1955。

Vorlesungen über die Philosophie der Religion(《宗教哲学讲演录》),Jaeschke(主编), 3 卷本,Hambourg,Meiner,1993—1995。

WdL 1(1):《逻辑学》(*Wissenschaft der Logik*),第 1 册,第 1 卷:《存在》(*Das Sein*)(1812),*GW*,第 11 卷。

WdL 1(2):《逻辑学》(*Wissenschaft der Logik*),第 1 册,第 1 部分:《存在论》(*Die Lehre vom Sein*)(1832),*W*,第 5 卷。

WdL 2:《逻辑学》(*Wissenschaft der Logik*),第 1 册,第 2 卷:《本质论》(*Die Lehre vom Wesen*),*W*,第 6 卷。

WdL 3:《逻辑学》(*Wissenschaft der Logik*),第 2 册,《主观逻辑或概念论》(*Die subjektive Logik oder Lehre vom Begriff*),*W*,第 6 卷。

3. 被引用的黑格尔文本法语翻译以及翻译名称缩写[1]

Berne:《伯尔尼时期的残篇》(*Fragments de la période de Berne*)(1793—1796),Legros 和 Verstraeten 译,Paris,Vrin,1987。

Constitution:《德国法制》(La Constitution de l'Allemagne),载于《政治著作集》(*Écrits politiques*)[关于《政治著作集》出版信息,参看下面]。

Corresp. 1,2 或者 3:《通信集》(*Correspondance*),Carrère 译,Paris,Gallimard,1962—1967。

DN:《论自然法的科学处理方式》(*Des manières de traiter scientifiquement du droit naturel*),Bourgeois 译,Paris,Vrin,1972。

Encycl 1:《哲学科学百科全书》(*Encyclopédie des sciences philosophiques*),第 1 卷:《逻辑学》(*Science de la logique*),Bourgeois 译,

---

[1] 2004 年可被使用的法语翻译著作的完整列表,载于 J. - Fr. Kervégan 和 G. Marmasse(主编),《法的思想家黑格尔》(*Hegel penseur du droit*),CNRS Editions,2005,页 284 - 285。

Paris, Vrin, 1970。

Encycl 2:《哲学科学百科全书》(*Encyclopédie des sciences philosophiques*), 第 2 卷:《自然哲学》(*Philosophie de la nature*), Bourgeois 译, Paris, Vrin, 2004。

Encycl 3:《哲学科学百科全书》(*Encyclopédie des sciences philosophiques*), 第 3 卷:《精神哲学》(*Philosophie de l'esprit*), Bourgeois 译, Paris, Vrin, 1988。

Esprit 1:《第一体系。精神哲学》(*Le Premier Système. La Philosophie de l'esprit*)(1803 - 1804), Bienenstock 译, Paris, PUF, 1999。

Esprit 2:《精神哲学》(*La Philosophie de l'esprit*)(1805), Planty-Bonjour 译, Paris, PUF, 1982。

Foi et savoir(《信仰与知识》), Philonenko/Lecouteux 译, Paris, Vrin, 1988。

Francfort:《初期著作集》(*Premiers écrits*)(Francfort 1797—1800), Depré 译, Paris, Vrin, 1997。

Histoire:《历史哲学讲演录》(*Leçons sur la philosophie de l'histoire*), Gibelin 译, Paris, Vrin, 1967。

HP:《哲学史讲演录》(*Leçons sur l'histoire de la philosophie*), Garniron 翻译, 7 卷本, Paris, Vrin, 1971—1991。

La Société civile - bourgeoise(《市民—资产者的社会》), 这是《法哲学原理》的部分翻译, Lefebvre 译, Paris, Maspéro, 1975。

LDN:《自然法与国家科学讲演录》(*Leçons sur le droit naturel et la science de l'État*)(Heidelberg, semestre d'hiver 1817—1818), Deranty 译, Paris, Vrin, 2002。

Leçons sur la philosophie de la religion(《宗教哲学讲演录》), Gibelin 译, 5 卷本, Paris, Vrin, 1959。

Leçons sur la philosophie de la religion(《宗教哲学讲演录》), 第 1 卷, Garniron 译, Paris, PUF, 1996。

L'ironie romantique(《浪漫主义的讽刺》),Reid 译,Paris,Vrin, 1997 年。

Logiqueet Métaphysique(Iéna 1804—1805)(《逻辑学和形而上学》)(耶拿 1804—1805),Souche-Dagues 译,Paris,Gallimard,1980。

PhE B:《精神现象学》(*Phénoménologie de l'Esprit*),Bourgeois 译,Paris,Vrin,2006。

PhE H:《精神现象学》(*Phénoménologie de l'Esprit*),Hippolyte 译,Paris,Aubier,无日期,[1940]。

PhE J/L:《精神现象学》(*Phénoménologie de l'Esprit*),Jarczyk 和 Labarrière 译,Paris,Gallimard,1993。

PhE L:《精神现象学》(*Phénoménologie de l'Esprit*),Lefebvre 译,Paris,Aubier,1991。

Pol:《政治著作集》(*Ecrits politiques*),Jacob 和 Quillet 译,Paris,Champ Libre,1977。

Positivité:《基督宗教的实证性》(*La Positivité de la religion chrétienne*),Planty-Bonjour 译,Paris,PUF,1983。

PPD:《法哲学原理》(*Principes de la philosophie du droit*),Kervégan 译,Paris,PUF,1998;扩充的第二版,Quadrige 丛书,Paris,PUF,2003。

PPD 1975:《法哲学原理》(*Principes de la philosophie du droit*),Derathé 和 Frick 译,Paris,Vrin,1975。

Premières publications(《最初出版物》),Méry 译,Gap,Ophrys,1975。

Propédeutique:《哲学入门》(*Propédeutique philosophique*),de Gandillac 译,Paris,Minuit,1963。

Reformbill:《论英国改革法案》(A propos du Reformbill anglais),载于《政治著作集》(*Écrits politiques*)。

La raison dans l'histoire(《在历史中的理性》),Papaioannou 译,

Paris,UGE,1965。

Sens commun:《常识如何理解哲学》(*comment le sens commun comprend la philosophie*),Lardic 译,Arles,Actes Sud,1989。

SL 1:《逻辑学》(*Science de la Logique*),第 1 卷:《存在》(*L'Etre*),Jarczyk 和 Labarrière 翻译和审阅,Paris,Kimé,2006。

SL 2:《逻辑学》(*Science de la Logique*),第 2 卷:《本质学说》(*La doctrine de l'Essence*),Jarczyk 和 Labarrière 翻译和审阅,Paris,Aubier,1976。

SL 3:《逻辑学》(*Science de la Logique*),第 3 卷:《主观逻辑或概念学说》(*La logique subjective ou doctrine du concept*),Jarczyk 和 Labarrière 翻译和审阅,Paris,Aubier,1981。

Vie éthique:《伦理生活的体系》(*Système de la vie éthique*),Taminiaux 译,Paris,Payot,1976。

Wurtemberg:《评符腾堡王国邦等级议会的讨论》(Actes de l'Assemblée des États du royaume de Wurtemberg),载于《政治著作集》(*Écrits politiques*)。

常被引用的经典著作及著作书名缩写

ARISTOTE,*Politiques*:亚里士多德,《政治学》(*Politiques*),Pellegrin 译,Paris,GF – Flammarion,1990;Tricot 译,Paris,Vrin,1995。

BODIN,*République*:博丹,《共和国六书》(*Les six livres de la République*),Paris,Fayard,1986。

Fédéraliste:汉密尔顿(A. Hamilton),麦迪森(J. Madison),杰伊(J. Jay),《联邦党人文集》(*Le Fédéraliste*),G. Jèze 译,重版,Paris,Economica,1988。

FICHTE,*Werke*:费希特,《著作集》,I. H. Fichte(主编),重版,

Berlin, De Gruyter, 以及 CD 版, 2002。

FICHTE, *Beitrag*: 费希特,《纠正公众对法国革命的评论》(Beitrag zur Berechtigung der Urteile des Publikums über die französische Revolution),《著作集》(*Werke*), 第 6 卷。

FICHTE, *Considérations*: 费希特,《对法国大革命的评论》(*Considérations sur la Révolution française*), Paris, Payot, 1985。

FICHTE, *Naturrecht*: 费希特,《根据知识学原理的自然法基础》(*Grundlage des Narurrechts nach Prinzipien der Wissenschaftslehre*),《著作集》(*Werke*), 第 3 卷。

FICHTE, *Droit naturel*: 费希特,《自然法的基础》(*Fondement du droit naturel*), Renaut 译, Paris, PUF, 1984。

FICHTE, *Sittenlehre*:《伦理学体系》(*System der Sittenlehre*) (1798),《著作集》(*Werke*), 第 4 卷。

FICHTE, *Système de l'éthique*, 费希特,《伦理学体系》, Naulin 译, Paris, PUF, 1986。

GG: O. Brunner, W. Conze, R. Koselleck(主编),《历史的基本概念》(*Geschichtliche Grundbegriffe*), 8 卷本, Stuttgart, Klett – Cotta, 1974—1997。

HOBBES, *Léviathan*: 霍布斯,《利维坦》(*Léviathan*), Tricaud 译, Paris, Sirey, 1971。

KANT, *Ak*: 康德,《全集》(*Gesammelte Schriften*), 科学院版(Akademie – Ausgabe), 重版, CD 版, Berlin, 2003。

KANT, *Frieden*:《论永久和平》(*Zum ewigen Frieden*), 科学院版, 第 8 卷。

KANT, *Paix*: 康德,《通往永久和平》(*Vers la paix perpétuelle*), Darbellay 译, Paris, PUF, 1974。

KANT, *Gemeinspruch*: 康德,《论一句俗语:在理论上可能正确,但不适用于实践》(*über den Genweinspruch: das mag in der Theorie richtig sein. taugt aber nicht für die Praxis*），科学院版，第 8 卷。

KANT, *Théorie et pratique*：康德，《论一句俗语：在理论上可能正确，但不适用于实践》(*A propos de l'expression courante "ceci est vrai en théorie, mais en pratique cela ne vaut rien"*)，Paris, Vrin, 1973。

KANT, *KpV*：康德，《实践理性批判》(*Kritik der praktischen Vernunft*)，科学院版，第 5 卷。

KANT, *CRprat*：康德，《实践理性批判》(*Critique de la raison pratique*)，Fussler 译，Paris, GF – Flammarion, 2003。

KANT, *KrV*：康德，《纯粹理性批判》(*Kritik der reinen Vernunft*)，科学院版，第 3 卷。

KANT, *CRP*：康德，《纯粹理性批判》(*Critique de la raison pure*)，Delamarre – Marty 译，《哲学著作集》(*Œuvres philosophiques*)，(Bibliothèque de la Pléiade 丛书)，第 1 卷，Paris, Gallimard, 1980。

KANT, *KU*：康德，《判断力批判》(*Kritik der Urteilskraft*)，科学院版，第 20 卷。

KANT, *CJ*：康德，《判断力批判》(*Critique de la faculté de juger*)，Philonenko 译，Paris, Vrin, 1968。

KANT, *MdS*：《道德形而上学》(*Metaphysik der Sitten*)，科学院版，第 6 卷。

KANT, *MM* R：康德，《道德形而上学》(*Métaphysique des Mœurs*)，Renaut 译，Paris, GF – Flammarion, 1994；*MM* Ph：《道德形而上学》(*Métaphysique des Moeurs*)，Philonenko 译，Paris, Vrin, 1972（引用中指出的页码首先是 *MM* R 的页码，然后是 *MM* Ph 的页码）。

KANT, *Rechtslehre*：康德的《道德形而上学》(*Metaphysik der Sitten*)的第一部分，《法权学说的形而上学的基础知识》(Metaphysische Anfangsgründe der Rechtslehre)。

KANT, *Droit*：康德的《道德形而上学》(*Metaphysik der Sitten*)的第一部分，《法权学说》(Doctrine du Droit)。

KANT, *Sittenlehre*：康德的《道德形而上学》（*Metaphysik der Sitten*）的第二部分，《伦理学说的形而上学的基础知识》（Metaphysische Anfangsgründe der Sittenlehre），科学院版，第6卷。

KANT, *Vertu*：康德的《道德形而上学》（*Metaphysik der Sitten*）的第二部分，《德性学说》（Doctrine de la Vertu）。

MONTESQUIEU, *Esprit des Lois*：孟德斯鸠，《论法的精神》（*De l'Esprit des Lois*），Goldschmidt（编），Paris，GF-Flammarion，1979。

ROUSSEAU, *Contrat*：卢梭，《契约论》（*Du contrat social*），《全集》（*Euvres Complètes*）[OC]，第3卷，Paris，Gallimard，1964。

ROUSSEAU, *Discours*：卢梭，《论人的不平等的起源与基础》（*Discours sur l'origine et les fondements de l'inégalité parmi les hommes*），《全集》（*OC*），第3卷。

SMITH, *Richesse*：斯密，《对国家财富的起源与原因的研究》（*Enquête sur l'origine et les causes de la Richesse des Nations*），Taieb译，Paris，PUF，1976。

TOCQUEVILLE, *Ancien régime*：托克维尔，《旧制度与大革命》（*L'Ancien régime et la Révolution*），《全集》（*Œuvres Complètes*），第2卷，第一分册，Paris，Gallimard，1952。

TOCQUEVILLE, *Démocratie*(1)：托克维尔，《论美国的民主》（*la Démocratie en Amérique*）(1)，《全集》（*Œuvres Complètes*），第1卷，第一分册，Paris，Gallimard，1961；在引用过程中，括号中出现的页码是历史考证版的页码，历史考证版（l'édition historico-critique），E. Nolla（编），第1卷，Paris，Vrin，1990。

TOCQUEVILLE, *Démocratie*(2)：托克维尔，《论在美国的民主》（*De la Démocratie en Amérique*）(2)，《全集》（*Œuvres Complètes*），第1卷，第2分册，Paris，Gallimard，1961；在引用过程中，括号中出现的页码是历史考证版的页码，历史考证版（l'édition historico-critique），E. Nolla（编），第2卷，Paris，Vrin，1990。

图书在版编目（CIP）数据

现实与理性：黑格尔与客观精神/（法）让-弗朗索瓦·科维纲著；张大卫译. --2 版. --北京：华夏出版社有限公司, 2023.7
（西方传统：经典与解释）
ISBN 978-7-5222-0494-9

Ⅰ.①现… Ⅱ.①让… ②张… Ⅲ.①黑格尔（Hegel, Georg Wilhelm Friedrich 1770-1831）－法哲学－研究 Ⅳ.①B516.35 ②D903

中国国家版本馆 CIP 数据核字（2023）第 055823 号

L'effectif et le rationnel. Hegel et L'espirt objectif by Jean-François Kervégan
© Librairie Philosophique J. Vrin, Paris, 2008.
http://www.vrin.fr
All rights reserved.

版权所有，翻印必究。
北京市版权局著作权合同登记号：图字 01-2016-2591 号

现实与理性——黑格尔与客观精神

作　　者	〔法〕让-弗朗索瓦·科维纲
译　　者	张大卫
责任编辑	王霄翎　刘雨潇
责任印制	刘　洋
出版发行	华夏出版社有限公司
经　　销	新华书店
印　　装	北京汇林印务有限公司
版　　次	2023 年 7 月北京第 2 版　2023 年 7 月北京第 1 次印刷
开　　本	880×1230　1/32
印　　张	16.25
字　　数	415 千字
定　　价	128.00 元

华夏出版社有限公司 　地址：北京市东直门外香河园北里 4 号　邮编：100028
网址：www.hxph.com.cn　电话：(010)64663331(转)
若发现本版图书有印装质量问题，请与我社营销中心联系调换。

西方传统：经典与解释
Classici et Commentarii
HERMES
刘小枫○主编

古今丛编

欧洲中世纪诗学选译　宋旭红 编译
克尔凯郭尔　[美]江思图 著
货币哲学　[德]西美尔 著
孟德斯鸠的自由主义哲学　[美]潘戈 著
莫尔及其乌托邦　[德]考茨基 著
试论古今革命　[法]夏多布里昂 著
但丁：皈依的诗学　[美]弗里切罗 著
在西方的目光下　[英]康拉德 著
大学与博雅教育　董成龙 编
探究哲学与信仰　[美]郝岚 著
民主的本性　[法]马南 著
梅尔维尔的政治哲学　李小均 编/译
席勒美学的哲学背景　[美]维塞尔 著
果戈里与鬼　[俄]梅列日科夫斯基 著
自传性反思　[美]沃格林 著
黑格尔与普世秩序　[美]希克斯 等著
新的方式与制度　[美]曼斯菲尔德 著
科耶夫的新拉丁帝国　[法]科耶夫 等著
《利维坦》附录　[英]霍布斯 著
或此或彼（上、下）　[丹麦]基尔克果 著
海德格尔式的现代神学　刘小枫 选编
双重束缚　[法]基拉尔 著
古今之争中的核心问题　[德]迈尔 著
论永恒的智慧　[德]苏索 著
宗教经验种种　[美]詹姆斯 著
尼采反卢梭　[美]凯斯·安塞尔-皮尔逊 著
舍勒思想评述　[美]弗林斯 著
诗与哲学之争　[美]罗森 著

神圣与世俗　[罗]伊利亚德 著
但丁的圣约书　[美]霍金斯 著

古典学丛编

荷马笔下的诸神与人类德行　[美]阿伦斯多夫 著
赫西俄德的宇宙　[美]珍妮·施特劳斯·克莱 著
论王政　[古罗马]金嘴狄翁 著
论希罗多德　[古罗马]卢里叶 著
探究希腊人的灵魂　[美]戴维斯 著
尤利安文选　马勇 编/译
论月面　[古罗马]普鲁塔克 著
雅典谐剧与逻各斯　[美]奥里根 著
菜园哲人伊壁鸠鲁　罗晓颖 选编
劳作与时日（笺注本）　[古希腊]赫西俄德 著
神谱（笺注本）　[古希腊]赫西俄德 著
赫西俄德：神话之艺　[法]居代·德拉孔波 编
希腊古风时期的真理大师　[法]德蒂安 著
古罗马的教育　[英]葛怀恩 著
古典学与现代性　刘小枫 编
表演文化与雅典民主政制
　[英]戈尔德希尔、奥斯本 编
西方古典文献学发凡　刘小枫 编
古典语文学常谈　[德]克拉夫特 著
古希腊文学常谈　[英]多佛 等著
撒路斯特与政治史学　刘小枫 编
希罗多德的王霸之辨　吴小锋 编/译
第二代智术师　[英]安德森 著
英雄诗系笺释　[古希腊]荷马 著
统治的热望　[美]福特 著
论埃及神学与哲学　[古希腊]普鲁塔克 著
凯撒的剑与笔　李世祥 编/译
伊壁鸠鲁主义的政治哲学　[意]詹姆斯·尼古拉斯 著
修昔底德笔下的人性　[美]欧文 著
修昔底德笔下的演讲　[美]斯塔特 著
古希腊政治理论　[美]格雷纳 著

赫拉克勒斯之盾笺释 罗逍然 译笺
《埃涅阿斯纪》章义 王承教 选编
维吉尔的帝国 [美]阿德勒 著
塔西佗的政治史学 曾维术 编

古希腊诗歌丛编

古希腊早期诉歌诗人 [英]鲍勒 著
诗歌与城邦 [美]费拉格、纳吉 主编
阿尔戈英雄纪（上、下）
[古希腊]阿波罗尼俄斯 著
俄耳甫斯教祷歌 吴雅凌 编译
俄耳甫斯教辑语 吴雅凌 编译

古希腊肃剧注疏

欧里庇得斯与智术师 [加]科纳彻 著
欧里庇得斯的现代性 [法]德·罗米伊 著
自由与僭越 罗峰 编译
希腊肃剧与政治哲学 [美]阿伦斯多夫 著

古希腊礼法研究

宙斯的正义 [英]劳埃德-琼斯 著
希腊人的正义观 [英]哈夫洛克 著

廊下派集

剑桥廊下派指南 [加]英伍德 编
廊下派的苏格拉底 程志敏 徐健 选编
廊下派的神与宇宙 [墨]里卡多·萨勒斯 编
廊下派的城邦观 [英]斯科菲尔德 著

希伯莱圣经历代注疏

希腊化世界中的犹太人 [英]威廉逊 著
第一亚当和第二亚当 [德]朋霍费尔 著

新约历代经解

属灵的寓意 [古罗马]俄里根 著

基督教与古典传统

保罗与马克安 [德]文森 著
加尔文与现代政治的基础 [美]汉考克 著
无执之道 [德]文森 著

恐惧与战栗 [丹麦]基尔克果 著
托尔斯泰与陀思妥耶夫斯基
[俄]梅列日科夫斯基 著
论宗教大法官的传说 [俄]罗赞诺夫 著
海德格尔与有限性思想（重订版）
刘小枫 选编
上帝国的信息 [德]拉加茨 著
基督教理论与现代 [德]特洛尔奇 著
亚历山大的克雷芒 [意]塞尔瓦托·利拉 著
中世纪的心灵之旅 [意]圣·波纳文图拉 著

德意志古典传统丛编

黑格尔论自我意识 [美]皮平 著
克劳塞维茨论现代战争 [澳]休·史密斯 著
《浮士德》发微 谷裕 选编
尼伯龙人 [德]黑贝尔 著
论荷尔德林 [德]沃尔夫冈·宾德尔 著
彭忒西勒亚 [德]克莱斯特 著
穆佐书简 [奥]里尔克 著
纪念苏格拉底——哈曼文选 刘新利 选编
夜颂中的革命和宗教 [德]诺瓦利斯 著
大革命与诗化小说 [德]诺瓦利斯 著
黑格尔的观念论 [美]皮平 著
浪漫派风格——施勒格尔批评文集 [德]施勒格尔 著

巴洛克戏剧丛编

克里奥帕特拉 [德]罗恩施坦 著
君士坦丁大帝 [德]阿旺西尼 著
被弑的国王 [德]格吕菲乌斯 著

美国宪政与古典传统

美国1787年宪法讲疏 [美]阿纳斯塔普罗 著

启蒙研究丛编

论古今学问 [英]坦普尔 著
历史主义与民族精神 冯庆 编
浪漫的律令 [美]拜泽尔 著
现实与理性 [法]科维纲 著

论古人的智慧　[英]培根 著
托兰德与激进启蒙　刘小枫 编
图书馆里的古今之战　[英]斯威夫特 著

政治史学丛编
驳马基雅维利　[普鲁士]弗里德里希二世 著
现代欧洲的基础　[英]赖希 著
克服历史主义　[德]特洛尔奇 等著
胡克与英国保守主义　姚啸宇 编
古希腊传记的嬗变　[意]莫米利亚诺 著
伊丽莎白时代的世界图景　[英]蒂利亚德 著
西方古代的天下观　刘小枫 编
从普遍历史到历史主义　刘小枫 编
自然科学史与玫瑰　[法]雷比瑟 著

地缘政治学丛编
地缘政治学的起源与拉采尔　[希腊]斯托杨诺斯 著
施米特的国际政治思想　[英]欧迪瑟乌斯/佩蒂托 编
克劳塞维茨之谜　[英]赫伯格-罗特 著
太平洋地缘政治学　[德]卡尔·豪斯霍弗 著

荷马注疏集
不为人知的奥德修斯　[美]诺特维克 著
模仿荷马　[美]丹尼斯·麦克唐纳 著

品达注疏集
幽暗的诱惑　[美]汉密尔顿 著

阿里斯托芬集
《阿卡奈人》笺释　[古希腊]阿里斯托芬 著

色诺芬注疏集
居鲁士的教育　[古希腊]色诺芬 著
色诺芬的《会饮》　[古希腊]色诺芬 著

柏拉图注疏集
挑战戈尔戈　李致远 选编
论柏拉图《高尔吉亚》的统一性　[美]斯托弗 著
立法与德性——柏拉图《法义》发微　林志猛 编
柏拉图的灵魂学　[加]罗宾逊 著

柏拉图书简　彭磊 译注
克力同章句　程志敏 郑兴凤 撰
哲学的奥德赛——《王制》引论　[美]郝兰 著
爱欲与启蒙的迷醉　[美]贝尔格 著
为哲学的写作技艺一辩　[美]伯格 著
柏拉图式的迷宫——《斐多》义疏　[美]伯格 著
苏格拉底与希琵阿斯　王江涛 编译
理想国　[古希腊]柏拉图 著
谁来教育老师　刘小枫 编
立法者的神学　林志猛 编
柏拉图对话中的神　[法]薇依 著
厄庇诺米斯　[古希腊]柏拉图 著
智慧与幸福　程志敏 选编
论柏拉图对话　[德]施莱尔马赫 著
柏拉图《美诺》疏证　[美]克莱因 著
政治哲学的悖论　[美]郝岚 著
神话诗人柏拉图　张文涛 选编
阿尔喀比亚德　[古希腊]柏拉图 著
叙拉古的雅典异乡人　彭磊 选编
阿威罗伊论《王制》　[阿拉伯]阿威罗伊 著
《王制》要义　刘小枫 选编
柏拉图的《会饮》　[古希腊]柏拉图 等著
苏格拉底的申辩（修订版）　[古希腊]柏拉图 著
苏格拉底与政治共同体　[美]尼柯尔斯 著
政制与美德——柏拉图《法义》疏解　[美]潘戈 著
《法义》导读　[法]卡斯代尔·布舒奇 著
论真理的本质　[德]海德格尔 著
哲人的无知　[德]费勃 著
米诺斯　[古希腊]柏拉图 著
情敌　[古希腊]柏拉图 著

亚里士多德注疏集
《诗术》译笺与通绎　陈明珠 撰
亚里士多德《政治学》中的教诲　[美]潘戈 著
品格的技艺　[美]加佛 著

亚里士多德哲学的基本概念 [德]海德格尔 著
《政治学》疏证 [意]托马斯·阿奎那 著
尼各马可伦理学义疏 [美]伯格 著
哲学之诗 [美]戴维斯 著
对亚里士多德的现象学解释 [德]海德格尔 著
城邦与自然——亚里士多德与现代性 刘小枫 编
论诗术中篇义疏 [阿拉伯]阿威罗伊 著
哲学的政治 [美]戴维斯 著

普鲁塔克集

普鲁塔克的《对比列传》 [英]达夫 著
普鲁塔克的实践伦理学 [比利时]胡芙 著

阿尔法拉比集

政治制度与政治箴言 阿尔法拉比 著

马基雅维利集

解读马基雅维利 [美]麦考米克 著
君主及其战争技艺 娄林 选编

莎士比亚绎读

莎士比亚的罗马 [美]坎托 著
莎士比亚的政治智慧 [美]伯恩斯 著
脱节的时代 [匈]阿格尼斯·赫勒 著
莎士比亚的历史剧 [英]蒂利亚德 著
莎士比亚戏剧与政治哲学 彭磊 选编
莎士比亚的政治盛典 [美]阿鲁里斯/苏利文 编
丹麦王子与马基雅维利 罗峰 选编

洛克集

上帝、洛克与平等 [美]沃尔德伦 著

卢梭集

致博蒙书 [法]卢梭 著
政治制度论 [法]卢梭 著
哲学的自传 [美]戴维斯 著
文学与道德杂篇 [法]卢梭 著
设计论证 [美]吉尔丁 著
卢梭的自然状态 [美]普拉特纳 等著

卢梭的榜样人生 [美]凯利 著

莱辛注疏集

汉堡剧评 [德]莱辛 著
关于悲剧的通信 [德]莱辛 著
智者纳坦（研究版） [德]莱辛 等著
启蒙运动的内在问题 [美]维塞尔 著
莱辛剧作七种 [德]莱辛 著
历史与启示——莱辛神学文选 [德]莱辛 著
论人类的教育 [德]莱辛 著

尼采注疏集

尼采引论 [德]施特格迈尔 著
尼采与基督教 刘小枫 编
尼采眼中的苏格拉底 [美]丹豪瑟 著
动物与超人之间的绳索 [德]A.彼珀 著

施特劳斯集

苏格拉底与阿里斯托芬
论僭政（重订本） [美]施特劳斯 [法]科耶夫 著
苏格拉底问题与现代性（第三版）
犹太哲人与启蒙（增订本）
霍布斯的宗教批判
斯宾诺莎的宗教批判
门德尔松与莱辛
哲学与律法——论迈蒙尼德及其先驱
迫害与写作艺术
柏拉图式政治哲学研究
论柏拉图的《会饮》
柏拉图《法义》的论辩与情节
什么是政治哲学
古典政治理性主义的重生（重订本）
回归古典政治哲学——施特劳斯通信集
　　　　　　　＊＊＊
追忆施特劳斯 张培均 编
施特劳斯学述 [德]考夫曼 著

论源初遗忘　[美]维克利 著
阅读施特劳斯　[美]斯密什 著
施特劳斯与流亡政治学　[美]谢帕德 著
驯服欲望　[法]科耶夫 等著

施特劳斯讲学录
斯宾诺莎的政治哲学

施米特集
宪法专政　[美]罗斯托 著
施米特对自由主义的批判　[美]约翰·麦考米克 著

伯纳德特集
古典诗学之路（第二版）　[美]伯格 编
弓与琴（重订本）　[美]伯纳德特 著
神圣的罪业　[美]伯纳德特 著

布鲁姆集
巨人与侏儒（1960-1990）
人应该如何生活——柏拉图《王制》释义
爱的设计——卢梭与浪漫派
爱的戏剧——莎士比亚与自然
爱的阶梯——柏拉图的《会饮》
伊索克拉底的政治哲学

沃格林集
自传体反思录

朗佩特集
哲学与哲学之诗
尼采与现时代
尼采的使命
哲学如何成为苏格拉底式的
施特劳斯的持久重要性

迈尔集
施米特的教训
何为尼采的扎拉图斯特拉
政治哲学与启示宗教的挑战
隐匿的对话

论哲学生活的幸福

大学素质教育读本
古典诗文绎读 西学卷·古代编（上、下）
古典诗文绎读 西学卷·现代编（上、下）